Antike Welten

Historische Einführungen

Herausgegeben von Frank Bösch, Angelika Epple, Andreas Gestrich, Barbara Potthast, Susanne Rau, Hedwig Röckelein, Gerd Schwerhoff und Beate Wagner-Hasel

Band 18

Die *Historischen Einführungen* wenden sich an Studierende aller Semester sowie Examenskandidaten und Doktoranden. Jeder Band gibt einen Überblick über wichtige historische Arbeits- und Themenfelder, die in jüngerer Zeit in das Blickfeld der Forschung gerückt sind und die im Studium als Seminarthemen angeboten werden. Der Schwerpunkt liegt dabei auf sozial- und kulturgeschichtlichen Themen und Fragestellungen.

Beate Wagner-Hasel ist Professorin für Alte Geschichte an der Universität Hannover. Ihre Forschungsschwerpunkte sind die Wirtschafts- und Sozialgeschichte sowie die Geschlechtergeschichte der griechischen und römischen Antike.

Beate Wagner-Hasel

Antike Welten

Kultur und Geschichte

Campus Verlag
Frankfurt/New York

Unter *http://www.campus.de/spezial/historische-einfuehrungen* finden Sie zu diesem Band kostenlos nützliche Ergänzungen für Studium und Lehre sowie zahlreiche kommentierte Text- und Bildquellen, auf die im Buch das Symbol der Computer-Maus verweist.

MIX
Papier aus verantwor-
tungsvollen Quellen
FSC® C089473

ISBN 978-3-593-50792-7 Print
ISBN 978-3-593-43723-1 E-Book (PDF)
ISBN 978-3-593-43782-8 E-Book (EPUB)

Copyright © 2017 Campus Verlag GmbH, Frankfurt am Main
Umschlaggestaltung: Guido Klütsch, Köln
Umschlagmotiv: Erechtheion (zwischen 420 und 406 v. Chr. erbaut) auf der Akropolis in Athen © Shutterstock
Satz: Fotosatz L. Huhn, Linsengericht
Gesetzt aus der Garamond
Druck und Bindung: Beltz Bad Langensalza
Printed in Germany

www.campus.de

Inhalt

Einleitung: Antiquierte Antike?
Vom Nutzen der Alten Geschichte

»Antiquierte Antike?«: Mit dieser rhetorischen Frage überschrieb 1971 der Tübinger Altphilologe und Rhetorikprofessor Walter Jens seine Rede zur 350-Jahr-Feier des Theodor-Heuss-Gymnasiums in Heilbronn, um mit dem Untertitel zugleich die Antwort zu geben: »Perspektiven eines neuen Humanismus«. Autonomie bewahren zu können, einen geistigen Raum zu erhalten, in dem kritisches Überschreiten, Opposition und Absage sich entfalten könne, all dies sollte die Beschäftigung mit der Antike ermöglichen (Jens 1971, 57). Er spielte dabei mit der Doppelbedeutung von Antike als Wert- und Epochenbegriff. Antike kommt vom lateinischen *antiquus, anticus* (»alt«, »ehrwürdig«, »überkommen«) und wurde erst im 17. Jh. zum Epochenbegriff erhoben (Settis 2005). Indem Jens die Erziehung zur Kritikfähigkeit zur Leitlinie seines gerade nicht antiquierten Antikenverständnisses machte, bot er der kritischen Generation der »1968er« ein ihr zeitgemäßes Antikenbild an, das dem Glauben an die Wandelbarkeit von Normen und Werten Rechnung trug. Damit setzte er sich von seinem älteren Kollegen, dem Tübinger Gräzisten Wolfgang Schadewaldt, ab, einem Verfechter des sogenannten Dritten Humanismus der 1930er Jahre. Zeitlose Geltung von Maß, Ordnung und Schönheit, vor allem aber der Vorrang eines abendländischen Menschenbildes gehörten zum Credo der Vertreter des Dritten Humanismus (Hölscher 1989, 4–6). Sie sahen sich in einer jahrhundertealten Tradition, die bis in die Renaissance und in das Zeitalter der Aufklärung zurückreichte.

Bis ins 19. Jh. hinein dienten antike Werke als ein allgemeines Verständigungsmittel über politische und moralische Wertvorstellungen. Als es beispielsweise im 18. Jh. in Nordamerika darum ging, sich für eine bundesstaatliche oder eine zentralistische Ordnung zu entscheiden, bezogen sich die Gründungsväter der Vereinigten Staaten Amerikas in ihren politischen Reden auf antike Beispiele. Die Antiföderalisten bewunderten die antiken Bürgerheere und verwarfen den Vorschlag der *Federalists*, eine dauerhafte Armee zu unterhalten, wie dies Römer und Perser getan hätten. Sie hielten dies angesichts des antiken Vorbildes der Spartaner für überflüssig. Diese hätten einst mit nur wenigen Kriegern ihr Land gegen eine Million persischer Sklaven verteidigt (Richard 1994, 79). Auf historische Richtigkeit kam es dabei nicht an. Denn die Klasse der Spartiaten, von der hier die Rede ist, bildete eine gut trainierte Kriegerkaste; sie waren quasi-professionelle Krieger, nicht Bürger, die im zivilen Leben einem anderen Beruf als dem des Soldaten nachgingen. Geschichte diente hier als Schule der politischen Moral. Aus den Schriften antiker Historiker bezog man die Vorbilder für politische Tugenden und Regierungsmodelle. George Washington sah sich selbst als neuer Cato Uticenis, der einst die römische Republik verteidigt hatte (Richard 1994, 58); französische Revolutionäre bezogen sich auf Cicero, dessen Redegewandtheit sie sich zum Vorbild nahmen, und riefen zum Sturz der Monarchie auf (Dahlheim [6]2002, 671–734).

Der Glaube, Aussagen antiker Autoren seien ohne Berücksichtigung des zeitlichen Abstands und des gesellschaftlichen Umfelds ihrer Entstehung ungebrochen verstehbar, wurde erst infrage gestellt, als die Beschäftigung mit der Antike verwissenschaftlicht wurde. War die Antike bis ins 18. Jh. Teil universalgeschichtlicher Betrachtungen, so bildeten sich im Laufe des 19. Jhs. unter dem Dach der »Altertumswissenschaft« einzelne Fachdisziplinen wie Klassische Philologie, Archäologie und Alte Geschichte mit jeweils eigenen Methoden und Fragestellungen heraus. Mit ihr ging eine quellenkritische Hinterfragung der Glaubwürdigkeit antiker Autoren einher, die einer Reflexion des historischen Kontextes, in dem antike Werke standen, und damit einer Relativierung der in ihnen fassbaren Wertvorstellungen Vorschub leisteten. Manche antike Ideale entpuppten sich bei näherer Betrachtung als Missverständnisse. So wurde das Ideal einer ästhetisch vorbildhaften, in hellem Marmor schimmernden antiken Kunst, das mit dem Namen Johann Joachim Winckelmann verbunden ist, bereits im 19. Jh. durch archäologische Forschungen von Alexander Conze oder dem Architekten und Kunsttheoretiker Gottfried Semper erschüttert. Diese hatten in ihren Werken auf die Farbigkeit antiker Statuen und Bauwerke verwiesen, was im übrigen auch Winckelmann wusste und was inzwischen durch neue wissenschaftliche Methoden zweifelsfrei bewiesen ist (Brinkmann/Wünsche 2004).

Dass die Antike diese prominente Rolle als Bezugsrahmen für Wertvorstellungen spielen konnte, liegt nicht zuletzt an der Vorherrschaft des humanistischen Gymnasiums, das dem Erlernen der alten Sprachen, Latein und Griechisch, in allen europäischen Nationen Vorrang vor modernen Sprachen einräumte. Wer im 19. Jh. die Universität besuchte, kannte seine alten Griechen und Römer. Karl Marx (1818–1883), der Analytiker der Wirkungsweisen des Kapitals, schrieb seine Dissertation über den griechischen Philosophen Epikur. Max Weber (1867–1920), Gründervater der Soziologie, wurde mit einer Arbeit über die römische Agrargeschichte promoviert. Erst mit der Gleichstellung des Realgymnasiums und der Oberrealschule mit dem humanistischen Gymnasium, die in Deutschland um 1900 erfolgte, begann die Antike ihre prägende Kraft zu verlieren (Stroh 2013, 271–289). Dies rief wiederum jene eingangs erwähnte Re-Idealisierung der Antike im Dritten Humanismus hervor. Humanistische Bildung

Inzwischen sind die Natur- und Technikwissenschaften zu Leitwissenschaften geworden; die Antike hat ihre normative Bedeutung endgültig verloren. Die einst unumschränkte Rolle der altertumswissenschaftlichen Fächer als Deutungswissenschaften für die Gegenwart gilt nicht mehr. Und eben deshalb stellt sich heute mehr denn je die Frage nach dem gesellschaftlichen Nutzen der Beschäftigung mit der Antike. Zwei konträre Antworten seien dem folgenden Überblick über die antike Welt vorangestellt: Identitätsangebot versus Fremdheitsverstehen.

Antike als Epochenbegriff

Christophorus Cellarius (1708) unterteilte die *Historia universalis* in drei Perioden: *Historia antiqua, Historia medii aevi, Historia nova.* Letztere umfasste das 16. und 17. Jh.; das Mittelalter dauerte von der Herrschaft des römischen Kaisers Konstantin bis zur Eroberung von Konstantinopel durch die Osmanen. Die *Historia antiqua,* die »Alte Geschichte« bzw. »das Altertum«, beginnt bei Cellarius mit dem Assyrerreich und endet mit dem Tod des ersten christlichen Kaisers Konstantin am Ende des 3. Jhs. n. Chr. (Cobet 2011, 878). Seitdem haben sich die Koordinaten der Epocheneinteilungen immer wieder verschoben; nur die Reihenfolge blieb bestehen. Unter Antike verstehen wir heute eine Epoche, die vom 2. Jahrtausend v. Chr. bis in die Zeit um 500 n. Chr. reicht und sich auf die griechischen und römischen Mittelmeerkulturen bezieht.

Europäische Identität? An die Vorstellung von der normativen Geltung der Antike knüpft der 1995 gegründete Verein *Alte Geschichte für Europa* (AGE) an. Er hat es sich zur Aufgabe gemacht, den Bedarf an Vorbildern jenseits der nationalstaatlichen Geschichte zu befriedigen, der mit der Gründung der Europäischen Union entstanden ist. In der Gründungserklärung des Vereins werden überzeitliche Werte wie etwa antike Bürgerstaatlichkeit (bzw. Demokratie) oder die Geltung des Römischen Rechts im modernen Recht betont. Nach Auffassung des Vereins könnten antike Traditionen das Fundament eines neuen Europas bilden. Denn viele der heute in der Europäischen Union versammelten Staaten waren einmal Teil des Römischen Reiches und bildeten »in der Antike für mindestens fünfhundert Jahre bei vielerlei regionalen Besonderheiten doch eine riesige politisch-kulturelle Einheit, in welcher eine kaum überschaubare Vielzahl von Nationalitäten friedlich nebeneinander existierte, in einem Gebiet gut viermal so groß wie die heutige EU« (Girardet 1998, 26). Der Saarbrücker Althistoriker Klaus Martin Girardet verneint die ›imperialistische‹ Entstehungsgeschichte des Römischen Reiches nicht. Aber entscheidend ist für ihn dessen Einschätzung als eine »umfassende Kultur-, Rechts- und Wertegemeinschaft«, und eben das qualifiziert in seinen Augen das Römische Reich als Vorbild für die heutige Staatengemeinschaft (Girardet 1998, 27 f.).

Fremdheitsverstehen Es gibt auch Gegenstimmen, die eine solche identitätsstiftende Funktion der Antike als eurozentristisch ablehnen und eine globale Perspektive einfordern. 2005 ist eine kleine Studie des Klassischen Archäologen Salvatore Settis erschienen, die der *Zukunft des Klassischen. Eine Idee im Wandel der Zeiten* nachspürt. Sein Ausgangspunkt ist genau die Frage, wie sie Girardet stellte, ob die Antike als gemeinschaftliche Wurzel der abendländischen Kultur ein identitätsstiftendes Element der Europäischen Union bilden könne (Settis 2005, 9 f.). Settis verneint dies klar, weil er ein europäisches Überlegenheitsdenken ablehnt und sich gegen eine Indienstnahme der Antike für die Begründung einer kulturellen Hegemonie des Abendlandes gegenüber dem Rest der Welt strikt verwahrt (ebd., 19). Dennoch ist er optimistisch, was den Nutzen der Antike angeht, setzt jedoch einen anderen Akzent. Er unterstreicht nicht die Tradition, sondern die Fremdheit der Antike. Settis will die Antike in das vielstimmige Konzert der Völker der Welt ›einfügen‹. Der Weg dahin führt in seinen Augen zum einen über das konsequente Historisieren und Kontextualisieren der Bemühungen um Rückbesinnung auf die Antike. Es gibt für ihn nicht *die* Antike, sondern nur verschiedene Arten, sich dieser Tradition zu bemächtigen. Sein Buch bietet einen Überblick über verschiedene Rezeptionsphasen und Rezeptionsarten der Antike von der Renaissance bis zum 20. Jh. Komparatistik bzw. das Anwenden der vergleichenden Methode ist für ihn ein weiterer Ansatz, der die Vielfalt und Komplexität der klassischen Kulturen erkennen lässt und die Klassischen Altertumswissenschaften in die Lage versetzt, sich mit den Experten des ›Anderen‹ zu verständigen. Sein Gewährsmann ist der Kunsthistoriker Aby Warburg, der den Kulturvergleich von seinem akademischen Lehrer Hermann Usener übernommen und in die Kunstgeschichte eingeführt hat. Für Warburg sind die Kunsterzeugnisse der klassischen Kulturen vergleichbar mit denen der Hopi-Indianer Nordamerikas. Alterität, nicht Identität macht nach Settis das Studium der Antike lohnend. Die Beschäftigung mit einer differenzierten, nicht auf ein klassisches Podest gestellten Antike dient ihm als »Schlüssel zum Verständnis der kulturellen Vielfalt unserer heutigen Welt und ihrer gegenseitigen Durchdringung« (ebd., 20). Eine Einbeziehung der ›antiken‹ Kulturepochen anderer Welträume, etwa Asiens oder Mesoamerikas, wie dies neuerdings versucht wird (Schüren u. a. 2015), impliziert dieser Ansatz nicht.

Betrachtet man aktuelle Einführungswerke, so orientieren sich diese meistens an der politischen Ereignis- und Institutionengeschichte und folgen einem chronologischen Aufbau, der in der Regel mit dem frühen Griechenland beginnt und bis zum Ende der römischen Kaiserzeit reicht (Gehrke/Schneider 2000/⁴2013; *Einführungswerke*

Leppin 2005; Walter 2012). Zugenommen haben Einführungswerke, die nur einen Kulturraum behandeln, das antike Griechenland (Schmidt-Hofner 2016; Hall 2017; Ober 2015) oder das antike Rom (Beard 2016; Blösel 2015; Huttner 2008; Sommer 2013 und 2014). In einigen Einführungswerken haben auch die Geschichte der Antikenrezeption und die Geschichte des Faches einen gebührenden Platz gefunden (Dahlheim 1996/⁶2002, 671–734; Gehrke/Schneider ⁴2013, 1–20). Die Ausrichtung an der politischen Geschichte hat Tradition; das Erzählen der politischen Ereignisse war seit Entstehen der Alten Geschichte als wissenschaftliche Disziplin die vorherrschende Form, sich die Antike zu vergegenwärtigen. In jüngerer Zeit sind systematisch angelegte Einführungswerke hinzugekommen. Das von Eckart Wirbelauer herausgegebene Lehrbuch *Antike* (2004) enthält neben chronologischen und systematischen Übersichten auch Überblicksartikel über neue konzeptionelle Ansätze wie Geschlechter- oder Umweltgeschichte. Im Wachsen begriffen ist inzwischen die Zahl der Einführungswerke zu Spezialthemen, etwa zur antiken Wirtschaft (Finley 1977; Austin/Vidal-Naquet 1984; Drexhage/Ruffing 2002; Sommer 2013a; von Reden 2015), zur Sklaverei (Schumacher 2001; Herrmann-Otto 2009; 2013), zur Religion (Bruit Zaidman/Schmitt Pantel 1989; Rüpke 2001; Veyne 2008; Scheid 2003) und zur Frauen- und Geschlechtergeschichte (Späth/Wagner-Hasel 2000/²2006; Scheer 2012). Eine weitere Variante von Einführungswerken informiert über Methoden der altertumswissenschaftlichen Teildisziplinen, die zur Klassischen Philologie, Archäologie und Alten Geschichte hinzugekommen sind, wie Numismatik, Papyrologie und Epigraphik (Günther 2001, Blum/Wolters 2006), sowie über deren Quellen wie Münzen, Papyri, Inschriften, Statuen und Vasen. Viele Einzeldisziplinen der Altertumswissenschaft wie die Archäologie (Borbein 2000; Hölscher 2002; Renfrew/Bahn 2009), Ägyptologie oder Vorderasiatische Altertumskunde (Nissen 1983; 1999) haben ihre eigenen Einführungswerke.

Eine andere Geschichte Warum also den vorliegenden Einführungen eine weitere hinzufügen? Mich beschäftigt die Frage, wie eine chronologische Darstellung der antiken Welt, die am politischen Wandel orientiert ist, mit einer systematischen Herangehensweise verknüpft werden kann, die sowohl die Wirtschafts- und Sozialgeschichte als auch die Kultur- und Geschlechtergeschichte einbezieht. Im 19. Jh. wurde das Problem der Verknüpfung von Chronologie und Systematik in der Weise gelöst, dass neben Werken zur politischen Ereignisgeschichte sogenannte »Privataltertümer« verfasst wurden, welche das vermeintlich Beständige in den Blick nahmen, nämlich die Sitten und Gebräuche, die den Alltag prägten: die Wohnhäuser, die Speisegewohnheiten, die Familie mit ihren Heirats- und Bestattungsritualen, das Verhältnis der Geschlechter, die Wirtschaftsweise (Momigliano 1999; Wagner-Hasel 1998; Nippel 2013). Um 1900 wurden auch diese Gegenstände historisiert, d. h. es wurde nach dem Wandel der Wirtschaftsweise oder der Familienformen gefragt. Es entstanden eigene Werke zur Sozial-, Wirtschafts- und Frauengeschichte, die mit einer theoretischen Reflexion der behandelten Gegenstände einhergingen. Ein Beispiel stellt die Entwicklung von Stufenmodellen dar, die dazu dienten, unterschiedliche Wirtschaftsweisen oder Verwandtschaftsordnungen zu systematisieren. Inzwischen haben sich die methodischen und theoretischen Zugriffe vervielfältigt; die Anregungen dazu stammen vielfach aus Nachbardisziplinen wie der Soziologie, Ethnologie und Politologie. Sie haben nicht nur Kategorien- und Begriffsbildung beeinflusst, mit denen antike Befunde erfasst werden, sondern auch zu grundsätzlichen Perspektivenverschiebungen beigetragen. Gerieten mit der sogenannten Neuen Sozialgeschichte der 1970er Jahre neben den politischen Akteuren nun auch andere gesellschaftliche Gruppen wie Sklaven, Arme, Alte, Fremde und Frauen in den Blick, so ist mit der Neuen Kulturgeschichte und Historischen Anthropologie der 1990er Jahre das Individuum mit seinen Erfahrungen in den Mittelpunkt der Betrachtung gerückt. Nur geht es hier nicht mehr um die sogenannten großen Männer, die ihren angestammten Platz in der politischen Ereignisgeschichte haben, sondern ganz allgemein um Mentalitäten, Verhaltensweisen und soziale Praktiken von ganz unterschiedlichen Bevölkerungsgruppen.

Ein sowohl chronologischer als auch systematischer Zugriff ist nicht ohne radikale Begrenzung möglich. Deshalb liegt der Fokus weniger auf politischen Ereignissen als vielmehr auf politischen Strukturen. Um den Wandel in den Blick nehmen zu können, habe ich mich in diesem Buch für eine Konzentration auf Krisen- und

Umbruchphasen entschieden: auf den Übergang von der minoisch-mykenischen Zeit zur entstehenden Polis; auf den Sturz der Tyrannis und die Entstehung der attischen Demokratie, auf die Gründung und Krise der römischen Republik und auf die Herausbildung des Prinzipats. Als ›Grundgewebe‹ dienen die Ausführungen zum Entstehen der Schrift und zu den Anfängen einer schriftlichen Form der Erinnerung des Vergangenen. Dies ist auch der Grund, warum der Überblick anders als viele Einführungswerke die bronzezeitlichen Kulturen des 2. Jahrtausends einbezieht, da hier die ersten Schriftzeugnisse entstehen. Das eigentliche ›Gewebemuster‹ aber liefern die systematischen Schwerpunkte, die der Vielfalt der Subdisziplinen mit ihren spezifischen Fragestellungen und Methoden Rechnung tragen: die Rechts-, Kultur- und Religionsgeschichte, die Wirtschafts- und Sozialgeschichte, die Geschlechtergeschichte. Da es nicht möglich ist, die Breite der neuen Einsichten, die auf diesen Gebieten gewonnen wurden, in einem Band zu präsentieren, wurden in den einzelnen Kapiteln thematische Schwerpunkte gesetzt. Forschungen, die das Fremdheitsverstehen fördern, erhielten Vorrang vor traditionellen Positionen. Zudem werden in jedem Kapitel unterschiedliche Überlieferungsarten bzw. Quellengattungen vorgestellt (Überblick bei Leppin 2005, 18–34), die – um im Bild zu bleiben – den Stoff bilden, aus dem Geschichte ›gewoben‹ wird.

1. Die minoisch-mykenische »Palastkultur«

Im Palast des Minos – so lautet der Titel eines äußerst erfolgreichen Buches über die Ursprünge der europäischen Geschichte, das 1913 erschien. Es beginnt mit dem Satz: »In Knossos gräbt Sir Arthur Evans Märchen aus.« Die Autorin, Bertha Eckstein-Diener, eine Wiener Industriellentochter, die der anthroposophischen Bewegung um Rudolf Steiner nahe stand, hatte damals gerade begonnen, sich als Kulturhistorikerin einen Namen zu machen (Mulot-Deri 1987). In den 1920er Jahren sollte die Studie über *Mütter und Amazonen* folgen, in der sie sich der Idee eines ursprünglichen Matriarchats annahm, die in der zweiten Hälfte des 19. Jhs. von dem Basler Rechtshistoriker Johann Jakob Bachofen in die Altertumswissenschaft eingebracht worden war. Dass Eckstein-Diener das minoische Kreta zum Sujet ihres ersten Werkes wählte, zeigt die Faszination, die um 1900 von der Archäologie ausging. Diese gab vor, Licht in die Wirkungsstätten der antiken Mythologie zu bringen und zugleich die materiellen Grundlagen für die Bachofen'sche Idee einer urspünglichen Frauenherrschaft zu liefern, die in den neu entstandenen Kultur- und Sozialwissenschaften um 1900 breite Resonanz gefunden hatte (Wagner-Hasel 1992). Kreta war nach Auskunft unserer ältesten literarischen Quelle, den Epen Homers, das Herrschaftsgebiet des Königs Minos, eines Sprösslings des olympischen Göttervaters Zeus, und der Europa, einer phönizischen Königstochter, nach der bereits in der Antike ein ganzer Kontinent benannt wurde (Demandt 1998). Ihren Sohn Minos machte Evans zum Namensgeber der von ihm entdeckten kretischen Kultur des dritten und zweiten Jahrtausends v. Chr. Das minoische Kreta fungiert seitdem in doppelter Weise als Projektionsfläche des Eigenen und des Fremden: In den Augen der Frauenbewegung steht die minoische Kultur für eine friedliche, feminine Gegenwelt zum kriegerischen Patriarchat, wobei als Beleg vor allem Fresken mit Frauendarstellungen dienen, die in der Imagination von Bertha Eckstein-Diener geradezu modern anmuten:

»Auf Terrassen, in Gruppen plaudernd, sahen merkwürdig moderne Damen, onduliert, mit Reifröcken und Stöckelschuhen, über Gärten hinweg, Kampf und Sport der Männer zu, die braun und schlank, glattrasiert, mit lockigem Haupthaar, in ihrer Nacktheit seltsam abstanden von den überkleideten Frauen. Nur ein Lendenschurz mit goldenem Gürtel zog die Taille wespengleich ein. Weiße oder helle Wickelgamaschen schützen den Fuß bis zur Wade. Als ein französischer Gelehrter die minoischen Hofdamen, wie aus einem Modeblatt geschnitten, zum erstenmal erblickte, soll er gerufen haben: >Mais ce sont des Parisiennes!< [...] Die minoische Frau stand ungefähr auf dem Standpunkt der heutigen Durchschnittsmondäne« (zitiert nach Mulot-Deri 1987, 184 f.).

Gegenwart und Vergangenheit gehen in der Vorstellungswelt der Wiener Kulturhistorikerin ineinander über; das minoische Kreta des 2. Jahrtausends wird zum Spiegel ihrer eigenen Zeit. Für die Fachwissenschaft, die dieses Bild durchaus bedient hat, geriet das minoische Kreta aufgrund seiner andersartigen Architektur, die keinerlei Ähnlichkeiten mit den Tempelbauten des klassischen Griechenland aufweist, ebenfalls zum radikal Anderen, zumal auch die in den 1950er Jahren entzifferten Schriftzeugnisse mehr Gemeinsamkeiten mit den Schriften des Vorderen Orients als mit denen des klassischen Griechenlands besitzen.

1.1 Was Steine und Mythen erzählen: Europas Anfänge in Knossos

Ausgrabungsgeschichte

Der Name Knossos war seit der Antike »mit dem Platz sechs Kilometer südlich von Heraklion verbunden geblieben, wo auf den Feldern, in den Olivenhainen und den Weinbergen die Spuren der antiken Vergangenheit offen zutage lagen« (Fitton 2000, 227). Aber gegraben wurde nicht. Bis ins 18. Jh. war die Erforschung der antiken Welt des Mittelmeerraumes »auf antiquarische Weise durch Reisen und Beschreiben betrieben worden«; erst »durch die neue Wissenschaft der Archäologie« wurde die Erforschung des Altertums mit dem Spaten auf eine neue Grundlage gestellt (Fitton 2004, 229).

Evans war nicht der erste und einzige, der auf Kreta grub. Seit der zweiten Hälfte des 19. Jhs. hatten Hobbyarchäologen auf dem flachen Hügel namens Kephala (»Hügel des Herrn«) zu graben begonnen. 1878 unternahm der griechische Altertumsforscher Minos Kalokairinos, der als Dolmetscher im britischen Konsulat in Chania arbeitete und sich zudem im Öl- und Seifenhandel betätigte, auf dem Hügel eine Versuchsgrabung und barg zwölf riesige Tonkrüge (gr. *píthoi*). Er war offensichtlich in den später Westmagazin genannten Teilabschnitt der Anlage geraten. Vier von den Pithoi, die noch Getreidekörner enthielten, bildeten den Grundstock für ein archäologisches Museum in Heraklion, während die anderen Gefäße an die Museen der europäischen Metropolen gingen. Diese Funde lockten viele ausländische Archäologen an, so 1886 auch den deutschen Kaufmann Heinrich Schliemann, der in den 1870er Jahren die Stätten eines anderen Mythos, nämlich die Schauplätze der Ereignisse um den Trojanischen Krieg, ausgegraben hatte: das Mykene des griechischen Helden Agamemnon (1876) und Tiryns (1871) sowie Troja (ab 1868), den Schauplatz des zehnjährigen Krieges zwischen Achaiern und Trojanern um die schöne Helena. 1895 gelang es dann nicht Schliemann, sondern dem Briten Arthur Evans (1851–1941), der den kretischen Hügel erstmals 1894 aufgesucht hatte, das ganze Terrain von Knossos für 122.000 Piaster zu kaufen. Anders als Heinrich Schliemann war Evans ausgebildeter Historiker und hatte in Oxford und Göttingen Geschichte studiert. In Illyrien (Dalmatien) fand er ein erstes Betätigungsfeld, wurde aber 1882 von den österreichischen Behörden ausgewiesen, weil er zu sehr mit der illyrischen Freiheitsbewegung sympathisiert hatte. 1884 erhielt er den Posten des Direktors des *Ashmolean Museum* in Oxford, den er bis 1908 innehatte. Nach Kreta hatten ihn Funde von Siegeln gelockt, die ein Freund 1893 von einer Kretareise ins *Ashmolean Museum* mitgebracht hatte. Aber erst nach Ende der Osmanischen Herrschaft konnte er an die Realisierung seines Vorhabens denken. Am 1. März 1900 begannen die Grabungen, die Evans 35 Jahre in Atem halten sollten. In nur drei

Kampagnen von jeweils drei Monaten Dauer (1900–1902) legte Evans mit seinem Team rund 20.000 Quadratmeter frei.

Die freigelegte Anlage öffnete den Blick auf mehrstöckige Ruinen mit farbigen Wandbemalungen, Pflasterungen, lebensgroße Tongefäße, Fayencen, unzählige Siegel und Tontafeln, Webgewichte und vieles mehr. Seine Ergebnisse, über die Evans in der Zeitschrift der *British School of Athens* regelmäßig berichtete, fasste Evans später in dem mehrbändigen Werk *The Palace of Minos at Knossos* zusammen, das zwischen 1921 und 1936 erschien (Fitton 2000, 227–236; Faure 1976, 17–29).

Der wissenschaftliche Wert der Grabungen von Evans ist umstritten. Um die ausgegrabenen Ruinen vor dem Zusammenbruch zu bewahren, stützte er sie mit Stahlträgern und Beton ab – eine heute höchst umstrittene Rekonstruktionsweise, die bereits Federico Halbherr und Luigi Pernier, die zeitgleich mit Evans im Süden Kretas, in Phaistos, gruben, ablehnten. Auch die großflächig angelegte Grabung besaß ihre Tücken. Viele eilig geborgene Funde konnten gar nicht ausgewertet werden; ein Großteil verschwand in Magazinen und wurde 60 Jahre lang nicht beachtet. Heute fehlen oft die Etiketten, von vielen Funden lässt sich der genaue Fundumstand nicht mehr rekonstruieren, zumal Evans sich in seinen Publikationen und Grabungstagebüchern mehrfach widersprach und vielleicht selbst den Überblick nicht behalten hatte.

Periodisierung   Zu Beginn des 19. Jhs. hatte der dänische Vorgeschichtsforscher Christian Jörgensen Thomson (1819) das bis heute gebräuchliche Stufenschema »Steinzeit – Bronzezeit – Eisenzeit« entwickelt. Es handelt sich um ein ausschließlich technologisches Schema, das sich am Fortschritt der Produktionstechniken orientiert und daher ein dem industriellen Zeitalter angemessenes Periodisierungsschema darstellt (Schnapp [3]2011, 323–327). Gelehrte des 18. Jhs. differenzierten dagegen zwischen Wildheit, Barbarei und Zivilisation und orientierten sich damit an der Verfeinerung der Sitten. Noch aus der Antike stammt die Unterteilung in Wirtschaftsstufen (Jäger – Hirten – Ackerbauern), die im 19. Jh. vor allem von Nationalökonomen weiter entwickelt wurde, um dem wirtschaftlichen Wandel gerecht zu werden, der durch die Industrialisierung ausgelöst worden war. Dazu gehört beispielsweise die Unterscheidung zwischen Haus-,

Stadt- und Volkswirtschaft. Auch die Trennung zwischen einer matriarchalen und patriarchalen Phase fügt sich in dieses neue Bemühen um die Entwicklung von Kulturstufenmodellen, an dem nahezu
alle Wissenschaften im 19. Jh. beteiligt waren. Während die meisten
evolutionstheoretischen Konzepte des 19. Jhs. jedoch kritisiert und
relativiert worden sind, ist das technologische Schema der Unterteilung in Stein-, Bronze- und Eisenzeit unangefochten geblieben.

Wo Bronze, aber kein Eisen gefunden wird, befinden wir uns im
Bronzezeitalter, das für die Mittelmeerwelt für die Zeit zwischen
3000 und 1000 v. Chr. angesetzt wird. Dieses Schema kannte Evans,
als er zu graben begann. Er unterteilte dieses technologische Schema
in weitere Abschnitte, die an Keramikstilen orientiert sind und die
Aufstellung einer relativen Chronologie erlaubten. Eine relative
zeitliche Einordnung konnte Evans vornehmen, indem er Gelände-
schnitte anlegte und in Schichten aufteilte. Die Benennung der
einzelnen Schichten erfolgte nach dem sagenhaften König Minos:
frühminoisch, mittelminoisch, spätminoisch. Je differenzierter sich
in der Folge die Fundsituation herausstellte, desto ausgefeilter wurden die Unterteilungen: frühminoisch I, II, III, frühminoisch I A
und B etc. Für die mittelminoische Zeit wird auch zwischen einer
frühen (1950–1700) und einer späten Palastzeit (1700–1450) unterschieden. Für die spätminoische Zeit gilt eine weitere Unterteilung
in die Zeit der letzten Paläste (1450–1375/50) und in die Nachpalastzeit (1375/50–1200). Auf dem Festland heißen die Phasen nach der
antiken Bezeichnung für Griechenland, Hellas, frühhelladisch, mit-
telhelladisch und späthelladisch. Hier wird die späthelladische Zeit
obendrein nach dem Fundort Mykene als mykenische Zeit benannt.
Diejenigen, die von einer Eroberung Kretas durch die Mykener ausgehen, bezeichnen auch die letzten Phasen der bronzezeitlichen Kultur auf Kreta als mykenisch (Hölscher 2002, 47–54; Bäbler [2]2012,
50–55).

Diese Schemata, die stets eine Dreiteilung aufweisen, unterstellen
alle eine Reife-, Blüte- und Verfallszeit. Absolute Chronologien, d. h.
die Umrechnung in für uns gültige Jahreszahlen, sind vereinzelt möglich. So ist eine genaue Datierung der Denkmäler mit Hilfe von Syn-
chronismen erfolgt: Trägt z. B. der Deckel einer Alabastervase aus
Knossos den Namen und Titel des Hyksoskönigs Chian, so lässt sich

mittels der ägyptischen Geschichte, die Chronographien in Form
von Dynastien kennt, die Vase in die Zeit um 1630 v. Chr. datieren.
Absolute Datierungen sind aber erst mit Hilfe der Radio-Carbon-
Methode und der Kalium-Argon-Methode möglich geworden, über
die Evans noch nicht verfügte. Die radiometrische Verfahrensweise
ist ein Kind der Atomphysik und fand nach dem Zweiten Weltkrieg
Eingang in die Archäologie (Renfrew/Bahn 2009, 96–128).

Eine feminine Kultur? Die Funde, die Evans machte, gehören vorwiegend in die mittelminoische Periode. Die von ihm ausgegrabene Anlage in Knossos
unterscheidet sich stark von den bekannten Bauten der Antike, deren
Überreste Reisende um 1900 noch in Athen oder Rom sehen konnten und die aus der Zeit zwischen 500 v. und 500 n. Chr. stammen.
Um einen großen Innenhof gruppieren sich Räume, die – nach den
Kleinfunden und Fresken zu urteilen – verschiedene Funktionen
hatten. Im Westteil mit den großen Vorratsgefäßen lagen Wirt-
schaftsräume, im Ostteil Wohn- und Kulträume. Auch Anlagen in
Phaistos in der Mesara-Ebene im Süden Kretas, in Mallia an der
Nordküste, in Kato Zakros im Osten und auch der neuerdings entdeckte Palast von Galatas weisen diese Baustruktur auf. Die Anlage
ist nicht symmetrisch aufgebaut wie die späteren Bauten des klassischen Griechenland, sondern agglutinierend (»anklebend«). Evans
hielt die ausgegrabenen Teile für Ruinen eines Palastes aus dem 2.
Jahrtausend v. Chr., in dem seiner Meinung nach ein Priesterkönig
herrschte. Grundlage für diese Annahme bildeten einige Freskenabbildungen, die in die späte Palastzeit (1700/1600) zu datieren
sind: das sogenannte Tempelfresko, das Olivenhainfresko und das
Fresko des »Lilienprinzen«. Sie zeigen weibliche und männliche
Personen schreitend, tanzend, sitzend. Eben diese Fresken waren es,
die die Phantasie der Ausgräber und ihres Publikums beflügelten.

Evans hatte das Bild einer höfischen und zugleich modern anmu-
tenden Gegenwelt zum klassischen Griechenland, das die eingangs
zitierte Wiener Kulturhistorikerin Bertha Eckstein-Diener so fas-
zinierte, selbst vorgegeben: eine große Schautreppe im Ostteil des
Geländes, die alle ausgegrabenen Bauanlagen dieser Zeit aufweisen,
vor allem aber einige in der Nähe der Treppe gefundene Freskenfrag-
mente, aus denen er die Figur des »Lilienprinzen« rekonstruieren
ließ, in der er das Abbild eines Priesterkönigs zu erkennen meinte

(Abb. 1: Der ›Lilienprinz‹; siehe »Bildquellen« unter *www.campus.de*). Zwar ging Evans von einer partiellen Separierung der Welt der Geschlechter aus. Doch ein orientalisches Haremsleben mit vollkommener Abgeschiedenheit der Frauen von der Öffentlichkeit, wie dies zu seiner Zeit für das klassische Athen angenommen wurde (Wagner-Hasel 1988), mochte er sich nicht vorstellen (Röder 1996, 331). Im Gegenteil: Da auf Fresken weibliche Figuren oft den Vordergrund bevölkern, während Männer im Hintergrund stehen, schrieb er den minoischen Frauen sogar eine Vormachtstellung zu und vermutete eine matriarchale Stufe der Gesellschaft, allerdings unter der Leitung eines Priesterkönigs. Einen mit steinernen Sitzen ausgestatteten Raum am Rande des Westhofes deutete er als Thronraum, in dem der Priesterkönig Zeremonien ausführte (Abb. 2: Der Thronraum; siehe »Bildquellen« unter *www.campus.de*).

Höfische Traumwelt?

Beginnt die europäische Geschichte mit Königreichen und Hofgesellschaften, die zugleich modern anmuten und mit emanzipierten Frauen bevölkert sind? Sind das unsere Ursprünge? Das Bild, das Evans und in seinem Gefolge Amateurhistorikerinnen von den Anfängen der europäischen Geschichte gezeichnet haben, ist bis in die 1970er Jahre innerhalb und außerhalb der Fachwissenschaft populär geblieben. Erst in den 1980er Jahren setzte eine ideologiekritische Auseinandersetzung mit den Voraussetzungen dieser Konzepte ein. Es wurden die damals angewandten Methoden kritisch überprüft, was zu neuen Rekonstruktionen der Funde und damit auch zu einer Neuinterpretation geführt hat (Wagner-Hasel 1992; Röder 1996).

Grundlage dieser femininen Interpretation der archäologischen Funde bildet das gynaikokratische Modell des Basler Rechtshistorikers Johann Jakob Bachofen (1815–1887). Dieser hatte einige Jahrzehnte zuvor aus den antiken Mythen einen Wandel von einer gynaikokratischen bzw. mutterrechtlichen Kultur zu einer vaterrechtlichen Rechtsordnung herausgelesen. Es handelt sich dabei um ein evolutionäres Modell. Bachofen ging davon aus, dass alle Völker dieselbe Entwicklung nehmen und eine gynaikokratische oder mutterrechtliche Phase durchlaufen. Um die Jahrhundertwende war die Idee unter Rechts- und Religionshistorikern populär geworden: Sie schlossen jedoch eine Gynaikokratie aus, in der Frauen herrschen (von gr. *gynê* = Frau; *krátein* = herrschen), erkannten aber ein Matriarchat (wörtlich: Mutterherrschaft, lat. *mater* = Mutter, gr. *árchein* = leiten, führen) an, das den Müttern Vorrang vor den Vätern eingeräumt habe. Die Grundlage dieser Konzepte bildete die Beobachtung von Rechtsethnologen, dass in manchen Teilen der Welt verwandtschaftliche Zugehörigkeit allein über die mütterliche, nicht über die väterliche Abkunft bestimmt wird. In Cambridge hatten James George Frazer (1854–1941) und Ellen Harrison (1850–1928) Bachofens Ideen aufgegriffen und für die vermeintlich matriarchale Phase Griechenlands das Konzept eines magischen Königtums entwickelt, auf das Evans zurückgreifen konnte. Es fehlte damals eigentlich nur noch die materielle Basis für die These von der matriarchalen Frühzeit (Wagner-Hasel 1992, 308).

Entstanden ist das Konzept von der gynaikokratischen oder matriarchalen Frühphase der Menschheitsgeschichte aus dem Geist der Modernitätskritik. Den Vorrang des Allgemeinwohls vor dem Eigennutz verband Bachofen mit der Phase der Frauenherrschaft; die Friedlichkeit der minoischen Kultur, die Evans behauptet hatte, wurde vor allem nach dem Zweiten Weltkrieg zum beherrschenden Merkmal des Matriarchats auf Kreta. Ein Leben im Einklang mit der Natur stellten sich feministische Autorinnen wie die Philosophin Heide Göttner-Abendroth in den 1980er Jahren vor, die sich in ihren Forschungen auf die Untersuchungen der baltisch-amerikanischen Vorgeschichtsforscherin Marja Gimbutas stützte (Wagner-Hasel 1992, 318–323). Diese Verknüpfung des minoischen Kreta mit einer Idealwelt ist umso erstaunlicher, als antike Historiker die Kreter als notorische Seeräuber und Lügner ansahen und für spätere Jahrhunderte durch zahlreiche Inschriften ein dauernder Kriegszustand zwischen Knossos und seinen Nachbarstädten, vor allem dem im Süden gelegenen Gortyn, belegt ist (Chaniotis 1996). Inzwischen haben sich auch die meisten Archäologen von dem Bild des friedlichen Reichs des Minos verabschiedet, weil sie Kriegergräber entdeckten und an Kultstätten Hinweise auf Menschenopfer fanden (Fitton 2004, 89–92 und 121). Allerdings ist eine Partizipation von Frauen an Herrschaftsfunktionen nicht auszuschließen. Dafür spricht vor allem die Neudeutung des Thronraumareals und der Freskenabbildungen.

Der Lilien-   Mit der Rekonstruktion der bruchstückhaften Freskenmalerei-
prinz   en an den Wänden der ausgegrabenen Gebäude hatte Evans den

Schweizer Jugendstilmaler Emile Gilliéron beauftragt, der von seinem Sohn Edouard unterstützt wurde. Emile Gilliéron, der in Athen ansässig war, hatte sich auf archäologische Themen spezialisiert und vertrieb Nachbildungen antiker Kunstwerke. Die Künstler orientierten sich bei der Rekonstruktion zwar an anderen Abbildungen, die auf Siegeln zu finden waren, sie ergänzten aber auch nach eigenem künstlerischen Empfinden, das vom Jugendstil geprägt war. Der Zeitgeist rekonstruierte also mit. Das betrifft vor allem den Lilienprinzen (siehe »Bildquellen« unter *www.campus.de*).

Archäologen nehmen heute an, dass die Figur des Lilienprinzen, in der Evans den Priesterkönig zu erblicken meinte, aus Bruchstücken verschiedener Figuren zusammengesetzt ist und es einen Lilienprinzen überhaupt nicht gab. Wolf-Dietrich Niemeier, Experte für die ägäische Bronzezeit, hat die Fund- und Deutungsgeschichte der Fresken genau rekonstruiert. Anhand der Grabungsberichte von Evans und dessen Assistenten Duncan Mackenzie lässt sich feststellen, dass die Fragmente zwar an einem Ort, in einer südlich des Zentralhofes gelegenen Kammer, entdeckt wurden, aber in unterschiedlichen Tiefen und zu unterschiedlichen Zeitpunkten. Da kein Fresko nur eine Person darstellt, nimmt er an, dass auch die Fragmente des Lilienprinzen eigentlich zu unterschiedlichen Personen gehörten. Nach Niemeier gehört der Kopfputz entweder zu einem weiblichen Körper oder zu einer Sphinx, das Beinfragment und das Schulterfragment dagegen ordnet er zwei verschiedenen männlichen Figuren zu (Niemeier 1987; Röder 1996, 325). Die Revision macht sich vor allem an der Armhaltung fest und sucht nach ikonographischen Parallelen in der minoischen Kunst, vor allem auf Siegeln, die es zu Hunderten und Tausenden gibt. In der ersten und wahrscheinlichsten Lösung wird die Federkrone von einer weiblichen Person getragen, die ebenso wie der schreitende Mann entweder als Verehrerin (Adorantin) des Gottes oder als dessen Priesterin aufzufassen ist. Eben dieser Priesterin begegnen wir auch im sogenannten Thronraum.

Der Evans'sche Thronraum, der im nördlichen Teil des Westflügels liegt, ist ebenfalls neu interpretiert worden. Der kleine Raum wird durch einen Vorraum betreten, der sich zum Zentralhof öffnet, aber etwa 50 Zentimeter unter dessen Niveau liegt. An der Nordwand des zweiten Raumes steht ein Stuhl mit separat gearbeiteter

Der Thronraum: Sitz einer Priesterin

Lehne, flankiert von Bänken aus Gipsstein – eben der ›Thron‹. Der steinerne Sitz ist von Freskenmalereien umrahmt, die Greifen oder Löwen darstellen. Eine Balustrade gegenüber dem Thron trennt den Raum von einem Lustralbecken, das über eine Treppe zugänglich ist. Im Westen und Norden schließen sich Räume an, die zum Teil Magazinräume darstellen. Evans hatte diesen Bereich des Gebäudekomplexes ursprünglich als Teil des alten Palastes gedeutet, später aber aufgrund von Keramikfunden in die zweite Hälfte des 15. Jhs. datiert. Seine Nachfolger gehen von verschiedenen Bauphasen zwischen dem 18. und 14. Jh. v. Chr. aus.

Nach Wolf-Dietrich Niemeier handelt es sich nicht um einen Thronraum des »Lilienprinzen«, sondern um einen Kultraum. Lustralbecken und Thronraum hätten ursprünglich als Kulthöhle fungiert, in der Opferhandlungen durchgeführt worden seien, ehe der Raum zum Ort eines Epiphaniekultes geworden sei. Auf dem sogenannten Thron vermutet Niemeier eine Priesterin. Diese Deutung geht auf Forschungen von Helga Reusch aus den 1950er Jahren zurück. Sie hatte aufgrund von Siegelabbildungen argumentiert, dass der Thron von einer weiblichen Person eingenommen worden sei. Die Archäologin hatte Siegelbilder mit den Motiven der Wandmalereien im Thronraum verglichen und frappierende Gemeinsamkeiten festgestellt. Auf den Siegeln bilden Greifen und Löwen stets Begleiter von Göttinnen; daraus folgerte sie, dass diese Anordnung auch für den Thronraum gegolten habe. Die griechische Archäologin Nanno Marinatos und Wolf-Dietrich Niemeier, die sich dieser Meinung angeschlossen haben, verweisen darüber hinaus auf Vergleichsmaterial aus anderen Teilen der Anlage sowie aus anderen Ausgrabungsstätten wie Akrotiri auf Santorini. Ein Fresko aus Akrotiri auf Thera (Santorini) – der Ort wurde bei einem Vulkanausbruch um 1500 v. Chr. verschüttet – zeigt eben eine solche Szene: Hier ist es eine weibliche Person, die auf einem erhöhten Sitz thront und weibliche Gabenspenderinnen sowie einen blauen Affen empfängt. Auch das Prozessionsfresko im Westkorridor des Palastes von Knossos zeigt eine weibliche Person als Empfängerin von Gaben (Niemeier 1986, 87; Marinatos 1989, 153–156; Röder 1996, 335). Niemeier meint, dass die Göttin von einer Priesterin verkörpert wurde, die in den hinteren Räumen die Kleider der Gottheit anlegte, um dann durch eine Tür an der Stirnwand des Thronraumes den Adoranten zu erscheinen (Niemeier 1986; Maran/Stavrianopoulou 2007).

Eine religiöse Deutung haben auch die eingangs beschriebenen Miniaturfresken, das Olivenhainfresko und das Tempelfresko (dreischiffiges Heiligtum), erfahren. Beide Fresken gehörten zu dem Fries eines Raumes, der am nördlichen Ende des zentralen Hofes lag und nach Evans einen Schrein beherbergte. Nanno Marinatos vermutet in den dargestellten Personen Teilnehmer einer Initiationszeremonie. Ihre Argumentation lautet: Auf den Bildern sind Männer- und Frauenköpfe deutlich zu unterscheiden. Frauenköpfe sind weiß, Männerköpfe sind rot dargestellt. Die beiden getrennten Gruppen hält sie für Initianten, erkennbar an den geschorenen Haaren. Denn Haarschur ist ein Merkmal antiker Initiationsriten, womit ein Statuswechsel markiert wird. Einige Frauen im Vordergrund, die detailliert ausgeführt sind, stellen ihrer Meinung nach diejenigen dar, die diese Initiation leiten. Sie tanzen nicht, wie Evans annahm, sondern schreiten vermutlich auf einen Schrein zu. Ort des Geschehens war vermutlich der Westhof (Marinatos 1987). {.marginale}

Miniaturfresken {.marginale}

Was hat nun der Ausgrabungsbefund mit der Sage von Europa und ihrem Sohn Minos zu tun? Denn zeitlich gehören Mythos und Ausgrabungsbefund nicht zusammen. Vom Europamythos wissen wir aus schriftlichen Quellen der Mitte des ersten Jahrtausends v. Chr. Die baulichen Befunde gehören nach den hier vorgestellten Datierungsmöglichkeiten aber ins zweite Jahrtausend v. Chr. Von tatsächlichen historischen Ereignissen erzählt der Mythos nichts. Der gemeinsame Nenner liegt auf ritueller Ebene. Sowohl der Mythos als auch die Fresken handeln vom Ritual der Initiation.

Das Wort Mythos selbst ist griechischer Herkunft und meint der Wortbedeutung nach zunächst nichts anderes als das Wort, die Rede. Das bedeutet auch das griechische Wort *lógos*, das zusammen mit *mýthos* den modernen wissenschaftlichen Begriff Mythologie (Lehre von den Mythen; Gesamtheit der überlieferten Mythen) bildet. Der Unterschied liegt in der Art der Rede. *Lógos* steht seit dem 5. Jh. v. Chr. für die beweisführende, argumentierende Rede, wie sie in den politischen Gremien der antiken Gemeinwesen, in der Volksversammlung, im Rat, in den Gerichtshöfen, verwendet wird. Mit *mýthos* ist dagegen die bildhafte Rede gemeint, die auf Affekte

Der Begriff des Mythos {.marginale}

zielt und unterhalten will. So sahen es jedenfalls die Historiker seit dem 5. Jh. v. Chr., die sich mit ihrer Art der Darstellung von Mythen abgrenzten (Thukydides 1,22,4; Polybios 2,56,7–12). Die bildhafte Rede ist stärker als die beweisführende Rede an den mündlichen Vortrag gebunden und wirkt durch Rhythmus, Klang und durch die Suggestionskraft der Bilder, die beim Vortrag vor dem inneren Auge des Publikums entfaltet werden. Dies geschah in der Antike beim mündlichen Sängervortrag epischer Stoffe, die von Göttern und Heroen (Halbgötter) handeln, bei der Tragödienaufführung, beim Chorlied. Wir verwenden heute den Begriff Mythos für eben diese Inhalte, für Erzählungen von Göttern und Heroen, und deshalb auch für unglaubwürdige Geschichten, aber nicht mehr für die Form der Rede (Nestle [2]1975, 1–20; Vernant 1987, 194; Graf [3]1991).

Mythen-forschung Mythendeutungen unterlagen in den letzten 200 Jahren einem ständigen Methodenwechsel. Während man bis ins 18. Jh. hinein hinter mythischen Erzählungen versteckte moralische oder physikalische Wahrheiten vermutete (Graf 1991, 19), stand das 19. Jh. im Zeichen neuer Ansätze, die bis heute wirksam sind. Jean-Pierre Vernant unterscheidet drei Schulen der Mytheninterpretation im 19. Jh.: (1) die Schule der vergleichenden Mythologie und (2) die anthropologische Schule von Cambridge, zu der James George Frazer und Jane Ellen Harrison gehören, sowie (3) die philologisch-historische Methode, die auch als Methode des historischen Positivismus bezeichnet wird. Letztere ist mit der Suche nach einem historischen Kern verbunden; dem Mythos wurde die Funktion zugeschrieben, einen historischen Vorgang oder einen Ritus zu begründen. Man nennt dies eine aitiologische Funktion (von gr. *aition* = Ursache, Grund). Versucht wird dabei, eine Urform des Mythos zu ermitteln, der man den aitiologischen Charakter zuschreiben kann. Der anthropologischen Schule von Cambridge galten Mythen vornehmlich als Erklärung für Riten. Die in den Ritualen praktizierten Formen sympathetischer Magie werden fast ausnahmslos auf agrarische Prozesse oder auf menschliche Fruchtbarkeit bezogen (Schlesier 1994). Ordneten die Vertreter der Schule von Cambridge diese Praxis einer primitiven Evolutionsstufe zu, so wurde in der dritten Richtung, in der vergleichenden Mythologie, versucht, eine Urform des Mythos bestimmten Völkern oder Volksgruppen zuzuschreiben. Sie ist mit dem Namen

Friedrich Creuzer verbunden (1771–1858), der einen Vorrang der indischen Mythologie annahm (Zinser 1992). Das 20. Jh. brachte den Siegeszug psychologischer, funktionalistischer und strukturalistischer Erklärungsansätze. Mit dem psychologischen Ansatz wurde die Suche nach den Ursprüngen des Mythos von der Entwicklungsgeschichte der Menschheit in die Entwicklungsgeschichte des Individuums verlagert. Der Mythos wurde als Ausdruck der inneren, verdrängten Erfahrung der Psyche gedeutet, als Ausdruck unbewusster Wünsche oder des kollektiven Unbewussten. Das bekannteste Beispiel dürfte die Deutung des Ödipus-Mythos durch Sigmund Freud sein. Der aufgrund eines Orakelspruchs ausgesetzte thebanische Königssohn Ödipus, der unwissentlich seinen leiblichen Vater erschlägt und in Unkenntnis seiner Herkunft die eigene Mutter heiratet, wurde von Freud als Verkörperung verdrängter Triebwünsche verstanden. In der strukturalistischen Mythendeutung, die von Claude Lévi-Strauss (1908–2009) begründet wurde, geht es um die Ermittlung von binären Strukturen wie »Kultur–Natur«, »roh–gekocht«, »männlich–weiblich«, die keine spezifisch historische Aussage machen. Dagegen werden in der funktionalistischen Mythendeutung, die Bronislaw Malinowski (1884–1942) bei seinen Studien zum religiösen Denken der Trobriander in der Südsee entwickelte, die sozialen Zusammenhänge betont und dem Mythos eine *social charta*-Funktion zugeschrieben. Nach jüngeren Revisionen dieses Ansatzes erfüllten Mythen diese *social charta*-Funktion eben nicht durch die Abbildung einer idealen Ordnung, wie dies für das Ritual gelten kann (Waldner 2000, 30), sondern indem sie Konflikte und Widersprüche thematisierten. Einigkeit besteht inzwischen, dass Mythen einem Anpassungsdruck an die jeweilige soziale Umwelt ihrer Zuhörerschaft unterliegen, der zu einer ständigen Reorganisation der mythischen Inhalte führt. Diese lässt jedes Forschen nach einem Ur-Mythos zu einer Suche nach einer Fata Morgana gerinnen. Bei der Analyse von antiken Mythen werden meist verschiedene, ritualistische, strukturalistische und funktionalistische Deutungsansätze kombiniert (Zinser 1992). Hinzu kommen konstruktivistische Ansätze, die vor allem von Althistorikern benutzt werden, die sich mit der politischen Instrumentalisierung von Mythen und deren identitätsstiftender Funktion beschäftigen (Gehrke 1994; 2004).

Götterwelt Unser Wissen von den Götter- und Heroenerzählungen stammt vorwiegend aus den Epen Homers, die wahrscheinlich in der Zeit zwischen dem 8. und 6. Jh. die uns heute bekannte Fassung erhielten. Vom Werden dieser Götterwelt erzählt der frühgriechische Dichter Hesiod in seiner *Theogonie* (Götterentstehungslehre), die etwa zur gleichen Zeit wie das Homerische Epos entstand. Auch schildert Hesiod die Verbindungen von Göttern mit sterblichen Menschen, aus denen das Heroengeschlecht entstand. Hier dominiert das Geschlecht der olympischen Götter, nachdem Zeus, der Sprössling des Kronos und der Rhea, der Herrschaft des göttlichen Geschlechts der Titanen ein Ende bereitet hatte. Während die Titanen vor allem kosmische und soziale Wirkkräfte repräsentieren, die Zeit (Kronos), den Himmel (Uranos), das Recht (Themis), stehen die olympischen Götter vorwiegend für Handlungsfelder und Lebensrhythmen der Menschen: Krieg (Ares), Handwerk (Athena und Hephaistos), Ackerbau (Demeter) sowie Geburt, Liebe (Aphrodite), Heirat (Hera), Tod (Artemis und Apollon). Zeus tritt vielfach in der Rolle des Schiedsrichters auf; seine Gattin Hera ist für die eheliche Verbindung zuständig. Hephaistos, der Sohn der Hera, fungiert als göttlicher Schmied. Seine Gattin Aphrodite weckt das erotische Begehren, ihr Liebhaber Ares hingegen die Kriegslust. Dessen weibliches Pendant ist Athena, die aus dem Haupt des Zeus entsprungene göttliche Kriegerin, die auch für das Handwerk der Frauen, für die Textilarbeit, und für das Gedeihen des Ölbaums zuständig ist. Das Geschwisterpaar Artemis und Apollon, das ebenso wie Athena im Stadium der Jugend verharrt und unverheiratet bleibt, wird bei Übergängen konsultiert, bei der Geburt, beim Tod, bei Initiationsriten. Hinzu kommen die Bereiche des Außerhäuslichen, die Jagd, die Viehzucht sowie das Orakelwesen als ihre Kompetenzbereiche. Die Verantwortung für das Wachsen des Getreides untersteht der Göttin Demeter und ihrer Tochter Persephone, der Gattin des Hades. Dionysos sorgt für das Wachsen der Weinreben; Hermes, der göttliche Bote, geleitet Menschen und Herden. Auch herrschen die olympischen Götter über kosmische Räume, Wasser und Luft, Helligkeit und Dunkelheit: Wacht Zeus über das Himmelshelle, so haben seine Brüder Poseidon »die graue Salzflut«, das Meer, und Hades das »neblige Dunkel«, die Unterwelt, als Herrschaftsbereiche. Diese Erzählungen vom Wirken der Götter und Heroen wurden über Jahrhunderte weiter getragen und seit dem 2. Jh. v. Chr. in Handbüchern festgehalten (Buxton 2004, 194–199; Graf 1991).

In einem mythologischen Handbuch des Apollodoros aus dem 2. vorchristlichen Jahrhundert wird die Begegnung von Zeus und Europa geschildert: »In sie hatte sich Zeus verliebt, verwandelte sich in einen Rosenduft ausatmenden zahmen Stier, nahm sie auf den Rücken, trug sie durch das Meer und brachte sie nach Kreta. Nachdem er dort mit ihr geschlafen hatte, gebar sie Minos, Sarpedon und Rhadamanthys« (Apollodoros, *Bibliotheke* 3,1–3). Von diesen Söhnen des Zeus und der Europa bleibt diesem Mythos zufolge nur Minos auf Kreta: Sarpedon wird Herrscher von Lykien in Kleinasien, Rhadamanthys geht nach Boiotien in Mittelgriechenland. Minos wird König und Gesetzgeber von Kreta. Sein Schutzgott aber ist nicht Zeus, sondern dessen Bruder Poseidon, der Herrscher der Meere. Minos heiratet Pasiphaë und bekommt zahlreiche Nachkommen, darunter Ariadne, die eine wichtige Rolle für den weiteren Verlauf der Erzählung spielen wird. Weil er dem Gott Poseidon nicht – wie versprochen – einen weißen Stier opfert, lässt der Meeresgott in Pasiphaë die Begierde nach eben diesem Stier wachsen. Mit Hilfe des Baumeisters Daidalos, der eine hölzerne Kuh baut, die mit einem echten Kuhfell bezogen wird, kann Pasiphaë ihre Gelüste befriedigen. Verborgen in der innen ausgehöhlten Kuh, gelingt die Paarung und Pasiphaë gebiert den Minotauros. »Dieser hatte das Gesicht eines Stieres, war aber sonst ganz wie ein Mann. Minos schloß ihn wegen gewisser Orakelsprüche in das Labyrinth ein und bewachte ihn so. Es war das Labyrinth, das Daidalos geschaffen hatte, ein Bauwerk mit vielfach gewundenen Gängen, das den Ausgang verwirrte« (Apollodoros, *Bibliotheke* 3,11). In dieses Labyrinth nun werden sieben junge athenische Frauen und Männer gesperrt, die den Athenern als Tribut auferlegt waren. Unter den Auserwählten der dritten Tributzahlung – sie war alle neun Jahre fällig – ist der athenische Kulturheros Theseus, in den sich Ariadne, die Tochter des Minos, verliebt. Sie verrät ihm den Ausgang des Labyrinths, indem sie ihm einen Faden gibt, den er an der Tür befestigt und hinter sich her zieht. »Im entlegensten Teil des Labyrinths traf er den Minotauros und tötete [...] ihn mit Faustschlägen; indem er den Faden aufwickelte,

Der Europa-mythos

kehrte er zurück« (Apollodoros, *Epitome* 1,9). Mit Ariadne und den übrigen Athenern flieht er zur Kykladeninsel Naxos. Dort verlässt er Ariadne, derer sich der Weingott Dionysos annimmt, und segelt mit seinen Gefährten zunächst nach Delos, nach kurzem Aufenthalt dann weiter nach Athen, wo er Nachfolger seines Vaters Aigeus wird.

Das
Labyrinth
als Tanzfigur

Die Erzählung legt die Vorstellung vom Labyrinth als einem Gebäude nahe, in dem man sich verirren kann. Aber die Vorstellung vom Labyrinth als Irrgarten gehört in die frühe Neuzeit; um 1420 ist die erste bildnerische Formulierung des Irrgartens nachzuweisen. Das bauliche Prinzip der antiken Labyrinthe ist jedoch nicht das des Irrgartens, der eine unübersichtliche Struktur hat. Es handelt sich vielmehr um eine graphische lineare Figur. Das Formprinzip des antiken Labyrinths ist die kreuzungsfreie, keine Wahlmöglichkeit zulassende Wegestruktur. Der Innenraum wird mit einem Maximum an Umwegen ausgefüllt. Der Weg endet in einem Zentrum, aus dem es nur einen Rückweg gibt (Kern 1982, 97 und 47 mit Abb. 235). Bildnerische Darstellungen eines solchen Labyrinths reichen nun bis in die minoisch-mykenische Zeit, also bis ins 2. Jahrtausend, zurück. Sie finden sich auf Tontafeln, auf Münzen und auf Bodenmosaiken (Kern 1982, 103 f. und 97).

Der Zweck dieser Labyrinthe ist kultischer Art. Folgt man dem Griechen Lukianos, der im 2. Jh. n. Chr. seine Satiren verfasste, zählte das Labyrinth zu einer Reihe von kretischen Tänzen, die ihre Namen nach mythologischen Figuren erhielten: Europa-Tanz, Pasiphaë-Tanz, Tanz bei den beiden Stieren, Ariadne- oder Daidalos-Tanz (Lukian, *Von der Tanzkunst* 47). Der Kunsthistoriker Hermann Kern hat in Anlehnung an die Forschungen von Religionshistorikern das Labyrinth deshalb als räumliche Struktur gedeutet, die als choreographische Anleitung für einen Tanz zu verstehen sei. Der Labyrinth-Tanz sollte laut Kern den Vorgang der Initiation versinnbildlichen. Der Nachvollzug der Windungen des Labyrinths verlangt einen Richtungswechsel und damit eine Distanzierung von der Vergangenheit. Den Weg hinein deutet er als Rückkehr in den Schoß der Mutter Erde und als symbolischen Tod; den Rückweg vom Zentrum an den Ausgangspunkt zurück versteht er als Rückkehr in das Leben, als Wiedergeburt. Den Faden betrachtet Kern als ein technisches Hilfsmittel, das der choreographischen Orientierung diene, zumal auf Delos der Tanz im Dunkel, nachts, vollzogen wurde. Es geht nach Kern um den rituellen Vollzug des Übergangs von der Kindheit ins Erwachsenenleben.

Der Statuswechsel erklärt auch die Figur des Minotauros. Gedeutet wird diese in jüngsten Untersuchungen als Opfertier. Grundlage dieser Deutung ist eine Aussage des Pherekydes von Athen aus dem 6. Jh. v. Chr., von dem eine genauere Beschreibung der Begegnung des Helden mit dem Minotauros existiert, als sie Apollodoros liefert. Hier ist nicht von der Tötung des Minotauros die Rede, sondern nur davon, dass er den Minotauros an der Haarlocke des Hauptes ergreifen und diese dem Poseidon opfern solle (FGrHist 3 F 148; Tiemann 1992). Das Ergreifen der Haarlocke verweist auf das Tieropfer. Eine solche wird dem Opfertier zunächst immer abgeschnitten, ehe es geschlachtet wird (Jim 2014, 29 und 42). Der Minotauros kann deshalb auch als eine Verkörperung des Opfers gedeutet werden. Eben in dieser Rolle befindet sich auch Theseus, weil er als Teil eines Tributes an Minos fungiert. Die Religionshistorikerin Katharina Waldner folgert daraus, dass Theseus mit seinem Weg ins Labyrinth den Statuswandel vom Opfer zum Opfernden vollzieht. Am Opfer teilzuhaben aber ist gleichbedeutend mit dem Status des Erwachsenen und mit der Kultbürgerschaft. Im Minotauros begegnet Theseus seinem alten Selbst. Erwachsen zu sein, Opfer auszuführen, bedeutet auch, für die Heirat reif zu sein. Deshalb ist die Anwesenheit einer weiblichen Figur, eben der Ariadne, wichtig (Waldner 2000, 103–105 und 167 f.).

Mit dieser Deutung bewegen wir uns inmitten des antiken Stadtstaates, der athenischen Polis. Im 5. Jh. v. Chr. wurde Theseus als Kulturheros verehrt, der die verstreut lebenden Athener zum Zusammenwohnen veranlasst haben soll (*synoikismós*). Am Rande der Agora, des politischen Zentrums von Athen, stand sein Tempel (Camp 1986, 82). Auf der Agora trafen sich die Athener, um politische Entscheidungen zu treffen, Geschäfte zu tätigen und Feste zu feiern. Ein Fest, das eben die Eingliederung der jungen Männer in den Polisverband zelebrierte, bildeten die Oschophorien. Hier wurde das Theseus-Abenteuer nachvollzogen und die jungen Männer mittels eines Kleidertauschs von der Sphäre des Oikos, des Hauses, in die Sphäre des Polisverbandes überführt (Waldner 2000). Das ist

Der Minotauros als Opfertier

eine Deutungsebene, die auf die Handlungsstrukturen abhebt, nicht auf das Ereignis. Zeitgenössische, ereignisgeschichtliche Anspielungen sind aber ebenfalls in der mythischen Erzählung enthalten, nämlich in der Tributerzählung und in der Verortung des Schlussgeschehens in Delos. Delos war der Ort der Bundeskasse des Delisch-Attischen Seebundes, der nach den Perserkriegen gegründet worden war. Von daher hat der Mythos auch etwas mit der attischen Seeherrschaft des 5. Jhs. v. Chr. zu tun, von der später noch die Rede sein wird (Neils 1987, 150).

1.2 Buchhaltung und Schriftkultur: Die Entzifferung der Linear B-Tafeln

Die Entzifferung der Linear B-Tafeln

In Knossos wurden nicht nur Fresken gefunden. Evans war ursprünglich von Siegeln mit Schriftzeichen angelockt worden, hatte sich aber ganz auf die Bauwerke und Fresken konzentriert. Er fand allerdings auch Schriftzeugnisse, kleine Tontafeln mit Schriftzeichen, die Linear A und Linear B genannt werden (Abb. 3: Linear B-Tafeln: siehe »Bildquellen« unter *www.campus.de*). Gefunden wurden die Schrifttafeln nicht nur in Knossos, sondern auch an anderen Fundstätten: in Phaistos und in Hagia Triada im Süden Kretas, in Mallia an der Nordküste, in Kato Zakros an der Ostküste, vor allem aber auf dem griechischen Festland – in Pylos an der Westküste der Peloponnes, in Mykene, im Osten der Peloponnes, in Theben, in Mittelgriechenland und neuerdings in Sparta. Während von den Tafeln mit Linear A-Schriftzeichen nur wenige gefunden wurden, existieren etwa 7.500 Schrifttafeln in Linear B. Etwa 6.000 stammen aus Knossos, 1.445 aus Pylos. Allerdings tauchen auf dem griechischen Festland nur Linear B-Schrifttafeln auf, aber keine Linear A-Tafeln. Diese sind anders als die Linear B-Tafeln nicht auf der Basis des Altgriechischen lesbar. Deshalb nahm man lange Zeit an, dass mykenische Herren um 1300 die Insel vom Festland aus erobert oder zumindest abhängig gemacht und ihre Schrift eingeführt haben. Aus diesem Grund spricht man im Zusammenhang mit den Linear B-Tafeln von einer mykenischen Schrift, auch wenn diese Ta-

feln auf Kreta gefunden wurden (Doblhofer 1957/2008, 251–295).
Erst in jüngster Zeit melden sich Gegenstimmen zu Wort, die den
Einfluss des Festlandes relativieren (Maran/Stavrianopoulou 2007).
Die Schrift wurde zu Lebzeiten von Evans nicht mehr entziffert.
Erst nach dem Zweiten Weltkrieg gelang es einem Architekten, Michael Ventris (1922–1956), und einem Linguisten und Klassischen
Philologen, John Chadwick (1920–1998), Licht in das Dunkel der
Schriftzeichen zu bringen (Chadwick 1979/1995, 30–36; Hiller
2000, 121–149). Während Ventris während des Zweiten Weltkrieges
bei der britischen Kriegsmarine als Kartograph gearbeitet hatte, war
Chadwick beim Dechiffrierdienst tätig gewesen und hatte gelernt,
geheime Codes zu knacken. Die Codierung von Botschaften basiert
darauf, häufig benutzte Wörter durch Nummern zu ersetzen. Auf
die Entzifferung unbekannter Sprachen bezogen lautet deshalb die
Devise, nach sich wiederholenden Mustern zu suchen und zu versuchen, den Kontext zu ermitteln, in dem die einmal ermittelten
Wörter auftauchen. Um mit dieser Methode zu einem Erfolg zu
kommen und die Texte lesbar zu machen, muss eine hinreichende
Zahl von Texten verfügbar sein – und, das gilt gerade für unseren
Fall: sie mussten auch publiziert sein. Als Evans 1941 starb, hinterließ er ein unvollendetes Werk, die *Scripta Minoa*. 1952 wurde
der zweite Band dieser Sammlung minoischer Texte von seinem Assistenten John Myres veröffentlicht. Ein Jahr zuvor hatte Emmett L.
Bennett die in Pylos gefundenen Linear B-Schrifttafeln publiziert.
Es dauerte nur ein Jahr, bis Michael Ventris eine überzeugende Lösung vorlegte, die am 1. Juli 1952 im Radio von der *BBC* bekannt
gegeben wurde. Chadwick, der inzwischen als Lexikograph für Latein arbeitete und damit beschäftigt war, die Bedeutung von unbekannten lateinischen Wörtern zu ermitteln, nahm sofort Kontakt
mit Ventris auf und bot eine Zusammenarbeit an. 1956 erschien ihr
gemeinsames Werk *Documents in Mycenaean Greek*, das eine neue
Wissenschaft, die Mykenologie, begründete. Es stellte sich heraus,
dass die Schriftzeichen auf der Basis des Griechischen lesbar waren.
Nur handelt es sich nicht um eine Buchstabenschrift wie das Altgriechische, sondern um eine ideogrammatische Silbenschrift. Da
nur von Linear B-Tafeln eine ausreichende Zahl von Texten vorlag,
ließ man die Linear A-Tafeln bei den Entzifferungsbemühungen

außer Acht. Etwa 55 von 91 der Linear B-Schriftzeichen finden sich in Linear A wieder. Zwar lassen sich Namen, Maßzeichen, Zahlen und Zeichen für Textilien isolieren, eine überzeugende Lesart gibt es aber bis heute nicht.

Schrifttypen   Schrift gilt als Zeichen der Hochkultur; Schriftgebrauch markiert die Grenze zwischen Vorgeschichte und Geschichte. So sah es Leopold von Ranke im 19. Jh. Die Entwicklung hin zur Schriftlichkeit nimmt ihren Ausgang in Ägypten und Mesopotamien. Die älteste ägyptische Schrift ist eine Hieroglyphenschrift – so 150 n. Chr. von dem griechischen Autor Clemens Alexandrinus genannt (»heilige Zeichen«) –, die um 3000 v. Chr. entsteht; die letzte hieroglyphische Inschrift stammt aus dem Jahr 294 n. Chr. (Wiesehöfer 1987, 23). Es handelt sich um eine Denkmälerschrift, die bereits zu Beginn des 19. Jhs. von dem Franzosen Champollion während des Napoleonfeldzuges nach Ägypten entziffert wurde. Da alle diese Bildzeichen nicht die Lautung des Wortes, sondern nur dessen Sinn zum Ausdruck bringen, werden sie Ideogramme genannt.

Aus Mesopotamien im heutigen Irak stammt die Keilschrift, die zwischen 3000 und 600 v. Chr. benutzt wurde. Die Keilschrift setzt sich aus (1) Wortzeichen bzw. Ideogrammen, (2) aus lautlichen Zeichen und (3) aus Determinativen zusammen. Das Wortzeichen oder Ideogramm kann in verschiedenen Sprachen gleich geschrieben, aber jeweils anders gesprochen werden. So ist das Keilschriftzeichen mit dem Bildwert eines Sterns * in allen Keilschriftsprachen Ideogramm für den Begriff »Himmel«, wird aber im Sumerischen »an«, im Akkadischen »samu« gesprochen. Zum Vergleich: Die durchgestrichene Zigarette bedeutet überall das gleiche, wird aber im Deutschen als »Rauchen verboten«, in England als »No Smoking«, im Frankreich als »défense de fumer« gelesen. Kombiniert wurden diese Ideogramme mit Lautzeichen. Lautliche Zeichen stellen Silben mit Vokalen dar, entweder in der Kombination Konsonant und Vokal oder Konsonant, Vokal, Konsonant. Determinative definieren das Bedeutungsfeld, z. B. Mann, Frau, Gott, Stadt, Land, Baum, Metall. Ein senkrechter Keil steht für einen männlichen Personennamen oder für ein männliches Tätigkeitsfeld, eine Vulva für einen weiblichen Personennamen oder ein weibliches Tätigkeitsfeld, ein Stern für einen Gott (Wiesehöfer 1987, 13–18).

Auf Kreta war um 2000 eine hieroglyphisch-piktographische Schrift in Gebrauch, die auf Siegeln zu finden und heute weder phonetisch lesbar noch sachlich verständlich ist. Sie wurde wahrscheinlich in kultischen Kontexten gebraucht. In der Zeit zwischen 1650 und 1450 entstand eine neue Schrift, die eben behandelten Linear A- und B-Schriften. Die Linear B-Schrift besteht aus Laut- bzw. Silbenzeichen (Syllabogrammen), Bildzeichen (Ideo- bzw. Logogrammen) und Zahlzeichen (numerische bzw. Symbole zur Zahlenangabe); hinzu kommen Maß- und Gewichtseinheiten (metronomische Symbole). Logogramme beziehen sich auf Personen, Tiere, landwirtschaftliche Produkte sowie Gegenstände wie Waffen und Werkzeuge. Silbenzeichen kombinieren Vokal und Konsonant; allerdings werden Silben schließende Konsonanten nicht geschrieben; auch sind die Silbenzeichen in Bezug auf ihre Lautwiedergabe mehrdeutig (Hiller 2000, 127).

Um 1500 kam es in Phoinikien zur Entwicklung einer Alphabetschrift. Ihr Vorteil ist, dass sie mit weniger Zeichen auskommt. Anstelle von 91 Silben wie die Linear B-Schrift benötigt die phoinikische Alphabetschrift nur 22 Buchstaben. Im griechischen Raum wurde sie im 1. Jahrtausend gebräuchlich. Die ältesten Zeugnisse der griechischen Alphabetschrift stammen aus Naxos, Ischia, Athen und Euboia und gehören in die Zeit um 770/740 v. Chr. Die phoinikische Schrift war ursprünglich eine Konsonantenschrift, die für alle Silben mit denselben Konsonanten, aber verschiedenen Vokalen nur ein Zeichen besaß. Die Griechen und später auch die Phoiniker fügten Vokalzeichen hinzu, die zwischen die Konsonantenzeichen gesetzt wurden; im Hebräischen und Aramäischen werden die Vokale durch besondere Zeichen über und unter den Konsonanten angezeigt. Im Prinzip ermöglicht die griechische Buchstabenschrift, die sowohl Konsonant als auch Vokal verschriftet, eine lautgetreue Wiedergabe des Gesprochenen; d. h. die Schrift steht im Dienst des gesprochenen Wortes. Eben das war aber nicht der ursprüngliche Zweck der Erfindung der Schrift.

Kehren wir noch einmal zu den Anfängen zurück. Der Altorientalist Hans J. Nissen rekonstruiert die Entwicklung wie folgt: Am Anfang steht der Zählstein. »Ein uraltes Mittel, um beim Zählen das Gedächtnis zu unterstützen, sind Zählsteine. Beim Zählen der Tiere

Die Ursprünge der Schrift

einer Herde etwa wird für jedes zehnte oder x-te Tier ein Stein auf einen Haufen gelegt oder in einen Behälter« (Nissen 1983, 94). Festgehalten werden mit diesem System nur die Zahl der Tiere, nicht aber Ort oder Art der Tiere oder beteiligte Personen. Zu einer Weiterentwicklung des Systems kam es, als Zähleinheiten wie Einer, Zehner und Hunderter festgelegt wurden. Man kann dafür verschiedene Steinformen wählen. Um die Zahl der gezählten Tiere mit einer Person, beispielsweise mit dem Besitzer, zu kombinieren, wurden Rollsiegel ausgebildet, indem eine bestimmte Anzahl von Tonstückchen, die Zahlen markieren, in einen Klumpen Ton gehüllt wird, dessen Außenseite mit Abrollungen von einem Siegel versehen wurden. Nun mussten nur noch gezähltes Gut, Zeit und Ort in Erinnerung behalten werden, nicht aber mehr Zahl und Person. In der Folge werden diese Informationen auf Tontafeln geritzt. Diese ältesten Schrifttafeln aus Mesopotamien zeugen von nichts anderem als dem Versuch der Inventarisierung: Unterschieden werden Texte zu Unterhaltszuteilungen, Opferlisten, Texte zu Felderaufteilungen und Herdenhaltung sowie zur Organisation von Metall- und Textilverarbeitung (Nissen 1983, 98). Die Schrift entsteht – überspitzt gesagt – aus dem Geist der Buchhaltung.

Die Funktion der Linear B-Tafeln

Auch auf Kreta dienten die Linear B-Tafeln der Buchhaltung. Es handelt sich auch hier um Listen: Listen von Schafherden, von Weihegaben an Gottheiten, von Tuchabgaben von weiblichen Arbeitsgruppen, um Listen von Rationen für Textilarbeiterinnen. Getreide und Wein wurden in Mengeneinheiten gemessen: Scheffel, Gallone etc. Für Wolle gab es eine eigene Maßeinheit. Auch Landbesitz wurde registriert, wohl nicht in Knossos, aber in Pylos. Ein Teil der an den ›Palast‹ geschickten Güter diente der Durchführung von Opferbanketten, wie aus den in Theben gefundenen Tafeln hervorgeht (Killen 1994; Deger-Jalkotzy 2004). In eben diesem Kontext gehört auch das Fresko eines Frauenkopfes, die so genannte »Parisierin«, die an einem solchen Bankett teilnahm bzw. ihm vorsaß, wie dies auch von den ranghohen homerischen Frauen überliefert ist (Morris 2003, 7; Hiller/Panagl 1976; Nosch 2006).

Die Tafeln belegen sehr deutlich, dass die sogenannten Paläste nicht nur Orte von Kultveranstaltungen waren, wie die oben vorgestellten Analysen der Fresken annehmen lassen, sondern auch und vor allem administrative Zentren, in denen Güter verwaltet und verteilt wurden. Umstritten ist der Status der Arbeitskräfte, die für den Palast Herden beaufsichtigten und Wolle verarbeiteten. Manche vermuten in ihnen Freie, die Arbeitsdienste im Gegenzug für empfangene Unterstützung leisteten. Einige werden jedoch nach ihrer Herkunft bezeichnet, so dass es sich auch um aus der Fremde herbeigeführte Personen handeln kann, die zwangsweise zu dieser Arbeit verpflichtet wurden, also Sklaven waren. Auf jeden Fall besaßen nach den Angaben auf den Schrifttafeln die Textilproduktion und die zentrale Organisation der Weidewirtschaft eine große Bedeutung. Die Anlage von Bergheiligtümern in mittelminoischer Zeit belegt die Nutzung von Berggebieten als Sommerweiden, die Absprachen zwischen Bewohnern unterschiedlicher Siedlungsgebiete notwendig gemacht haben dürfte, wie sie inschriftlich aus späteren Jahrhunderten überliefert sind (Halstead 1981; Chaniotis 1996, 114–120). Zur Frage der Herrschaftsform geben die Tafeln nur bedingt Aufschluss. Es gibt Titel wie wa-na-ka (gr. *(w)ánax*) und qa-si-re-u (gr. *basileús*), die auch in späteren literarischen Quellen auftauchen. Der wa-na-ka erscheint in den Pylos-Tafeln als Besitzer eines Landgutes, te-me-no (gr. *témenos*, wörtlich: das Herausgeschnittene), und als Empfänger von Ölen, in Knossos als Empfänger von Gewürzen. Während bis vor kurzem *wánax* als Königstitel verstanden wurde, wird der Titel inzwischen auf einen Gott bezogen, der parfümierte Öle empfing und ein *témenos* besaß. Auch für die mykenische Kultur, die sich auf dem Festland entwickelte, wird dies angenommen, zumal in den Ausgrabungsstätten – so in Mykene – kein Thron gefunden wurde (Schmitt 2009, 293). Für das weibliche Pendant *wanassa* liegt kein Beleg vor, wohl aber ist eine po-ti-ni-ja (gr. *pótnia*) nachgewiesen. Umstritten ist, ob der Titel eine weibliche Gottheit oder eine Priesterin bezeichnet (Hiller/Panagl 1976, 281).

Schafe zählen

Ein Beispiel: Auf einem Tontäfelchen aus Knossos finden wir den Namen eines Schäfers Aniatos in großen Buchstaben notiert. Der Name des Schäfers kennzeichnet die Herde. In der Zeile darunter steht in kleinen

Buchstaben darunter der Ort Phaistos, vermutlich die Gegend, wo die Herde gehalten wird. Darüber lesen wir den Namen Werwesios. Das ist nach Chadwick die Person, die eine Kontrollfunktion gegenüber Herde und Schäfer ausübte. Dann folgt die Zahl der Schafe: 63 männliche, 25 weibliche, zwei alte und die Zahl der Tiere, die zum Herdensoll von 100 fehlt, nämlich zehn Stück (Chadwick 1979/1995, 48).

Palast oder Tempel?   Wenn also die Titel nicht sicher eine Königsherrschaft belegen und das Bildprogramm laut neueren Forschungen kultisch-religiöser Natur war (Niemeier 1987, 93), gab es dann einen Palast, einen Hof, ein minoisches und mykenisches Königtum? Seit Evans' These vom minoischen Priesterkönigtum matriarchaler Prägung sind verschiedene Deutungen angeboten worden, zum einen das Konzept des Gottkönigtums, wie es sich in Ägypten entwickelte, wo der Pharao als Inkarnation einer Gottheit verehrt wurde, oder aber das Konzept des Tempelstaates. Solche ›Tempelstaaten‹ gab es sowohl in Ägypten im 1. Jahrtausend v. Chr. als auch in neo-babylonischer Zeit in Mesopotamien (heute: Irak); sie sind uns auch aus dem neuzeitlichen Tibet bekannt. Der schwedische Archäologe Robin Hägg geht für das minoische Kreta von einem theokratischen System aus und meint, dass die minoischen Paläste administrative und religiöse Zentren darstellten, die von einer Priesterkaste regiert wurden (Hägg 1987; Fitton 2004, 108 und 117 f.; Schiering 1994). Grundsätzlichen Zweifel an der Existenz von Monarchien im griechischen Raum hat Sarah Morris angemeldet. Sie meint, dass alle antiken Erzählungen von Königen von der Begegnung mit dem lydischen und persischen Königtum geprägt seien und weder das minoische und mykenische Griechenland noch das archaische Griechenland dynastische Herrschaft gekannt hätten. Macht sei in frühen Griechenland rituell, nicht politisch begründet gewesen (Morris 2003, 13). Das letzte Wort über den Charakter der Herrschaft im frühen Griechenland ist noch nicht gesprochen.

Wer auch immer die Herrschenden in den Palästen oder Tempeln auf Kreta und in Mykene oder Pylos waren, auf jeden Fall hatten sie Anspruch auf Abgaben und Arbeitsdienste der weiblichen wie männlichen Bevölkerung, die in den Dörfern lebte. Rekonstruieren lässt sich nach den Schriftfunden eine Gesellschaft, die arbeitsteilig und hierarchisch strukturiert war.

1.3 Der Untergang der »Palastkultur« und das Problem der Ethnogenese

Die in Ton geritzten Schriftzeichen wurden eingebrannt. Das war nicht Teil des Buchhaltungsvorgangs, sondern geschah unabsichtlich: Die Palast- bzw. Tempelanlagen wurden Opfer von Brandstiftungen, allerdings nicht überall und auch nicht gleichzeitig. Die Zerstörungen in Knossos werden zum Teil ins 14. Jh., die Zerstörungen auf dem griechischen Festland um 1200 datiert (SH III B). Nach den Bränden wurden die Paläste bzw. Tempelanlagen wieder aufgebaut. Aber die Bauformen veränderten sich, die verdichtete Architektur löste sich auf, die Keramiktypen variierten, die Bestattungsweisen wandelten sich. Große Gräber in Tholosform mit Gemeinschaftsbestattungen wurden abgelöst durch kleine Gräber mit Einzelbestattungen, Brand- und Körperbestattung wechselten einander ab. In der Keramik wurden die figürlichen Muster auf minoischen Vasen sukzessive durch geometrische Muster ersetzt, die den Namen für ein neues Periodisierungsschema abgaben: geometrische Zeit. Ab dem 11. Jh. finden wir Belege für Eisengebrauch; der Gebrauch von Bronze tritt zurück. An Schnittpunkten von Wegen bzw. Seerouten entstanden neue Kultplätze – fassbar in Überresten von Tongeschirr und Tierknochen –, die als regionale und überregionale Treffpunkte dienten: in Isthmia bei Korinth, in Kalapodi in der Phokis und in Olympia, im Westen der Peloponnes. Insgesamt war das 12. Jh. ein Zeitalter des Wandels (Morgan 1996, 42).

Da es zunächst so schien, als ob die nachfolgenden Jahrhunderte fundarm seien, hat sich in der archäologischen Forschung für die Zeit zwischen 1100/1150 und 700 der Terminus »Dunkles Zeitalter« eingebürgert; aber auch geometrische Zeit ist ein gebräuchlicher Terminus, der sich an einem neuen Stil in der Vasenmalerei orientiert, der um 1150 einsetzt. Unterschieden wird zwischen dem protogeometrischen, dem geometrischen und dem spätgeometrischen Stil (Hölscher 2002). Inzwischen ist die Einschätzung der relativen Fundarmut revidiert worden. Nahm die ältere Forschung einen scharfen Bruch an, so wird heute aufgrund detaillierter archäologischer Forschungen auf Kontinuitäten verwiesen (Hölkeskamp 2000; Dickinson 2006).

Das Konzept der indogermanischen Einwanderungen

In der älteren Forschung ging man davon aus, dass der Kulturwandel auf die Einwanderung indogermanischer bzw. indoeuropäischer Hirtenvölker zurückzuführen sei, die die Mittelmeerkulturen des 2. Jahrtausends überrannt hätten. Seit etwa 20 Jahren deutet sich ein Paradigmenwechsel an; nun werden eher endogene als exogene Faktoren als Ursache für den Kulturwandel angenommen. Da aber in vielen Überblickswerken immer noch mit dem Konzept der indogermanischen Wanderungen argumentiert wird (Welwei 1992, 8), seien hier die Gründe für die Entstehung des Konzepts der indogermanischen Wanderungen erläutert.

Das Konzept der indogermanischen Sprachfamilie basiert auf sprachvergleichenden Untersuchungen, die infolge des Sanskrit-Booms um 1800 entstanden. Zu nennen ist vor allem Franz Bopps Werk *Ueber das Conjugationssystem der Sanscritsprache im Vergleich mit jenem der griechischen, lateinischen, persischen und germanischen Sprache* von 1816. Bopp hatte Übereinstimmungen zwischen Flexionssystemen, Wortbildung, Wortschatz, Lautbildung und Syntax in verschiedenen europäischen und indischen Sprachen entdeckt. Während Bopp die von ihm ermittelte Sprachfamilie mit dem Attribut »indoeuropäisch« versah, setzte sich in Deutschland der von Julius von Klaproth 1923 eingeführte Terminus »indogermanisch« durch (Poliakov 1983, 11). Diese Sprachvergleiche stehen in Zusammenhang mit den Bestrebungen der Naturwissenschaften des 19. Jhs., botanische und zoologische Klassifikationen vorzunehmen, was mit Hilfe von Stammbäumen geschah. Auch Sprachen verstand man als derartige Naturorganismen, die man zu Gruppen zusammenfasste und auf eine Ursprache zurückzuführen suchte (Häusler 1992, 5 f.: Abb. 1; Wiesehöfer 1990). Entstanden ist aus diesen Forschungen das Fachgebiet der »Indogermanistik«.

Eine ideologische Prägung erhielten diese sprachwissenschaftlichen Forschungen, als man begann, nach einem Urvolk zu suchen, das diese Sprache verbreitet haben soll, und ihm den Namen Arier gab. Der Name stammt aus der Antike; mit ihm wurde von antiken Historikern ein iranischer Volksstamm bezeichnet (Wiesehöfer 1990, 149–154). Eben dieser Name wurde nun zur Bezeichnung des vermeintlichen Urvolkes genutzt. Für den Altertumswissenschaftler Ernst Curtius (1814–1896), Prinzenerzieher am preußischen Hof, bildete »das Griechenvolk [...] ein[en] Zweig jenes arischen Urvolks, welches einst, in Hochasien angesessen, die Ahnen der Inder, Perser, Kelten, Griechen, Italiker, Germanen, Letten und Slaven umschloß« (Curtius 1878, 16). Der Rechtshistoriker Rudolph von Jhering (1818–1892) hielt »[d]ie Ermittlung dieser Abstammung der sämtlichen indo-europäischen Völker von den Ariern« sogar für »eine der glänzenden wissenschaftlichen Entdeckungen des neunzehnten Jahrhunderts« (1894, 2). Als Ursprungsort dieses Volkes (»vagina populorum«) galt zunächst Asien. Zu Beginn des 20. Jhs. hielt man Südrussland für die Heimat der Urindogermanen; inzwischen wird mit einem anatolischen Ursprung argumentiert (Finkelstein 1997/1998).

Auch diese Suche nach dem Urvolk wurzelt im Zeitgeist. Sie steht im Kontext der nationalen Bewegungen des frühen 19. Jhs. und fußt auf der Idee einer Einheit von Volk und Sprache. In Deutschland, wo im Verbreitungsgebiet der deutschen Sprache eine Vielzahl von politischen Gebilden existierte, wurde das Konzept der Kulturnation entwickelt, das eben auf der angenommenen Einheit von Sprache und Volk basiert. Diese vermeintliche Einheit wurde zur entscheidenden Argumentationsbasis, um eine politische Einigung nach dem Ende des Heiligen Römischen Reiches Deutscher Nation von 1806 zu forcieren. Der politische Vorgang wurde nun in die Vergangenheit projiziert: diejenigen Völker, die eine indogermanische Sprache sprechen, mussten ursprünglich auch die Kultur geteilt und daher auch ein Volk gebildet haben.

Die Indogermanentheorie löste die auf der Bibel beruhende Diffusionstheorie ab, nach der alle Entwicklung von einem Urpaar, Adam und Eva (bzw. von einem Urvater, dem Nachkommen Noahs), ausgeht. Noch Joseph Lafitau hatte zu Beginn des 18. Jhs. die Ähnlichkeiten der Bräuche der Indianer mit denen der antiken Griechen mit der gemeinsamen Abkunft erklärt. Auch bei dem

Konzept der indogermanischen Wanderung handelt es sich um ein Diffusionskonzept. Nur wurden Ähnlichkeiten nicht mehr genealogisch begründet und auf ein menschliches Urpaar zurückgeführt, sondern mit einem gemeinsamen Volkscharakter begründet. Hinzu kam ein evolutionstheoretisches Argument. Um den Volkscharakter zu ergründen, griff man auf das aus der Antike stammende Dreistufenmodell zurück. Nach Marcus Terentius Varro, der ein Werk über die Agrarwirtschaft verfasste (*res rusticae* 3,1,3–4), ist zwischen einer Phase des Sammelns und Jagens, einer Phase des Hirtentums und einer Phase des Ackerbaus zu unterscheiden. Eben diese Dreiteilung wurde im 19. Jh. aufgegriffen und als eine Abfolge von Stufen verstanden, die alle Völker durchlaufen haben sollen. Jede der Phasen verband man mit bestimmten Wirtschaftsweisen und gesellschaftlichen Strukturen. Der Phase des Hirtentums ordnete man nicht nur die nomadische Lebensweise zu, die man am Gebrauch des Pferdes festmachte, sondern auch eine patriarchale Sippenorganisation sowie den Glauben an Himmelsgottheiten. Das Konzept der patriarchalen Hirtenvölker bildet eigentlich ein Gegenmodell zu dem bereits seit 1861 kursierenden Modell einer ursprünglich friedlichen gynaikokratischen Epoche, das der Basler Rechtsgelehrte Johann Jakob Bachofen 1861 auf der Basis von mythologischen Erzählungen entwickelt und mit dem Ackerbau und dem Kult der Erdgottheiten in Verbindung gebracht hatte. Auch wenn manche Sprachwissenschaftler konsequent evolutionstheoretisch dachten und nicht ausschließen mochten, dass auch die »Indogermanen« eine Phase des Mutterrechts durchlaufen hätten (von Jhering 1894, 61 f.; Benveniste 1991, 209 f.), setzte sich eine rein diffusionstheoretische Sichtweise durch: Die Ablösung der gynaikokratischen Kultur wurde als ein gewaltsamer Vorgang der Überlagerung und Verdrängung imaginiert (Thomson 1949/1974, 365; Gimbutas 1991).

Kritik der Wanderungstheorie Es gab bereits früh kritische Stimmen, die vor der Gleichsetzung von Sprache und Volk warnten. Der Sprachwissenschaftler Friedrich Max Müller verwahrte sich bereits im 19. Jh. dagegen, Sprache und Volk in eins zu setzen: »Man vergisst zu leicht, wenn wir von Arischen und Semitischen Familien sprechen, dass der Eintheilungsgrund ein rein sprachlicher ist. Es giebt Arische und Semitische Sprachen, aber es ist unwissenschaftlich [...], von Arischer Race, von Arischem Blut, oder von Arischen Schädeln zu sprechen und dann ethnologische Classificationen auf linguistischen Grundlagen zu versuchen« (zitiert nach Wiesehöfer 1990, 152). Die warnenden Stimmen sind – zu Unrecht – lange Zeit in Vergessenheit geraten, zumal die Idee der arischen Rasse nationalsozialistischem Gedankengut entgegenkam und in Schulbüchern fest verankert wurde (Chapoutot 2014, 34–48). Denn bei allen drei Merkmalen des vermeintlichen indogermanischen Urvolkes, Nomadismus (1), patriarchale Sippenorganisation (2) und Glaube an Himmelsgottheiten (3), handelt es sich um Konstrukte, für die es keine eindeutigen Belege gibt.

Erstens: Der Nomadismus entwickelte sich nach neueren Forschungen der Ethnologie und Wirtschaftsgeographie erst im 1. Jahrtausend in ökologischen Nischen und kann nicht als Ursache für Wanderungsbewegungen vorhergehender Jahrhunderte herangezogen werden (Khazanov 1984; Häusler 1992).

Zweitens: Das Konzept der patriarchalen Sippe ist ebenso wie das der matriarchalen Clanstruktur von Sozialwissenschaftlern, Religionshistorikern, Ethnologen und Historikern durch differenzierte Modelle wie Patri- und Matrilinearität ersetzt worden. Es handelt sich um Filiations- bzw. Zugehörigkeitsregeln, die zwischen der weiblichen und männlichen Linie trennen. Zum Teil werden innerhalb einer Gesellschaft patri- und matrilineare Filiationsregeln miteinander kombiniert. Vor allem aber wissen wir, dass Nomadismus mit einer Kombination von matrilinearer und patrilinearer Vererbung einhergehen kann wie bei einer im Niger angesiedelten Tuareg-Population, die Tiere in männlicher Linie, die Arbeitskräfte aber, die diese Tiere bewachen, in weiblicher Linie vererben. Dies hat wiederum Kreuzcousinenheirat zur Folge, die dazu dient, die Kontrolle über den Besitz innerhalb einer Familie oder Verwandtschaftsgruppe zu behalten (Oxby 1986, 99–127; Wagner-Hasel 1992).

Drittens: Inzwischen wird von Religionshistorikern die antike Religion nicht mehr nach Himmels- und Erdkulten geschieden oder nach einer Urmythologie gefahndet. Unter Religionshistorikern wird Religion vielmehr als ein komplexes Kommunikationssystem verstanden, das eine große Spannbreite unterschiedlicher Kultpraktiken und Glaubensvorstellungen aufweist und einem steten Wandel unterworfen ist (Rüpke 2001; Veyne 2008).

Aus archäologischer Perspektive stellt das Konzept der Invasion eine allzu einfache Antwort auf einen komplexen archäologischen Befund dar. Nachdem lange Jahre im baulichen Befund nach Belegen für die sprachwissenschaftlich begründete Wanderungstheorie gesucht worden ist, deutet sich seit einigen Jahren ein grundsätzliches Umdenken an. Anstelle von indogermanischen Wanderungen wird auf eine Vielzahl von Gründen verwiesen, die einen Kulturwandel ausgelöst haben können: (1) Naturkatastrophen, (2) soziale Krisen, (3) kriegerische Auseinandersetzungen, (4) die Suche nach neuen Ressourcen sowie (5) Migrationen im kleineren Maßstab (Hall 2007, 41–66).

Naturkatastrophen
In der Argolis im Osten der Peloponnes haben wir im Abstand von wenigen Kilometern zwei Palastanlagen oder Burgen: Mykene, an einer Passstrasse gelegen, und Tiryns an der Küste. In einer Studie von 2002 setzt Jacques Vanschoonwinkel – angelehnt an die Forschungen von Klaus Kilian in der Argolis – die Zerstörungen des späten 2. Jahrtausends mit den Folgen des Erdbebens von Kalamata im Jahre 1986 gleich. Griechenland liegt an der Nahtstelle von zwei tektonischen Platten, der eurasischen und afrikanischen Platte, und ist deshalb erdbebengefährdet. In mehreren ausgegrabenen Gebäudeabschnitten, die eindeutig keine Grabbauten darstellen, haben Ausgräber in Mykene und Tiryns menschliche Skelette gefunden. Sie weisen Brüche auf, die von herabfallenden Steinen stammen können. Dies sowie die Funde von zerstörten Kochtöpfen, die noch auf der Feuerstelle standen, lassen laut Vanschoonwinkel vermuten, dass die Zerstörungen von Erdbeben ausgelöst wurden. Brandzerstörungen, die die Ausgräber ebenfalls nachweisen konnten, können durch umgefallene Öllampen oder Feuerstellen verursacht worden sein (Vanschoonwinkel 2002). Jedoch wird das Erdbeben nicht als Auslöser, sondern höchstens als Katalysator der nachfolgenden Veränderungen angesehen. Klaus Kilian und Joseph Maran konnten zeigen, dass nach den Zerstörungen die Burganlagen von Tiryns und Mykene weiter bestehen blieben; es fand keine Entvölkerung statt, wie dies die Archäologen noch in den 1960er und 1970er Jahren annahmen (Kilian 1982; Maran 2008; Maran/Papadimitrou 2006). Auch wenn es Änderungen in den Bauformen gab, so zeichnet sich nach jüngsten Forschungen

eine Kontinuität in der Sachkultur und im Bestattungswesen sowie in der Kultpraxis ab. Einzelne Änderungen werden auf Handelsaktivitäten zurückgeführt, die nach den Brandzerstörungen nicht abbrachen (Crielaard 2011).

Eine Gruppe von Forschern geht anstelle von Zerstörungen durch Fremde von inneren Krisen aus. So argumentiert Philipp Betancourt (1976) mit der Anfälligkeit überspezialisierter Systeme für Krisen und nimmt einen Systemkollaps an. Hier setzen auch die Überlegungen von Paul Halstead ein, der mit dem Konzept der zentralen Vorratshaltung operiert (Halstead 1981). Seiner Meinung nach dienten die Paläste als Redistributionszentren, in denen agrarische Güter gesammelt und in Notzeiten umverteilt wurden. Zu den umverteilten Gütern zählten nicht nur Getreidevorräte oder Olivenöl, sondern auch und vor allem Schafe, die in schlechten Jahren unmittelbar konsumiert werden konnten; in guten Jahren lieferten sie Rohmaterial für die Wollproduktion. Während Überschüsse an Öl zu Duftstoffen verarbeitet wurden, habe man die Wolle zur Fertigung von Textilien für den Tauschverkehr genutzt und auf lokaler Ebene gegen Nahrungsmittel, auf überregionaler Ebene gegen Handwerksprodukte wie Goldringe oder Alabastervasen eingetauscht (Halstead 1981, 205). Das Goldland schlechthin war zu dieser Zeit Ägypten, wo die ältesten Goldbergwerke nachgewiesen sind. Keftiu (Kreter) tauchen in ägyptischen Texten des 15. Jhs. v. Chr. als Spender von Gaben auf, so dass wir annehmen müssen, dass die Herstellung von Textilien aus Wolle, die über den eigenen Bedarf hinausging, ein wesentliches Mittel war, um an auswärtige Güter zu gelangen (Nosch 2008). Dies gilt vor allem für Kupfer und Zinn, die zur Bronzeherstellung benötigt wurden. Kupfer konnte auf der Insel Zypern abgebaut werden, wo die Präsenz der Minoer im 2. Jahrtausend nachgewiesen ist. Zinn hingegen kam von weit her, aus Afghanistan und von den britischen Inseln (Treister 1996).

Zum Zusammenbruch kam dieses System nach Halstead dann, wenn der ›Palast‹ in Krisenzeiten – z. B. bei Erdbeben – die Funktion der Vorsorge nicht mehr erfüllen konnte und daher seine Legitimationsbasis verlor. Allerdings ist genau dies inzwischen umstritten. Denn es ist nicht gesagt, dass das bürokratische System völlig verschwand. Nach Jan Crielaard (2011, 99–103) sprechen Siegel

Systemkollaps

auf Vorratsgefäßen und Gewichtsfunde für ein Weiterleben bürokratischer Strukturen und eines Arbeitsdienstsystems, auch wenn
direkte Schriftzeugnisse dafür fehlen. Gerade die großen Grabanla-
gen, die in Lefkandi und anderen Orten im 11. und 10. Jh. errichtet
wurden, verlangten die Koordination einer großen Anzahl von
Arbeitern, meint Crielaard (2011, 98 f.). Da die Linear B-Tafeln ohnehin nur aufgrund von Brandzerstörungen konserviert wurden,
ist es durchaus denkbar, dass auch weiterhin die Silbenschrift für
Buchhaltungszwecke benutzt wurde, von der wir keine Zeugnisse
haben, weil die Tonfafeln normalerweise nicht gebrannt wurden.
Wie wir sehen werden, gab es in allen Regionen Griechenlands, in
denen eine minoisch-mykenische ›Palastkultur‹ nachgewiesen ist,
auch in klassischer Zeit eine abgabenpflichtige Bevölkerung (Kapitel 2.5).

Kriegerische Auseinandersetzungen Zu bedenken sind außerdem Konflikte, die zwischen einzelnen
Zentren ausgetragen wurden. Geht man von der Situation im helle-
nistischen Kreta aus (3. Jh. v. Chr.), so haben wir es mit mehreren
Bündnissystemen zu tun. Ein Bündnissystem ging von Knossos aus,
ein anderes mächtiges System wurde von Gortyn in der Mesara-
Ebene unweit von Phaistos gelenkt. Zeitweise bildeten beide einen
einheitlichen Verband. Meist aber führten sie gegeneinander Krieg
(Chaniotis 1996). Eine ähnliche Situation ist auch für die frühe Zeit
denkbar. Die Archäologen gehen davon aus, dass in der Spätphase
der minoischen Zeit (SM II/III A2) Knossos das beherrschende
Zentrum war, ehe es um 1200 (SM IIIB) zum Ende der Palastkultur
kam. Man kann sich also vorstellen, dass unter den Bedingungen
äußerer Bedrohung die zentrifugalen Kräfte stärker wirkten als die
einigenden Kräfte. Reich ausgestattete Kriegergräber aus der Zeit
zwischen 1050 und 950 sprechen für eine hohe Wertschätzung kriegerischer Tugenden, wie wir sie später in den Epen Homers geschildert bekommen. In der Nachpalastzeit scheint das im Westen gelegene Kydonia (heute: Chania) an Bedeutung gewonnen zu haben,
das sich als Zwischenstation für neue Langstreckenrouten ins west-
liche Mittelmeer eignete (Fitton 2004, 26 f. und 169). Auch können
kriegerische Überfälle von außen eine Rolle gespielt haben. In ägyptischen Quellen, in den Königsinschriften der 19./20. Dynastie, ist
von Seevölkern die Rede, die unter Ramses III. zurückgeschlagen

wurden. Auch sie wurden in der Vergangenheit (Lehmann 1985) für Zerstörungen auf Kreta verantwortlich gemacht (kritisch: Dickinson 2006, 45–48; Cline 2015). Überfälle von Piraten – als solche muss man die Seevölker verstehen – waren die gesamte Antike hindurch ein Problem. Nur wirkten sie nie systemverändernd (vgl. Kapitel 2.9).

Als ein weiterer Grund können Änderungen in der Technologie angeführt werden. Bronzeknappheit ist aus den Tontafeln in Pylos herausgelesen worden (Welwei 1992, 49), die die Suche nach Alternativen gefördert haben mag. Vermutlich ist von einem langsamen, sukzessiven Wandel auszugehen, der entlang der Erschließung neuer Ressourcen verlief. Betrachten wir die im späten 11. Jh. v. Chr. in Lefkandi bestatteten Personen mit ihren Grabbeigaben, so ist deutlich, dass sie ihren Reichtum auswärtigen Kontakten verdankten. Zu den Grabbeigaben zählen Fayenceketten und Vasen aus Phoinikien, Bronzegefäße aus Zypern, Glasperlen und Goldschmuck sowie Leinen (darin waren die Gebeine eingewickelt) aus Ägypten. Auch Eisenfunde weisen die Gräber auf (Blome 1984, 9 f.; Lemos 2007). Der Handel, so zeigen diese Funde der Archäologen, kam auch in den sogenannten »dunklen Jahrhunderten« nicht zum Erliegen. Nur eröffneten sich neue Perspektiven. Während der Bedarf an Kupfer und Zinn für die Bronzeherstellung vor allem Kontakte gen Osten förderte, richtete sich mit dem Aufkommen der Eisenverarbeitung das Interesse auf Italien: Eisenerzvorkommen finden sich auf Elba und in Etrurien (Murray 2017).

Vom Bronze- zum Eisengebrauch

Um 760/750 v. Chr. kam es mit Pithekussai auf der Insel Ischia und der Nachfolgesiedlung Kyme (lat. Cumae) auf dem gegenüberliegenden Festland zur ersten griechischen Ansiedlung in Unteritalien. Sie markieren den Beginn des sogenannten Kolonisationszeitalters, über deren Ursachen (Hungerkrisen, Verteilungskämpfe) und Verlauf (Kollektivunternehmen oder Einzelinitiative) in der Forschung keine einheitliche Auffassung herrscht. Während antike Historiker (vgl. Kapitel 2.2) die Besiedlung Unteritaliens als eine zielgerichtete Maßnahme einer griechischen Mutterstadt (*Metropolis*) ansahen, verweist die Vielfalt der gefundenen Keramiktypen eher auf eine multiethnische Bevölkerung, die das Interesse an Metallen und anderen Ressourcen einte. So wurden in Pithekussai

Migration und Kolonisation

Überreste von Vorrichtungen für die Metallschmelze und Metallreste gefunden (Osborne 1998; Ridgway 2000). Die moderne Migrationsforschung geht davon aus, dass Koloniegründungen, seien es temporäre Handelsniederlassungen (*empória*) oder dauerhafte Siedlungsableger von einzelnen Städten (*apoikía*), stets Kontakte vorausgehen. Keine Siedlerbewegung zielt ins Leere, in unbekannte Räume (Ehmer 1998). So wird von der Existenz von Mobilitätskanälen seit der minoisch-mykenischen Zeit ausgegangen, die von unterschiedlichen Gruppen genutzt wurden, um an Ressourcen für unterschiedliche Zwecke zu gelangen: an Metalle (Kupfer, Zinn, Eisen, Silber, Gold) für die Waffenherstellung und für die Besoldung von Söldnern, an Güter für den ostentativen Konsum, um Gefolgsleute zu gewinnen, an Mittel zur Begleichung von Tributen wie etwa Purpur oder Wolle. Die vielen archäologischen Funde, die in den letzten Jahren an der Nordküste der Peloponnes in Achaia und auf den westionischen Inseln (Ithaka, Kephallonia) gemacht wurden, verweisen auf diese Intensivierung des Austauschs mit Italien bereits im 11. Jh. v. Chr., also weit vor dem nach antiker Vorstellung erfolgten Beginn der Kolonisation Unteritaliens (Ridgway 2000; de Polignac 1994; Deger-Jalkotzy 2001, 65; Eder 2006). Daneben wurde auch der Kontakt mit dem Vorderen Orient aufrechterhalten, wovon multiethnische Niederlassungen wie Al Mina in Syrien und Naukratis in Ägypten zeugen (Möller 2000; Malkin 2011). Als Motiv für die von phönizischen Städten ausgehende Gründung von Kolonien an der nordafrikanischen Küste (Karthago), wo sich nach Aussagen des antiken Naturschriftstellers Plinius das beste Purpur gewinnen ließ, vermuten manche Historiker Tributleistungen an die Assyrer (kritisch: Niemeyer 1999; Kearsley 1999, 109–134).

Griechische Ethnogenese
Es gibt inzwischen auch theoretische Alternativen zum Wanderungsmodell, u. a. das Konzept der Ethnogenese. Die Ethnogenese stellt kein biologisches Faktum dar, sondern ist als ein soziales Phänomen zu begreifen. Orlando Patterson definiert Ethnizität als jene Bedingung, nach der bestimmte Mitglieder einer Gesellschaft in einem gegebenen sozialen Kontext entscheiden, sie als ihren bedeutungsvollen Ursprung außerhalb der familialen Identität zu sehen. Fünf Faktoren werden für eine erfolgreiche Ethnogenese

hervorgehoben: (1) ein gemeinsamer Name, (2) ein gemeinsamer Abstammungsmythos, (3) die Verknüpfung mit einem bestimmten Gebiet und (4) eine gemeinsame Geschichte sowie (5) eine spezifische Kultur. Alle diese Faktoren werden ausgewählt; sie sind nicht natürlich vorhanden (Hall 1997, 25 und 30; Ulf 1996, 240–280).

Die Entstehung einer griechischen, d. h. hellenischen Identität (*Graeci* nannten erst die Römer die Bewohner des heutigen Griechenlands) gehört in die Mitte des 1. Jahrtausends v. Chr. Hellenen nannten sich die Griechen erst im Zuge der kriegerischen Auseinandersetzungen mit den Persern (Hall 1997, 19–33). Die Selbstbezeichnung der Bewohner der Siedlungen des 2. Jahrtausends kennen wir nicht. In unserer ältesten literarischen Quelle, den Epen Homers, gibt es Gruppenbezeichnungen, die an späteren Orts- und Landschaftsnamen auf der Peloponnes orientiert sind wie Achaier (vgl. Achaia) und Argiver (vgl. Argos). Die Namensgebung folgte einem genealogischen Muster. Gemeinsam war den Hellenen ein gemeinsamer Stammvater mit dem Namen Hellen. Auch die verschiedenen Dialektgruppen, die das Altgriechische aufweist wie das Dorische, das Ionische und das Äolische, wurden genealogisch begründet und auf die Söhne des Hellen (Doros, Xythos und Aiolos) bzw. auf die Söhne des Xythos (Ion und Achaios) zurückgeführt (Thukydides 1,3,1–3; Lund 2005, 1–17; Tasler 2008). Belegt sind die Gruppenbezeichnungen Ioner und Dorer erstmals in kultischen Kontexten, allerdings nur in den griechischen Städten an der kleinasiatischen Küste. »Zwölf ionische Städte begingen das dem Poseidon Helikonios geltende Fest der Paniónia«; die Städte der dorischen Pentapolis feierten das Fest des Triopischen Apollon bei Knidos (Tasler 2008, 15). In Griechenland bildeten im 5. Jh. die Dialektgruppen tendenziell politische Bündnissysteme ab. Das Dorische wurde auf der Peloponnes gesprochen, wo sich unter der Führung von Sparta im 5. Jh. v. Chr. der Peloponnesische Bund herausbildete. Das Ionische wurde im Osten Griechenlands und in den griechischen Städten an der kleinasiatischen Küste gesprochen, die zum Teil identisch mit den Mitgliedern des Delisch-Attischen Seebundes waren, der nach den Perserkriegen unter der Führung Athens entstand (Schmidt-Hofner 2016, 94). Für die Entwicklung einer hellenischen Identität spielte das Homerische Epos eine zentrale Rolle, das am Beginn der literarischen Überlieferung aus der Antike steht und eng mit dem Entstehen einer neuen politischen Struktur, der griechischen Polis, verbunden ist.

2. Die griechische Poliskultur

Die sogenannte Polis lautet der Titel der 1985 erschienenen Habilitationsschrift von Wilfried Gawantka, der vor allem eines deutlich macht: Die Polis ist nicht eindeutig definierbar. Oftmals mit »Stadt« oder »Stadtstaat« wiedergegeben, ist Polis weder mit staatsrechtlichen noch mit urbanistischen Kategorien angemessen zu erfassen. Der britische Althistoriker Oswyn Murray hat in seiner Studie *The Greek City* von 1990 auf unterschiedliche nationale Zugangsweisen aufmerksam gemacht, die Polis zu definieren (Murray 1991, 3; Hölscher 1998, 5): als Rechtsverband in Deutschland, als Kultverband in Frankreich und als soziales Gebilde, getragen von mafiösen Verhaltensweisen und Freiheitsbestrebungen in der amerikanischen Altertumswissenschaft. Seine Zuspitzung trifft den aktuellen Stand der Forschungen zur Polis mittlerweile nur noch bedingt; zu sehr haben sich die Unterschiede inzwischen verwischt.

Eine gewichtige Revision, die unabhängig von nationalen Zugriffsweisen ist, betrifft die Abkehr von der Vorstellung, es habe eine schrittweise Entwicklung von einer stammesstaatlichen, auf Verwandtschaftsbeziehungen ruhenden Gesellschaftsordnung hin zu einer abstrakten, auf räumlichen Prinzipien basierenden politischen Ordnung gegeben. Der Bruch mit diesem Entwicklungsmodell geht auf begriffsgeschichtliche Untersuchungen von Felix Bourriot (*Genos* 1976) und Denis Roussel (*Tribu et cité* 1976) zurück. Sie haben gezeigt, dass Institutionen wie das *génos* (Abstammung, Herkunft, von gr. *gígnomai*: werden, entstehen), die *phratría* (Bruderschaft, von gr. *phratêr*: Bruder) und die *phylê* (Stamm – von gr. *phýō*: zeugen, hervorbringen), die als Relikte einer Stammesstruktur verstanden wurden, keine Überbleibsel waren, sondern ihre Funktionalität im Rahmen der voll entwickelten Polis entfalteten (Ismard 2010; Grote

2016). An die Stelle solcher unilinearen Entwicklungsmodelle, die im Denken des 19. Jhs. wurzeln, sind Konzepte getreten, die in der Sozialanthropologie entwickelt wurden und zur Untersuchung von Mechanismen der sozialen Integration und von Gruppenbildungen angeregt haben. Dazu gehören die Gastfreundschaft als eine Form der ritualisierten Freundschaft (Herman 1987; Gill/Postlethwaite/ Seaford 1998; Wagner-Hasel 2000; Lyons 2012), das Wohltäterwesen (Domingo Gygax 2016), das Gerede als Form der Sozialkontrolle (Hunter 1994; Schmitz 2004, 99–104; Worman 2008) oder die Erotik als Mittel der politischen Sozialisation (Wohl 2002).

2.1 Polisbildung: Revisionen und Perspektiven

Der griechische Tempel

Als Wahrzeichen der griechischen Polis gilt der freistehende Tempel. Den Ausgangstypus bildet der Antentempel, »dessen vorgezogene Längswände einen offenen Vorraum einfassten, an dessen Front eine oder zwei Säulen den Giebel zu tragen pflegten« (Gruben ^{2}1976, 33). Am Ende der Entwicklung steht ein doppelter Säulenumgang, der sich wie ein Baldachin über einen geschlossenen Baukörper, den Naos, wölbte. Der Naos barg das Kultbild der jeweiligen Gottheit, die in dem Tempel verehrt wurde (Burkert 1988). Über die Funktion des Säulenumgangs sind sich die Archäologen nicht einig. Gottfried Gruben vermutete im Glauben an die inzwischen überholte indogermanische Wanderungsidee, dass sich im Tempel zwei Bauformen mischten: der hausartige geschlossene Megaronbau, den er für einen Archetypus der altägäischen Architektur des 2. Jahrtausends hielt, und der offene Baldachin In Form eines Säulenkranzes (Peristasis), den er mit den vermeintlich neu eingewanderten Griechen in Verbindung brachte (Gruben 1966/1976, 29). Mittlerweile ist der Bruch zwischen den Bauformen des zweiten und ersten Jahrtausends relativiert worden; Frühformen des griechischen Tempels mit zwei vorangestellten Säulen sind bereits für die mykenische Zeit nachgewiesen (Dickinson 2006). Die Erweiterung um einen Säulenkranz hat die amerikanische Archäologin Indra Kagis McEwen (1993) mit der Kultpraxis erklärt. Sie sieht im Säulenkranz eine Nachbildung des griechischen Gewichtswebstuhls, auf dem sakrale Gewänder für die Götter hergestellt wurden. Nach Ellen Harlizius-Klück, die der Rolle der Weberei für das politische Denken der Griechen nachgegangen ist, repräsentieren die Säulen die zu Bündeln zusammengefassten Kettfäden, die vom Tuchbaum bzw. vom Giebel herabhängen und mit Gewichten beschwert waren (Harlizius-Klück 2016). Da die Gewandweihe ein zentrales Element von Götterfesten bildete (Barber 1992), ist eine solche Deutung durchaus plausibel, zumal jüngere Funde von Webgewichten in Tempeln zeigen, dass in den Heiligtümern tatsächlich auch Gewänder hergestellt wurden (Meo 2014). Brendan Burke vermutet sogar, dass die Tempel die Nachfolge der mykenischen ›Paläste‹ darstellten (Burke 2016), die ja derartige Zentren textiler Produktion und Redistribution bildeten.

Die ersten archäologisch nachweisbaren freistehenden Tempel entstanden im letzten Drittel des 8. Jhs. v. Chr. (Coldstraem 1979, 317). Es sind dies der Apollontempel in Eretria (um 725 v. Chr.), das Heraion von Samos (Abb. 4: Heraion von Samos; siehe »Bildquellen« unter *www.campus.de*) und der Heratempel von Perachora bei Korinth (um 800 v. Chr.). Vorläufer von Tempeln standen zunächst an Kreuzungspunkten von Wegen und an der Peripherie von Siedlungen. Ein Beispiel bildet der Ort des Poseidontempels am Isthmos von Korinth. Hier fanden – nach Knochenfunden und Keramikscherben zu urteilen – bereits im 11. Jh. v. Chr. Opfermähler statt, ehe man dem Gott eine Behausung aus Holz und Stein baute (Hölscher 1998). In den 1980er Jahren hat der französische Altertumswissenschaftler François de Polignac (1984) die räumliche Logik der Platzierung von Tempeln und Heroengräber zu entschlüsseln versucht. Er unterscheidet zwischen urbanen, suburbanen und extra-urbanen Tempeln, die den Polisraum markieren und strukturieren. Die in den Tempeln ausgeübten Kulte und die mit ihnen verbundenen Mythen schufen ihm zufolge eine Verbindung zur heroischen Vergangenheit und stellten diese in den Dienst der neuen politischen Ordnung, der Polis.

Damit hat er eine neue Sicht auf die antike Polis angeregt, insofern er Raum und Religion in Beziehung zueinander setzte und aus der Situierung von Heiligtümern und Heroengräbern auf eine bewusste symbolische Markierung des Polisraumes mit seinen ag-

Raum und Religion

rarischen Ressourcen schloss. Er operiert mit einem Gegensatz von Wildnis und Zivilisation, den der Archäologe Tonio Hölscher aufgegriffen hat. Hölscher sieht mit der Polisbildung eine bestimmte urbanistische Struktur verbunden, die durch eine Trennung von *chôra* und *eschatiá*, von fruchtbarem Kulturland und wilder Außenwelt (dem Bereich der Berge und Wälder, der wilden Tiere und Früchte) geprägt sei. Laut Hölscher grenzt sich der Stadtraum mit der Polisentstehung ideell und topographisch von der *chôra* ab. Drei Pole der Öffentlichkeit entstünden mit der Polisbildung: Agora, Heiligtümer und Nekropolen. Diese seien über Mauern und Tore sowie über sakrale Achsen von der *chôra* abgegrenzt und mit ihr verbunden. Die Dreiteilung entspreche der Dreiteilung in Menschen, Götter, Tote. Öffentliche Räume fasst Hölscher als Orte, an denen die Mitglieder der Polis in ritueller Weise in Verbindung miteinander traten. Raum ist für ihn nichts anderes als ein Medium, durch das soziale Beziehungen erzeugt und reproduziert werden. Später ist de Polignac von der strikten Scheidung zwischen Kulturraum und Wildnis abgerückt (de Polignac 1994). Denn es handelt sich bei der sogenannten Wildnis nicht um einen ungenutzten Raum, sondern vielfach um Bergregionen, die als Weideland von mehreren Poleis genutzt wurden. Insofern lassen sich die Tempel auch als Orte der Begegnung und der rituellen Konfliktregulierung sowie des ökonomischen Austausches verstehen (Wagner-Hasel 2000, 279; García Morcillo 2013).

In ihrem Buch *Landscapes, Gender and Ritual Space* von 2004 hat Susan Guettel Cole die Raumperspektive aufgegriffen und eine Erweiterung um die Kategorie »Geschlecht« angeregt. Ausgehend von der Trennung von produktiv genutzten und sakral bedeutungsvollen Landschaften nimmt sich Cole Umgangsweisen mit Räumen und rituelle Praktiken ganz unterschiedlicher Art vor, die jedoch eines gemeinsam haben: die geschlechtsspezifische Codierung. Am Beispiel der Insel Thasos zeigt sie, wie männliche und weibliche Gottheiten bei der Markierung des Stadtraumes zusammenwirkten. An den Toren der befestigten Stadt befanden sich Reliefs mit lokalen Gottheiten, die Grenzen bzw. Übergänge markieren: Hermes, der göttliche Geleiter, führt die Chariten, das Gefolge der Göttin Aphrodite, die mit der weiblichen Schönheit verbunden sind, in ihr Heiligtum zur Agora. Die Agora, das politische Versammlungszentrum, lag in der Nähe des Hafens. Es ist durch eine kürzlich entdeckte Inschrift belegt, dass sich dort das Heiligtum der Chariten und das Prytaneion, das »Rathaus«, befanden. Auf einem anderen Relief am Stadttor geleitet Hermes die Göttin Artemis, die für die Tiere der »Wildnis« zuständig ist, für Jagdtiere und Ziegen, auf ihren Wagen in die Stadt. Weitere Szenen thematisieren das städtische Leben: Ein übergroßer Silen, der zum Gefolge des Weingottes Dionysos gehört, ist auf dem Weg zum Theater zu sehen. Gestaltet sind außerdem eine Theoxenia, eine Götterbewirtung, und das Ritual der *anakalýptêria (kalypsô* = enthüllen), der Entschleierung der Braut. Dieses Ritual vollzogen Braut und Bräutigam, nachdem die Braut ins Haus des Bräutigams gebracht worden war. Die Entschleierung war mit dem Darbieten von Geschenken an die Braut verbunden. Hier wird die Zeremonie von Zeus an Hera vollzogen und damit auf die Bedeutung der Ehe für das Zusammenleben verwiesen (Cole 2004, 51). Während die auf den Reliefs gestalteten Gottheiten auf dem Weg in die Stadt zu sehen sind, ist der Blick eines weiteren, hier ebenfalls dargestellten Gottes bzw. Heros, nämlich Herakles, nach draußen gerichtet: Er kniet und hat Pfeil und Bogen gespannt, bereit, die Stadt gegen Angreifer zu verteidigen (Cole 2004, 52). Thematisiert wird mit diesem Bildprogramm auf dem Stadttor das Zusammenwirken der zentralen Bindungsverhältnisse der Stadt: die Krieger- und die Opfergemeinschaften mit der Hausgemeinschaft, die auf dem Bindungsverhältnis des Paares gründet. Auch werden unterschiedliche Handlungsfelder der Bewohner angesprochen, die Landwirtschaft, der Krieg, die Jagd, der Kult.

Aus siedlungsgeographischer Perspektive kann man diesen Polisbildungsprozess auch als Zentrumsbildung betrachten. Dieses Konzept, das ursprünglich aus der Siedlungsgeographie stammt, meint die Herausbildung eines Ortes als religiöses, administratives und wirtschaftliches Zentrum innerhalb einer Region und wurde zunächst für bronzezeitliche Kulturen benutzt (Renfrew 1976; Nissen 1983), ehe es auf die Kulturen des klassischen Griechenlands angewendet wurde. Im Blick steht nicht so sehr die Entwicklung eines Ortes, sondern seine Rolle in einem räumlichen Beziehungsnetz (Rihll/ Wilson 1991, 89). Damit deutet sich eine Abkehr von dem äußerst einflussreichen Autarkie-Modell von Ernst Kirsten (1956) an, in dem

Autarkie versus Mobilität

die Polisstruktur aus der räumlichen Kleinteiligkeit Griechenlands abgeleitet wird. Entgegen der Autarkiethese hat sich die Ansicht einer strukturbedingten Mobilität durchgesetzt, die – so Nicholas Purcell – als »flexible ecological response« zu verstehen sei (Purcell 1990, 42). Gemeint ist die gegenseitige Nutzung von Ressourcen unterschiedlicher Räume als Strategie, um Krisensituationen zu bewältigen. Richtet Purcell sein Augenmerk vor allem auf die Seefahrt und auf das Meer als Kommunikationsraum, so hat Catherine Morgan Überlandrouten, über die Metalle und Vieh transportiert wurden, in den Blick genommen (Morgan 1990). Gerade für die Herausbildung von überregionalen Kultzentren wie Delphi und Olympia in Griechenland oder für unteritalische Heiligtümer spielen Wanderweidewege (Tranzhumanzrouten) eine zentrale Rolle (Wagner-Hasel 2000, 261–305; García Morcillo 2013). Auch werden stärker regionale Unterschiede in diesem Polisbildungsprozess reflektiert. Denn während sich Athen zum alleinigen politischen Zentrum der Region Attika entwickelte, existierten in anderen Gebieten, so in der Argolis auf der Peloponnes und in Boiotien, mehrere politische Zentren nebeneinander (de Polignac 1998).

Staatlich-
keitsdebatte
Mit der Zentrumsbildung ging eine Institutionalisierung des Politischen einher, wobei über deren staatlichen Charakter gestritten wird (Meier 1983; Stahl 2003). Das heißt, es bildete sich ein Ämterwesen heraus, das unabhängig vom politischen Prestige der einzelnen Person existierte. Es gab Verfahrensregeln zur Konfliktregulierung, die schriftlich fixiert wurden, politisch-philosophische Debatten über die rechte politische Ordnung (*politeía*) und um das, was dem Einzelnen und was dem Gemeinwesen gebührte. Anders als heute wurden politische Ämter in der Antike als ehrenvolle Auszeichnungen begriffen, die einer herausgehobenen Gruppe vom Volk erwiesen wurden. Die Amtsträger hatten wiederum politische Leistungen zu erbringen und finanziellen Aufwand für die Gemeinschaft zu betreiben. Nur in Ausnahmefällen wurden Amtsträger besoldet. Kontrolliert wurde dies in politischen Gremien, in Volks- und Ratsversammlungen. Aufgrund des finanziellen Leistungsdrucks, der auf den Amtsträgern ruhte, ist die politische Ordnung der antiken Gemeinwesen auch als Akzeptanzsystem definiert worden (Martin 1994).

Frühneuzeitliche Staatstheoretiker wie Thomas Hobbes verstanden unter einem Staat die Unterwerfung partikularer Interessen unter eine Zentralgewalt, wie sie in der Antike nicht stattgefunden hat. Auf den modernen Nationalstaat und nicht auf antike Gemeinwesen passt die ebenfalls im 17. Jh. entwickelte Drei-Elemente-Lehre, die von der Einheit von Staatsvolk, Staatsgebiet und Staatsgewalt ausgeht. Es handelt sich um eine Staatskonzeption, die auf dem abstrakten Souveränitätsgedanken beruht und mit der Vorstellung von einem abgeschlossenen Territorium als Herrschaftsraum einhergeht, sichtbar an Grenzzäunen, Zollhäusern und Schlagbäumen, die ein einheitliches Zollgebiet markieren, wie es sich in der Antike nie herausgebildet hat (Service 1977, 31 f. und 69). Dennoch wird gerade in jüngster Zeit auf dieses Modell zurückgegriffen, um die Unterschiede zwischen antiken und modernen Staatsgebilden zu betonen. Statt mit dem Begriff des Staates wird hier mit dem substantivierten Adjektiv »Staatlichkeit« operiert und auf die Prozesshaftigkeit und verschiedenen Ausprägungen von Staatsbildungen abgehoben (Lundgreen 2014). Seit den 1990er Jahren kursiert auch der Begriff der Bürgerstaatlichkeit (*citizen state*), mit dem der Blick weg von politischen Strukturen auf politische Praktiken gelenkt wird (Walter 1993; 1998). Gefragt wird nach Praktiken des Bürgerseins wie das Tragen von Waffen oder die Teilhabe an athletischen Übungen in Gymnasien und an Gemeinschaftsmählern oder Opferhandlungen (Blösel 2014). In modifizierter Form genutzt wird auch Max Webers Unterscheidung zwischen persönlicher, patrimonialer und bürokratischer Herrschaft. Als entscheidende Kriterien galten ihm das Maß der Institutionalisierung von Herrschaft über Ämter und über einen Verwaltungsapparat sowie die Entwicklung eines Gewaltmonopols. Ein solches Gewaltmonopol ist in der Antike zwar nirgends zu finden; gleichwohl wird auf Formen der legitimen Gewalt als Kennzeichen antiker Staatlichkeit verwiesen (Lundgreen 2014). Von Weber beeinflusst sind auch evolutionstheoretische Ansätze, die nicht mehr – wie dies im 19. Jh. üblich war – auf der Annahme einer einheitlichen (unilinearen) Entwicklung basieren, die alle Völker durchlaufen haben sollen. Für die althistorische Debatte ist die Unterscheidung zwischen egalitär-segmentären Gesellschaften ohne institutionalisierte Machtsphäre und einer stratifizierten, hierarchisch gegliederten Gesellschaft mit einer institutionalisierten Machtsphäre zentral. Diskutiert wird, wie aus »persönlicher Macht« »entpersonalisierte und institutionalisierte Macht« wird und wie aus einer »egalitär-segmentären Gesellschaft« eine »hierarchische Gesellschaft mit dauerhaft zugeschriebenen, differenzierten, hohen und niedrigen Statusrängen« entsteht. Laut Elman Service, der den Gang der ethnologischen Theoriebildung nachgezeichnet hat, etabliert sich eine institutionalisierte Führungsinstanz durch das Erfüllen administrativer Funktionen, die dem Zusammenhalt der Gesellschaft dienen (Service 1977, 69). Dieses Konzept ist sowohl auf vorderorientalische Stadtkulturen als auch auf griechische Gemeinwesen übertragen worden und spielt in den Debatten um das homerische Königtum und um den Charakter der Tyrannis eine zentrale Rolle (Ulf 1990; Stahl 1987).

Daneben kursiert unter Althistorikern ein Staatsverständnis, das Staatlichkeit mit der Existenz einer Rechtsordnung gleichsetzt. Dieses Konzept wurde im 19. Jh. entwickelt, als es den Bürgern darum ging, der Königsmacht bürgerliche Rechte abzutrotzen. Da aber auch Gesellschaften ohne institutionalisierte Machtsphäre Recht kennen, ist die Existenz einer Rechtsordnung, die es in antiken Gemeinwesen gab, kein trennscharfes Kriterium (Stahl 2003, 1–31). Einen Ausweg aus der Begriffsdiffusion sehen manche Althistoriker in der Orientierung an der antiken Begrifflichkeit (Winterling 2005). Denn der Begriff »Staat« ersetzte den bis ins 17. Jh. gebräuchlichen lateinischen Terminus *res publica*, der sich mit »Gemeingut« und »gemeines Wohl«, »Gemeinwesen« übertragen lässt. Dieses Vorgehen ist insofern analytisch sinnvoll, als der antike philosophische Diskurs über die rechte politische Ordnung anhand dieses Gegensatzes von Gemeinwohlorientierung und Eigennutz geführt wurde und eine Trennung zwischen Staat und Gesellschaft nicht existierte (Schmitt Pantel 1992, 108–113; Herman 2006).

Militärorganisation und Polis   Max Weber hatte die griechische Polis in einem postum veröffentlichten Aufsatz zur antiken Stadt (1921) als Kriegerzunft definiert. Dies galt in seinen Augen zumindest, seitdem die Hoplitendisziplin geschaffen worden war. Gemeint ist die geschlossene Reihe (*phálanx*) schwer bewaffneter Krieger (Singular *hoplítês*, Plural *hoplítai*, von *hópla* = Waffen), die seit dem späten 8. Jh. auf Vasenbildern nachgewiesen ist (Snodgrass 1965). Ihre Einführung ist lange Zeit mit der Polisbildung gleichgesetzt worden (Nilsson 1922). Pierre Vidal-Naquet (1968/1989) hat dagegen bereits in den 1960er Jahren die Auffassung vertreten, dass die Polis das Vorbild für das Heer gewesen sei und nicht umgekehrt. Für Vidal-Naquet gehört die Blütezeit der Hoplitenphalanx in die Zeit der Perserkriege (490–479 v. Chr.), als die Athener mit 9.000 Hopliten in die Schlacht bei Marathon (490 v. Chr.) zogen (Vidal-Naquet 1968/1989, 94). Das war nur ein Bruchteil der Bürgerschaft, deren Zahl auf knapp 44.000 geschätzt wird.

Machte nach jüngsten Berechnungen die Zahl der Hopliten im 6. Jh. etwa fünf Prozent der Bürgerschaft aus, so stieg deren Zahl im Laufe des 5. Jhs. auf rund 30 Prozent (Hansen 1986; Pritchard 2010, 22 f.). Die Ineinssetzung von Polisbürgern und Hopliten geht deshalb nicht auf. Auch bot die Hoplitenpolis par excellence, Sparta, nicht mehr als 9.000 Hopliten auf; die Mehrheit des Heeres stellten bei der Landschlacht von Plataiai 479 v. Chr., in der die Perser eine entscheidende Niederlage erlitten, Leichtbewaffnete aus der Schicht der abhängigen Bauern in einer Summe von 35.000 Mann (Herodot 9,28–29). Berücksichtigt werden muss daher die soziale Gliederung in Freie und Unfreie, die in den einzelnen Poleis zahlenmäßig ganz unterschiedlich ausfallen konnte. Gleichwohl kursierte bis ins 4. Jh. v. Chr. das Ideal des Bürgersoldaten, obwohl immer mehr Nicht-Bürger mitkämpften und zunehmend auch Söldner in den Dienst genommen wurden (Burckhardt 1996; Gabrielsen 1994, 224).

Die Praktiken des Bürgerseins, die am meisten Aufmerksamkeit in Anspruch genommen haben, stellen die institutionalisierten Formen des gemeinsamen Essens dar. In vielen Poleis waren die erwachsenen Männer in Mahl- bzw. Tischgemeinschaften organisiert; das gemeinsame Essen bildete ein zentrales Integrationsritual, das auf allen politischen Ebenen praktiziert wurde (Schmitt Pantel 1992/²2011). In Athen entwickelte sich im 7./6. Jh. v. Chr. mit dem Symposion eine neue Geselligkeitsform, in deren Mittelpunkt der gemeinsame Weinkonsum stand (Murray 1990; vgl. Kapitel 2.8). In Sparta, wo eine kastenmäßige Gliederung der Gesellschaft existierte, war die Zugehörigkeit zur ›Kaste‹ der Spartiaten in dieser Zeit daran gekoppelt, an einer Tischgemeinschaft (das *syssítion*) teilzunehmen; dort wurde gemeinschaftlich konsumiert, was in der eigenen Haus-

Polis und Geschlecht

wirtschaft erwirtschaftet wurde. Ähnliche Verhältnisse existierten in Kreta (Seelentag 2014). In Athen war das Bürgerrecht an die Mitgliedschaft in einer Bruderschaft (die *phratría*) und in einem Demos (Gemeinde, Dorf) geknüpft, man lebte aber in separierten (Bauern-)Häusern bzw. Hauswirtschaften (Singular *oîkos*; Plural *oîkoi*). Diesen Mahlgemeinschaften, die auch als Männerbünde definiert worden sind (Vidal-Naquet 1989, 183), wohnte ein sowohl egalitäres wie exklusives Moment inne. Es gab immer wieder Konflikte um die Aufnahme und um den Ausschluss von Personen aus dem Bürgerverband. Gleichzeitig gehörten die männlichen Tischgenossen einem Hauswesen an, einem *oîkos*, der sich aus dem Bindungsverhältnis des Paares konstituierte. Die soziale Basis des Hauswesens konnte durch Gastfreunde und Verwandte erweitert werden (Cox 1998; Wagner-Hasel 2012). Seitdem die kultisch-religiöse Seite der Polisbildung immer mehr Beachtung findet, richtet sich der forschende Blick zunehmend auch auf weibliche Gruppenbildungen (Wagner-Hasel 2000c; Taylor 2011). Die wirkmächtige Idee der männerbündischen Polisorganisation steht damit auf dem Prüfstand.

2.2 Neue Schriftlichkeit und das Entstehen der Geschichtsschreibung

Mit der Entstehung der Poliskultur untrennbar verbunden ist eine neue Form der Schriftlichkeit, die Entwicklung der Alphabetschrift. An die Stelle von Ideogrammen traten nun Buchstaben. Im Unterschied zu den früheren Silbenschriften stand die Alphabetschrift im Dienst des gesprochenen Wortes. Die Buchstaben bilden Laute ab. Im Rahmen der Oralitäts- und Literalitätsforschung der letzten Jahre sind hier zahlreiche neue Einsichten formuliert worden. Wurde in der Vergangenheit eher der dokumentarische, konservierende Charakter der Schrift hervorgehoben, zumal das Recht einen zentralen Anwendungsbereich bildet, liegt heute der Fokus eher auf der performativen Funktion von Schrift, auf ihrer Bedeutung für die Selbstdarstellung des neuen politischen Gebildes, der Polis (Thomas 1992).

Erste Zeugnisse der Alphabetschrift lassen sich ab dem 8. Jh. v. Chr. finden. Berühmt ist der sogenannte Nestorbecher, der um 730 v. Chr. datiert und in der euböischen Siedlung Pithekussai in Italien gefunden wurde (Abb. 5: Kytole; siehe »Bildquellen« unter *www. campus.de*). Er trug folgende Aufschrift: »Ich bin der schöne Becher des Nestor. Wer immer aus diesem Becher trinkt, den wird das Sehnen der schön gekrönten Aphrodite ergreifen« (Thomas 1992, 58; LSAG 233, Nr. 1). In der ersten Hälfte des 7. Jhs. traten Inschriften auf Grabsteinen in Erscheinung (Thomas 1992, 59). Das sichtbar auf Stein geschriebene Wort diente der Perpetuierung des Nachruhms des Toten (*kléos*), der in der Totenklage besungen wurde (Wagner-Hasel 2000, 206–219; 2000a), und sicherte auf diese Weise dauerhafte Erinnerung. Auch Inschriften auf Statuen, die den Göttern geweiht wurden, steigerten die repräsentative Macht und den Wert der Weihegabe (Thomas 1992; Svenbro 2005).

> Alphabetschrift im Kult

Erst im 5. Jh. v. Chr. setzte die schriftliche Fixierung des Wissens von der Vergangenheit ein, mit der die Entstehung eines Geschichtsbewusstseins einherging (Gehrke 2004). Sie ist mit Historikern wie Herodot oder Thukydides verbunden, die in ihren Werken von den großen Ereignissen ihres Jahrhunderts, den Perserkriegen und dem Peloponnesischen Krieg erzählten. Herodot, der Chronist der Perserkriege, lebte zwischen ca. 484 und ca. 424 v. Chr.; sein Werk wurde um 430 v. Chr. verfasst. Der zeitlich zusammenhängende Erinnerungsbereich umfasst bei ihm maximal drei Generationen (Stahl 1987, 19–53). Während er aus Kleinasien, aus der karischen Stadt Halikarnassos stammte, war Thukydides (um 460 – nach 400 v. Chr.), der Chronist des Peloponnesischen Krieges, väterlicherseits Athener (seine Mutter war eine Thrakerin). Anders als Herodot nahm er als Feldherr aktiv am Kriegsgeschehen teil (Nickel 2014). Er beginnt sein Werk mit einem Rückblick auf die heroische Vergangenheit, mit dem Trojanischen Krieg (vgl. Kapitel 2.3).

> Geschichtsschreibung

Herodot hatte Vorgänger und Nachfolger, deren Werke nur fragmentarisch durch Zitate bei anderen Autoren überliefert sind: Hekataios von Milet und Pherekydes von Athen haben bereits Ende des 6. und Anfang des 5. Jhs. Geschichtsschreibung in Form von Genealogien verfasst. Herodots Nachfolger war Hellanikos von Lesbos, der eine attische Lokalgeschichte schrieb, die wiederum Thukydides

nutzte. Lokalhistoriker wie Kleidemos (bis 350 v. Chr.) oder Philo-
choros (bis 267/261 v. Chr.) führten das Werk des Hellanikos fort.
Die Rekonstruktion der attischen Geschichte (*Atthis*) dieser sogenannten Atthidographen bildet die Grundlage für die *Athenaiôn
politeía* des Aristoteles.

Erst im 19. Jh. wurde eine Papyrusrolle entdeckt, die eine Nieder-
schrift der *Athenaiôn politeia* (*Die Verfassung der Athener/Der Staat
der Athener*) enthielt. Es handelt sich um eine Abhandlung über die
politische Ordnung Athens, die mit dem Namen des Aristoteles
(384–322 v. Chr.) verbunden ist, obwohl sie vermutlich von einem seiner Schüler stammt. Die *Athenaion politeia* stellt eine chronologisch
geordnete Darstellung der Geschichte Athens aus der Perspektive des
4. Jhs. v. Chr. dar. Von Aristoteles selbst, der 384 v. Chr. in Stageira
auf der Halbinsel Chalkidike geboren wurde – sein Vater war Hofarzt
des makedonischen Königs Amyntas II.; er selbst wurde in den 340er
Jahren der Lehrer von Alexander dem Großen –, stammt eine vergleichende Untersuchung von politischen Ordnungen, die *Politiká*.
Er hat zahlreiche weitere Werke verfasst, darunter eine Schrift über
die Ethik und über die Rhetorik. Seine philosophischen Kenntnisse
erwarb er an Platons Akademie in Athen; hier lernte und lehrte er
zwischen 367 und 347 bis zum Tod Platons (427–347 v. Chr.). Im
Jahre 335 gründete er in Athen seine eigene Schule im Lykeion.

Auch der delphische Priester Plutarch, der im 1./2. Jh. n. Chr.
vergleichende Biographien großer Griechen und Römer schrieb,
schöpfte aus den Erzählungen der Atthidographen. Da es deren Be-
streben war, den Institutionen Athens ein möglichst hohes Alter zu
bescheinigen, finden wir beispielsweise in Plutarchs Vita des Solon
alle wichtigen Institutionen und Gesetze Athens aus dem 5. und 4.
Jh. v. Chr. bereits eingeführt, von denen wir bei dem zeitlich näher
stehenden Herodot nichts erfahren. Für Herodot (5,78) dagegen
war Kleisthenes, der um 508 v. Chr. eine Neuordnung der attischen
Bürgerschaft durchführte, der Begründer der politischen Ordnung
von Athen (Raaflaub 1988, 197–225).

Eine chronologische Orientierung bieten zudem schriftlich fixier-
te Listen von Amtsträgern und Ereignissen. Ebenfalls aus dem 5. Jh.
(435/415 v. Chr.) stammt eine Inschrift (Fundort Agora), welche die
Namen der eponymen Archonten festhält, die dem Jahr den Namen

gaben. Die Liste ist allerdings unvollständig und reicht nicht in die Anfänge des Archontats zurück. Zwischen dem Trojanischen Krieg, der nach Herodot um 1250 v. Chr. stattfand, und dem Beginn der Archontenliste, die nach späteren Rekonstruktionen nicht vor 683 v. Chr. anzusetzen ist, klafft eine Lücke von mehreren Jahrhunderten. Von attischen Lokalhistorikern stammen zwei Königslisten von je 15 Königen, die um 407 v. Chr. – so die Vermutung der philologischen Forschung – von Hellanikos von Lesbos in eine systematische Ordnung gebracht wurde. Die frühe Königsreihe beginnt mit dem autochthonen (»erdgeborenen«) Schlangenmenschen Kekrops, der die Ehe, den obersten Rat, den Areopag, und den Athenakult in Athen eingeführt haben soll, und endet zwei Generationen nach dem Trojanischen Krieg. Die Liste hat aitiologischen Charakter, d. h. die Könige werden als Kulturstifter gedacht. Die zweite Liste wird von drei Königen angeführt, die von außen kommen und kriegerische Heldentaten vollbringen. Auch diese Taten besitzen aitiologische Bedeutung und fügen sich in den Zusammenhang der attischen Seeherrschaft des 5. Jhs. v. Chr. Auf diese Könige folgen 13 weitere mit einer Herrschaftszeit von insgesamt 315 Jahren. An die Königslisten schließt eine Liste von sieben Archonten mit je zehn Regierungsjahren an; danach folgt die Liste der jährlich regierenden Archonten. Der konstruierte Charakter der Liste, die wir in ähnlicher Form aus anderen Städten kennen, ist unschwer auszumachen (Möller 2001; 2006).

Unsere globale Zeitordnung mit 24 Zeitzonen ist eine relativ junge Entwicklung. Ihr wurde erst 1884 auf der *International Prime Meridian Conference* in Washington der Weg geebnet, als eine Einigung auf Greenwich als alleinigem Nullmeridian erfolgte. Aber erst 1928 wurde eine einheitliche, von örtlichen Lichtverhältnissen unabhängige Weltzeit eingeführt, die aus astronomischen Beobachtungen gewonnen und heute von Atomuhren gemessen wird. Eine weitere Voraussetzung für unsere Jahreszählung ist die Bestimmung eines Ausgangspunktes. In den christlichen Kulturen ist dieser Ausgangspunkt die Geburt Jesu, bei den Juden der Beginn der Welt, im Islam die Flucht Mohammeds von Mekka nach Medina, die Hedschra, bei den Griechen der Untergang Trojas und bei den Römern die Gründung der Stadt Roms (*ab urbe condita*).

Zeitordnung und Chronographie

In der Antike existierten nicht nur unterschiedliche Zeitordnungen, sondern auch verschiedene Möglichkeiten der Zeitmessung. In der Geschichtsschreibung orientierte man sich bei der Zeitzählung in der Regel an den eponymen, d. h. namengebenden Jahresbeamten oder an Priesterämtern. Thukydides datiert den Ausbruch des Peloponnesischen Krieges – nach unserer Zeitrechnung 431 v. Chr. –, indem er sich auf einen Fixpunkt, auf einen Friedensvertrag, bezieht und dann die Priesterin der Hera in Argos sowie die Jahresbeamten der beteiligten Kriegsparteien anführt: »Vierzehn Jahre hatte der Dreißigjährige Friede gedauert, der nach der Eroberung von Euboia geschlossen worden war. Im fünfzehnten Jahr, in Argos war Chrysis das achtundvierzigste Jahr Priesterin, in Sparta Ainesias Ephor, in Athen Pythodoros noch für vier Monate Archon, zehn Monate nach der Schlacht von Poteidaia, da mit dem Frühlingsbeginn begab es sich, daß Männer aus Theben, etwas über 300, angeführt von den Boiotarchen Pythangelos, Sohn des Phyleides, und Diemporos, Sohn des Onetorides, um die Zeit des ersten Schlafes mit Waffen eindrangen ins boiotische Plataia« (Thukydides 2,2, Übers. nach Landmann). Da der Jahresbeginn in Argos, Sparta und Athen unterschiedlich angesetzt wurde, ergab sich mit der Nennung von Jahresbeamten nur ein unzureichendes chronologisches Raster. Eine Alternative boten panhellenische Feste wie die Olympischen Spiele, die seit dem 6. Jh. v. Chr. überregionale Bedeutung erlangt hatten. Die alle vier Jahre stattfindenden Spiele wurden zur Grundlage der sogenannten Olympiadenrechnung, die seit dem 2. Jh. v. Chr. unter antiken Historikern weite Verbreitung fand. Die Liste, an der die Jahre abgezählt werden konnten, führt die Sieger im Stadionlauf auf und soll nach Plutarch (*Numa* 1,4) zuerst vom Sophisten Hippias von Elis (um 410 v. Chr.) aufgezeichnet worden sein. Timaios von Tauromenion (ca. 350–250 v. Chr.) hat diese Siegerliste mit weiteren Listen von Priesterinnen und Jahresbeamten sowie mit der spartanischen Königsliste synchronisiert und damit ein chronologisches Rahmenwerk geschaffen, wie uns Polybios (12,11,1) überliefert hat. Der weitergehende Schritt, die Durchzählung bzw. die Nummerierung der Olympiaden, wird in der Forschung Eratosthenes von Kyrene (ca. 284–202 v. Chr.) zugeschrieben, der ein Werk über *Chronographien* (von gr. *chrónos* = Zeitdauer, und *gráphein* = schreiben, aufzeichnen) verfasste (Lendle 1992).

Es ist anzunehmen, dass Historiker wie Dichter auch aus mündlichen Traditionen schöpften. Thukydides, der Chronist des Krieges zwischen Sparta und Athen, unterscheidet zwischen ganz alten Geschichten, die man vom Hörensagen kannte, und den jüngeren Geschichten, für die die Autopsie des Autors als Zeugnis diente. Wenn er dies 432 v. Chr. sagt, kann er sich für Ereignisse vor rund 50 Jahren auf das Wissen von Augenzeugen stützen. Die jüngere Geschichte ist bei Herodot diejenige, die er durch eigenes Sehen von Monumenten, über das Hören von Berichten kundiger Männer und durch Bildung einer eigenen Meinung zu erfassen vermag (Murray 2001). Davor liegt die Vorzeit der ganz alten Geschichte. Wesensmäßig unterscheiden sich beide Typen von Geschichte für die antiken Historiker nicht, nur lässt sich die jüngere Geschichte in ihren Augen einfacher beurteilen. Diese mündlichen Überlieferungen werden unterschieden in *oral history* und *oral tradition*. *Oral tradition* ist die sinnstiftend geformte Überlieferung, die durch autorisierte Formen der Performanz präsent gehalten wird, bei Festen, in rituellen Kontexten (Cobet 1988). Die *oral history* stellt die ungeformte und lebensgeschichtlich geprägte Überlieferung dar. Eine offizielle Version der Geschichte Athens erfahren wir aus Leichenreden, die in Quellen des 5. und 4. Jhs. überliefert werden (Loraux 1981). Hier geht es nicht um den individuellen Ruhm einzelner Familien oder Personen, sondern um kollektive Werte und Leistungen, insbesondere um kriegerische Taten der Athener, die der Selbstvergewisserung dienten (Raaflaub 1988). Das 6. Jh. mit der Tyrannenherrschaft (vgl. Kapitel 2.6) wird in dem offiziellen Tatenkatalog ausgespart. Stattdessen spielen die Kriege der mythischen Vorzeit eine wichtige Rolle, der Trojanische Krieg, die Schlacht gegen ein Frauenheer der Amazonen (Wagner-Hasel 2002a). Elemente der *oral history* sind in Erzählungen über einzelne Familien, über prunkvolle Hochzeiten und Siege bei überregionalen Wettkämpfen zu finden. Vor allem die Alkmeoniden, aus deren Geschlecht die Gegner der Tyrannenherrschaft stammen, müssen ihre Version der Vergangenheit mit Bedacht in Umlauf gebracht haben. Anachronismen, Projektionen, der Rückgriff auf Ursprungsmythen in Werken der Historiker verweisen auf die Nutzung mündlicher Traditionen. Insofern ist Herodot als Historiker

Oral history und oral tradition

von Traditionen, nicht aber als Ausgräber von Fakten zu verstehen (Burkert 1985, 15; Thomas 1992, 4 und 48 f.).

Lesekundig-
keit und
Bildung

Schrift hilft beim Memorieren, ihre Einführung beendet nicht die mündliche Vortragstätigkeit des Sängers oder Dichters. Rosalind Thomas meint, dass auch Herodots Geschichtswerk zum Vorlesen vor einem physisch anwesenden Publikum konzipiert war. Überliefert sind seine Vorlesetätigkeiten in Athen, Olympia und in Großgriechenland (Nenci 1990, 317). Der Text bildet also eine Erinnerungsstütze. Selbst dann, wenn man wie Justus Cobet annimmt, dass der Text des Historikers für das individuelle Lesen konzipiert war, so blieb Mündlichkeit immer noch wichtig. Denn das Vorlesen erfolgte lange Zeit laut. Erst mit Aristoteles, ab dem 4. Jh. v. Chr., begann eine Diskussion über die schriftliche Form; im 3. Jh. v. Chr. wurden Texte strukturiert und auf das Lesen eingerichtet – das geschah in Alexandria am Nildelta, nicht im Athen des 5. Jhs. Den ersten Hinweis auf einen Buchhandel finden wir immerhin schon bei Platon und Xenophon (*Anabasis* 7, 5, 14), also eine Generation nach Herodot. Buchrollen galten als wertvoll. Laut Pindar, der im 5. Jh. gegen Lohn schriftliche Siegeslieder für Athleten verfasste, soll der Dichter Homer seiner Tochter sein Epos Kypria als Mitgift gegeben haben (fr. 280 ed. Bowra). Historisch plausibel ist das nicht (vgl. Kapitel 2.3). Aber die Überlieferung zeigt die Wertschätzung des neuen Mediums Schrift an. Von dem Dichter Euripides erfahren wir, dass er mehrere Buchrollen besessen haben soll. Wir wissen nicht, wie viele Kopien von seinen Tragödien zirkulierten. Autorisierte Fassungen wurden erst in der zweiten Hälfte des 4. Jhs. hergestellt. Für Alltagsgeschäfte wurden neben Papyrus auch Leder, Blei, Holz- und Wachstafeln verwendet, von denen nur in trockenen Regionen Überreste erhalten sind. Bildung hing nicht an der Schreib- und Lesekundigkeit, sondern am Beherrschen der *mousikê téchnê*, von Gesang, Leierspiel und Tanz, eine Kulturtechnik, die vor allem im Kult zum Einsatz kam und von beiden Geschlechtern praktiziert wurde (Calame 1997; Vazaki 2003). Dazu gehörte auch die Kenntnis der Dichter, deren Werke auswendig gelernt wurden. Auch wenn angenommen wird, dass die politische Elite in Athen und anderen griechischen Poleis schreibkundig war (Hölkeskamp 1994, 140–153), so kann die Schriftkundigkeit insgesamt nicht sehr verbreitet gewesen sein. Belegt ist der Gebrauch der Schrift für die häusliche Vorratshaltung. Ein Vasenbild des 5. Jhs. v. Chr. zeigt eine sitzende Frau mit einer Schrifttafel in der Hand; sie ist umringt von Frauen, die Kästen und andere Gegenstände vorführen. Möglicherweise ist sie damit beschäftigt, die Besitztümer des Hauswesens festzuhalten (Reuthner 2009).

2.3 Mündliche Dichtung und Erinnerungskultur: Die Erzählung vom Trojanischen Krieg

Einer noch mündlichen Tradition gehören die Epen Homers, *Ilias* und *Odyssee*, an. Sie handeln von einem weiteren Ursprungsmythos, der die europäische Rezeptionsgeschichte nachhaltig geprägt hat und für das Entstehen eines Gemeinschaftsbewusstseins der Hellenen von entscheidender Bedeutung war, vom Trojanischen Krieg. Dieser fand nach antiker Vorstellung just in jener Zeit statt, aus der die Bauten und Fresken stammen, die Arthur Evans auf Kreta und Heinrich Schliemann auf der Peloponnes in Mykene ausgegraben hatte. »Am siebentletzten Tage des Monats Thargeliôn (Mai/Juni), im 22. Jahr des Königs Menestheus von Athen«, wurde Troja erobert. So steht es in einer in Stein gemeißelten Chronik, dem sogenannten Marmor Parium, aus der Zeit um 264/63 v. Chr. In unsere Zeitrechnung übersetzt hieße dies, dass die Stadt an den Dardanellen in der heutigen Türkei am 5. Juni 1209 v. Chr. den verbündeten Griechen, Achaier genannt, in die Hände fiel. Der griechische Historiker Herodot setzte den Trojanischen Krieg 800 Jahre vor seiner Zeit, also um 1250 v. Chr., an. Durchgesetzt hat sich in der Antike die Datierung des Eratosthenes von Kyrene aus dem 3. Jh. v. Chr., der es unternahm, verschiedene Chroniken seiner Zeit in Übereinstimmung zu bringen. Er datierte den Fall auf das Jahr 1184/83 v. Chr. (Burkert 1995).

Dieses Datum nahm auch der Ausgräber von Troja, Heinrich Schliemann, ernst. Wir wissen heute, dass der Hügel Hisarlik (wörtlich: Kleine Burg), den er zwischen 1870 und 1890 durchforstete, längst als Ort des antiken Troja identifiziert war und Schliemann keineswegs der ›Entdecker‹ war, als der er sich selbst stilisierte. Aber Schliemann wurde mit seinen Fundstücken zum deutschen

Nationalheros, so z. B. mit dem so genannten Schatz des Priamos, den er zunächst meistbietend den europäischen Metropolen andiente, ehe er seinen Platz im Pergamonmuseum in Berlin fand und dann in den Wirren des Zweiten Weltkriegs verloren ging. Alle europäischen Mächte beteiligten sich damals an der Schatzsuche; in allen Metropolen wurden Museen für die Aufbewahrung dieser ›Reliquien‹ errichtet, die den jungen Nationalstaaten ein tiefes historisches Fundament zu bieten versprachen (Cobet 1997). Entdeckt hatte Schliemann indessen nicht das Troja des vermeintlichen Trojanischen Krieges, in der Sprache der Archäologen das Troja VI oder VII, sondern ein viel älteres Troja, in der Chronologie der Archäologen das Troja II, das in die Zeit um 2000 v. Chr. zu datieren ist (Hertel ³2008).

Homer   Die älteste literarische Quelle aus dem griechischen Raum, die Homerischen Epen, die von eben diesem Krieg um Troja berichten, wird heute als rund 400 Jahre jünger eingeschätzt und gehört vermutlich ins 8. oder 7. Jh. v. Chr. Sowohl die Historizität des Krieges als auch des Dichters Homer ist umstritten, nicht aber ihre Bedeutung für die Erinnerungskultur in der Antike. Sieben Städte, u. a. Smyrna, Erythrai, Chios, Phokaia und Kyme, stritten in der Antike um den Rang, Geburtsort des Sängers Homer zu sein; dementsprechend kursierten sieben verschiedene Homerviten, die jedoch alle aus der römischen Kaiserzeit stammen. Homer wird in diesen Viten als blinder Bettelsänger imaginiert, der durch die Lande zieht. Seine Mutter soll sich als Wollspinnerin verdingt haben; einen Vater gibt es nicht. In der gegenwärtigen Forschung wird debattiert, ob es sich bei Homer um den Typus des angesehenen Hofsängers handelt bzw. um einen herumziehenden Sänger aus dem Geschlecht der Homeriden, die ihre Gesänge beim mündlichen Vortrag *ad hoc* improvisierten. Während die ältere Forschung in den Epen die Erinnerung an die minoisch-mykenische Zeit festgehalten sah, ist heute dieser Glaube grundlegend erschüttert (Patzek 1992; Latacz 2001; Cobet/ Gehrke 2002).

Ilias und   Erzählt wird in beiden Epen in jeweils 24 Gesängen die Ge-
Odyssee   schichte der Eroberung Trojas und die Heimkehr des listigsten aller Helden, des Odysseus, nach Ithaka. Denn er hatte den Griechen, die bei Homer Achaier, Argiver oder Danaer genannt werden, den Plan

eingegeben, den Trojanern ein Geschenk zu machen, ein hölzernes Pferd, das geeignet war, in seinem Innern Männer aufzunehmen. Die Trojaner nahmen das Geschenk an und auf diese Weise gelang es den Griechen, die mit Mauern gut geschützte Stadt einzunehmen. Von dieser List her rührt das geflügelte Wort »Danaerschenk«, ein Geschenk, das dem Empfänger Unheil bringt.

Beide Epen schildern nur Momentaufnahmen der Ereignisse: In der *Ilias* geht es nur um wenige Tage (genau um 52 Tage von zehn Jahren), an denen es für die Griechen zu einer prekären Situation kommt, weil Achill, der stärkste aller Helden, sich aus Groll über den Verlust seines Ehrgeschenks, der schönen Briseis, von der Schlacht zurückgezogen hat. Die *Ilias* endet mit der Bestattung Hektors, der von Achill im Zweikampf getötet wurde. Damit ist der Untergang der Stadt eingeleitet. Ihn hatten die Göttinnen Athena und Hera beschlossen, die im Schönheitswettbewerb der Aphrodite unterlegen waren. Das ist die Geschichte vom Parisurteil. Im Streit der Göttinnen, wer die Schönste sei, hatte ein Sterblicher das entscheidende Wort: Paris. Dieser entschied sich für Aphrodite, weil die Liebesgöttin ihm die schönste Frau versprochen hatte: Helena, die Frau des Menelaos von Sparta. Eben um jene Frau geht der Kampf um Troja. Paris hatte sie geraubt; die mit Menelaos und seinem Bruder Agamemnon verbündeten Achaier versuchen, sie im zehnjährigen Kampf zurück zu gewinnen. Apollon und Aphrodite, der Heilgott und die Liebesgöttin, stehen auf Seiten der Trojaner; Athena und Hera, Tochter und Gattin des Zeus, streiten zugunsten der Achaier. Zeus, oberster Schiedsrichter, vermittelt und beugt sich schließlich dem Willen der Hera. Die Trojaner werden besiegt.

Die *Odyssee* ist anders als die *Ilias* in weiten Teilen als Rückschau konzipiert. In mehreren Gesängen lässt der Dichter den Helden seine Abenteuer schildern. Er tut dies im Kreise der Ersten bei den Phaiaken, bei denen er gestrandet war. Diese bewerkstelligen schließlich seine Heimkehr nach Ithaka, wo er wieder in seine Rechte als Gatte der Penelope und König von Ithaka eintritt. In den ersten vier Gesängen (Telemachie) erzählt der Dichter von der Suche des Sohnes nach seinem Vater, dann lässt er Odysseus bei den Phaiaken landen und seine Abenteuer erzählen. Die letzten Gesänge sind der

Schilderung der Heimkehr des Odysseus nach Ithaka und der Ermordung der Freier der Penelope gewidmet, deren Werben sich seine treue Gattin Penelope widersetzt hatte. Leitmotiv der Erzählung ist die List der Penelope, die am Tage ein großes Gewebe herstellt, ein Leichentuch, das sie in der Nacht auflöst. Auf diese Weise hält sie die Zeit an, da sie die Hochzeit mit einem der Freier an die Fertigstellung des Gewebes geknüpft hat (Abb. 6: Skyphos von Chiusi; Penelope am Webstuhl, siehe »Bildquellen« unter *www.campus.de*).

Autorschaft
Unklar ist, wann es zur ersten schriftlichen Aufzeichnung kam. Verbunden mit der Frage nach der schriftlichen Fixierung der Epen ist die Idee von der individuellen Autorschaft. Die neuzeitliche Homerforschung beginnt mit Friedrich August Wolfs Vorrede zu seiner 1795 veröffentlichten *Ilias*-Ausgabe. Für den Professor der Philologie in Halle stellte sich die Frage, ob ein oder mehrere Erzähler die *Ilias*, bestehend aus 16.000 Hexametern, und die *Odyssee*, bestehend aus 12.000 Hexametern, verfasst haben. Damit wurde ein Streit eröffnet zwischen Unitariern, die an die Schöpfung eines Einzelnen glauben, und Analytikern, die zwischen einem Urwerk und späteren Hinzufügungen unterscheiden (Latacz 1979, 18 f.).

Oral Poetry
Mit der *Oral Poetry*-Forschung änderte sich diese Fragestellung. Sie brachte die Erkenntnis, dass die Sprache der Homerischen Epen eine stark typisierte dichterische Sekundärsprache ist, die zum Zwecke der freien mündlichen Improvisation von Hexametergesängen vor einem physisch anwesenden Auditorium entwickelt wurde. Die Technik solcher Improvisationsdichtung beruht auf dem Prinzip der Wiederholung metrisch und semantisch vielfältig verwendbarer Bauelemente auf allen Kompositionsebenen vom Wort bis hin zur Szene (Latacz 1979, 19). Der Tagesanfang wird bei Homer fast immer mit folgenden Worten geschildert: »Als aber die frühgeborene erschien, die rosenfingrige Eos« (Finley 1979/2005, 26). Die Helden und Götter haben feststehende Epitheta (Beiwörter). Hera ist weißarmig, Athena eulenäugig. Typische Szenen stellen Gastmähler dar. Während dies im 17. Jh. als Zeichen der geringeren literarischen Qualität eines Homer gegenüber dem römischen Dichter Vergil gewertet wurde, haben die Forschungen von Milman Parry deutlich gemacht, dass die formelhaften Verse eine wichtige Memorialfunktion haben können und typisch für die mündliche Dichtung sind. Parry ließ sich

1934 von einem serbischen Sänger, der weder lesen noch schreiben konnte, ein Gedicht in der Länge der *Odyssee* rezitieren. Die Vorführung dauerte zwei Wochen, in denen der Sänger jeden Vormittag und jeden Nachmittag zwei Stunden vortrug. Damit war erwiesen, dass ein Werk von der Länge der *Ilias* und *Odyssee* mündlich tradiert werden konnte. Auch dieser Sänger bediente sich einer formelhaften Sprache, wie sie das griechische Epos auszeichnet. Allerdings geht es beim mündlichen Vortrag nicht um die wortgetreue Wiedergabe, sondern um Improvisation. Wortgetreue Wiedergabe hat dort eine hohe Bedeutung, wo es um rituelle Kontexte geht (Thomas 1992, 38).

Für viele Gräzisten ist trotz der neuen Forschungen zur *Oral Poetry* die Idee der individuellen Autorschaft und der individuellen Kreativität nicht zu verabschieden. Die Individualität zeigt sich nach Joachim Latacz weniger im sprachlich-stilistischen Bereich als vielmehr in der dichterischen Perspektive und in der Komposition des Werkes. *Ilias* und *Odyssee* gelten für Latacz und viele seiner Kollegen aus der Klassischen Philologie als wohlgeplante Großkompositionen eines einzigen Dichters. Die Frage, die sich ihm stellt, ist die nach dem typisch Homerischen in einer langen Tradition mündlicher Dichtung. Auf diese Weise ist die ›Individualität‹ des Dichters ›gerettet‹ (Latacz 1979, 20).

Wann aber wäre dann die schriftliche Fixierung des Epos anzusetzen? Was glaubte man in der Antike? Ab dem 4. Jh. v. Chr. findet sich in den Quellen die Auffassung von der Redaktion des athenischen Tyrannen Peisistratos im Rahmen der Neuorganisation der Panathenäen von 556 v. Chr. Dies war ein Fest zu Ehren der Stadtgöttin Athena, das im athenischen Monat Hekatombaion gegeben wurde. Dieser entspricht in etwa unserem Monat August. Mit ihm begann das athenische Jahr. Das Fest bestand aus einer Prozession mit einer Gewandweihe zu Ehren der Athena, aus Opfermählern und aus Agonen musischer und sportlicher Art. Die Sieger erhielten Ölkannen, sogenannte Preisamphoren, auf denen die einzelnen Wettbewerbe abgebildet sind. Peisistratos bzw. sein Sohn Hipparchos soll es nun gewesen sein, der den Vortrag der Homerischen Epen durch Rhapsoden einführte. Rhapsode ist der Name für den Sänger und meint wörtlich den, »der zusammennäht« (*rhaptô*).

Verschriftlichung des Epos

Dem attischen Redner Lykurg (*Gegen Leokrates* 102) zufolge, der im 4. Jh. v. Chr. lebte, war Homer der einzige Dichter, dessen Werk bei den Panathenäen aufgeführt wurde; nach einem Pseudo-Platonischen Dialog (*Hipparchos* 228 b 6–8) aus eben dieser Zeit war es Hipparchos, einer der Söhne des Peisistratos, der die Rhapsoden nacheinander die Homerischen Gesänge aufführen ließ. Nach Diogenes Laërtios, der im 3. Jh. v. Chr. eine Geschichte berühmter Philosophen schrieb, begann die Rezitation bereits unter Solon, d. h. um 590 v. Chr (I 57).

Es ist die Frage, was bei den Panathenäen rezitiert wurde: ein allseits bekannter Text oder eine individuelle Fassung bzw. Adaption der Epen durch den Rhapsoden? Die Forschung geht in der Regel davon aus, dass mit der Redaktion des Peisistratos auch die Gesänge schriftlich fixiert und kanonisiert wurden. Eben dies bezweifelt der amerikanische Altphilologe Timothy Boyd. Denn von einem schriftlichen Text sei in den griechischen Quellen nie die Rede, von *libri* (Büchern) sprächen erst die römischen Autoren, die bereits in einer voll entwickelten Schriftkultur lebten. So ist denn in Ciceros grundlegendem Werk über die Rhetorik, in dem er sich über die Redaktion des Peisistratos äußert, nicht von der Sammlung von Gesängen, sondern von verstreuten Büchern, *libri confusi*, die Rede (*de oratore* 3, 137); Cicero denkt sich Homer also schreibend wie die Poeten seiner Zeit. In älteren Quellen, so in den Schriften der Grammatiker des 2. Jhs. v. Chr., wird nur vom Ordnen gesprochen, nicht aber vom Niederschreiben. Laut Boyd ist die Idee des fixierten Textes die Sache von Schriftkulturen und nicht vor dem 4. Jh. v. Chr. anzusetzen. Zur Zeit des Peisistratos habe Athen noch an der Wende von der Oralität zur Literalität gestanden. Peisistratos habe die Abfolge der Gesänge festgelegt, sie aber nicht schriftlich fixiert (Boyd 1995).

Wenn man nun die antike Überlieferung des 4. Jhs. v. Chr. ernst nimmt, dass die verstreut zirkulierenden Homerischen Gesänge durch politische Gründerfiguren wie Peisistratos oder Hipparchos zusammengestellt bzw. komponiert wurden, es also eine politisch motivierte Redaktion gab, dann ist die Idee vom Dichter als Herr seiner Komposition nicht unproblematisch. Nicht der Dichter, sondern der ›Herrscher‹ wäre dann der Autor der Großkomposition.

Diese politische Redaktion entspräche auch der didaktischen
Funktion des Epos, von der manche Forscher ausgehen.

Überall dort, wo Wissen nicht über Handbücher und andere
schriftliche Mittel weitergegeben wird, bedarf es besonderer Merk-
techniken, die der mündlichen Form der Tradierung von Wissen
gerecht werden. Damit ist nicht so sehr der Dichter gemeint, der
sich einer formelhaften Sprache bedient, um seinen ›Text‹ zu memorieren. Es geht um das Publikum, dem Wissen nicht über Ideen
und Prinzipien, sondern durch Handlungen von Personen vermittelt wird. Im Alltag vollzieht sich die Weitergabe von Wissen in der
unmittelbaren Partizipation, im alltäglichen Zusammenleben der
Generationen. Größere Gruppen bedienen sich ritueller Praktiken,
um sich so ihrer eigenen Ordnung zu vergewissern und diese zugleich weiterzugeben. Auch hier geschieht Lernen nicht abstrakt,
sondern mittels Teilhabe, durch das Ausführen von Ritualen. In der
dichterischen Nacherzählung von Handlungsabfolgen wird dieser
Vorgang des Lernens durch Teilhabe simuliert. Nicht nur Formelhaftigkeit, sondern Handlungs- und Personenorientierung ist ein
entscheidendes Merkmal der frühen mündlichen wie schriftlichen
Dichtung. Erzählte Vorgänge und Phänomene müssen möglichst
konkrete Gestalt annehmen, um einen hohen Grad an Visualität zu
suggerieren und somit einprägsam zu sein. Deshalb ist für den Gräzisten Eric A. Havelock die Oralität der frühen Dichtung nicht nur
in der Formelhaftigkeit der Sprache, sondern auch in den Inhalten
greifbar (Havelock 1992, 129 und 167).

Havelock erläutert dies anhand der Unterschiede zwischen der
Sprache der Dichtung und der Philosophie. Eigentlich ging er von
einer philosophischen Fragestellung aus, nämlich wie philosophische Begriffssysteme entstehen. Bei seinen Forschungen entdeckte
er viele Entlehnungen aus dem Epos, d. h. die theoretische Sprache
der antiken Philosophen verwies auf Homer zurück, war aber nicht
mehr metrisch gebunden. Es waren dies Begriffe der physikalischen
Natur: Körper, Ausdehnung, Bewegung. Anders verhielt es sich mit
den Begriffen ethischer Art. Abstrakte Wertbegriffe wie »*dikaiosý-
nê*«, Gerechtigkeit, tauchen erst bei Herodot auf, also in der Geschichtsschreibung des 5. Jhs. v. Chr. Dichter wie Homer und Hesiod
kennen nur *Dikê*, die Personifikation des Rechts. Mit anderen Wor-

Lehr-
funktion
des Epos

ten: Die Vorstellung von einem moralischen Wertesystem, das subjektunabhängig ist und vom Einzelbewusstsein verinnerlicht werden kann, stellt eine literale Schöpfung des 5. Jhs. dar. Das Epos kennt nur das Rechttun und dessen Verkörperung. Das zeigt ihm, dass das Epos einer anderen Epoche angehört, in der moralische Werte personen- und handlungsgebunden vermittelt wurden (Havelock 1992, 15). Havelock geht davon aus, dass das Homerische Epos ebenso wie die Prosawerke der Philosophen eine Lehrfunktion innehatte und als Speicher des gesellschaftlichen Wissensvorrats diente. Vor Entstehen der Philosophie sei der Dichtung die gesellschaftliche Aufgabe zugefallen, die Überlieferung, in der die Griechen wurzelten, zu bewahren und diese darin zu unterweisen. Nicht umsonst meinte Platon (*Politeia* 606e), »dieser Dichter habe Hellas gebildet«.

Musen und Chariten   Eine Zentralfigur der Argumentation ist die Muse der Dichtkunst. »Singe, Göttin, vom Zorn des Peleus-Sohnes Achilleus«, so beginnt die *Ilias*. »Künde mir Muse von dem wendigen Mann«, lautet der Anfangsvers der *Odyssee*. Die Muse repräsentiert für Havelock die spezifische Oralität der Dichtung. Die Musen stehen ganz allgemein für die Einheit von Gesang, Lyraspiel und Tanz, d.h. für eine Vortragsform, die sich akustisch und visuell einer räumlich anwesenden Zuhörerschaft vermittelt (Havelock 1992, 42). Der Dichter ist nur Mittler, er folgt der Eingebung der Muse. In der *Ilias* spricht sie selbst, der Dichter ist nur Instrument. In der *Odyssee* gibt die Muse dem Sänger das Richtige ein. In den Lehrgedichten des Hesiod taucht erstmals das dichterische Subjekt auf, er hat es von den Musen gelernt. Interpretieren kann man die Musen auch als die Verkörperung der sozialen Kontrolle, der der Dichter unterliegt. Er äußert nicht seine subjektive Meinung, sondern im Bild der Muse zeigt er, dass er den richtigen Ton wisse.

Der Germanist Horst Wenzel hat die Position von Havelock aufgegriffen und weiterentwickelt. Während die traditionelle *Oral Poetry*-Forschung ihr Hauptaugenmerk auf die Memorierbarkeit der Verse durch den Sänger richtet, geht es ihm um die Verankerung der Gesänge der Dichter im Gedächtnis des Publikums. Zu der spezifisch mündlichen Form der Tradierung von Wissen gehört ihm zufolge eine Poetik der Visualisierung. Wo Schrift in der Wissensvermittlung nur eine sekundäre Rolle spiele, so Wenzel, dominieren

Augen, Ohren, Gestik, Mimik, Habitus, Ausstattung der Körper. Die Imaginationsstrategie auf der Schriftebene simuliert nach Wenzel die Fortsetzung der körperlichen Wahrnehmung im Schauraum der Literatur. Um ihre Memorialfunktion zu erfüllen, müssen seiner Meinung nach die Poeten mentale Bilderwelten erzeugen, welche die Situation der unmittelbaren Wahrnehmung abbilden. Für diese Poetik der Visualisierung stehen nach meinen eigenen Beobachtungen die Chariten, die Göttinnen der Festesfreude und Verkörperungen der Anmut. Sie werden ebenfalls von den Dichtern angerufen, um die Augenwirksamkeit ihrer Dichtung zu garantieren (Wagner-Hasel 2000, 73–76 und 161–163). Für eine sozialhistorische Auswertung der Dichtung sind diese Forschungsergebnisse von großer Bedeutung. Um ihre Memorialfunktion zu erfüllen, müssen sich die poetisch erzeugten Bilderwelten durch einen deutlichen Lebensbezug auszeichnen.

2.4 Das Homerische Herrschaftssystem: Erbliches Königtum oder big men-System?

Es war der angloamerikanische Althistoriker Moses I. Finley, der 1954 erstmals eine soziologische Analyse der Welt des Epos vorgenommen hat. Finley leitete mit seinem Versuch, die Lebenswelt der homerischen Helden zu rekonstruieren, einen Paradigmenwechsel von der philologischen zur soziologischen Betrachtungsweise ein. Weder die Frage der Autorschaft des Dichters, ob ein Dichter oder mehrere Dichter am Werk waren, noch die damit verbundene Frage nach der Einheit des Epos, die am Ende des 18. Jhs. die wissenschaftliche Beschäftigung mit den Epen Homers eingeleitet hatte, trieben ihn um. Es ging ihm vielmehr um die sozialen Praktiken und Verhaltensweisen, die den erzählten Ereignissen von *Ilias* und *Odyssee*, den Kämpfen vor Troja und der Irrfahrt des Odysseus, zugrunde lagen. Finley skizzierte das Bild einer wenngleich fiktiven, auf literarischem Material beruhenden, aber homogenen Gesellschaft, die er historisch im 10./9. Jh. v. Chr. verortete. Damit zerschnitt er noch vor der Entzifferung der Linear B-Tafeln das Band, das die

Welt des Epos mit der mykenischen Welt verbunden hatte. Denn die Tafeln belegten ein bürokratisches System der Kontrolle von agrarischen und handwerklichen Gütern, von dem sich im Epos nicht die geringste Spur finden lässt. Zugleich wandte sich Finley gegen die Charakterisierung des homerischen Herrschaftssystems als feudales Gottesgnadenkönigtum bzw. Sakralkönigtum. Anstelle einer feudalen Welt des griechischen Mittelalters mit mächtigen Königen und aristokratischen Geschlechtern, an die die Forschung bis dahin glaubte, entfaltete Finley in seiner *World of Odysseus* von 1954 einen sozialen Kosmos autarker Hauswirtschaften mit institutionell wenig abgesicherten Herrschern, die ihre Privilegien durch kriegerische Taten behaupteten und ihre Bündnispartner mittels Geschenken gewannen (Finley 1979/2005).

Ein Großteil der Forschung ist ihm in der Einschätzung gefolgt, wenngleich als Bezugspunkt der im Epos geschilderten Praktiken heute mehrheitlich das 8. Jh. angenommen wird (Raaflaub 1991; Cobet/Gehrke 2002). Vor allem in der angelsächsischen Forschung wird die Welt der homerischen Helden einem Stadium zwischen einer »ranking society« und »stratified society« zugeordnet und der vermeintliche König, *basileús* genannt, als »big man« gedeutet, der sich seine Position durch Freigebigkeit und kriegerische Leistung immer wieder neu erwerben musste (Ulf 1990, 10 f. und 80). Zugrunde liegt dieser Einschätzung eine grundsätzliche Unterscheidung zwischen egalitär-segmentären Gesellschaften ohne institutionalisierte Machtsphäre und stratifizierten, hierarchisch gegliederten Gesellschaften mit einer institutionalisierten Machtsphäre (Service 1977, 69; Stahl 1987, 31). Der dänische Althistoriker Bjørn Qviller geht davon aus, dass die Freigebigkeit der homerischen Helden bei Gastmählern und beim Verteilen von Geschenken dazu diente, Verpflichtungen herzustellen und Gefolgsleute zu gewinnen. Aus der Konkurrenz um Gefolgsleute sei, so die Argumentation Qvillers, eine Verpflichtung entstanden, immer neuen Reichtum – sei es über Raub- und Kriegszüge oder über die Rekrutierung von Abgaben im Volk – zu erwerben, der auf Dauer nach innen und außen destabilisierend gewirkt habe (Qviller 1981, 113 und 117–127).

Gestritten wird um das Ausmaß der Erblichkeit dieser Machtstellung des *basileús*, die *timê* (wörtlich: Ehre, Achtung) bzw. *géras* (wörtlich: Ehrgeschenk) genannt wird. Denn es gibt im Epos keinen Fall der direkten Übertragung der *timê* vom Vater auf den Sohn. Die *timê* ist zwar in den Händen der Söhne, deren Väter im Besitz der *timê* sind. Wenn die *timê* von einer Generation zur nächsten weitergegeben wird, dann geschieht dies im Epos nur durch Heirat. Pierre Carlier geht davon aus, dass Abkunft unabhängig vom Ort zum Regieren (*basileúein*) qualifiziere. Die Helden verlören ihr Königreich und gewönnen ein neues durch die Heirat (Carlier 1984, 190). Andere gehen von einer matrilinearen Vererbung von Rangpositionen aus (Morris 2003, 7). Die Widersprüche lassen sich auflösen, wenn man annimmt, dass beide Geschlechter einen Anteil an der Herrschaft, *timê*, haben, zumal es von dem Titel *basileús* auch ein weibliches Pendant, *basíleia*, gibt (Wagner-Hasel 2000, 186; dies. 2000b).

Eine Partizipation von Frauen an der Herrschaft lässt sich der Schilderung des Königreichs der Phäaken entnehmen. Als Odysseus nach einer langen Irrfahrt durch das Mittelmeer an das Ufer der Insel Scheria gelangt, wird er von der ›Königstochter‹ Nausikaa gastfreundlich aufgenommen und in den ›Palast‹ der Eltern geschickt. Im Kreise der Tischgemeinschaft des ›Königs (*basileús*)‹ und der ›Königin (*basíleia*)‹ erzählt Odysseus von den ihm widerfahrenen Leiden. Als er seine Erzählung vom Besuch in der Unterwelt beendet hatte, waren alle »von Bezauberung gefangen rings in den schattigen Hallen. Und es begann die weißarmige Arete unter ihnen die Reden: ›Phaiaken! wie scheint euch dieser Mann zu sein an Aussehen und Größe und richtigen Sinnen in dem Innern? Mein Gast ist er, doch hat hier jeder Anteil an der Herrschaft (*timê*). Darum beeilt euch nicht, ihn fortzuschicken, und verkürzt dem Bedürftigen so nicht die Geschenke! Denn viele Besitztümer liegen euch in den Hallen nach der Götter willen.‹ Da sprach unter ihnen der alte Heros Echeneos, der früher geboren war als die Phaiakenmänner: ›Freunde! Nicht gegen unsere Absicht oder Meinung redet die umsichtige Königin! darum folgt ihr! Jedoch bei Alkinoos hier steht Werk (*érgon*) und Wort (*épos*)!‹ Da antwortete ihm hinwieder Alkinoos und begann: ›So soll es denn gelten, dieses Wort! so wahr ich lebe und über die ruderliebenden Phaiaken herrsche! Der Gast aber dulde es, so sehr ihn nach der Heimkehr verlangt, daß er gleichwohl bis morgen

Das Königreich der Phäaken

bleibe, bis ich ihm die ganze Beschenkung (*dótínai*) vollendet habe! Das Heimgeleit (*pompê*) wird die Sache der Männer sein, aller, am meisten meine, dem die Gewalt (*krátos*) in dem Volke ist‹« (Homer, *Odyssee* 11, 333–353).

Wir haben es hier mit einem Zusammenspiel einer *basíleia*, eines *basileús* und einer Gruppe von *basilées* zu tun. Arete beurteilt die äußere Erscheinung und die Gesinnung; auch ist sie es, die zur Beschenkung auffordert. Die Umsetzung ihres Urteils obliegt Alkinoos, dem *basileús*, dem das weisende Wort (*épos*) zusteht, d. h. er gebietet über Gefolgsleute, die das Heimgeleit mit dem Schiff durchführen. Beide genießen göttliche Ehren: Das Volk hört auf Alkinoos wie auf einen Gott (Homer, *Odyssee* 7,10–11), während von Arete gesagt wird, dass sie wie ein Gott angesehen wird (7,71–72). Beide bedürfen der Bestätigung durch weitere ›Könige‹, *basilées*, für die die Rede des Ältesten, des Echeneos, steht. Die Entscheidung erfolgt konsensual, was für das Epos typisch ist (Flaig 1994). Beide haben Entscheidungsgewalt in verschiedenen Machtfeldern.

Das königliche Haus konstituiert sich über das Bindungsverhältnis des Paares, es besteht also aus einer *basíleia* und einem *basileús*. Beide verfügen über Gefolgschaft bzw. Dienerschaft, die ihnen Werte schaffen. Der Hausherr gebietet über Knechte, die sein Vieh weiden und seinen Wein anbauen. Die Hausherrin unterweist Mägde, Wolle zu spinnen und zu weben. Die Textilien machen einen Großteil des Reichtums eines Hauswesens aus. Im Falle des Alkinoos umfasst die *timê* zudem das räumliche Geleit. Denn das Meer ist genau die Region, die Poseidon, der Schutzgott der Phaiaken, in der Sphäre der Götter als seinen speziellen Herrschaftsbereich, als seine *timê*, erhalten hat (Homer, *Ilias* 15, 189 f.). Seine *timê* impliziert wie die des Alkinoos die Herrschaft über Menschen und Räume. Das Machtfeld der Arete liegt auf dem Gebiet des sozialen Geleits. Dies basiert wiederum auf der Produktion textiler Werte, welche bei der Gastfreundschaft und im Totenkult zum Einsatz kommen. So wird den Toten Kleidung mitgegeben, die zum Medium ihres Nachruhms werden. Auch Gäste werden mit Kleidung ausgestattet und beschenkt; diese Kleider gelten als Erinnerungszeichen, die auf die hergestellte Beziehung verweisen. Anhand der Beschreibung der Kleidung gelingt es den Frauen, die Identität des Trägers zu ermitteln. Auch kennen sie die Entscheidungsmuster, nach denen Gäste mit Textilien und anderen Gaben beschenkt werden. Daher ist es in der obigen Szene Arete, die die Phaiaken zur Bereitstellung von Gaben auffordert (Wagner-Hasel 2000, 104–130).

Auch wenn wir vom fiktiven Charakter der Handlung ausgehen müssen, so bildet doch diese Aufteilung der Zuständigkeiten der Geschlechter ein Grundmuster in vielen Gesellschaften des antiken Griechenlands. Es gibt entgegen landläufiger Meinung (Schmitz 2004, 83–94 und 202 f.) keine klaren Belege für eine hausväterliche Ordnung im antiken Griechenland. Autoritätsbegriffe beziehen sich stets auf beide Geschlechter: Der Mann ist *despótês* gegenüber dem abhängigen Gesinde, die Frau ist *déspoina* gegenüber Mägden und Sklavinnen. Beide treten in den Quellen als *oikonómos,* Hausverwalter, auf (Spahn 1984). Nur im Kontext des Gerichtswesens bildete sich im Athen des 4. Jhs. v. Chr. eine Art männliche Vormundschaft heraus, insofern die Athenerinnen von einem *kýrios* vertreten wurden, der ihre bürgerliche Herkunft zu bezeugen hatte (Wagner-Hasel 2000b; Hartmann 2007; vgl. auch Kapitel 2.8).

Im Zusammenhang mit der epischen Erzählung fungiert das Königreich der Phaiaken als eine positive Gegenwelt zu den chaotischen Verhältnissen auf Ithaka, wo ein Gebieter fehlt und sich die Freier der Penelope an den Gütern des Odysseus schadlos halten. Mit der Darstellung der »Märchenwelt« des phaiakischen Königreiches führt der Dichter dem Publikum ein Ideal vor Augen, das vom Konsens der handelnden Personen geprägt ist (Vidal-Naquet 1989, 45). Sie gilt als Merkmal persönlicher, nicht-institutioneller Herrschaft (Stahl 1987, 141). In der demokratischen Polis Athen, in der die Rezitation aus den Epen Bestandteil des großen Einigungsfestes der Athener wurde, dominierte hingegen die Mehrheitsentscheidung. Diese Entwicklung ist mit zwei Maßnahmen verbunden: mit den Solonischen Reformen, die mit einer Formalisierung von Recht einhergingen, und mit der Kleisthenischen Phylenrefom, die der individuellen Rekrutierung von Gefolgschaft ein Ende setzte.

2.5 Der idealtypische Gesetzgeber: Solon und die Formierung der attischen Bürgerschaft

Frühe
Gesetz-
gebung
Seit dem späten 7. Jh. v. Chr. wurden auch Gesetze schriftlich fixiert. Der erste auf Stein gemeißelte Gesetzestext stammt aus dem Nordosten Kretas, aus Dreros, und wird in die Zeit um 650–600 v. Chr. datiert. Beschlussorgan ist ein Kollektiv, die Polis. Sie bestimmt, dass ein Amtsträger, hier *kósmos* genannt, der für die Rechtsprechung zuständig war, das Amt erst nach einer Übergangszeit von zehn Jahren wieder ausüben darf. Abgesichert wird der Beschluss mit einem Eid (Hölkeskamp 1994, 136). Eine Generation jünger ist die sogenannte Königin der Inschriften, das Gesetz von Gortyn (um 600/525 v. Chr.), einer Stadt im Süden Kretas. Hier wurden vor allem Fragen des Ehe- und Erbrechts geregelt (Willetts 1967).

In der rechtshistorischen Forschung wurde die Verschriftlichung von Gesetzen lange Zeit als ein Fortschritt hin zu mehr Rechtssicherheit angesehen. So argumentierten bereits antike Philosophen wie Aristoteles im 4. Jh. v. Chr., als in Gerichtsverhandlungen Gesetze tatsächlich vorgelesen wurden (Aristoteles, *Politik* 1286a 9–17 und 1338a 15–17; Euripides, *Die Schutzflehenden* 433). In der jüngeren sozialhistorischen Forschung werden eher die >Kosten< der Entwicklung thematisiert. Eine schriftliche Fixierung von Recht wird nämlich erst dort notwendig, wo soziale (Nachbarschafts-)Kontrolle fehlt und größere politische Gebilde entstehen (Humphreys 1983). Deshalb wird angenommen, dass frühe Gesetzeskodifikationen in den neuen Gemeinwesen eher repräsentativen Zwecken dienten und weniger der Wissensbevorratung, zumal ein kohärentes System, eine Kodifikation aller bestehenden Rechtsregeln, nicht zustande kam. Gesetze behandelten nur Einzelaspekte, etwa des Erbrechts, des Strafrechts oder des Vertragsrechts. Auch wurden vielfach nicht die Regel, sondern der Verstoß und die Ahndung behandelt. Nach Karl-Joachim Hölkeskamp ist Schriftgebrauch im Recht mit der Entwicklung der demokratischen Polis verbunden; sie diente der öffentlichen Zurschaustellung von Autorität. Fluchformeln und Monumentalisierung sicherten das neue Recht. In Stein gemeißelte Gesetzestexte wurden ebenso wie die Statuen in Heiligtümern aufgestellt und somit dem Schutz der Götter anheimgestellt (Hölkeskamp 1994, 26; Thomas 1992, 71).

Rosalind Thomas geht davon aus, dass die öffentlich ausgestellten Gesetze ebenso wie die Gesänge Homers bei Festveranstaltungen mündlich vorgetragen bzw. vorgeführt wurden. Auf Kreta existierte dafür das Amt des *Mnêmôn*, des Erinnerungsbewahrers, der bei Gerichtsverhandlungen als Zeuge des vergangenen Rechts auftrat (Gesetzestafeln von Gortyn IX 31). In Halikarnossos in Kleinasien verfügte eine Inschrift aus dem 5. Jh. v. Chr., dass das, was die *mnêmônes* wussten, bindend sei. Auch behielt das mündliche Zeugnis vor Gericht seinen Wert. Schrift spielte im Kontext der Rechtsprechung nach Thomas eher die Rolle der Erinnerungsstütze; sie bildete nicht umfassend das ab, was Recht war. Ein Beispiel für die begrenzte Reichweite der Schrift bilden Schuldsteine aus dem 4. Jh. v. Chr., auf denen nicht der Name des Schuldners eingemeißelt war, sondern nur der des Kreditgebers. Das heißt, die Schuldsteine gaben keine ausreichenden Informationen über den Sachverhalt, sondern es bedurfte der mündlichen Vereinbarung, für die Steine als Memorialzeichen dienten (Thomas 1992, 69).

Parallel zur Einführung von Schrift im Recht vollzog sich eine Entwicklung von der Schiedsgerichtsbarkeit hin zu Geschworenengerichten (Humphreys 1983; Welwei 2000; Thür 2000; 2003). Frühes Recht wurde im Kontext des Dorfes von einer ranghohen Person gesprochen; die Bewohner bildeten Zeugen und Geschworene zugleich. So werden Gerichtsverfahren im Homerischen Epos geschildert (*Ilias* 18,508). Die mit dem Titel *basileús* versehenen ranghohen Personen (in einem Fall auch die mit dem Titel *basíleia* versehene Arete) fungieren als Schiedsrichter und können dafür Gaben erwarten (Homer, *Odyssee* 7,71–74). Diese Gegenseitigkeit konnte auch in Schieflage geraten. Der böotische Dichter Hesiod beklagt sich über gabengefräßige Richter, die sogenanntes krummes Recht sprächen, also demjenigen Recht gaben, der die meisten Gaben herbeibrachte (Hesiod, *Erga* 39). Herodot erzählt am Beispiel eines ranghohen Meders, wie sich aus der Monopolisierung von Rechtsprechungsfunktionen monarchische Strukturen entwickelten (Herodot 1,96–100). Die meisten griechischen Poleis gingen einen anderen Weg. Vor allem die Entwicklung des Rechtswesens im antiken Athen ist davon geprägt, dass sich keine Rechtsspezialisten, also keine Richter-ämter herausbildeten (Walter 2004b), sondern Laienrichter Recht sprachen, die sich am Leumund der Beklagten orientierten und so-mit das Ethos der Dorfgemeinschaft bewahrten (Humphreys 1983; Hunter 1994).

Das attische Rechtswesen Ein Leitungsgremium von neun Archonten hatte in Athen zu-nächst alle Rechtsprechungsfunktionen inne: Der *Archôn epónymos* war für das Erbe und Fragen der Landverteilung zuständig, ebenso wie für die öffentliche Ordnung in der Versammlung und bei Fällen der Misshandlung von Erbtöchtern und Waisen; der *Archôn basileús* wachte über den Festkalender und über die Blutsgerichtsbarkeit; in den Zuständigkeitsbereich des Polemarchos fielen das Kriegs- und Fremdenrecht. Hinzu kamen sechs Thesmotheten, Rechtsfestsetzer, die bei Ehebruch und Hybris (Normübertretung) zuständig waren. Es ist gut möglich, dass viele Konflikte in den Dörfern verhandelt wurden und die Schiedsrichter, *dikastaí katà dêmous* (*dikastês* = Richter), die der Tyrann Peisistratos Mitte des 6. Jhs. v. Chr. ein-geführt haben soll, Rechtsfälle mit einem Streitwert unter 10 Drach-men verhandelten, wie dies seit 450 v. Chr. belegt ist (Aristoteles, *Athenaion politeia* 26,3).

In Athen hatten Bürger das Recht, für einen anderen zu klagen (etwa bei Ehebruch und Vergewaltigung). Auch wurde die Weiter-verweisung (*éphesis*) der Entscheidungen der Archonten an andere Gerichte, an die *heliaía*, möglich. Die *heliaía* (Versammlung) setzte sich aus einzelnen Geschworenengerichten, Dikasterien, zusammen, die *ad hoc* für jedes Verfahren neu zusammengesetzt wurden. Diese Richter bildeten ein Gegengewicht zu den Archonten, die ihr Amt lebenslang behielten. Seit den Reformen von Kleisthenes um 508 v. Chr. waren alle Bürger ab 18 Jahren in Demen eingeschrieben und zum Kriegsdienst sowie – ab dem 60. Lebensjahr – zum Dienst als Schiedsrichter (*diaitêtês*) verpflichtet (*Athenaion politeia* 53,4–5). Es handelt sich beim Richteramt um ein Wahlamt. Die Heliaia setzte sich aus 6.000 per Los gewählten Heliasten zusammen, die zehn Ab-teilungen zu je 500 Richtern bildeten. Deren Entscheidungen wurden aufgeschrieben und hießen *gráphai*. Mit Entstehung eines zentralen Gerichtshofs entstand ein Bedarf an Lehrern, die rhetorische Tech-niken vermittelten. Denn vor Gericht musste jeder sein Anliegen selbst vertreten. Rechtsanwälte gab es nicht, wohl aber Gerichtsredner, die zu Übungszwecken Gerichtsreden anfertigten und sie gegen Geld verkauften. Für Aristoteles (*Rhetorik* 1402 a 17) galten Korax und Teisias aus Syrakus als Erfinder der Kunst der Rhetorik (*téchnê rhêtorikê*); nach Athen soll die Redekunst mit dem Sophisten Gorgias um 427 v. Chr. gelangt sein. Solche Gerichtsreden sind uns in einigen Fällen schriftlich überliefert; sie bilden eine informative Quelle über soziale Konfliktfelder (z.B. Diebstahl, Ehebruch), da es den Rednern darum ging, ein anschauliches Bild vom sozialen Umfeld des Klägers oder Beklagten zu entwerfen, um die Geschworenen für das jeweilige Anliegen einzunehmen. Ein bekannter Rhetoriklehrer war Lysias (um 445–380 v. Chr.), ein in Athen ansässiger Fremder (Metöke = Mitbewohner), der ebenfalls aus Unteritalien stammte und in Athen eine Werkstatt zur Herstellung von Schilden betrieb (Huber 2004).

Die mündliche Tradition des Rechts zeigt sich in der Konkretheit der Rechtsbegriffe. Das Rechttun, *díkê*, ist im Denken der Griechen eine Göttin. Auch die im alltäglichen Zusammenleben geltenden, mündlich tradierten Normen sind in der Gestalt der Göttin Themis fassbar. Als *thémis* (Brauch) galt es, die Fremden zu bewirten und die Toten zu beweinen. Im 5. Jh. v. Chr. trat – zunächst in Ionien und in Boiotien – ein neuer Begriff auf: *nómos* (pl. *nómoi*). In Athen stammt der erste inschriftliche Beleg aus dem Jahre 418/17 v. Chr. In literarischen Texten ist der Begriff früher zu finden, allerdings wird dann hinzugefügt, ob es sich um geschriebene oder ungeschriebene Gesetze handelt. Bei diesen *nómoi* handelt es sich um Bestimmungen, die von einem Gremium der Polis erlassen und aufgeschrieben wurden. Auf Kreta hießen die Gesetze »das Geschriebene«: *tò gráphos*. Daneben werden in der Tragödie die unerschütterlichen *nómoi* der Götter angerufen, die als ungeschrieben (*ágraphoi*) bezeichnet werden (Hölkeskamp 1994, 135–164; 1999; 2002, 115–146).

In Sparta, wo Volksbeschlüsse nicht schriftlich fixiert wurden, hießen die Gesetze *rhêtra*, d. h. Verabredung, Vertrag (vgl. *rhêtôr*, »der Redner«, bzw. *rhêtoreúô*, »Redekunst treiben«).

Rechts-
begriffe

Nomos

Der neue Begriff *nómos* hat eine Reihe von Bedeutungsvarianten. Er kommt von *nomeúô*, weiden, zuteilen, *hê nomê* ist die Weide, *hò nómos* ursprünglich das Zugeteilte, *to nómina* meint die Konvention, das Herkommen; *tò nómisma* ist die Bezeichnung für das von der Polis autorisierte Münzgeld, das erstmals im 6. Jh. v. Chr. geprägt wurde. Von *nómos* leiten sich die politischen Ordnungsbegriffe her: *eu-nomía*, die gute Ordnung, Wohlordnung, *dys-nomía*, das Gegenteil, die Unordnung. Ein weiterer Begriff ist *thesmós* (pl. *thesmoí*) – das Niedergelegte, die Satzung, das Gesetz, bzw. *tà thésmia*, die traditionell ungeschriebenen wie geschriebenen Regeln, nach denen das Gemeinwesen lebt (von *títhêmi* = niederlegen). Für die Gesetze der Volksversammlung gibt es einen weiteren Begriff, der sich von dem Stimmtäfelchen (*psêphos*) herleitet, das für die Abstimmung benutzt wurde: *tò psêphisma*.

Solon Insgesamt geht die Fixierung des Rechts einher mit einer Entpersonalisierung, Verstetigung, Zentralisierung und Institutionalisierung von Macht. Autoren von Gesetzen sind abstrakte Organe: Rats- und Beschlussorgane, die feste Verfahrensregeln entwickeln. Gesetzgeber waren Schiedsrichter, insofern sie konkrete Konfliktfälle einer Lösung zuführten. Am Ende dieses Prozesses steht der idealtypische Gesetzgeber, der Nomothet, dem alle schriftlich fixierten Gesetze zugeschrieben werden. Diese Rolle kam in Athen Solon zu; in Sparta galt Lykurg als Schöpfer der sozialen und politischen Ordnung (Blok/Lardinois 2006). In Unteritalien fungierten die Schüler des Philosophen Pythagoras, Charondas und Zaleukos, als idealtypische Gesetzgeber. Anders als im Fall von Lykurg und der unteritalischen Gesetzgeber ist Solons Historizität bezeugt.

Der kaiserzeitliche Autor Plutarch zählt Solon zu einem der Sieben Weisen. Sein Vater sei durch Freigebigkeit verarmt, er selbst habe es vorgezogen, anstatt sich auf das Wohlwollen der zahlreichen Freunde zu verlassen, in die Fremde zu gehen und Handel zu treiben. Diese Reisen brachten ihm die Freundschaft mit Königen fremder Reiche ein. Auch militärisch tat sich Solon laut Plutarch hervor. Er führte einen erfolgreichen Krieg gegen Megara um die Insel Salamis und begründete damit sein Ansehen. Zu seinen entscheidenden Leistungen aber zählt Plutarch seine Reformen: Im Konflikt der

Bürgerschaft um das Land wird Solon zum Schiedsmann (Aisymeten), und Archon bestellt und sucht nun den Ausgleich. Er schafft eine neue politische Ordnung, regelt den Zugang zu politischen Ämtern und führt ökonomische und soziale Reformen durch, wozu die Bestrafung bei Ehebruch, die Behandlung der Erbtochter und der Aufwand für die Toten zählen (Wagner-Hasel 2000a; 2009). Plutarch schildert Solon als Mann der Mitte und des Maßes; den Verlockungen, eine Tyrannis zu errichten, widersteht er. Die Darstellung ist anekdotisch und dient der moralischen Belehrung seiner Zeitgenossen. Welche der Reformen Solons tatsächlich ins frühe 6. Jh. gehören, darüber lässt sich in jedem einzelnen Fall streiten. Viele Gesetze können auch erst am Ende des 5. und im 4. Jh. v. Chr. entstanden sein. Denn unser Wissen stammt zum großen Teil aus den Gerichtsreden des 4. Jhs. v. Chr., als die Gesetze zitiert wurden. Um einem Gesetz Autorität zu verleihen, war es wichtig, ihm ein hohes Alter zu bescheinigen. Auch Philosophen, die in dieser Zeit über die richtige politische Ordnung nachdachten, bezogen sich auf die Autorität Solons.

Als eine der wichtigsten Maßnahmen Solons gilt die *seisachtheía*, die Entschuldung der attischen Bauernschaft, von der Aristoteles mehr als 200 Jahre später und der kaiserzeitliche Biograph Plutarch berichteten. Sie gehen beide von einer Zweiteilung der Bevölkerung in Reiche, *plousíoi* (von gr. *ploûtos* = Reichtum), und Arme, *pénêtes* (von gr. *pénomai* = »von der Arbeit der Hände leben«) aus. Die Frage ist, wer sich hinter diesen ›Armen‹ verbirgt und wie sie in ihre bedrückende Situation gelangten. Solons
Bauern-
befreiung

Die Begriffe, die beide Autoren benutzen, sind verwirrend. Sowohl Aristoteles als auch Plutarch bezeichnen die Armen als Theten (von *theteuô* = verdingen), wie Knechte in den Homerischen Epen und in späterer Zeit die Angehörigen der untersten Vermögensklasse genannt werden, sowie als *hektêmoroi/hektêmórioi* (»Sechstelanteiler«). Bei Aristoteles entsprechen sie den Pächtern (*pelátai*), die Land gegen eine Gebühr pachten. Nach Plutarch, der sein Wissen aus ortsnahen Chroniken der Atthidographen schöpfte, war »das ganze niedere Volk (*dêmos*) [...] den Reichen (*plousíoi*) verschuldet. Entweder bearbeiteten sie das Land für sie und lieferten den Sechsten ihrer Erträge ab, wonach sie *hektêmórioi* oder *thêtes* hießen, oder wenn sie unter Verpfändung ihres Leibes Schulden aufgenommen hatten, so wurden sie von den Gläubigern abgeführt und dienten teils im Lande als Sklaven, teils wurden sie in die Fremde verkauft. Viele waren auch genötigt, ihre eigenen Kinder zu verkaufen – denn kein Gesetz (*nómos*) verbot das – und vor der Hartherzigkeit der Gläubiger das Land zu verlassen« (Plutarch, *Solon* 13).

Eben diese Verpfändung des Leibes soll nun Solon verboten und damit das Volk (*dêmos*) für die Gegenwart und die Zukunft befreit haben. Auch veranlasste er, »dass Schulden (*chréos*), sowohl diejenigen, die Einzelnen (*ídios*) als auch diejenigen, die der Gemeinschaft gebührten (*dêmosíos*), aufgehoben wurden, was man Lastenabschüttelung (*seisachtheía*) nennt, da man buchstäblich seine Schuldenlast abschüttelte« (Aristoteles, *Athenaion politeia* 6,1; Übers. in Anlehnung an Chambers).

Bemerkenswert ist, dass Solon, von dem wir ein Selbstzeugnis haben, nicht zwischen Arm und Reich differenziert, sondern vielmehr zwischen denjenigen unterscheidet, die aufgrund von Schulden in der Fremde lebten, sei es weil sie verkauft wurden oder weil sie geflohen waren, und denen, die im Land in unwürdiger Knechtschaft unter ihren Herren litten. Sein Thema ist die Abhängigkeit, nicht die Armut. Eben diese Geflüchteten und Verkauften (*prathéntes*) holte er nach seinen Worten zurück. Zudem befreite er die im Land gebliebenen Abhängigen. Den Begriff *hektêmoroi* benutzt er für keine dieser Gruppierungen (Solon, F 24 Diehl = Aristototeles, *Athenion Politeia* 12,4).

Hektemoroi · Lange Zeit ist hinter der Maßnahme des Solon die Entschuldung der attischen Bauernschaft vermutet worden, die durch Erbteilung und Bevölkerungswachstum in eine prekäre Lage geraten sei (Will 1977). Gegenwärtige demographiehistorische Forschungen lassen eine solche Entwicklung inzwischen als wenig glaubwürdig erscheinen. Man hat errechnet, dass im Verlauf von zehn Jahren durchschnittlich nur sechs von zehn Haushalten Erben hatten, davon zwei Haushalte wiederum ausschließlich Töchter. Deshalb regelten frühe Gesetzeswerke vor allem das Verfahren beim Fehlen männlicher Erben. Fehlte ein Sohn, so sah das solonische Recht vor, dass die Tochter den nächsten männlichen Verwandten des Vaters, oft den Bruder, heiratete. Die aus dieser Verbindung hervorgegangenen Söhne erbten dann das großväterliche Land. Um die Nachfolge sicherzustellen, sah das solonische Recht vor, dass der Ehemann der Erbtochter dreimal im Monat beiwohnen musste (Plutarch, *Solon* 20). Die Tochter fungierte hier als Überträgerin des väterlichen Landloses und hieß deshalb *epíklêros* (von *klêros* = Landlos). Ähnliche Regeln gab es auch in anderen Poleis; in Gortyn konnte die Erbin unter Verzicht auf die Hälfte des Erbanteils dem Zwang der Verheiratung mit dem nächsten Verwandten des Vaters entgehen; in Sparta war die Erbin in der Wahl des Heiratspartners frei. Deshalb ist hier auch spekuliert worden, dass in Sparta zeitweise ein matrilineares Erbrecht vorherrschte (Schmitz 2002). Wahrscheinlicher ist ein bilaterales Erbrecht, bei dem beide Geschlechter erbten, aber nicht unbedingt gleiche Anteile bekamen (vgl. Kapitel 2.8). Grundsätzlich sorgt ein allgemeines Frauenerbrecht, das Frauen sowohl als Erblasserin wie auch als Erbin berücksichtigt, für mehr Gleichheit als ein beschränktes und dient als stabilisierender Faktor. Das Land wechselt sowohl bei Heirat als auch beim Tod den Besitzer; die Besitzverhältnisse unterliegen einem dauernden Prozess der Erneuerung. Unter solchen Bedingungen bilden Heiratsstrategien das entscheidende Vehikel zur Veränderung. So sind für Sparta die Heirat innerhalb der engen Verwandtschaft (»close kin marriage«) sowie Polyandrie, die Verheiratung einer Frau mit mehreren Brüdern, überliefert. Beides mindert die Zahl der Erben und dient damit der Konzentration des Landes in den Händen einer kleinen Gruppe. Tatsächlich sank die Zahl der Spartiaten zwischen 480 und 371 v. Chr. laut Aristoteles von 8.000 auf 1.500 Bürger. Für Athen ist angenommen worden, dass das Erbtochtersystem genau diese fortschreitende Konzentration von Landbesitz verhinderte. Kombiniert mit der Beischlafregel sollte es der Bereitstellung von Erben dienen, so dass der Besitz in der nächsten Generation in mehreren Händen lag (Wagner-Hasel 2012, 91–101; vgl. Kapitel 2.8).

Wenn nicht Bevölkerungsdruck die Verschuldung verursachte, was war es dann? Moses I. Finley hat darauf aufmerksam gemacht, dass Reiche einen solchen Zustand der Verschuldung auch bewusst herbeiführen können, um sich der Arbeitsdienste der Ärmeren zu versichern. Er hält diese gezielt herbeigeführte Verschuldung für die entscheidende Quelle der Sklaverei (Finley 1965/1977). Solche Praktiken sind heute noch in Ländern wie Bangladesch, Nepal oder Indien üblich. Saatgut wird zu überhöhten Zinsen verliehen, damit es nicht zurückgezahlt werden kann. Da aber Schuldknechte auch in späteren Jahrhunderten überliefert sind, die ihre Schulden über Arbeitsdienste abtrugen, vertritt Edward Harris (2002, 420–425) die Meinung, dass Solon auf keinen Fall die Schuldknechtschaft abgeschafft hat, sondern nur den Verkauf der Schuldknechte in die Sklaverei.

Eine andere Lösung bietet sich an, wenn man die Argumentation umdreht und davon ausgeht, dass Arbeitsdienste und Abgaben wie in Sparta und im mykenischen Griechenland auch in Athen üblich waren und erst von Solon abgeschafft wurden (Ando 1988; Bintliff 2006). Denn überall dort, wo das mykenische >Palast<-System existiert hatte, in Thessalien, auf der Peloponnes und auf Kreta, gab es auch zur Zeit der Poliskultur eine abhängige Bevölkerungsschicht, die zu Abgaben an eine Herrenschicht verpflichtet war. In Thessalien hießen die Abhängigen Penesten, in Lakonien war ihr Name Heloten, auf Kreta nannte man sie Klaroten (von dorisch *kláros* = Landlos) und in der Argolis im Westen der Peloponnes Gymneten (»die Nackten«, d. h. »die ohne Waffen«). In Sparta stand diesen Abhängigen die >Kaste< der Spartiaten gegenüber, die dem Geschäft des Krieges nachgingen. Die Heloten hingegen bebauten die Felder der Spartiaten, leisteten ihnen aber auch Hilfsdienste im Krieg (Welwei 2004).

Der Historiker Theopompos, der im 4. Jh. v. Chr. lebte, erklärte sich diese Abgabenpflicht mit Eroberung und meinte, dass sich Spartaner und Thessalier Hellenen versklavt hätten, die das Land vor ihnen bewohnt hätten (Theopompos, *Philippika* 17 bei Athenaios, *Deipnosophistai* 6,265 b–c). Es handelt sich bei dieser Erklärung vermutlich um eine Projektion der Praktiken seiner Zeit in die Vergangenheit. Die Eroberung fremder Gebiete war in dieser Zeit nichts Ungewöhnliches. Die Spartaner hatten bereits im 7. Jh. v. Chr. von Lakonien ausgehend die Nachbarregion, Messenien, erobert und die dortige Bevölkerung >helotisiert<. Die Hälfte der Ernte, so überliefert es ein Gedicht des Tyrtaios aus dem 7. Jh., landete fortan in den Vorratskammern der Eroberer (Tyrtaios frg. 6 u. 7 ed. West). Die amerikanische Althistorikerin Ellen M. Wood vermutet daher mit Recht, dass das minoisch-mykenische Arbeitsdienstsystem im Heloten- und Klarotenwesen weitergelebt habe (Wood 1989). Nur in Athen lagen die Verhältnisse anders. Die Athener hielten sich im 5. Jh. v. Chr. für autochthon, für erdgeboren, d. h. für alteingesessen und nicht für Eroberer (Loraux ²1984). Diese Wahrnehmung korrespondiert mit der Abwesenheit einer abhängigen Bevölkerungsschicht in eben dieser Zeit. Hier gab es den Typus des Heloten nicht. Oder besser gesagt, es gab ihn seit den Solonischen Reformen von 595 v. Chr. nicht mehr.

Bezieht man also die Verhältnisse in Sparta und anderen Teilen Griechenlands mit ein, so liegt der Schluss nahe, dass einst ein solcher Stand wie der der Heloten oder Klaroten existierte, der in Athen den Namen *Hektêmoroi* trug. Denn *moîra* ist ein traditioneller Begriff aus dem Abgabenwesen. Den Anteil, den die abhängige Bauernschaft in Sparta, die Heloten, abzuliefern hatte, nannte man *archaía moîra,* althergebrachter Anteil (Lazenby 1995). Deshalb ist es auch wenig wahrscheinlich, dass Aristoteles den Begriff *Hektêmoroi* erfunden hat, weil er die verloren gegangenen Gedichte Solons, die in *scripta continua* überliefert waren und keine Worttrennung kannten, einfach falsch abgeschrieben habe, wie unlängst Mischa Meier vorgeschlagen hat (Meier 2012). Die in Knechtschaft (*douleía*) lebende Bevölkerung, die Solon befreit haben will, wäre dann die von Aristoteles und Plutarch erwähnte Gruppierung der *Hektêmoroi*. Diese Befreiung der abhängigen Bauernschaft kann zu Beginn des 6. Jhs. unter Solon, aber auch erst sukzessive nach dem Sturz der Tyrannis erfolgt sein. Wir wissen von Peisistratos, der eine Generation nach Solon in Athen eine Tyrannis errichtete, dass er von den Bauern den Zehnten eingesammelt und armen Bauern Darlehen in Gestalt von Pflugochsen gewährt haben soll (Ailianos, *Poikilia* 9,25; Aristoteles, *Athenaion Politeia* 16,2–4). Das spricht für das Weiterleben eines Abgabensystems (Wagner-Hasel 2017). Nach dem Sturz der Tyrannis ist von solchen kollektiven Abgaben in den Werken der Historiker nicht mehr die Rede. Allerdings wissen wir aus Inschriften, dass für gemeinschaftliche Opfermähler der Zehnte eingezogen wurde. Die Abgabenpraxis verschwand nicht, wohl aber der abhängige Status derjenigen, die diese Abgaben leisteten (Jim 2014). Partizipation trat an die Stelle von Abhängigkeit. Weil dieser abgabenpflichtige Bauernstand nicht mehr existierte, ist es folgerichtig, dass auch die Bezeichnung dafür aus dem Vokabular der Athener verschwand. Dies erklärt auch, warum Aristoteles von Leibhaftung spricht, woraus in der Vergangenheit die Folgerung abgeleitet wurde, dass Land ursprünglich unverkäuflich und im Gemeinbesitz gewesen sei und deshalb die Bauern mit ihrem Leib hätten haften müssen (Thomson 1974, 194). Tatsächlich aber ging es vor Solon um die Herrschaft über arbeitende Körper, nicht um die Herrschaft über Land. Die antiken Historiker und Philosophen, die dieses Arbeitsdienstsystem in Attika nicht mehr vorfanden, hatten verständlicherweise Schwierigkeiten, den Status der *Hektêmoroi* präzise zu erfassen.

Die solonischen Vermögensklassen

Für eine solche Deutung der Entschuldungsmaßnahmen Solons als Befreiung der attischen Bauernschaft von einem Arbeits- und Abgabendienst sprechen auch die politischen Reformen, die Solon zugeschrieben wurden. Solon formierte auch die Bürgerschaft neu, d. h. er formulierte Kriterien der Zugehörigkeit zum Bürgerverband, zur *pólis*. Zum Kriterium schlechthin wurde der landwirtschaftliche Ertrag, nicht etwa Abkunft oder – wie in Sparta – die Teilnahme an Tischgemeinschaften. In Sparta war es üblich, dass die erwachsenen Männer gemeinsam speisten. Jeder hatte seinen Anteil dafür abzuliefern; konnte er das nicht mehr, verlor er seine Zugehörigkeit zur Gemeinschaft der Spartiaten. Innerhalb der Klasse der Spartiaten wurde sozial nicht differenziert, obwohl tatsächlich Vermögensunterschiede vorhanden gewesen sein müssen. Aber man tat so, als gäbe es sie nicht. Politische Rechte besaßen alle Spartiaten gleichermaßen. Anders in Athen, denn laut Aristoteles richtete Solon in Athen vier Schätzungsklassen ein: Die erste Klasse bildeten die Fünfhundertscheffler (*pentakosiomédimnoi*), die das Monopol auf das Archontenamt hatten (ein Scheffel sind etwa 50 Liter); dann kamen die Hippeis, die Dreihundertscheffler und Pferdebesitzer, und die Zeugiten, die Zweihundertscheffler oder Ochsengespannbesitzer. Das Schlusslicht bildeten die Theten, die bei Aristoteles und Plutarch identisch mit den *Hektêmoroi* sind, die kaum oder keine landwirtschaftlichen Erträge aufbrachten (Aristoteles, *Athenaion politeia* 7,3). Das waren nach jüngeren Schätzungen etwa 85 Prozent der Bevölkerung Attikas. Sie partizipierten in der Folge an politischen Entscheidungen und an Rechtsprechungsfunktionen (van Wees 2006, 376), wobei umstritten ist, ob sie auch Ämter übernehmen durften (Blösel 2014, 70–93). Möglicherweise hat sich diese sogenannte ›timokratische Ordnung‹ erst sukzessive entwickelt und wurde später Solon als einmalige Tat zugewiesen (van Wees 2006, 362; Raaflaub 2006, 421).

Hinter den Vermögensklassen standen jedoch keine Steuerklassen. Es wurde vielmehr festgestellt, wer in der Lage war, finanzielle Leistungen für das Gemeinwesen zu erbringen. Politische Teilhabe, Bürgerrecht bedeutete Aufwand: Wer am Gemeinwesen teilhatte, musste Lasten übernehmen, Feste ausrichten, Theateraufführungen organisieren, Schiffe ausstatten (Gabrielsen 1994; Pritchard 2015). Herrschaft war mit Gegenleistungen verbunden. Homerische Herrscher konnten Abgaben erwarten, wenn sie sich leistungsfähig zeigten und großzügig Geschenke verteilten. Das taten auch noch die Tyrannen (vgl. Kapitel 2.6). Im klassischen Athen hießen solche Leistungen für die Gemeinschaft Liturgien. Sie waren eine Sache der Reichen, nicht der Armen.

Liturgien

Von den Schuldknechten und abhängigen Bauern sind die Kaufsklaven zu unterscheiden. Laut Theopompos sollen die Bewohner von Chios die ersten gewesen sein, die Barbaren als Sklaven benutzt und diese mit Geld erworben haben (FGrHist 115 F 122). Es handelt sich bei dieser Erklärung vermutlich ebenfalls um eine Projektion der Praktiken seiner Zeit in die Vergangenheit. Seit dem 5. Jh. v. Chr. wurde eine klare Trennlinie zwischen Barbaren und Hellenen gezogen; auch waren Sklavenmärkte verbreitet (Trümper-Ritter 2009). Aber die Sklaverei ist älter. Eine wesentliche Quelle bildete der Krieg. Homer kennt die kriegsgefangene Frau, deren Schicksal es ist, für eine andere zu weben (Homer, *Ilias* 6,456). Die Tatsache, dass im Homerischen Epos vor allem die Versklavung von Frauen erwähnt wird, liegt nicht an ihrer körperlichen Schwäche, wie noch in jüngster Zeit behauptet wurde (Schumacher 2001, 36), sondern am Bedarf an Spinnerinnen: Um einen Webstuhl in Gang zu halten, ist die Arbeitsleistung von vier Spinnerinnen notwendig (Wagner-Hasel 2000c). Neben webkundigen Frauen wurden auch Hirten erbeutet, die für ihre Herren die Herden weideten wie der treue Schweinehirt des Odysseus. Diese wurden oft schon als Kind versklavt (Homer, *Odyssee* 15, 383–388). Versklaven wird im Epos mit dem Begriff des ›Wegführens‹ zum Ausdruck gebracht. Versklavung bedeutet den Verlust der Zugehörigkeit, der durch räumliche Trennung herbeigeführt wird. Die Betroffenen verlieren ihre Bindungen; sie erleiden

Kaufsklaven

den »sozialen Tod«. Aus dem Begriff *ônos*, der den Gegenwert für eine in die Fremde verschleppte Person bezeichnet, hat sich die Terminologie des Kaufens entwickelt, die in den frühen literarischen Quellen noch unausgebildet ist (Wagner-Hasel 2000, 242–246).

In den Werken der Historiker des 5. Jhs. v. Chr. werden zahlreiche männliche Kriegsgefangene erwähnt, die nun nicht im eigenen Haus eingesetzt, sondern auch weiterverkauft oder vermietet werden; *andrápoda*, »Menschenfüßler«, nennt Thukydides diesen menschlichen Teil der Beute. Dem Hipponikos sollen 600 Sklaven (*andrápoda*) täglich eine Mine Nutzungsgebühr (*atelê*) eingebracht haben, heißt es in Xenophons Schrift über Einkünfte (*Poroi* 4,15). Eingesetzt wurden sie in den Silberbergwerken von Laureion. Inschriftlich belegt sind Sklaven vor allem in Handwerk und Handel (Herrmann-Otto [2]2017, 95 f.). Grabsteine und Grabvasen zeugen von der Beliebtheit und Wertschätzung thrakischer Ammen. Diese ließen sich stets im Typus der sitzenden attischen Bürgerfrauen darstellen (Bäbler 2005). In seiner »Hauswirtschaftslehre« (*oikonomikós*), in der die Leitungsfunktionen des Hausherrn (*despótês*) und der Hausherrin (*déspoina*) geschildert werden, treten auch unfreie Knechte und Mägde in Erscheinung, die hier *oikétês/oikétai* genannt werden, Hausleute, und die für alle anfallenden Arbeiten innerhalb und außerhalb des Hauses zuständig sind. Es ist umstritten, in welchem Umfang diese Kaufsklaven in der Landwirtschaft eingesetzt wurden und damit den athenischen Bauern Muße für politische Betätigung ermöglichten (Jameson 1978, 129; Wood 1989, 42–125; Fisher 2001, 37–46; Herrmann-Otto [2]2017, 106). Der Quellenbefund spricht eher gegen einen nennenswerten Arbeitseinsatz von Kaufsklaven bei der Feldarbeit. Allerdings besteht durchaus ein Zusammenhang zwischen Demokratie und Sklaverei. *Dêmosioi* nannte man die Sklaven, die im Dienst der Polis standen und wegen ihrer Spezialkenntnisse geschätzt waren. Wir finden in den Quellen skythische Bogenschützen, die als Polizisten fungierten, und Schreiber, die das Archiv der Stadt verwalteten. Die Indienstnahme von Sklaven für Gemeinschaftsaufgaben hatte nach den Untersuchungen von Paulin Ismard zur Folge, dass kein administrativer Apparat entstehen und sich die Polis nicht als autonome Instanz gegenüber den Bürgern etablieren konnte (Ismard 2015, 179).

2.6 Tyrannenherrschaft und die Entwicklung Athens zum Kultzentrum

Die antike Überlieferung von der Entstehung der attischen Demokratie ist untrennbar mit der Vertreibung der Tyrannen am
Ende des 6. Jhs. v. Chr. verbunden. Die Informationen über die
Tyrannenherrschaft stammen nicht von Zeitgenossen, sondern
von Autoren der späteren Jahrhunderte: 100 Jahre Abstand liegen
zwischen den Ereignissen um die Errichtung einer Tyrannis durch
Peisistratos (600–527 v. Chr.) und der Darstellung der Historiker
Herodot (1,59–64) und Thukydides (6,54) über sie; 200 Jahre Abstand liegen zwischen ihr und der Darstellung des Philosophen
Aristoteles. Geschrieben sind alle diese Berichte aus der Perspektive
der demokratischen Polis, als es weder Könige noch Tyrannen gab.
Politische Entscheidungen wurden allein in der Volksversammlung
gefällt. Daher sind die Urteile über die Herrschaft der Tyrannen
tendenziell negativ. Andererseits wirft kein Historiker dem Tyrannen Peisistratos Gesetzlosigkeit vor. Im Gegenteil: Er änderte
die Gesetze (*thesmoí*) und die Ämter nicht, heißt es übereinstim-
mend bei allen antiken Autoren (Herodot 1,59,6; Thukydides 6,54;
Athenaion politeia 14,3; 16,2). Die Mitglieder seiner Familie wurden
Archonten, erfahren wir von Thukydides (6,54). Laut Aristoteles
setzte Peisistratos Demenrichter ein (*Athenaion politeia* 16,4) und
bereiste selbst das Land, um Recht zu sprechen. Dementsprechend
galt diese Tyrannis im Volk als das Goldene Zeitalter unter Kronos
(ebd. 16,7). Die spätere Überlieferung macht Peisistratos sogar zu
einem der Sieben Weisen, zu denen auch Solon zählt. Auch diese
Überlieferung fügt sich in die Vorstellungswelt der epischen Dichter, die eine gute Herrschaft mit sogenannter gerader Rechtsprechung in eins setzte (vgl. Kapitel 2.5). Erst die Tyrannis der Söhne
bekam jenen eindeutig negativen Beigeschmack, den wir heute mit
dem Begriff verbinden. Als Gewaltherrscher galt vor allem der Tyrann von Syrakus, Dionysios II. (367–344 v. Chr.), dessen Grausamkeit und Genusssucht von Philosophen angeprangert wurde
(Schmidt-Hofner 2016, 270–281; Zimmermann 2013, 202–211).

Die moderne Forschung ist dem negativen Urteil der antiken
Historiker lange Zeit gefolgt und hat die Herrschaft der Tyrannen,

Persönliche
oder
staatliche
Herrschaft?

die in vielen griechischen und unteritalischen Städten im 6. und
5. Jh. v. Chr. errichtet wurde, als persönliche Herrschaft gedeutet,
die im Widerspruch zu den Institutionen der Stadt und zur Herrschaft der Aristokraten gestanden habe. Gerade nach dem Zweiten
Weltkrieg war eine solche Sicht auf die Tyrannis verbreitet (Berve
1967). In den 1980er Jahren wurde diese Position revidiert und
die Tyrannis als eine Spielart aristokratischer Herrschaft gewertet,
die von Konkurrenz um Macht und Einfluss geprägt gewesen sei
(Stahl 1987; Stein-Hölkeskamp 1989). Allerdings steht das Konzept der aristokratischen Herrschaft im Sinne einer durch Geburt abgeschlossenen Elite inzwischen auf dem Prüfstand, wobei
auf die Durchlässigkeit von Rangordnungen verwiesen wird
(Duplouy 2006; Fisher/van Wees 2015, 1–57). Auch ist der Tyrannis eine wichtige Rolle bei der Entwicklung von Staatlichkeit
zugeschrieben worden (Stahl 1987). Für Michael Stahl lässt sich
dieser Prozess in der Errichtung anonymer politischer Ämter fassen, in der Stiftung einer staatlichen Identität durch Feste, die das
Gemeinschaftsbewusstsein stärkten, sowie in der Einrichtung eines
staatlichen Richteramtes zur Wahrung des innergesellschaftlichen
Friedens und schließlich – damit verbunden – in fortschreitender
Machtkonzentration (Stahl 1987, 141 f. und 181). Im Unterschied
zu Stahl meint Helen Sancisi-Weerdenburg (2000), dass staatliche
Strukturen erst nach der Tyrannenherrschaft entstanden. Die persönliche Fähigkeit, Ressourcen zu mobilisieren, und der Einsatz
von militärischer Macht bilden ihrer Meinung nach die Basis der
Tyrannenherrschaft. Diese meine zudem nicht Alleinherrschaft,
sondern Familienherrschaft, da die Tyrannen weiträumig über Heiratsbeziehungen vernetzt gewesen seien.

In der Tat sprechen die Quellen dafür, dass Tyrannenherrschaft
auf denselben Grundfesten ruhte wie die Herrschaft der Könige bei
Homer: (1) auf militärischen Fähigkeiten, die potenziert werden
konnten durch Gefolgsleute, und (2) auf der Fähigkeit, (Ab-)Gaben
zu rekrutieren für Rechtsprechungs- bzw. Schlichtungsfunktionen
sowie (3) auf Herkunft bzw. Abstammung (Wagner-Hasel 2000,
190 f.). Allerdings beförderten die Tyrannen den räumlichen Integrationsprozess, indem sie mit ihrer Kultpolitik die Etablierung von
Athen als Kultzentrum forcierten (Shapiro 1989) und damit zur He-

rausbildung eines Gemeinschaftsbewusstseins beitrugen, das Stahl mit Recht als entscheidendes Merkmal der Tyrannis ansieht. Auch geht mit der Tyrannis eine wirtschaftliche Veränderung einher: die Prägung von Münzgeld.

Aus der Schilderung der Machtergreifung des Peisistratos geht eine Aufteilung Attikas in unterschiedliche Machträume hervor. Der Tyrann erlangte nach den Aussagen von Herodot und Aristoteles seine Vormachtstellung in drei Anläufen. Als Ausgangslage beschreiben beide eine Machtverteilung nach einem räumlichen Prinzip. Während Herodot nur zwischen Berg- und Küstenbewohnern sowie Bewohnern der Ebene unterscheidet (Herodot 1,59), verknüpft Aristoteles entsprechend den politischen Konstellationen seiner Zeit die räumlichen Parteiungen mit unterschiedlichen politischen Verfassungen: »Es gab drei Parteien, erstens die Küstenbewohner mit Megakles, dem Sohn des Alkmeon an der Spitze, die am ehesten eine gemäßigte Verfassung anzustreben schienen, zweitens die in der Ebene Wohnenden, welche die Oligarchie wünschten. Ihr Anführer war Lykurg. Drittens die Bergbewohner mit ihrem Anführer Peisistratos, der am volksfreundlichsten zu sein schien. Diesen schlossen sich wegen ihrer Armut die an, die gerade von ihren Schulden befreit waren, wie auch aus Furcht die, deren Herkunft nicht makellos war [...]. Jede Partei führte ihren Beinamen nach den Orten, wo man sein Land bebaute« (Aristoteles, *Athenaion politeia* 13,4–5). Man erkennt an diesen Aussagen, dass Attika als eine politisch nicht geeinte Region angesehen wurde.

In dieser Konkurrenzsituation zwischen lokalen Führern gelang es Peisistratos, die Vorherrschaft zu erlangen, und zwar weil er erstens militärischen Ruhm durch einen Krieg gegen Megara (Herodot 1,59; *Athenaion politeia* 14,1) erwarb – das sagen beide Autoren –, und zweitens, weil er sich das Privileg einer Leibwache sicherte. Mit diesen Keulenträgern, *korynephóroi* genannt (Herodot 1,59), besetzte er die Akropolis, das kultische Zentrum Athens, und zwar »im 32. Jahr nach der Gesetzgebung, unter dem Archontat des Komeas«, wie Aristoteles berichtet (*Athenaion politeia* 14,1). Allerdings wurde er nach kurzer Zeit aus Athen vertrieben. Einen dauerhaften Erfolg landete Peistratos erst nach einem dritten Anlauf. Mit seinen An-

Macht-
räume

Das Privileg
der Leib-
wache und
militärische
Erfolge

hängern aus Marathon und mit Hilfe von Gefolgsleuten (*epikoúroi*) aus Argos gelang es ihm schließlich, seine Gegner beim Tempel der Athena Pallene militärisch zu besiegen (Herodot 1,61–62; *Athenaion politeia* 15,3). Militärischer Ruhm und die Rekrutierung von Gefolgsleuten verweisen auf die homerische Tradition. Die homerischen Könige erwarben ihre Privilegien aufgrund ihrer militärischen Leistungen, die durch die Verfügung über Gefolgsleute potenziert werden konnten (Wagner-Hasel 2000, 191). Erst nach dem Sturz der Tyrannis sollte sich eine weniger persönliche Form der Rekrutierung von Kriegern durchsetzen.

Heirats-allianzen und göttlicher Beistand Zwischen dieser ersten Machtergreifung mit Hilfe der Leibwache und der letzlich erfolgreiche dritten Machtergreifung mit Hilfe von Bundesgenossen liegt eine weitere, zweite Machtergreifung, die mittels Heirat funktionierte. Peisistratos heiratete die Tochter seines Gegners Megakles. Allerdings wurde die Ehe wieder aufgelöst, weil Peisistratos mit seiner Frau nicht nach üblichem Brauch verkehrt haben soll (Herodot 1,60; *Athenaion politeia* 14,4). Heirat befriedet: Heiratsbündnisse wurden in der gesamten Antike als ein Mittel der Politik genutzt und bilden sowohl ein Merkmal der Tyrannis als auch des homerischen Königtums. Vor allem die Ehe mit Timonassa aus Argos, deren Verwandte Peisistratos bei der Schlacht bei Pallene unterstützten (Aristoteles, *Athenaion politeia* 17,3–4), bezeugt die Allianzfunktion von Heiratsbeziehungen (Vernant 1987a), die auch für die nächste Generation gilt. Seine Tochter Archedike verheiratete Peisistratos mit Aiantides. Dieser war der Sohn des Hippokles, des Tyrannen von Lampsakos, eines Ortes im goldreichen Thrakien (Thukydides 6, 59; von Reden 2010, 30).

Auf homerische Traditionen verweist auch die Überlieferung von der göttlichen Unterstützung, der sich Peisistratos versichert haben soll, indem er das Gerücht ausstreute, »Athena selbst werde Peisistratos zurückführen; dann suchte er eine schöne große Frau [...], schmückte sie als Göttin und brachte sie mit ihm nach Athen. Peisistratos fuhr auf einem Wagen ein, die Frau stand neben ihm, die Städter aber staunten, begrüßten ihn ehrfürchtig und nahmen ihn auf« (*Athenaion politeia* 14,4). Josine Blok meint, dass Peisistratos mit der Figur der Phye bzw. Athena bewusst an die Erzählungen des Dichters der *Odyssee* angeknüpft und sich selbst zum Heros stilisiert habe, da im Epos der Held von der Göttin Athena durch alle Gefahren hindurch geleitet wird (Blok 2006, 17–48).

Laut Herodot sicherten Bundesgenossen (*epikoúroi*) und Abgaben (*synódoi*) aus Attika und vom Fluss Strymon in Thrakien (Herodot 1,64) die Herrschaft des Preisistratos ab. Über die Inhalte der Abgaben erfahren wir nichts. Nach Thukydides hat Peisistratos den Athenern Abgaben in Höhe von einem Zwanzigstel der Erträge auferlegt, um die Stadt auszubauen, Kriege zu bestreiten und um an Festtagen zu opfern (Thukydides 6,64). Die Verwendung ist vermutlich aus der Perspektive des 5. Jhs. v. Chr. gedacht, als die Akropolis mit Geldern der Mitglieder des Delisch-Attischen Seebundes ausgebaut wurde; die Abgabenpflicht der Bauernschaft dürfte aber im 6. Jh. v. Chr. bestanden haben (vgl. Kapitel 2.5). Bei den Gütern vom Strymon in Thrakien handelt es sich dagegen um etwas anderes, nämlich vermutlich um Schürfrechte für den Abbau von Gold und Silber (Lavelle 2005, 126–133). In Thrakien gab es sowohl Gold- als auch Silbervorkommen, Silber wurde hingegen auch auf der Kykladeninsel Siphnos und vor allem in Südattika abgebaut. Während in den Epen Homers Gefäße aus Gold und Silber als prestigeträchtige Geschenke an Gastfreunde fungierten, so wurden nunmehr auch Silbermünzen in diesen Kreislauf von Gaben und Gegengaben eingespeist. Die ältesten Münzfunde stammen aus Ephesos in Kleinasien (560 v. Chr.) und von der Insel Ägina im Saronischen Golf. In Attika setzte die Münzprägung zur Zeit der Peisistratidenherrschaft Mitte des 6. Jhs. v. Chr. ein und wurde nach der Entdeckung neuer Silberminen bei Mauroneia um 483 v. Chr. intensiviert (von Reden 2010, 28–34).

Die Prägung von Silbermünzen stellt die große Neuerung des 6. Jhs. v. Chr. dar und hat der Vorstellung Vorschub geleistet, dass mit den Tyrannen eine neue Generation von Herrschern auftrat, deren Macht auf Seehandel und Seeraub beruhte (Ure 1922). Inzwischen ist man davon abgerückt, in den Tyrannen Repräsentanten einer neuen Händlerklasse zu sehen (van Wees/Fisher 2015, 8). Aber auf jeden Fall kann man davon ausgehen, dass es im Zeitalter der Tyrannis um die Erschließung von neuen Ressourcen ging, die zu Verteilungs- und Machtkämpfen zwischen lokalen Anführern geführt haben müssen. Diese Entwicklung vollzog sich nicht nur in Attika. Fassbar ist ein solcher Verteilungskampf in einem Diskurs

Materielle Basis: Abgaben

Münzgeld und Tyrannenherrschaft

über Habgier, den Theognis von Megara am Beispiel der Tyrannen von Korinth führte. In seinen Elegien führt der Dichter Klage über den Sieg des Eigennutzes über das Gemeinwohl, weil *phortêgoi* (»Lastenträger«) die Macht übernommen hätten, und fordert zur Vernichtung der das Allgemeingut verzehrenden Tyrannen auf (Theognis I 678 und 1182). Gemeint sind die Kypseliden, das Tyrannengeschlecht von Korinth, die im 6. Jh. v. Chr. Häfen ausbauten und Zölle einzogen (Herakleides von Lembos fr.5, FHG 2,212, fr.5). Auch der Tyrann von Samos, Polykrates, der 538 v. Chr. an die Macht kam, profitierte vom Seehandel. Sein Name steht für den Bau von Handelsschiffen (Plutarch, *Perikles* 26), aber auch für Piraterie und Täuschung, insofern er Gastfreunde wie Feinde behandelt und Bleimünzen für Silbermünzen ausgegeben haben soll (Herodot 3,58). Herodot stellt ihn zugleich auch als Opfer von Täuschung dar, da er eine mit Steinen gefüllte Truhe, die mit einer dünnen Schicht von Gold bedeckt ist, für einen Goldschatz hält (Herodot 3,121–125). Ist die Schilderung der Tauschhandlungen der Helden des Epos vom Ethos der Gegenseitigkeit geprägt, dessen Nichteinhaltung geahndet wird (Wagner-Hasel 2000), so akzentuieren die Erzählungen von den Tyrannen die Fragilität der Regeln der Gastfreundschaft und der Prinzipien der Gegenseitigkeit (Kurke 1999). Dafür steht die berühmte Ringparabel, die Herodot erzählt und die von Friedrich Schiller eine Nachdichtung erfahren hat. Indem der Ring, den Polykrates auf Anraten seines Gastfreundes Amasis den Göttern spendet und ins Meer wirft, zu ihm im Bauch eines Fisches zurückkehrt, den ihm ein Fischer als Geschenk darbringt, macht die Erzählung deutlich, dass das System von Gabe und Gegengabe nicht funktioniert. Denn dieses impliziert, dass eine Gabe auch angenommen und zu einem späteren Zeitpunkt erwidert wird. In der Erzählung vom Ring des Polykrates wird jedoch keine Beziehung zu den Göttern gestiftet, da die Gabe zum Spender zurückkehrt. Amasis kündigt daraufhin die Freundschaft. Als Gastfreund des Polykrates muss er davon ausgehen, dass auch in ihrer Beziehung das Prinzip der Gegenseitigkeit nicht gelten wird.

Münzgewichte

Der Geldwert von griechischen Münzen entsprach dem jeweiligen Edelmetallwert. Elektron, eine Legierung aus Gold und Silber, war in Kleinasien in Gebrauch; Silberprägungen waren auf dem griechischen Festland verbreitet, wo zunächst der äginetisch-euböische, dann der attische Münzfuß dominierte. Kleine Münzeinheiten bildeten der Obolós (gr. Opferspieß) und die Drachme (wörtlich: eine Handvoll). Die anderen Münzangaben basierten auf Gewichtsmaßen. Die größte Einheit war das Talent (von gr. *tálanton* = Waagschale, Waage), das in Athen ursprünglich 39,3 Kilogramm, ab Solon 26,196 Kilogramm wog. Die Teilung erfolgte in 60 Minen (eine attische-euböische Mine wog 4,366 g). Eine Mine entsprach 100 Drachmen (von Reden 2010, VI; dies. 2014, 61).

Eine Abkehr von der Gegenseitigkeitsmoral und eine Entwicklung hin zum gewinnorientierten Handel oder Marktaustausch markiert diese Erzählung von den Tyrannen nicht. Gegenseitigkeit blieb ein zentrales Prinzip im Denken der Griechen. Für den Kreislauf des Gebens, Nehmens und Erwiderns standen in der Vorstellungswelt der Griechen und Römer die Chariten bzw. die Grazien, die stets in der Dreizahl auftreten. Ihnen errichteten die Menschen laut Aristoteles Heiligtümer, um die Erwiderung von Gunsterweisungen und Gefälligkeiten sicherzustellen (*Nikomachische Ethik* 1133a, 3–5). Es waren die Nationalökonomen und Soziologen des 19. und frühen 20. Jhs., die ein historisches Nacheinander von Gegenseitigkeitsmoral und Marktaustausch postulierten und dafür den Begriff Gaben- bzw. Geschenktausch prägten. Den Nationalökonomen ging es eigentlich nur darum nachzuweisen, dass Eigennutz nicht zu allen Zeiten Motor des wirtschaftlichen Handelns gewesen sei, weshalb sie die Universalität des Tausches negierten, der im Denken der liberalen Theorie von Adam Smith als ein Handeln im Eigeninteresse galt. Der französische Soziologe Marcel Mauss, der in den 1920er Jahren seine einflussreiche Theorie der Gabe formulierte, insistierte dagegen auf dem sozialen Zweck des Schenkens, nämlich Bindungen herzustellen. Mauss wies das profitorientierte Handeln modernen Ökonomien zu. Inzwischen ist der modernitätskritische Charakter dieser Konzepte erkannt worden (Wagner-Hasel 2000, 27–59). Neuere Untersuchungen haben deutlich gemacht, dass auch mit der

Gegenseitigkeitsmoral und die Theorie der Gabe

Entstehung des Münzgeldes und mit der Entwicklung von Märkten weiterhin der Austausch von Gaben praktiziert wurde: sei es im ›diplomatischen‹ Gastfreundschaftsverkehr, wie ihn Amasis und Polykrates pflegten, sei es im Gefolgschaftswesen oder im Kontext von Nachbarschaft und Heirat (Herman 1987; Mitchell 1997; Schmitz 2004). Auch deutet sich eine Abkehr von der Vorstellung an, es habe ein einheitliches System der Gabe mit ganz bestimmten Merkmalen gegeben. Vielmehr ist von verschiedenen Typen von Gaben und unterschiedlichen sozialen wie ökonomischen Zwecksetzungen auszugehen (Wagner-Hasel 2000, 53). Umgekehrt ist auch das Konzept des Marktes einer Revision unterzogen worden. So hat Neville Morley darauf aufmerksam gemacht, dass es in der Antike keine abstrakte Vorstellung von Markt gegeben und ein unpersönliches Marktgeschehen nicht existiert habe. Märkte fanden in der Antike vielfach im Kontext von Kultfesten statt und das Marktprinzip durchdrang keineswegs die Sozialbeziehungen (Morley 2007, 79). Nicht gering zu schätzen ist allerdings die geistesgeschichtliche Langzeitwirkung des ethischen Diskurses über den Einfluss des Geldes auf die Sozialbeziehungen, den antike Autoren wie Aristoteles führten (Seaford 2004; Eckhardt 2011).

Zentrums-
bildung

Neben dem Auftreten von Münzgeld gibt es einen weiteren entscheidenden Unterschied zu den in den Epen geschilderten Praktiken. Die Peisistratiden fungieren in der Überlieferung als Schöpfer der kultischen Ordnung der Stadt: Die Söhne organisieren die städtischen Dionysien. 535 v. Chr. fand die erste Tragödienaufführung statt. Auch das Athenafest, die Panathenäen, wurde unter den Peisistratiden – es ist umstritten, ob dies bereits 556 v. Chr. oder erst unter Hippias geschah – neu organisiert und die Homerrezitation eingeführt. Athen wurde zum kultischen Zentrum der Region Attika (Ehrhardt 1992, 18). Erkennbar ist dies anhand von zwei Baumaßnahmen, die Archäologen eindeutig der Ära der Tyrannis zuordnen können: die Errichtung des Zwölfgötteraltars, der als Zentralmeilenstein fungierte, also Athen als räumliches Zentrum der Region Attika ausweist, und der Bau eines Brunnenhauses, der es ermöglichte, viele ›Pilger‹ mit Wasser zu versorgen. Der neue Neunröhrenbrunnen unter den Tyrannen löste in Athen die über die Agora verteilten Ziehbrunnen ab und gewährleistete einen permanenten Wasserfluss

(Tölle-Kastenbein 1990, 130–143; Möller 2015). Diese Wasserbaumaßnahmen, die Versorgung eines neuen räumlichen Zentrums mit Wasser, sind typisch für die Tyrannenherrschaft des 6. Jhs. v. Chr. und auch für die zeitgleiche Tyrannis des Polykrates auf Samos belegt, der Sickerstollen anlegen ließ, in denen sich das Wasser sammeln konnte. Diese Herausbildung eines räumlichen Zentrums ist das eigentlich Neue der ›nachhomerischen‹ Entwicklung. Der räumlichen Integration diente die Errichtung von Wegemarkierungen in Gestalt von Hermen (Pfeiler mit Phallussymbolen), von denen der Philosoph Platon berichtet. Sie waren mit Epigrammen versehen und sollten die Entfernung von Athen anzeigen (Shapiro 1992, 75; 1993, 104).

Zusammenfassend lässt sich festhalten, dass die Tyrannis eine Etappe auf dem Weg der räumlichen und politischen Verdichtung bildete und damit den Polisbildungsprozess beförderte. Tyrannenherrschaft lässt sich kaum als eine institutionalisierte, durch Ämter abgesicherte Herrschaft fassen. Was wir haben, sind widersprüchliche Informationen über einen politischen Führer, dem es gelingt, über Heiratspolitik und militärische Gefolgschaft, über das geschickte Inszenieren vermeintlich göttlicher Unterstützung und durch das Erschließen neuer Ressourcen eine Vormachtstellung zu erlangen. Eine Gewaltherrschaft war das nicht.

Die Tyrannen organisierten nicht nur den städtischen Festkalender neu, sondern förderten auch die Einrichtung panhellenischer Spiele (Stahl 1987, 209). Periandros, der Tyrann in Korinth, stiftete 589 v. Chr. an der Landenge zwischen Mittelgriechenland und dem Peloponnes die Isthmischen Spiele zu Ehren des Gottes Poseidon. 572 v. Chr. folgte in Nemea am Eingang zum arkadischen Hochland die Einrichtung der Nemeischen Spiele, die unter der Leitung von Argos standen. Sie fanden im zweiten und vierten Jahr einer Olympiade statt. Die Tyrannen von Argos versuchten auch Einfluss auf die Olympischen Spiele zu gewinnen, die zunächst von Pisa organisiert wurden, ehe Olympia um 570 v. Chr. unter die Kontrolle von Elis im Nordwesten der Peloponnes geriet. Die Eleer, die Unterstützung bei den Spartanern fanden, bekräftigten ihren Machtanspruch mit der Erstellung einer Liste von Olympioniken, die sie mit dem Jahr 776 v. Chr. beginnen ließen. Auf die Vereinbarung, die der König von Elis, Iphitos, und der König von Pisa, Kleosthenes, getroffen

Panhellenische Spiele

haben sollen, wurde im 4. Jh. v. Chr. der sogenannte olympische Friede, *ekecheiría* (sinngemäß: Zustand, in dem die Hände von den Waffen zurückgehalten werden), zurückgeführt. Festboten (*theôroi*) verkündeten ihn in allen größeren Gemeinden und Kultstätten. Der olympische Friede garantierte die Wegesicherheit und die Unverletzlichkeit der olympischen Kultstätte über die Dauer von ungefähr drei Monaten (Pausanias 5,20,1). Als innergriechische Schiedsstelle fungierte das Orakel von Delphi, wo seit 582 v. Chr. in jedem dritten Jahr einer Olympiade die Pythischen Spiele zu Ehren Apollons stattfanden (Maas 1993; Rosenberger 2001).

Ebenso wie die Panathenäen bestanden die panhellenischen Spiele, die Besucher aus ganz Hellas und Großgriechenland anlockten, aus athletischen und – in Delphi – musischen Agonen. Das größte Prestige brachten Siege im Wagenrennen ein. Viele Siegeslieder (Epinikien), die der böotische Dichter Pindar im 5. Jh. v. Chr. dichtete, entstanden im Auftrag unteritalischer Tyrannen, die ihre Viergespanne nach Olympia ins Rennen geschickt hatten. Wer sich ein Viergespann leisten konnte, stammte nach den Aussagen Herodots aus einem reichen Haus (6,35,1). Unter den Sieger befinden sich auch weibliche Angehörige von Herrscherhäusern, so etwa Kyniska, die Schwester des spartanischen Königs, die im 4. Jh. v. Chr. ihren Sieg im Wagenrennen mit der Aufstellung einer bronzenen Pferdegruppe im Zeus-Tempel von Olympia dokumentierte (Anthologia Graeca 13,16). Ansonsten waren die Athleten männlichen Geschlechts; verheirateten Frauen war in Olympia seit der 94. Olympiade (404 v. Chr.) sogar das Zuschauen versagt (Pausanias 5,6,7–9 und 5,13,10 sowie 6,20,9). Allerdings gab es in Olympia wie auch an anderen Kultorten eigene Spiele für Mädchen (Golden 1998, 104–175). Im achtjährigen Rhythmus fanden die Heraien statt, an denen sich Mädchen verschiedener Altersklassen im Wettrennen maßen. Die Siegerin bekam einen Anteil an der der Göttin Hera geopferten Kuh (Pausanias 5,16,2). In Athen wurden die Sieger mit dem Anrecht auf dauerhafte Speisung im Prytaneion (Sitz des »geschäftsführenden«Ausschusses des Rates der Fünfhundert) geehrt. Die Sieger bei den Isthmischen Spielen erhielten seit Solon darüber hinaus 100 Drachmen Preisgeld; für Olympioniken gab es 500 Drachmen; das entsprach dem Kaufwert von 100 Rindern oder 500 Schafen (Plutarch, *Solon* 23; Diogenes Laërtius I 55).

Über den Zweck der Agone besteht in der Forschung kein Konsens. Zum einen werden die athletischen Spiele als Gegenwelt zum Krieg gedeutet. Andere meinen, dass die Wettkämpfe dem Training für den Krieg dienten – das gilt z. B. für den Waffenlauf – und dass die siegreichen Athleten als Repräsentanten der kriegerischen Potenz einer Polis angesehen wurden (Kaeser 2004, 29). Der athenische Feldherr Alkibiades warf 416 v. Chr. sein Ansehen als Olympiasieger in die Waagschale, um die Bürgerschaft zu einem Feldzug nach Sizilien zu bewegen: »Denn die Hellenen hielten Athen ... für noch größer wegen meines glanzvollen Auftretens ... in Olympia, nachdem sie eine armgekämpfte Stadt erwartet hatten, weil ich sieben Wagen ins Rennen schickte« (Thukydides 6,16,2). Manche der Disziplinen, so etwa die Wettläufe, hatten eher agrarischen Charakter und erinnern an frühneuzeitlichen Praktiken des Schäfer(innen)laufs, zumal die Festspielorte in Gebieten mit viehwirtschaftlicher Prägung liegen, und – so die Nemeischen Spiele – im Frühjahr zur Zeit der Eröffnung des Viehauftriebs zu den Hochweiden im arkadischen Bergland begannen (Wagner-Hasel 2001). Den kultischen Rahmen der Spiele bildete der Heroenkult, den die Tyrannen förderten. Mit fast allen Festspielorten ist Herakles, der stärkste aller griechischen Helden, verbunden. In Olympia galt er als Begründer des Stadionlaufs. In Nemea, wo er im Kampf mit dem nemeischen Löwen das Symbol seiner Stärke, sein Löwenfell, gewann, teilte er sich diesen Anspruch mit dem argivischen Heros Adrastus. In Delphi stritt sich Herakles mit Apollon um die Herrschaft über das delphische Orakel. Neben der Stärke zeichnete ihn seine Mobilität aus, die für die Festspielorte von zentraler Bedeutung war. Sie alle lagen an Schnittpunkten von überregionalen Verkehrswegen und fungierten sowohl als gemeingriechische Foren der Selbstdarstellung und Konfliktregulierung als auch als Märkte im überregionalen Handel mit Metallen, Wolle oder Vieh (Morgan 1990; Wagner-Hasel 2002). Seine kanonisch gewordenen zwölf Taten, die Herakles dem Mythos zufolge im Dienst des mykenischen Königs Eurystheus vollbrachte, führten ihn durch die damals bekannte Welt bis nach Gibraltar und zum Schwarzen Meer. Die Taten waren am Zeustempel in Olympia dargestellt und markierten den Raum, in dem sich die Griechen zur Zeit der Tyrannenherrschaften als Hirten, Kolonisten, Händler und Söldner bewegten.

2.7 Politische Dressur im Theater: Demokratische Kultur in Athen

Nach Aristoteles verboten die meisten Tyrannen die Gemeinschafts-mähler und alle Formen der Geselligkeit, die das Vertrauen der Bürger untereinander förderten (*Politik* 1313 b 1–6). Dieses Urteil sagt weniger etwas über die Praktiken der Tyrannen aus als vielmehr etwas über die Lebensgewohnheiten und Integrationsmechanismen in der demokratischen Polis. Wurde in Städten, wo eine abhängige Bevölkerungsschicht existierte wie auf Kreta, nur zwischen Freien, *eleútheroi*, und Unfreien, *apeleútheroi*, geschieden (Seelentag 2014, 41), bürgerte sich für Athen der Begriff des Bürgers ein: *polítês*. Er reflektiert die Integration eben jener ehemals abhängigen Bevölkerungsschicht in die politische Gemeinschaft. Nach jüngeren Forschungen hing das Bürgerrecht, vom Wort her identisch mit der Bürgerschaft (*politeía*), von der Teilhabe an verschiedenen kollektiven Handlungen ab (Schmitt Pantel 2012; Blösel 2014). Auch wenn sich die Partizipationsrechte der Athenerinnen auf den Kult beschränkten, so wurden auch sie als Bürgerinnen wahrgenommen: *polítis*. Daneben kursierte der Begriff des Städters (*astós*) bzw. der Städterin (*astê*).

In der gegenwärtigen Demokratieforschung richtet sich das Interesse zunehmend auf eben diese Integrationsmechanismen, die zur Herstellung eines Bürgerbewusstseins beitrugen (Ismard 2010; Blösel 2014). Die Forschungen betreffen u. a. das Theater als Ort der ›politischen Bildung‹ (Goldhill 1992; Flaig 1998) und richten sich auf jene Bereiche, die eine ältere Forschergeneration das Private nannte: Herkunft und Vermögen, Erziehung und äußere Erscheinung wie Haartracht und Kleidung, Heirat und Freundschaft. Christian Mann bezeichnet das vermeintlich Private in seiner Studie *Die Demagogen und das Volk* als das »Soziale«, worunter er Herkunft (*eugéneia*), Bildung (*paideía*) und Freundschaften (*philía*) subsumiert (Mann 2007). Pauline Schmitt Pantel charakterisiert diesen Bereich in ihrer Untersuchung berühmter Männer in Anlehnung an die Sittengeschichten des 18. Jhs. als *les mœurs,* Sitten, Gebräuche (Schmitt Pantel 2009; 2012). Diese Sitten entsprechen ihr zufolge dem, was die Griechen unter *epitêdeumata* (von gr. *paideúomai* = erziehen) verstanden. Sie umfassen »nicht nur das Benehmen, sondern alle Aspekte des Lebens, die Geburt, das Aufwachsen, das Wohnen, die Art des Betens, des Kleidens, des Essens, des Heiratens, des Sterbens«. Für die Selbstdarstellung im unmittelbaren Wortsinn waren sie von großer Bedeutung und machten auf symbolischer Ebene soziale Rangpositionen sichtbar (Schmitt Pantel 2012). Insofern gab es in ihren Augen im antiken Athen keinen Raum, der nicht mit politischer Bedeutung aufgeladen war.

Die Tyrannis war eine kurze Episode in der Geschichte Athens. Sie dauerte, wie Aristoteles berichtet, 49 Jahre; nach Herodot währte sie nur 36 Jahre. Ihr Ende wurde von den Historikern und Philosophen des 5. und 4. Jhs. (Herodot 5,55 und 62–65, Thukydides 6,54–59: Tyrannenmörder-Exkurs; Aristoteles, *Athenaion politeia* 18–19) als gewaltsamer Umsturz kolportiert, ausgelöst durch eine Liebesaffäre, in der der Sohn des Peisistratos eine maßgebliche Rolle gespielt haben soll. Nachfolger des Peisistratos war der älteste Sohn Hippias, den Aristoteles als politisch umsichtig einstuft. Der jüngere Bruder Hipparchos dagegen gilt in den Augen des gestrengen Philosophen als vergnügungssüchtig. Hinzu kommen zwei Söhne aus der Ehe mit Timonassa aus Argos. Die Liebschaft des jüngeren von diesen, Hegesistratos bzw. Thettalos genannt (Aristoteles, *Athenaion politeia* 18), oder des Hipparchos (Thukydides 6,56) – die Überlieferung ist hier nicht eindeutig – war nach Thukydides Auslöser des Umsturzes. Thettalos oder Hipparchos verliebte sich demnach in Harmodios, der aber erwiderte die Zuneigung nicht, sondern wandte sich einem anderen zu, dem Aristogeiton (Thukydides 6,54). Aus Rache nun verhinderte der verschmähte Liebhaber, dass die Schwester des Harmodios zur Opferkorbträgerin bei den Panathenäen gewählt wurde – eine Schmach, die den antiken Autoren als hinreichendes Motiv für den Tyrannenmord erscheint (Thukydides 6,56). Harmodios und Aristogeiton gewannen in der Folge weitere Anhänger und schlugen an den Panathenäen, dem großen Athenafest, zu. An Hippias wagten sie sich laut Thukydides nicht heran, aber es gelang ihnen, Hipparchos zu ergreifen und zu erdolchen (6,57). Harmodios wurde daraufhin von der Leibwache ergriffen und fand auf der Stelle den Tod; Aristogeiton entkam zunächst, wurde aber später gefangen genommen und nach Auskunft des Aristoteles vor seinem Tod gefoltert, um ihm die Namen von Mitverschwörern abzupressen (*Athenaion politeia* 18).

Das Ende der Tyrannis

Einig sind sich die antiken Autoren, dass nach dem Anschlag die Tyrannis noch drei oder vier Jahre andauerte, aber als drückender empfunden wurde und es zur Verbannung potentieller Gegner vor allem aus dem Geschlecht der Alkmeoniden kam (*Athenaion politeia* 19; Thukydides 6,59). Ihr tatsächliches Ende aber wurde mit Hilfe von außen bewerkstelligt. Ebenso wie es Peisistratos gelungen war, seine Vormachtstellung mit Hilfe auswärtiger Verbündeter zu erlangen, so versuchten nun seine Gegner, mit Hilfe von Bundesgenossen – in diesem Falle mit der Unterstützung der Spartaner – die Peisistratiden zu verjagen. Sie hatten trotz bestehender Gastfreundschaftsbeziehungen der Peisistratiden zu den Spartanern Erfolg; den Peisistratiden wurde freier Abzug gewährt. Hippias ging ins thrakische Lampsakos zu seiner Schwester und von dort zum persischen König Dareios. Als alter Mann habe Hippias auf der Seite der Perser gegen die Athener bei Marathon gekämpft, meint Thukydides (6,59).

Kleisthenische Phylenreform — Eine weitere Etappe der Integration der Bevölkerung Attikas in die Bürgerschaft ist mit dem Namen Kleisthenes verbunden. Auch nach der Vertreibung der Tyrannen kam es zu Konflikten; diesmal standen sich zwei Männer, Isagoras und Kleisthenes, gegenüber. Kleisthenes, der aus dem Geschlecht der Alkmeoniden stammte, gelang es, das Volk auf seine Seite zu bringen, während Isagoras weiterhin mit auswärtigen Gastfreunden Politik zu betreiben versuchte und wieder die Spartaner zu Hilfe rief, deren König Kleomenes sein Gastfreund war. Das Volk aber siegte; Kleisthenes wurde Anführer des Volkes und führte die Phylen- bzw. Demenreform durch, die der Praxis ein Ende bereitete, mit privaten Gefolgschaften Krieg zu führen (Pritchard 2010). Er teilte alle Bürger in zehn Phylen ein, die nun die entscheidende militärische und politische Rekrutierungseinheit wurden. Jede Phyle schickte 50 Bürger in den neu geschaffenen Rat der 500 und stellte eine *táxis,* eine Heereseinheit von 900 Hopliten. Zehn Strategen übernahmen die militärische Führung. Das Amt des Strategen war das einzige, das unbeschränkte Wiederwahl erlaubte. Ein Politiker wie Perikles hatte das Amt 15 Mal inne. Die Strategen leiteten die Aushebungen, führten nach dem vom Volk beschlossenen Plan Krieg und schlossen vorläufige Waffenstillstände und Friedensverträge. Auch konnten sie die Einberufung von Volksversammlung und Rat verlangen. Alle anderen Ämtsträger wurden per

Los bestimmt. Indem Kleisthenes dafür sorgte, dass in jeder Phyle Bewohner aus allen Regionen vereint waren – Binnenland (Mesogeia), Küstenregion (Paralia) und Stadtregion (Asty) –, gelang es ihm, den regionalen Führern die Gefolgschaftsbasis zu nehmen. Das geschah, indem er diese drei Regionen in jeweils zehn Trittyen aufteilte (also insgesamt 30) und dann per Los jeder Phyle drei Trittyen aus den unterschiedlichen Regionen zuordnete. Die Trittyen selbst waren noch einmal unterteilt in Demen, man könnte auch sagen »Dörfer«, in denen die bäuerliche Bevölkerung lebte und ihr Land bebaute (Stein-Hölkeskamp 2015, 267–275). Die Zugehörigkeit zur Polis bzw. das Bürgerrecht, die *politeía*, hing in der Folge von dem Eintrag in Demenlisten ab, der zum 18. Lebensjahr geschah. Voraussetzung dieses Eintrages war wiederum die Meldung der Geburt vor den Genossen einer Phratrie, einer Bruderschaft. Die regionale Herkunft spielte fortan in der athenischen Politik keine Rolle mehr. Für Norbert Ehrhardt bedeutet dies das Ende des Regionalismus in Athen (Ehrhardt 1992, 19), für Paulin Ismard markiert die Reform die Integration der Gesamtheit der attischen Bevölkerung in die bestehenden Strukturen von Phratrie und Demos (Ismard 2010, 117–121).

Ein Athener benannte sich seit Kleisthenes nach dem Vater (Patronymikon) und nach dem Demos (Demotikon), aus dem er stammte. Die Benennung nach der Mutter stellt Herodot (1,173,4–5) als Besonderheit der Lykier heraus. In unteritalischen Weihepigrammen werden gelegentlich der Name der Mutter und Großmutter genannt (Anthologia Graeca VI,365). Seit 451/50 v. Chr. wurde in Athen zudem der Nachweis der legitimen Abkunft von einem attischen Elternpaar notwendig; die Politik der Tyrannen, über Heiratsbeziehungen Bundesgenossen aus anderen Poleis zu gewinnen, wurde damit erschwert. Im späten 4. Jh. (322 v. Chr.) wurde das Bürgerrecht dann – wie in anderen Poleis – auch an den Nachweis von Vermögen in Höhe von 2.000 Drachmen gekoppelt, womit die Zahl der stimmberechtigten Bürger von 31.000 auf 9.000 sank. Im Jahre 317 v. Chr. wurde der Zensus auf 1.000 Drachmen gesenkt.

Das Bürgerrecht

Wer immer in der Folge in Athen das Sagen haben wollte, musste die Zustimmung für die eigene Politik im Rat (*boulḗ*) und in der Volksversammlung (*ekklēsía*) gewinnen. Das galt vor allem seit den Reformen des Ephialtes (462 v. Chr.), als die Macht des alten Rates

Das Prinzip der Mehrheitsentscheidung

der ehemaligen Archonten, der Areopag, beschnitten wurde. Ihm blieb nur noch die Blutsgerichtsbarkeit. Für alle Ämter galt seit 487/86 v. Chr. das Losverfahren. Nur die zehn Strategen wurden alljährlich neu gewählt (*Athenaion politeia* 22,5). Die Abstimmung erfolgte in der Volksversammlung per Handzeichen (*cheirotonía*). In besonderen Fällen wurden pro Phyle zwei Urnen aufgestellt, in denen jeweils die Ja- und Neinstimmen gesammelt wurden. An die Stelle des Konsensprinzips, das eine Disposition zum Nachgeben verlangte, trat das Prinzip der Mehrheitsentscheidung: Unterlegene und siegreiche Partei standen nun einander gegenüber (Flaig 2013). Für die Historiker des 5. Jhs. galt deshalb Kleisthenes als Begründer der neuen politischen Ordnung, die *isonomía* genannt wurde (griech. *ísos* = gleich; *nómos* = Ordnung, Gesetz), da sie dem Prinzip der Teilhabe aller an Entscheidungen Rechnung trug (Ismard 2010, 119). Erst die Philosophen des 4. Jhs. machten Solon zum Begründer der nun als Demokratie bezeichneten politischen Ordnung (griech. *dêmos* = Volk; *krátein* = obwalten). Mit der neuen Ordnung gewann die Redekunst an Bedeutung; ein neuer Typus des Politikers, der Demagoge (wörtlich »Volksführer«), trat auf die politische Bühne (Connor 1991; Mann 2007).

Perserkriege und Seebundspolitik der Athener

Die Militärreform des Kleisthenes hatte Bestand. Die Perserkriege bildeten die große Bewährungsprobe. Die Perser hatten 547 v. Chr. das lydische Reich erobert und tributpflichtig gemacht. Laut Herodot funktionierte das persische Tributsystem folgendermaßen: Nachdem Dareios in Asien zahlreiche Völker und Städte untertan gemacht hatte, unterteilte er das Reich in 20 Satrapien, setzte Statthalter ein, nannte die Abgaben nicht mehr Geschenke, *dôra*, sondern Steuern, *phóroi*. Diese bestanden aus Abgaben an Silber oder Gold. Die ionischen Städte mussten zusammen mit den Karern und Lykiern 400 Talente aufbringen. Hinzu kamen Abgaben in Form von Pferden und Getreide. Die Araber sandten jährlich 1.000 Talente Weihrauch, wobei ihnen gegenüber mit der Rhetorik des Schenkens gearbeitet wurde. Sie brachten scheinbar freiwillige Gaben. Die Aufbewahrung der so gewonnenen »Schätze« geschah nach Herodot so, »daß der König das Metall einschmelzen und in Tongefäße gießen läßt. Ist das Gefäß voll, wird der Ton ringsum entfernt, und man schneidet, sooft man Geld (*chrêmata,* von gr. *chráomai* = ich benötige) braucht, ein entsprechend großes Stück von der Metallmasse ab« (Herodot 3,96). Auch implizierte diese Art der Tributherrschaft Gefolgschaft im Kriegsfall (Herodot 7,27 f. und 7,38 f.).

Im Ionischen Aufstand (499–493 v. Chr.) versuchten die kleinasiatischen Städte unter der Führung Milets das Tributsystem abzuschütteln und fanden die Unterstützung der Athener. Der Ionische Aufstand aber scheiterte; nach dessen Niederschlagung zogen die Perser über den Hellespont nach Griechenland und fielen im Jahre 490 v. Chr. in Athen ein. In drei bedeutenden Schlachten wurden die Perser von einem Bündnis griechischer Städte zurückgeschlagen: 490 v. Chr. bei Marathon; 480 v. Chr. in der Seeschlacht bei Salamis und 479 v. Chr. bei Plataiai in Böotien. Am Erfolg der Seeschlacht hatten die Athener den größten Anteil. Insgesamt 200 athenische Schiffe waren laut Herodot bei Salamis im Einsatz; dafür wurden insgesamt 34.000 Ruderer benötigt (Casson 1994, 60 und 69; Pritchard 2010).

Der athenische Flottenbau ist mit dem Namen Themistokles verbunden. Er soll die Athener veranlasst haben, das Silber aus den Bergwerken bei Laureion im Südosten Attikas für den Bau der Flotte zu verwenden (Blösel 2007, 53). Die mit mehreren Ruderreihen und Rammspornen ausgestatteten Kriegsschiffe, die Trieren, die erstmals in Korinth gebaut wurden (Thukydides 1,13,1–2; Casson 1994, 60), übertrafen die trägen, für den Transport gebauten Rundschiffe an Geschwindigkeit bei weitem. Eine Geschwindigkeit von acht Knoten war möglich; ruderte nur die Hälfte, wurden immerhin vier Knoten erreicht. Dienst auf den Trieren tat die unterste Vermögensklasse der Athener, die Theten; nur in Ausnahmefällen wurden Sklaven eingesetzt (Casson 1994, 69). Für den Dienst auf den Ruderbänken bekamen sie eine Drachme pro Tag als Entlohnung. Der Bau der Flotte war vermutlich gegen die Aigineten gerichtet, die den Seeverkehr im Saronischen Golf kontrollierten, bevor ihnen die Athener mit dem Ausbau ihrer Häfen diese Rolle streitig machten (Blösel 2007, 58).

Nach den Erfolgen bei Salamis und Plataiai gründeten die Athener den Delisch-Attischen Seebund (478–404 v. Chr.), zu dem auch Samos (seit 440 v. Chr.) und Milet gehörten. Die Bündner stellten Schiffe und/oder Geldbeiträge, *phóroi*, das Herbeigebrachte, genannt. Die Bundeskasse war ursprünglich auf Delos im dortigen Apollonheiligtum untergebracht. Da die Athener die Mehrzahl der Schiffe stellten, gewannen sie die faktische Vormachtstellung, die *hegemonía*. Im Jahre 453 v. Chr. wurde die Bundeskasse nach Athen verlagert; ein Sechzigstel des von den Bundesgenossen geleisteten Tributes wurde der Athena geweiht und auf sogenannten Tributquotenlisten verzeichnet, von denen uns einige erhalten sind (Figueira 1998; Flaig 2005). Die Siege über die Perser und die Seebundpolitik hatten gravierende Auswirkungen auf die innere Struktur des athenischen Gemeinwesens und begründeten eine neue gemeinsame Identität der Athener, die auch einer neuen Form der Selbstdarstellung bedurfte. Dazu gehörte die Darstellung von mythischen und historischen Kriegsereignissen, die auf Wandgemälden an zentralen Bauwerken wie der Bunten Halle (*stoa poikílê*) auf der Agora zu sehen waren (Hölscher 1998, 84–103), und es kam zur Errichtung einer bemerkenswerten Statue.

Das erste politische Denkmal: Die Tyrannentöter

Kurz nach der Schlacht bei Salamis, im Jahre 477/76 v. Chr., wurde auf der Agora im Zentrum Athens ein bronzenes Denkmal aufgestellt, das die beiden Tyrannenmörder Harmodios und Aristogeiton zeigt (Marmor Parium ep. 54 Jacoby). Das Denkmal ist nicht mehr erhalten. Aber aufgrund kleinformatiger Nachbildungen der Gruppe auf Vasen, Münzen und Marmorreliefs ließ sich eine römische Kopie ausfindig machen, die heute im Antikenmuseum in Neapel steht (Abb. 7: Tyrannentöterdenkmal; siehe »Bildquellen« unter *www.campus.de*). Es handelt sich bei dieser Statuengruppe, um deren korrekte Rekonstruktion aufgrund des unvollständigen Zustandes gestritten wird (Bumke 2004), um das erste politische Denkmal. Bis zu diesem Zeitpunkt schmückten nur Götter- und Heroenstatuen die Stadt. Erst zu Beginn des 4. Jhs. v. Chr. ehrte man vermehrt auch Menschen mit Statuen.

Die Aufstellung der Statuengruppe der Tyrannenmörder stand im Kontext einer neuen Selbstverständigung über das politische Wertesystem der Athener. Verbunden war mit dieser Ehrung, dass die Nachkommen kostenlose Speisung im Prytaneion erhielten. Auch wurde alljährlich ein Totenopfer für die Tyrannenmörder abgehalten. Angeblich soll es bereits 510 v. Chr. zur Aufstellung eines solchen Denkmals gekommen sein, das aber von den Persern bei ihrer Besetzung Athens im Jahre 480 v. Chr. geraubt worden sein soll (Plinius, *Naturalis historia* 34,17; Pausanias 1,8,5). Doch erst nach den Perserkriegen wurde es notwendig, eine Tradition zu schaffen, die gegen Alleinherrschaft, *monarchía*, gerichtet war – eben gegen eine Herrschaftsform, wie sie die Perser praktizierten. Die Athener, so die Botschaft, bekämpfen die Alleinherrschaft gegen äußere wie innere Feinde. Das ist an der Art der Gestaltung der Statuengruppe zu erkennen, wie Burkhard Fehr meint, der die Figurengruppe als demokratisches Denkmal entschlüsselt hat (Fehr 1984).

Die beiden Männer sind nackt dargestellt. Die Nacktheit sollte nicht zur Annahme verführen, die Griechen hätten sich tatsächlich in der Öffentlichkeit nackt bewegt. Das taten sie nur in der Palästra beim Sport (Thommen 2007, 66). Nacktheit, Mimik, Gestik, Proportionen, Frisur und Attribute stellen Bildchiffren dar, über die Verhaltensideale vermittelt wurden, die sich dem modernen Betrachter nur schwer erschließen (Fehr 1984, 15). Auffallend ist der Altersunterschied zwischen Harmodios und Aristogeiton. Der Altersunterschied stimmt mit der literarischen Überlieferung überein; der Zweck aber ist ein anderer. Es geht darum, den Kontrast zwischen Jugend und Reife ins Bewusstsein zu rufen und das harmonische Zusammenwirken von Jung und Alt zu betonen (Fehr 1984, 17). Die Nacktheit wertet Fehr als Hinweis auf das Mußeideal der Aristokratie. Gemeint ist vor allem die tätige Muße als Athlet, »die eng verbunden war mit der Zur-Schau-Stellung männlicher Schönheit sowie homoerotischer Liaisons (›Knabenliebe‹) – die damals durchaus gesellschaftsfähig waren« (Fehr 1984, 27). Mit der demokratischen Entwicklung wurde das Mußeideal der Elite zum allgemeinen Bürgerideal, dessen Chiffren, so z. B. das Athletengerät, selbst auf Handwerkerdarstellungen im 5. Jh. zu finden sind (Fehr 1984, 33). Der weibliche Körper dagegen wirkte in dieser Zeit über die Kleidung, wie zahlreiche Frauenstatuen zeigen, wenngleich wir in der Vasenmalerei den weiblichen Körper in Badeszenen im Laufe des 5. Jhs. ebenfalls nackt dargestellt finden (Kreilinger 2007). Wichtig ist auch die Zweizahl, in der Fehr den politischen Willen der Demokratie zum Ausdruck gebracht sieht: Sie steht für eine Vielzahl und zeigt, dass im Gegensatz zur Tyrannis nicht nur der Wille eines Einzigen zählt (Fehr 1984, 25).

Der demo-
kratische
Eros: Homo-
erotik und
Päderastie

Dem Ereignis selbst, der Eifersuchtsaffäre, wird von der jüngeren Forschung keinerlei Wahrheitsgehalt zugewiesen (McGlew 1993, 152). Allerdings ist die erotische Komponente des Tyrannensturzes bemerkenswert. Nach Victoria Wohl geben die Tyrannentöter mit ihrer Liebesbeziehung das Modell für den demokratischen Eros vor (Wohl 1999; 2002). Während Homosexualität zwischen erwachsenen Männern geächtet war, bildete die Päderastie, die Beziehung zwischen einem erwachsenen Mann und einem Jugendlichen, eine Form der Erziehung zum Bürger. Sie galt im antiken Athen als eine notwendige Phase in der politischen Sozialisation, wovon auch zahlreiche Vasenbilder zeugen, die Beschenkungsrituale zeigen. Um die Gunst des Geliebten zu erlangen, werden diesem Tiergeschenke wie Hasen oder Wachteln dargebracht (Koch-Harnack 1983; Davidson 1999). Laut Wohl habe der Jüngere vom Älteren die notwendigen Kulturtechniken erlernt, um erfolgreich an der Polis zu partizipieren. Das Männlichkeitsideal, das sie in dem Tyrannentöterpaar repräsentiert sieht, sei von sozialer und sexueller Autonomie geprägt (Wohl 1999, 351–355). Hipparchos habe, indem er Harmodios, den Geliebten eines anderen, begehrte, unrechtmäßig sexuelle Macht monopolisieren wollen, die allen athenischen Männern in gleicher Weise zugestanden habe, und sich als alleiniger Liebhaber (*erastês*) der Polis gebärdet. Denn die Rolle des Geliebten (*erómenos*) gehe mit Passivität einher; eben in dieser untergeordneten Rolle habe der Tyrann den *dêmos* gebracht. Die Botschaft lautete: Der *dêmos* werde vom Tyrannen verführt. In der demokratischen Polis werden die Athener jedoch zu Liebhabern (*erastaí*) der Polis (Morris 2003, 16).

Aussagen über sexuelles Verhalten gehören deshalb zum selbstverständlichen Repertoire der Lebensbeschreibungen athenischer Politiker. So wurde dem attischen Politiker Perikles, der zehn Jahre als Stratege wirkte, Missbrauch der Schwiegertochter vorgeworfen (Plutarch, *Perikles* 13). Ein besonders eklatantes Beispiel stellt der athenische Politiker Alkibiades dar, der – wie einst im Homerischen Epos der Trojaner Paris – die Frau des spartanischen Königs verführt haben soll (Plutarch, *Alkibiades* 10). Auch wird Alkibiades als Verführer des athenischen Demos dargestellt. Diesen bedachte er mit denselben Geschenken wie einen *erómenos*, mit einer Wachtel (Schmitt Pantel 2012). Sexuelles verweist hier nicht auf Verdrängtes, sondern auf das Politische. Sexuelle Übergriffe sind als politische Normverstöße zu lesen.

Die neue politische Ordnung bedurfte weiterer Medien als nur der Statuen. Mitte des 6. Jhs. v. Chr. hatten die Tyrannen die Homerrezitation zum Bestandteil des wichtigsten Kultfestes, der Panathenäen, gemacht. Die Autorität Homers galt weiter; aber es traten auch andere Dichter an seine Seite: die Tragödiendichter, die die epischen Sagen auf ihre Art und Weise gestalteten, und die Komödiendichter. Die Dichter kamen aus dem Kreis der Bürgerschaft und hatten oftmals militärische Meriten erworben. Dramatische Aufführungen waren ebenso wie die Homerrezitation Bestandteil von Kultveranstaltungen. Dramen wurden u. a. an den Großen Dionysien aufgeführt, die die Schifffahrtssaison eröffneten und in der zweiten Märzhälfte stattfanden. Feste bestanden zumeist aus einem Schlachtopfer, aus einem Umzug (*pompé*) und aus einem Wettbewerb (*agón*). Beim Fest des Dionysos wurde ein Wettkampf von Chören veranstaltet; an vier Tagen kam es zur Aufführung von Tragödien, Komödien, Satyrspielen. Ein Jahr vor der Aufführung präsentierten die Dichter dem Archon *basileús* ihre zur Aufführung gehörenden Chöre; drei Dramen kamen dann zur Auswahl auf die Bühne. Eine Jury aus dem Rat der 500 traf die Wahl. Der Dichter Sophokles siegte 18 Mal (Zimmermann 1998). Die Dichter unterlagen also der politischen Kontrolle und waren über ihre Ämter selbst Teil des politischen Systems. Sophokles wurde nach dem Sieg mit dem Stück »Antigone« 440 v. Chr. zum Strategen gewählt; auf dem Grabstein des Aischylos stand, dass er bei Marathon im athenischen Bürgerheer gekämpft habe. Der rituelle Rahmen für die Aufführungen war ebenfalls politisch konnotiert (Goldhill 1992). Rund 17.000 Bürger füllten das Theater; zehn Strategen brachten dem Dionysos ein Trankopfer dar. Danach wurden die Beiträge der Bundesgenossen Athens präsentiert und in der Orchestra des Theaters gestapelt, genau sortiert nach Talenten, d. h. nach Packen zu 26 Kilogramm. Dann zogen die Kriegswaisen ein, in Waffen und voller Rüstung, die sie von der Stadt erhalten hatten, und ließen sich auf Ehrenplätzen nieder. Die Waisen ersetzten die Väter und bezeugten den Kreislauf der Generationen (Goldhill 1992). Die Athener unterlagen mit dieser Inszenierung einer »sozialen Dressur« (Flaig 1998, 54). Die

Politische Dressur im Theater

Konflikte, die in der Tragödie thematisiert wurden, behandelten die politische Dimension des Handelns in der Gemeinschaft, die Aufführungen leisteten politische Erziehung (Meier 1983). Anders als im Epos war das richtige Verhalten nicht mehr von den Göttern vorgegeben, sondern musste im Wettstreit der Argumente ermittelt werden. Das hing mit der Erweiterung des räumlichen Handlungsrahmens seit den Perserkriegen zusammen; die Welt wurde unübersichtlicher.

Die Veränderung des Weltbildes

Mit der Flotte und den ständigen Kriegseinsätzen veränderte sich das Weltbild der athenischen Bürgerschaft, von der nun ein Sechstel bis ein Viertel alljährlich auf den Trieren diente. Sie lernten das Schwarze Meer, Zypern, Ägypten, das Reich der Makedonen und Sizilien kennen. In der Volksversammlung wurde über diese Aktionen befunden. Das politische Handeln war nun für den athenischen Bürger im hohen Maße als eigenes Handeln erfahrbar; neue Maßstäbe waren erforderlich. Folgen von Fehlentscheidungen waren fühlbar. 451 v. Chr. schickte Athen eine Flotte nach Ägypten, die einen Aufstand gegen die Perser unterstützen sollte. Das Unternehmen scheiterte, und es kamen mehr Athener um als beim verhängnisvollen Sizilienabenteuer von 413 v. Chr., wo 10.000 Athener starben. Es gab kein langsames Anwachsen von Erfahrungswissen mehr; eine Kluft zwischen Handlungsvermögen und Handlungsmaßstäben tat sich auf. Eine Instabilität der Maßstäbe war die Folge; das Wissen der Alten, das in den Epen wegweisend war, galt nicht mehr automatisch als Richtschnur (Flaig 1998).

In Tragödien und Komödien wurden nun die Konsequenzen von Fehlentscheidungen vor Augen geführt. Dies geschah in der Tragödie am Beispiel der alten Heroen; in der Komödie sind dagegen alltägliche Menschen die Helden. Gespielt wird hier mit der Verkehrung alltäglicher Rollen von Männern und Frauen, von Jung und Alt, von Sklaven und Herrn (Holzberg 2010). Vor allem von den Ereignissen des Peloponnesischen Krieges zwischen Sparta und Athen findet sich ein Widerhall in den dramatischen Aufführungen. In der Sophokleischen Tragödie »Ödipus Tyrannos« wird der neue Typus des Politikers aufs Korn genommen, der durch übereilte Handlungen die Gemeinschaft gefährdet. Auch wenn die Probleme anhand von Individuen vor Augen geführt werden, so ging es doch nie um individuelle Konflikte oder gar um innere Dramen im Sinne der modernen Psychoanalyse. Antike Dichtung, Geschichtsschreibung oder Biographie konstruieren individuelle Figuren im Sinne einer »Unverwechselbarkeit«, nicht aber Subjekte, die sich selbst reflektieren und autonom denken, entscheiden und handeln (Späth 2005, 29 und 41).

Im ersten Jahr des Peloponnesischen Krieges zwischen Athen und Sparta, der 431 v. Chr. ausbrach, hatte Perikles die Taktik des Rückzugs hinter die Langen Mauern verfolgt, die Athen mit dem Hafen Piräus verbanden. Schon kurze Zeit später gerieten die Athener in Bedrängnis, 430 v. Chr. brach in Athen die Pest aus, der Perikles selbst zum Opfer fiel. Das ist der historische Hintergrund des Ödipusdramas, das in eben diesem Jahr zur Aufführung kam.

Das Ödipusdrama

Ort des Geschehens ist das antike Theben, die Protagonisten sind die Mitglieder des thebanischen Königshauses. Der mythischen Überlieferung nach erhält König Laios von Theben einen Orakelspruch, der vor dem Kind warnt, das seine Frau Iokaste gebären wird; dieses werde den Vater töten. Tatsächlich wird ein Sohn geboren. Dieser aber wird wegen des Orakelspruchs nicht aufgezogen, sondern mit gefesselten (vermutlich durchbohrten) Fußgelenken einem Hirtensklaven zur Aussetzung übergeben. Der Sklave erfüllt indessen seinen Auftrag nicht, sondern überlässt das Kind einem gedungenen Hirten des Herrschers von Korinth, den er auf der gemeinsam genutzten Sommerweide im Kithairon-Gebirge, im Grenzgebirge zwischen Boiotien und Attika, trifft. Der fremde Hirte wiederum gibt das Kind seinem Herrn, der es als eigenes aufziehen lässt. Wegen der Fußfesseln bekommt es den Namen *Oidipous*: Schwellfuß. Als Ödipus erfährt, dass er nicht das Kind seiner Eltern ist, befragt er das Orakel in Delphi und erhält dieselbe Auskunft wie bereits zuvor sein leiblicher Vater Laios. Er kehrt deshalb nicht zu seinen vermeintlich biologischen, in diesem Fall aber sozialen Eltern zurück, sondern wendet sich nach Theben. Auf dem Weg dorthin – am Dreiweg – trifft er seinen Vater Laios, der wegen des Wütens der Sphinx in seinem Land zum Orakel nach Delphi reist, streitet mit ihm über die ›Vorfahrt‹ und tötet ihn. Ein Diener entkommt und schildert den Mord am Dreiweg als Tat einer ganzen Räuberbande. Ödipus selbst kehrt ebenfalls in Theben ein, löst dort das Rätsel der Sphinx und übernimmt mit der Heirat der Königin die Herrschaft. Das Drama setzt an dem Punkt ein, als die Kinder aus der Ehe mit Iokaste erwachsen sind und erneut eine Plage die Stadt überfällt. Wiederum wird das Orakel befragt, diesmal vom Schwager Kreon. Als Antwort wird nun die Vertreibung des Mörders des Laios empfohlen. Auf der Suche nach dem Mörder kommt der oben geschilderte Zusammenhang ans Licht. Das Drama endet mit der Selbstblendung und Ausweisung des Ödipus.

Der Ausgangspunkt des Dramas, die Seuche, griech. *loimós*, befällt eine Gemeinschaft infolge menschlichen Fehlverhaltens. Die Seuche verweist auf eine Krise der Herrschaft, die im Drama als Tyrannis bezeichnet wird. Ödipus selbst bezeichnet seine Herrschaft als Tyrannis und ist nach Egon Flaig auch wie ein Tyrann an die Macht gekommen: durch die Ermordung des Vorgängers und Einheiratung. *Loimós* heißt: Der Boden trägt keine Frucht, Herden und Frauen gebären nicht. Der Reproduktionskreislauf ist gestört. Der *loimós* wird als Strafe der Götter dargestellt; die Lösung wird vom Herrscher erwartet. Das heißt: Es geht um die Frage, ob er das Überleben der politischen Gemeinschaft fördert oder behindert (Flaig 1998, 61).

Im Laufe des Dramas wird aufgedeckt, dass es um das Fehlverhalten des Herrschers geht, um den unwissentlichen Vatermord, den er am Dreiweg begangen hat. Technisch gesehen ist der Dreiweg der Ort des mühelosen Nachgebens, der unproblematischen Verständigung mit dem Fremden, da sich der Weg erweitert. Aber Ödipus übersieht den Herold, der den Wagen ankündigt und Zeit zum Ausweichen gibt; er weicht nicht. Vielmehr bezeichnet er das Verhalten der anderen als Gewalt (*bía*). Und eben darin liegt das Unrecht. Ödipus geriert sich laut Flaig als Wegelagerer, der nach attischem Recht hätte straflos getötet werden können, hält aber irrigerweise den entgegenkommenden Laios für einen Räuber (Demosthenes 23,53). Er erweist sich nach der Analyse von Flaig als blind für die sozialen Regeln, nach denen er sich zu verhalten hat.

Leitmotivisch deutet sich das Problem des rechten Weges mit dem Rätsel der Sphinx an (Abb. 8: Ödipus und die Sphinx; siehe »Bildquellen« unter *www.campus.de*). Dieses lautet: »Was ist das? Morgens ist es ein Vierfuß, mittags ein Zweifuß und abends ein

Dreifuß?« Des Rätsels Lösung ist für Ödipus der Mensch, der als Säugling auf allen Vieren krabbelt, als erwachsener Mensch auf zwei Beinen geht und im Alter des Stocks bedarf. Es geht damit im übertragenen Sinn um den rechten Gang, um das rechte Verhalten. Für dieses Motiv stehen in der Analyse von Flaig auch die verletzten Füße des Ödipus, die auf das Abweichen vom rechten Weg verweisen. Der Chor, der für die Bürgerschaft steht, warnt: »Doch wenn einer des Frevels Pfad betritt in Worten und in Tat..., den packt ein schlimmes Schicksal für verruchten Übermut!« (Vers 883 f. und 887 f.). Der Fehltritt aber ist eine Folge seines übereilten Handelns sowohl bei der Begegnung am Dreiweg als auch später beim Umgang mit dem Seher Teiresias, dessen Wissen um die tatsächlichen Ereignisse er als Schmähung abwehrt. »Es denken die Schnellen nicht sicher« (Vers 617), kommentiert der Chor. Weil Ödipus fortlaufend erwägbare Möglichkeiten nicht bedenkt, d. h. kommunikative Arbeit einspart, kommt es zu Fehlentscheidungen. »Ödipus verkörpert anschaulich auf der Bühne, wie Kommunikationsverlust und Entscheidungsgeschwindigkeit korrelieren« (Flaig 1998, 123). Er agiert wie ein athenischer Politiker auf der Bühne und geriert sich als Wissender, der ein Problem, das die Gemeinschaft betrifft, vordergründig löst, aber mit seinem übereilten Umgang mit Wissen neues Unheil für die Gemeinschaft heraufbeschwört. Die Selbstblendung vollendet die Blindheit des Ödipus gegenüber den Regeln der Gemeinschaft (Flaig 1998, 138).

Warum nun heiratet Ödipus seine Mutter? Sexuelles verweist auf Politisches. Flaig liest die Heirat allegorisch. Mit der Heirat der Mutter sei die Herrschaft über den Mutterboden gemeint, also die Herrschaft über Attika. Vor dem Hintergrund der attischen Heiratsregeln ergibt sich eine sehr viel konkretere Lesart. Bewegt man sich auf der Erzählebene des Dramas, bedeutet die Heirat der Mutter einen Verstoß gegen die attischen Heiratsregeln in doppelter Hinsicht. Denn aus der Perspektive des Ödipus ist Iokaste eine Fremde. Ödipus heiratet in ein vermeintlich fremdes Herrschergeschlecht ein. Das verweist auf die Heiratspraxis der Tyrannen, der auch die Politiker des 5. Jhs. folgten, wenn sie wie Miltiades oder Kimon Frauen aus Thrakien oder Arkadien heirateten (Herodot 6,39). Diese exogame Heiratspraxis widersprach jedoch den attischen Heiratsregeln zur

Zeit des Dramas. Seit dem attischen Bürgerrechtsgesetz von 451/50 v. Chr. hing die Zugehörigkeit zur Polis von der Abkunft von attischen Eltern ab. Sprösslingen aus Verbindungen von Athenern mit Frauen, die nicht athenischer Herkunft waren, wurde die Teilhabe an der Polis entzogen. Sie hatten fortan keine politischen Rechte mehr. Relevant war diese Regelung vor allem für die politische Elite (Vernant 1987, 63), nicht für die einfachen Bauernfamilien, die ohnehin vorzugsweise innerhalb der dörflichen Gemeinschaft heirateten (Cox 1998). Im Drama erscheint diese exogame Heiratspraxis nun in ihr Gegenteil verkehrt, in extreme Endogamie. Gestört ist damit die normale Abfolge der Generationen. Der Chor verwünscht sowohl Iokaste und Laios als auch Ödipus. Solche Inzestvorwürfe waren auch Politikern wie Kimon nicht fremd, der die eigene Schwester geheiratet haben soll (Plutarch, *Kimon* 4). Dies widersprach athenischen Normen, die zwar die Heirat von Geschwistern unterschiedlicher Mütter, nicht aber unterschiedlicher Väter erlaubten, wie dies bei Kimon und Elpinike der Fall war. Die Nichtachtung der Regeln der Verwandtschaft impliziert die Missachtung der Regeln der politischen Kommunikation, wozu eben auch die gültigen Heiratsregeln gehörten (Schmitt Pantel 2009). Deuten lässt sich die Heirat der Mutter daher als Warnung vor den Folgen der Errichtung der dynastischen Abfolge und damit vor der Etablierung der Herrschaft eines Hauses. Die Botschaft des Dramas lautet: Die exogame Heiratspraxis der Tyrannen, die darauf zielte, über Heirat die Herrschaft zu sichern, muss scheitern, weil sie einen Verstoß gegen die attischen Heiratsregeln bedeutet.

2.8 An der Polis und am Heiligen teilhaben: Das Bürgerrecht der Frauen

Privatheit und Öffentlichkeit

Lange Zeit ging man davon aus, dass gerade die Athenerinnen auf das Haus beschränkt waren und in einer Art orientalischer Abgeschlossenheit lebten. Diese Vorstellung geht auf Haremsvisionen des 18. Jhs. zurück, die im Kontext der aufklärerischen Hofkritik entstanden. Das Bild des orientalischen Harems diente als Kontrastfolie zum vermeintlichen Sittenverfall an den europäischen Höfen (Montesquieu, *Lettres persanes* 1748). Moralphilosophen der Spätaufklärung, so der Göttinger Philosoph Christoph Meiners (*Geschichte des weiblichen Geschlechts* 1788), übertrugen dieses Bild des Harems auf die Welt des klassischen Griechenlands. Einher ging damit die Vorstellung einer strikten Trennung zwischen einer privaten häuslichen und einer öffentlichen Sphäre, wie sie für die moderne bürgerliche Gesellschaft typisch wurde. In den 1980er Jahren hat die Historiographie solche dichotomischen Denkmuster infrage zu stellen begonnen und alternative Deutungskonzepte entwickelt (Wagner-Hasel 1988; 1989; Schnurr-Redford 1996).

Die Diskussion über die Zweiteilung antiker Gesellschaften in einen öffentlichen und einen privaten Raum findet auf zwei Ebenen statt, auf der Ebene der räumlichen Organisation des Hauswesens und auf der Ebene geschlechtsspezifischer Räume. Verstanden wird Öffentlichkeit im wortwörtlichen Sinne hier als Bereich des Sichtbaren bzw. des Zugänglichen, als eine Sphäre, die der visuellen Kontrolle unterliegt. Dazu gehörten nicht nur allgemein zugängliche Plätze wie die Agorai, sondern auch Häuser und Gärten von Politikern, die von ungeladenen Gästen, Fremden wie Freunden, aufgesucht wurden, wie dies vom Garten des Kimon überliefert ist (Schmitt Pantel 2009). Zum anderen geht es bei der Verwendung des Öffentlichkeitsbegriffs für die Antike um Repräsentationsformen und Praktiken, die auf politische Reputation und Akzeptanz zielten. Zugrunde liegt dieser Definition ein Verständnis von Politik, das nicht auf institutionelle Teilhabe – mittels Wahlen oder Abstimmung – an politischen Entscheidungsgremien zielt, sondern konsensuales Handeln auf allen gesellschaftlichen Ebenen einbezieht. Das sind in der antiken Welt vor allem Kulthandlungen, die den Rhythmus des politischen und bäuerlichen Lebens gleichermaßen bestimmten. Da gerade in Städten wie Athen alle Bewohner, nicht nur die zu politischen Abstimmungen zugelassenen männlichen Vollbürger, sondern auch Frauen und Unfreie an zentralen, identitätsstiftenden städtischen Kulten partizipierten, spricht man heute für die griechischen Poleis auch von Kultbürgerschaft. Josine Blok (2004) hat nachgewiesen, dass verschiedene Konzepte von Bürgerschaft kursierten, die sich nicht nur auf

Männer, sondern auch auf Frauen bezogen. Neben dem *polítês*, dem Polisbürger, steht die *polítis*, die Polisbürgerin. Daneben ist in der althistorischen Genderforschung das Konzept der komplementären und getrennten Räume entwickelt worden, das auf anthropologische Forschungen in zeitgenössischen mediterranen Gesellschaften zurückgeht und geschlechtsspezifische Grenzlinien sowohl innerhalb eines Hauswesens als auch eines Gemeinwesens berücksichtigt (Schmitt Pantel 1986; Wagner-Hasel 1988; 1989; Katz 2006; Stähli 2006; Trümper 2012). In diesem Zusammenhang sind auch die Beziehungsgeflechte zwischen Frauen ins Blickfeld der Forschung geraten (Schneider 2000; Taylor 2011). Während die Beziehungen zwischen Vätern und Söhnen schon seit längerem Gegenstand von Forschungsarbeiten sind (Strauss 1993), findet nun auch das Verhältnis von Müttern zu ihren Kindern Beachtung (Räuchle 2017).

Festkalender und das Kultbürgerrecht der Frauen

In vielen griechischen und römischen Städten bildete sich ein offizieller Festkalender heraus, der zum Teil am agrarischen Rhythmus, zum Teil an politischen Ereignissen orientiert war. Feste bestanden stets aus Opfer(mähler)n und Prozessionen sowie häufig auch aus Agonen. Die meisten Feste standen sowohl Bürgern wie Fremden, Frauen wie Männern offen; einige von ihnen wurden allerdings nur von Männern, andere nur von Frauen gefeiert. Es handelte sich bei den reinen Frauenfesten meist um Kultveranstaltungen zu Ehren der Korngöttin Demeter und ihrer Tochter Persephone, die um agrarische und menschliche Fruchtbarkeit kreisten (Isager/Skydsgaard 1992, 162; Bruit Zaidman/Schmitt Pantel 1994, 102–104; Foxhall 1995). Dazu zählten die Thesmophorien, die in vielen griechischen Städten gefeiert wurden. In Athen fanden sie kurz vor der Aussaat statt, im attischen Monat Pyanepsion, der zwischen unserem Oktober und November liegt. Zu diesem Fest hatten nur freie Frauen Zugang, wobei umstritten ist, ob neben den verheirateten Frauen auch die erwachsenen Töchter teilnehmen durften (Foxhall 1995, 106). Eine Reihe von Mythen thematisiert den Skandal, den der männliche Blick auf das weibliche Ritual darstellte. Messenische Männer, die unter der Führung des Aristomenos in ein Demeterheiligtum in Aigila einfielen, wo spartanische Frauen ihre heiligen Zeremonien ausübten, wurden mit Messern und Opferspießen verwundet (Pausanias 4,17,1). Das Fest dauerte in Athen, Sparta und Abdera drei Tage, an denen die Frauen fasteten und opferten. Über den Ablauf des Ritus gibt es nur wenige, meist aus christlicher Zeit stammende Informationen. Nach den Angaben der christlichen Autoren holten die Frauen aus unterirdischen Gruben (*mégara*) die Reste verwester Ferkel hervor, die einige Zeit zuvor dort deponiert worden waren. Auf den Altären der Demeter und Kore wurden dann diese Reste mit anderen Opfergaben vermischt und der neuen Saat beigegeben (Clemens von Alexandria, *Protrepticus* 17,1). Möglicherweise handelt es sich um einen Vorgang sympathetischer Magie, indem mit dem Vorgang der Verwesung die Vernichtung von Getreideschädlingen vorweggenommen werden sollte. Im Monat Poseideion (Dezember/ Januar), also einige Zeit nach der Aussaat, wurden die Haloa begangen, die der Wortbedeutung nach auf die Getreideverarbeitung (*aloáô* = dreschen) Bezug nehmen und neben dem Dionysos auch der Demeter galten. Die Skira, ein weiteres Frauenfest, das im Monat Skirophorion (Juni/Juli) gefeiert wurde, fällt in die Zeit nach der Ernte und der Reinigung der Dreschplätze mit Hilfe von Kalk (Foxhall 1995; Waldner 2000, 133).

Diese Zuständigkeit der Frauen für agrarische Rituale hat in der Forschung für Verwunderung gesorgt. Entsprechend der im 19. Jh. entwickelten Doktrin vom männlichen Pflugbau und weiblichen Hackbau wurde lange Zeit davon ausgegangen, dass der Ackerbau im antiken Griechenland eine männliche Domäne gewesen sei, zumal in antiken Hauswirtschaftslehren die Zuständigkeit der Frauen für das Innere des Hauses betont wird, während den Männern die Bereiche außerhalb zugeordnet werden (Xenophon, *Oikonomikos* 7,35–37). Lin Foxhall argumentiert deshalb mit einer Komplementarität von der männlichen Arbeitsrolle im Ackerbau und der weiblichen Zuständigkeit für agrarische Rituale (Foxhall 1995). Allerdings wissen wir aus schriftlichen und bildlichen Quellen von einer Beteiligung von Frauen an der Aussaat und an der Ernte sowie beim Dreschen des Getreides (Scheidel 1990). Eines der wenigen Vasenbilder, das Tätigkeiten im Ackerbau thematisiert, eine schwarzfigurige Schale aus dem 6. Jh. v. Chr., zeigt den Mann beim Pflügen und die Frau beim Säen (Wagner-Hasel 2000c; Abb. 113). Dies entspricht auch der Zuständigkeit der Geschlechter für die rituelle Praxis. Lagen gerade solche Feste, die mit dem Saatgut und der Aufbereitung des Getreides zu tun hatten, in weiblicher Hand (Thesmophoria; Skira), so war die rituelle Pflügung an den Dipoleia, die ebenfalls in der Zeit vor der Aussaat kurz nach den Skira der Frauen stattfanden, Sache der Männer (Foxhall 1995, 107). Deshalb lässt sich der Schluss ziehen, dass die rituellen Grenzziehungen zwischen den Geschlechtern eher dem Muster der Kooperation der Geschlechter im Ackerbau folgten, als dass sie ihm widersprachen (Wagner-Hasel 2000c).

Die weibliche Textilarbeit stand im Mittelpunkt des wichtigsten Festes der Athener, der Panathenäen. Es fand am Ende des Monats Hekatombaion (Juli/August) statt, mit dem in Athen das Jahr begann. Das Fest war der Stadtgöttin Athena geweiht und wurde ursprünglich alljährlich gefeiert. Unter den Peisistratiden wurden zusätzlich die Großen Panathenäen eingerichtet, die im Rhythmus von vier Jahren abgehalten und an denen ebenso wie an den panhellenischen Spielen in Olympia, Delphi, Nemea und am Isthmos athletische und musische Wettkämpfe veranstaltet wurden (Neils 1992, 20; Sinn 1996). Das Zentrum des traditionellen und auch des von Peisistratos neu eingerichteten Festes bildete die Gewandweihe und Neueinkleidung der Statue der Göttin Athena, die im Erechtheion auf der Akropolis stand. Das Gewand für die Athenastatue wurde von den Bürgerinnen der Stadt angefertigt, die auch die Wolle dafür lieferten. Für die Herstellung der Gewebeanfangskante gab es ein eigenes Ritual, die Arrhephoria. Dies war Sache junger Mädchen, die unter der Aufsicht der Athenapriesterin auf der Akropolis ihrer Tätigkeit nachgingen (Barber 1992). Auf dem Fries des Athenatempels, der sich wie ein Band an der Außenseite der inneren Mauer herumzog, ist neben dem Zug der jungen Männer mit den Schlachttieren für das Opfer und der Opferkorbträgerinnen auch die Darreichung des Gewandes der Athena durch die Arrhephoren zu sehen (Abb. 9: Der Fries des Parthenon; siehe »Bildquellen« unter *www.campus.de*). Abgebildet sind auch Träger von Weihgussschalen (*hydriaphóroi skaphephóroi*), die aufgrund von literarischen Quellen als Söhne ansässiger Fremder (Metöken) identifiziert wurden (Kamen 2013, 43–61). Solche Neueinkleidungszeremonien gehören in den Kontext von politischen Einigungsfesten und sind auch aus Sparta, Elis und Argos überliefert. Damit ist die Idee des gemeinsamen Mantels als Symbol politischer Eintracht verknüpft, auf die auch in der Dichtung und in der Philosophie angespielt wird. Mit der Gewandweihe unterstellten sich die Teilnehmer dem Schutz der Stadtgottheit und brachten ihr Zusammengehörigkeitsgefühl zum Ausdruck (Scheid-Svenbro 1994).

Wie wichtig die Zugehörigkeit zur Kultgemeinde war, lässt sich einem Prozess entnehmen, der zwischen 343 und 340 v. Chr. gegen Neaira und indirekt gegen den athenischen Bürger Stephanos stattfand. Die Rede ist unter dem Namen des berühmtesten attischen Redners, Demosthenes (384/83–322 v. Chr.), überliefert, stammt aber vermutlich von Apollodoros (394/93–340 v. Chr.). Apollodoros war der Sohn des Pasion (gest. 370). Pasion, ein ehemaliger Sklave, hatte für seinen Herrn Geldwechselgeschäfte erledigt und war von diesem freigelassen worden; aufgrund von großzügigen Spenden an die Bürgerschaft war ihm das Bürgerrecht verliehen worden. Stephanos, Sohn des Antidorides, gehörte einem alteingesessenen Geschlecht aus Eroiadai an. Neubürger und Altbürger stehen in diesem Prozess einander gegenüber. Neaira, einer freigelassenen Sklavin und Hetäre aus Korinth, wurde vorgeworfen, sie lebe widerrechtlich in Ehegemeinschaft mit Stephanos, dieser habe die Kinder der Neaira als Bürger ausgegeben und eine Tochter der Neaira mit einem attischen Bürger verheiratet. Der besondere Skandal: Als der Schwiegersohn des Stephanos das Amt des Archon *basileús* übernahm, hatte die vermeintliche Tochter einer Hetäre (wörtlich: Gefährtin) sogar das höchste Amt übernommen, das eine Frau erreichen konnte. Sie war *basílinna* geworden und hatte als solche das Ritual der heiligen Ehe mit dem Gott Dionysos vollzogen. Dies galt als reine *asebeía*, »Frevel gegen die Götter«, der mit der Todesstrafe geahndet werden konnte. Stephanos hätte damit zudem gegen das attische Bürgerrechtsgesetz von 451/50 v. Chr. verstoßen (Hamel 2004).

Wir wissen nicht, ob der Ankläger Erfolg hatte. In diesem Fall hätte Neaira der Verkauf in die Sklaverei gedroht, Stephanos die Zahlung einer Geldbuße. Wir kennen die Gegenrede des Stephanos nicht. Aber ein spätantiker Gelehrter mit dem Namen Libanios (314–393 n. Chr.) fasst den Inhalt der Rede zusammen und weiß, dass Stephanos nicht bestreitet, mit einer Nichtbürgerin zusammen zu leben, aber behauptet, dass die Kinder aus einer Ehe mit einer Bürgerin stammen und nicht aus der Beziehung mit Neaira.

Der Prozess gegen Neaira

Stephanos und Apollodoros hatten schon mehrere Prozesse geführt. Stephanos war ein alter politischer Feind des Apollodoros. Der Prozess gegen Neaira war nun die Retourkutsche, die Rache für einen Prozess, den Stephanos gegen Apollodoros wegen der Tötung einer Sklavin angezettelt und verloren hatte. Prozesse dienten im antiken Athen ohnehin eher als Forum für politische Auseinandersetzungen denn als Ort, an dem Sachkonflikte geregelt wurden (Hall 1995; Foxhall/Lewis 1996).

Die Rede endet mit einem Appell, der eigenen Ehefrauen zu gedenken, die einen Freispruch der Neaira nicht dulden würden (59,110–113), und der Aufforderung, die Sklavinnen der Neaira zur Folter herzugeben (59,120–125). Folgenden Dialog zwischen dem heimkehrenden Ehemann und der Ehefrau entfaltet der Redner vor den Augen des Publikums: »Was würde auch wohl jeder von euch sagen, wenn er zu seiner Frau, Tochter oder Mutter (ins Haus) hineeinginge, nachdem er für einen Freispruch dieser (Neaira) gestimmt hätte? Wenn diese euch fragten: ›Wo wart ihr?‹ Und ihr antwortetet: ›Wir haben Gericht gehalten.‹ ›Über wen?‹, würden sie dann gleich weiterfragen. ›Über Neaira‹, würdet ihr offenbar antworten – nicht wahr? – ›weil sie als Fremde (*xénē*) gegen das Gesetz mit einem Bürger (*astós*) in Ehegemeinschaft lebt (*synoikeín*) und weil sie ihre Tochter, die sich mit einem Ehebrecher (*moichos*) eingelassen hat, dem Theogenes zur Frau gegeben hat, der damals *basileús* war, und weil jene die heiligen und geheimnisvollen Opfer für die *pólis* vollzog, und (in der Heiligen Hochzeit) dem Dionysos als Frau beigesellt wurde‹ und das andere aus der Anklage gegen sie erzählen, so gut, so treu und genau wie möglich über jeden Punkt, dessen sie angeklagt war. (59,111) Sie aber würden dies hören und dann fragen: ›Was also habt ihr gemacht?‹ Ihr aber würdet sagen: ›Wir haben einen Freispruch beschlossen.‹ Würden dann nicht die verständigeren unter den Frauen euch zürnen, weil ihr dieser Person ebenso gut wie ihnen die Teilnahme an der *pólis* und an den Heiligtümern (*hierôn*) gewährt? Den Törichten aber würdet ihr erlauben zu tun, was sie wollen, soweit ihr und die Gesetze ihnen etwas nicht verboten hättet. [...] (59,113) [...] Wenn aber das Gesetz mit Füßen getreten wird und diese hier ungestraft durchkommt [...], so wird das Gewerbe der Huren (*pornaí*) sich unter den Bürgertöchtern weit verbreiten, die aus Armut keine Mitgift erhalten können. Es würde dann die Würde und der Rang der freigeborenen Frauen auf die Hetären übergehen, wenn diese die Befugnis erhalten, Kinder zu machen, mit wem sie Lust haben, und an den Opfern (*teletá*) und Heiligtümern (*hierá*) und Rechten (*timaí*) an der Polis teilzuhaben.«

Dies ist nur ein Auszug aus dem Appell an den Bürgersinn der attischen Männer. Sie kulminiert in der berühmten Aussage (59,122): »Die Ehegemeinschaft (*synoikeîn*) besteht ja darin, daß man Kinder mit einer Person macht, die Söhne unter die Mitglieder der Phratrie und des Demos einführt und die Töchter als eigene Kinder mit ihren Männern verheiratet. Wir haben die Hetären wegen des Vergnügens (*hêdonê*), die Konkubinen (*pallakaí*) für die täglichen Dienste an unserem Körper und die Ehefrauen (*gynaîkes*), um eheliche Kinder zu machen und um einen vertrauenswürdigen Hüter der Dinge drinnen (im Haus) zu haben.«

Für Generationen von Historikern galt die Rede als das getreue Abbild der Verhältnisse zwischen Männern und Frauen und wurde als beredtes Zeugnis der Missachtung der Frauen bewertet. Die jüngere Forschung hat sich davon distanziert. Zwei Aspekte sind dabei wichtig. Die athenischen Frauen stimmten nicht bei der Volksversammlung ab und agierten auch nicht als Richterinnen. Dennoch tut der Redner so, als würden die Frauen mitbestimmen, insofern er sie als Richterinnen über das richtige Urteil der Männer auftreten lässt. Vor ihren Ehefrauen, Töchtern und Müttern müssen sich die Athener rechtfertigen. Wenn das lebensfern wäre, hätte der Redner mit Gelächter rechnen müssen und damit seine Autorität unterminiert. Die Frauen der Athener hatten also indirekt etwas zu sagen, und sie hatten – das sagt der Redner explizit – an der Polis und den Heiligtümern teil. Eben darin, an der Ausübung von Kulten, lag ihr Bürgerrecht begründet (Blok 2004; Kamen 2013, 87–96).

Zugleich zeigt der Prozess deutlich, dass der Status nicht minder wichtig war als das Geschlecht. Unterschieden wird hier zwischen Ehefrauen (*gynaîkes*), Hetären und Konkubinen (*pallakaí*), was seit dem attischen Bügerrechtsgesetz von 451/50 v. Chr. politisch relevant war. Der Prozess gegen Neiaira verdeutlicht, wie schwer es in einer auf mündlicher Zeugenschaft beruhenden Gesellschaft war,

Status und Geschlecht

den Status einer Person genau festzustellen. Die Geburt von Kindern wurde in der Phratrie des Vaters gemeldet und mit einem Festmahl begangen; diese Phratriegenossen konnten vor Gericht den freien Status mündlich bezeugen; ein schriftliches Geburtenregister gab es nicht. Der Status der Frau als Bürgerin wurde bei der Absprache der Mitgift vom Vater bezeugt (Hartmann 2007). Entsprechend vage sind in der Prozessrede die Aussagen über die Abkunft der Kinder im Hause des Stephanos. Der Kläger erwähnt nur, dass Stephanos aus Megara nach Athen kam, »wobei er sie [Neaira] bei sich hatte und mit ihr drei Kinder, Proxenos, Ariston und eine Tochter, die man jetzt Phano nennt« (Demosthenes 59,38). Die Art und Weise der Formulierung lässt offen, ob es sich um die Kinder der Neaira oder des Stephanos handelte. Da Neaira zu diesem Zeitpunkt keine junge Frau mehr gewesen sein kann, ist es viel wahrscheinlicher, dass Stephanos mit Neaira eine Konkubine zur Betreuung seiner Kinder mit ins Haus genommen hatte (Hartmann 2002).

Hetären-
wesen und
Symposi-
onskultur

Die Folgen für den Leumund von Frauen, deren Bürgerstatus infrage steht, machen die Verleumdungen deutlich, die über Aspasia im Umlauf waren. Sie war die zweite Ehefrau des Perikles, der in erster Ehe mit Deinomache aus dem Geschlecht der Alkmeoniden verheiratet gewesen war. Aspasia wurde in den Komödien als Hetäre und Bordellmutter diffamiert, da sie als Milesierin keinen Bürgerstatus hatte (Kennedy 2014). Als Grund für den Ausbruch des Peloponnesischen Krieges imaginiert die Komödie des Aristophanes (*Die Acharner* 524–528; 425 v. Chr. aufgeführt) die Entführung dreier Hetären aus dem Bordell der Aspasia (Plutarch, *Perikles* 30). Philosophen priesen sie hingegen als Lehrerin und Redenschreiberin des Perikles. Platon zitiert in seinem Dialog *Menexenos* ausführlich aus einer angeblichen Grabrede Aspasias, in deren Mittelpunkt die Lobpreisung des Gemeinwesens und der vollbrachten Kriegstaten der Vorfahren steht (Platon, *Menexenos* 235 e – 236 c). Da die Totenklage traditionell Frauensache war, stimmt die Überlieferung mit tatsächlichen Praktiken überein. Neu war allerdings die Einführung der öffentlichen Grabrede zu Ehren von Kriegsgefallenen. Sie wurde nicht von Frauen, sondern von den kriegführenden Strategen gehalten (Loraux 1981). Aber die Überlieferung von Aspasias rhetorischen Fähigkeiten zeigt, dass die weibliche Zuständigkeit für die

Bestattung und Bewahrung der Erinnerung an die Toten eine feste Größe gewesen sein musste (Wagner-Hasel 2000a).

Das Beispiel der Aspasia lässt erkennen, wie fließend die Grenzen zwischen Hetären und Bürgerinnen waren. Man hat aus der Rede des Demosthenes geschlossen, dass Frauen, die keine Mitgift in die Ehe einbrachten, im 5. Jh. v. Chr. automatisch in diesen Status der Hetäre fielen. Von dem Tragödiendichter Sophokles ist überliefert, dass er seine Hetäre Archippe zur Erbin eingesetzt habe; vielleicht hatte er aber nur eine Nicht-Athenerin geheiratet (TvGF IV T 77 = Athenaios, *Deipnosophistai* 13, 592 b; Hartmann 2002, 228).

Hetären wie Neaira waren nicht einfach Prostituierte, die ihre Dienste gegen Entgelt verkauften, die wir aus den Quellen auch kennen. *Pornê* ist die Bezeichnung für eine solche Prostituierte, die erstmals in einem Gedicht des Archilochos aus dem 7. Jh. v. Chr. belegt ist (Hartmann 2002, 147). *Pornê* leitet sich von *pernêmi* ab, was soviel bedeutet wie »wegführen« in die Sklaverei. Dagegen zeigt die Bezeichnung »Hetäre«, dass eine Freundschaftsrhetorik zum Tragen kam. *Hetaîroi* heißen bei Homer die Kriegsgefährten, die für ihre Leistungen Gegengaben von ihrem Anführer erwarten können. Auch Frauen besitzen im Epos eine Hetairie. Zu ihr gehören webkundige Frauen und Spinnerinnen, deren Status, ob frei oder unfrei, nicht ganz klar ist. Gegenseitige Gefälligkeiten und Gunstbeweise prägen die Freundschaftsrhetorik (Hamel 2004, 25). Hetären waren nicht nur ob ihrer Schönheit, sondern auch wegen ihrer Bildung begehrt: »Manche Hetären hielten viel auf sich, weil sie sich um Bildung bemühten und Zeit auf Wissenschaft verwendeten, weshalb sie auch fähig zu flinken Erwiderungen waren«, meint im 2. Jh. n. Chr. der Gelehrte Athenaios von Naukratis (*Deipnosophistai* 13,583 f.). Vor allem im Stellen und Lösen von Rätseln sollen einige Hetären bewandert gewesen sein.

Verbunden ist das Hetärenwesen mit der Symposionskultur, die sich in Griechenland im Laufe des 6. Jhs. v. Chr. herausgebildet hatte. Im Unterschied zum Opferfest stand nicht das gemeinsame Mahl (*deîpnon*), sondern das gemeinsame Trinken im Mittelpunkt. Seinen besonderen Charakter erhielt das Symposion unter dem Einfluss orientalischer Gewohnheiten. Dazu gehörte es, dass man beim Essen und Trinken auf kunstvoll gefertigten Klinen (Speisesofas) lag und kostbares Trinkgeschirr, Trinkschalen (Singular *kýlix,* Plural *kylíkes*) und Mischgefäße (Singular *kratêr,* Plural *kratêres*) für Wein und Wasser, benutzte. Das Symposion fand innerhalb des Hauses in einem eigens dafür errichteten Männerraum (*andrôn*) statt, in dem nur eine begrenzte Anzahl von Speisesofas (7 bis 15 Stück) aufgestellt werden konnte. Da auf jeder Kline höchstens zwei Männer lagern konnten, war der Teilnehmerkreis begrenzt und durch Exklusivität bestimmt. Im demokratischen Athen des 5. und 4. Jhs. galt das Symposion als Inbegriff eines elitären Lebensstils, der allerdings nach jüngsten Beobachtungen mit einer bestimmten Phase im Leben eines Atheners verbunden war, die vor dem Eintritt in das politische Leben lag (Schmitt Pantel 2009, 33–41; dies. 2012). Das gilt auch für den Umgang mit Hetären, der in die Zeit der Jugend gehörte. Die jungen Männer, die Neaira aus dem Bordell der Nikarete in Korinth auslösten, ermöglichten ihr den Freikauf für 20 Minen, als sie zu heiraten beabsichtigten (Demosthenes 59,22).

Die Mitgift der Bürgerfrauen Wie wichtig für den Status einer Frau deren Vermögen war, zeigen die zahlreichen Regelungen über die Mitgift, die als vorgezogenes Erbe der Töchter zu betrachten ist. Die Gesetze Solons sahen eine Staffelung der Mitgift nach Vermögensklassen vor. Ein Mitglied der Gruppe der *Pentakosiomédimnoi* hatte im 4. Jh. v. Chr. eine Mitgift im Wert von 500 Drachmen bereitzustellen. Personen aus der Gruppe der *Hippeis* (Ritter) bzw. Pferdebesitzer mussten 300 Drachmen, diejenigen aus der Gruppe der *Zeugiten,* der Ochsengespannbesitzer, 150 Drachmen aufwenden (Demosthenes 43,54). Nur dann, wenn eine Schätzung der Mitgift in Geldwerten erfolgt war, war es auch möglich, diese im Falle einer Scheidung zurückzufordern. Auch wenn der Geldwert angegeben wird, heißt dies nicht, dass die Mitgift tatsächlich aus Geldleistungen bestand. Es ist vielmehr anzunehmen, dass ein Großteil der Mitgift Kleidung war. Dafür spricht eine Reihe von Indizien. Wenn Philosophen wie Platon eine Staffelung der Mitgift von 50 Drachmen bis zu zwei Minen (*Nomoi* 774 d) erwähnen, beziehen sie sich dabei allein auf die Kleidung, die von der Braut mitgebracht wurde. Die Gerichtsreden differenzieren oft zwischen dem Geldwert der Kleidung und dem anderer Güter, zu denen auch Land gehören konnte (Cox 1998; Wagner-Hasel 2009). Wie wertvoll Kleidung war, geht aus dem ältesten überlieferten Gesetzeswerk, der Inschrift von Gortyn auf Kreta, hervor. Hier wurde vor allem die Verteilung des textilen Gutes bei der Scheidung geregelt. Die scheidungswillige Ehefrau hatte die Hälfte des Gewebten zurückzulassen. Die Solonischen Gesetze begrenzten den textilen Aufwand für die Heirat auf drei Kleider, wobei nicht klar ist, ob sich die Regelung auf den gesamten textilen Besitz der Braut oder auf Kleidergeschenke von Seiten der weiblichen Verwandtschaft bezog (Wagner-Hasel 2009).

Daneben ist auch von Gaben bzw. Brautgütern von Seiten des Bräutigams auszugehen. Solche Brautgüter, die den Namen *hédna* trugen, werden vor allem im Homerischen Epos und in der Tragödie erwähnt und bestehen hier meist aus Vieh. Wurde in der älteren Forschung davon ausgegangen, dass mit Brautgüterleistungen die Braut quasi gekauft wurde, wird in der jüngeren Forschung angenommen, dass mit ihnen Anrechte auf Gegenleistungen, nämlich auf die Bereitstellung von Kleidung, erworben wurden (Wagner-Hasel 1988; 2000).

Wie wichtig der Gedanke der Gegenseitigkeit in den Beziehungen zwischen Braut und Bräutigam war, offenbaren Vasenbilder, die einen Mann mit einem Geldbeutel und eine spinnende Frau mit Wollkorb zeigen. Wurden diese Bilder in der Vergangenheit als Werbeszenen um die Gunst der Hetäre gedeutet, die sich mit dem Wollkorb einen ehrbaren Anschein gegeben habe, handelt es sich nach jüngeren Interpretationen um Brautwerbeszenen (Abb. 10: Werbeszenen; siehe »Bildquellen« unter *www.campus.de*). Der Mann zeigt mit dem Geldbeutel die Prosperität seines Haushalts an; Wollkorb und Spindel verweisen auf die handwerklichen Fähigkeiten der Frau (Bundrick 2008; Wagner-Hasel 2009). Auch die Vorstellung, dass nur Söhne Land erbten, ist in den letzten Jahren revidiert worden. Das gilt nicht nur in solchen Fällen, in denen keine Söhne als Erben vorhanden waren und in denen die Solonischen Gesetze vorsahen, dass die Erbtochter den nächsten männlichen Verwandten heiraten musste. Attische Dotalinschriften und inschriftliche Überlieferungen von den Kykladeninseln (Stavrianopoulou 2006) sowie Aussagen der Philosophen über die Verhältnisse in Sparta lassen vermuten, dass auch Minenbesitz und Land zur Mitgift von Frauen gehörten. Aristoteles beklagt sich, dass in Sparta die

Erbtöchter, die hier keinen Beschränkungen in der Wahl des Ehepartners unterworfen waren, zwei Fünftel des Landes besäßen (vgl. Kapitel 2.5). Man muss davon ausgehen, dass es hier wie in vielen bäuerlichen Gesellschaften Besitzinteressen waren, die Heiraten maßgeblich beeinflussten (Foxhall 1989; Cox 1998). Die Autoritätsverteilung zwischen den Geschlechtern wird genau davon abhängig gewesen sein. Folgt man Xenophon, dann lag das Ideal nicht in der Unterordnung der Frau unter den Mann, wie manche Aussagen des Aristoteles glauben machen (Wagner-Hasel 1988), sondern in der Verwandlung des Mannes in einen Diener (*therapôn*) seiner Frau (Xenophon, *Oikonomikos* 7,42).

2.9 Lockende Ferne: Seeherrschaft und Piraterie im Zeitalter des Hellenismus

»Wer wird sich eine Lage wünschen, in der Piraten (*peíratai*) das Meer unter ihrer Kontrolle haben und leichtbewaffnete Söldnertruppen die Städte besetzen?« Mit dieser rhetorischen Frage wandte sich der athenische Redner und Politiker Isokrates um 380 v. Chr. an seine Mitbürger und warnte sie davor, die Waffen gegeneinander zu erheben, anstatt die Piraten zu bekämpfen (Isokrates 4,115).

Piraten-
wesen
Isokrates hatte durchaus Recht, als er auf das Problem der Piraterie aufmerksam machte, aber er irrte auch mit seiner scharfen Grenzziehung zwischen Piraten und Bürgern. Die Entscheidung, ob eine Maßnahme als Piraterie zu bezeichnen ist, war in der Antike immer eine Frage der Perspektive. Denn die Grenze zwischen Krieger- und Piratendasein war fließend. Das gilt nicht nur für die poetische Imagination, für das Homerische Epos, wo sich Helden wie Achilleus als Krieger und als Lösegeldjäger zugleich betätigen (Homer, *Ilias* 21, 35–102; Wagner-Hasel 2000, 234–246; Meißner 2012), sondern auch für die historische Realität der klassischen Zeit. Platon thematisiert in seiner Schrift über die Gesetze (*Nomoi* 919a) die Gewinnsucht der Händler und Herbergswirte, die sich entgegen dem Gebot der Gastfreundschaft in Wirklichkeit als Räuber betätigen und Fremde nicht mit Gastgeschenken bedenken, sondern Lösegeldforderungen stellen.

Raimund Schulz hat auf zahlreiche Beispiele aufmerksam gemacht, in denen auch Feldherren des 5. und 4. Jhs. v. Chr. als Räuber und Piraten auftraten. Aus dem 4. Jh. v. Chr. kennen wir die Laufbahn des Charidemos aus Oreos auf Euboia, der während seines Söldnerdienstes im athenischen Heer Kaperfahrten gegen die Bundesgenossen Athens unternahm (Schulz 2004, 131; Wiemer 2002, 114). Brent Shaw hat für Rom aufgezeigt, dass Räuber sich oftmals aus unfreien Viehhirten und ehemaligen Veteranen rekrutierten, die den Umgang mit Waffen gewohnt waren (Shaw 1984).

Im 19. Jh. betrachtete man die Piraterie als Zeichen der Barbarei; sie aufzugeben galt als Zeichen der Zivilisation, wofür das römische Reich und das Christentum stehen (Garlan 1989, 173). Seit einiger Zeit hat sich die Sicht auf die Piraterie gewandelt und manche der Piraten und Banditen der frühen Neuzeit wurden als depravierte Bauern gedeutet, die gegen ihre Unterdrücker, Großgrundbesitzer und städtische Herren, revoltierten. Für die Antike gilt dieser Perspektivenwechsel nicht. Yves Garlan bezweifelt in seiner Studie über *guèrre et économie,* dass das Phänomen des antiken Banditentums mit Kategorien des Klassenkampfes gefasst werden kann (Garlan 1989, 173–201). Vielmehr zieht er als Vergleich Studien von Anthropologen zu Praktiken in der Sahelzone heran, wo das Brigantentum, ähnlich wie es antike Philosophen behaupten, zu einer natürlichen Lebensweise gehört. Aristoteles zählt das Räuberwesen gar zu den legitimen Lebensweisen, um sich Unterhalt zu verschaffen (*Politik* 1256 a–b).

Wenn ein Redner wie Isokrates also Begriffe wie *lêstai,* Räuber, und *peíratai,* Piraten, benutzt (lat. *latrones, praedones, piratae*), ist ein diffamierendes Element im Spiel. Es wurde immer aus gegnerischer Perspektive auf das Phänomen geschaut, wie Philipp de Souza in seiner grundlegenden Studie über die antike Piraterie betont hat; die Selbstbeschreibung ist durchaus eine andere (de Souza 1999). So galten ganze Völkerstämme wie etwa die Ätoler aus der Perspektive des Polybios (18,5,1–2), der im 2. Jh. v. Chr. in Achaia im Norden der Peloponnes lebte, als *lêstai,* Räuber, was nur bedingt der Realität entsprach. Auch die Kreter und Kilikier wurden in der Antike zeitweise als notorische Seeräuber angesehen (Garlan 1989, 182 f.). Selbst politische Gegner innerhalb einer Stadt wurden als Räuber und Piraten beschimpft – zu Recht oder Unrecht, das lässt sich heute kaum entscheiden (Thukydides 1,24). In den attischen Gerichtsreden des 4. Jhs. v. Chr. wird immer wieder auf die tragischen Folgen solcher Kaperzüge verwiesen. So erwähnt der Redner Demosthenes (52,5) das Schicksal des Lykon, der im Golf von Argos von Piraten getötet worden sei. Der Athener Nikostratos wurde ebenfalls von Piraten überfallen und auf dem Sklavenmarkt von Ägina verkauft (Demosthenes 53,6). Einer grundsätzlichen ethischen Ächtung unterlag dieses Verhalten nicht.

Der Beginn des Peloponnesischen Krieges

Die Furcht des Redners Isokrates vor der Kontrolle des Meeres durch sogenannte Piraten verdeckt die eigenen Interessen an der Kontrolle der Seewege. Mit dem Ausbau der Flotte und der Gründung des Seebundes war es Athen gelungen, die Seehandelsrouten in der Ägäis zu überwachen (Schulz 2004, 128–130). Dies brachte die Stadt in Konflikt mit anderen Mächten. 446 v. Chr. hatten Spartaner und Athener einen dreißigjährigen Frieden vereinbart, der im Jahre 431 v. Chr. sein jähes Ende fand. Anlass des Krieges war das militärische Eingreifen Athens in einen Konflikt zwischen Kerkyra und den mit Sparta verbündeten Korinthern. Der Krieg, der bis 404 v. Chr. dauern sollte, stand ganz im Zeichen der Kontrolle der Seewege. Neu war das Interesse der Athener an den Schifffahrtsrouten in der Adria. So schloss der athenische Stratege Phormio um 444 v. Chr. mit mehreren Gemeinden Akarnaniens im Westen Griechenlands Bündnisse. Als nun das »bequem an der Fahrtstraße nach Italien und Sizilien« gelegene Kerkyra (heute: Korfu), das die für ihre Schiffe berühmten Phäaken als Vorbewohner gehabt haben soll (Thukydides 1,25), die Athener um ein Schutzbündnis bat, lockte die Lage der Stadt: Denn »für Italien und Sizilien« schien ihnen die Insel »schön an der Überfahrt zu liegen«, kommentiert Thukydides, der Chronist des Krieges, die Entscheidung der Athener, Kerkyra zu unterstützen (Thukydides 1,36 und 44). Das wiederum erfüllte die Nachbarpolis Megara mit Sorge. Die Megarer, die einst eine Kolonie auf Kerkyra gegründet hatten, baten nun die Korinther um Unterstützung für Seereisen gen Westen und forderten »Schiffe zum Geleit«. Sie wollten gewappnet sein, »falls Kerkyra die Fahrt hindern sollte« (Thukydides 1,27). Die Korinther wiederum standen auf der Seite der Gegner Kerkyras. Sie zogen auf Bitten einer Tochterstadt von Kerkyra, Epidamnos, wo die Adelsschicht vertrieben worden war, in den Krieg, verloren ihn aber gegen die Kerkyrer, die ab diesem Zeitpunkt, so Thukydides, »das ganze Meer in jenen Gegenden« beherrschten. Nach dieser Niederlage »rüsteten« die Korinther auf, d. h. sie »zimmerten Schiffe« und »warben um Sold Ruderer an aus dem Peloponnes und dem übrigen Hellas« (Thukydides 1,31). Diese Maßnahmen ließen wiederum die Kerkyrer um ihre Macht fürchten: Deshalb baten sie die Athener um Unterstützung und besiegten mit deren Hilfe die Korinther. Für Thukydides bilden diese Bündnisverpflichtungen, die beide Seiten eingegangen waren, den Anlass des Krieges, den Grund aber erblickte er in der Größe Athens. Die aber basierte auf der Seemacht. Folgt man der Schilderung nachfolgender kriegerischer Konflikte, wird deutlich, wie wichtig die Kontrolle der Seewege für die Kriegsentscheidungen gewesen sein musste.

In der Folge verlagerte sich der Kriegsschauplatz wieder gen Osten, in die Ägäis. Auch hier ging es um eine Kolonie, um Poteidaia, die eigentlich eine Tochterstadt der Korinther war. Die in der nördlichen Ägäis gelegene Stadt war aber inzwischen Mitglied des Delisch-Attischen Seebundes geworden. Die Loyalitäten von Poteidaia waren also geteilt. Die Seebundstadt Poteidaia wurde nun von den Athenern aufgefordert, korinthische Gesandte auszuweisen, die in Poteidaia um Schiffsbauholz angefragt hatten (Schulz 2004, 77 und 115 f.). Die Nachbarpolis der Athener, Megara, war ebenfalls wieder betroffen. Die Megarer hatten nämlich zahlreiche Kolonien in der Nordägäis und im Schwarzen Meer, die ebenfalls zum Seebund gehörten. Die Koloniegründungen an den Küsten der holzreichen Regionen Thrakiens und Makedoniens im Norden der Ägäis dienten dem Erwerb von Schiffsbauholz. Als nun die Athener Megara von allen Märkten des Seebundes ausschlossen (*Megarisches Psephisma*), nahmen sie der konkurrierenden Macht die Möglichkeit, dort Ruderer anzuwerben und Holz und Getreide einzukaufen. Deshalb meint Raimund Schulz, dass es um die Sicherung der Getreiderouten ging. Ich vermute, dass dies nur ein Aspekt des umfassenden Interesses an Einkünften aus der Kontrolle der Seewege war. Dies lässt sich aus einer Bemerkung Herodots schließen. Er berichtet, die Bewohner der Insel Chios hätten aus Sorge, die Phokaier würden auf den benachbarten Inseln, den Oinussen, ein *empórion* errichten, diesen

Athens Interessen in der nördlichen Ägäis

die Besiedlung der Inseln untersagt. Sie fürchteten nämlich, von den Schifffahrtswegen abgeschnitten zu werden (Herodot 1,165). Eine Anlaufstelle für Schiffe zu bieten, bedeutete im klassischen Griechenland Zugang zu den Reichtümern des Mittelmeeres. So erhoben die Athener nicht nur in ihrem Hafen Piräus, sondern auch in Byzantion am Bosporus Zölle, die im Jahre 410 v. Chr. zehn Prozent des Warenwertes ausmachten (Schmidt-Hofner 2016, 108; Rubel 2009, de Souza 1999, 26–36).

Die Eroberung Poteidaias durch die Athener läutete den sogenannten Peloponnesischen Krieg (431–404 v. Chr.) zwischen Sparta und Athen ein. Denn die Megarer wurden von Sparta unterstützt. Es kam in den ersten Kriegsjahren zu regelmäßigen Einfällen der Spartaner in athenisches Gebiet, in deren Verlauf die Felder verwüstet wurden. Perikles wiederum beantwortete diese Einfälle mit der Politik des Rückzugs hinter die Langen Mauern, die Athen mit dem Hafen Piräus verbanden. Die Getreideversorgung erfolgte über auswärtige Bundesgenossen. Die Athener behielten trotz des Ausbruchs einer Seuche in Athen zunächst die Oberhand, indem sie den Saronischen und Korinthischen Golf kontrollierten und Pylos im Westen der Peloponnes einnahmen (425 v. Chr.). Sparta antwortete mit der Eroberung der für den Schiffbau so wichtigen Stadt Amphipolis, einer Koloniegründung Athens an der thrakisch-makedonischen Küste im Norden der Ägäis. Die erste Phase des Peloponnesischen Krieges endete mit einer Wiederherstellung des Status quo, mit dem so genannten Nikias-Frieden von 421 v. Chr. Erst als sich Athen unter Drängen des Feldherrn Alkibiades erneut gen Westen wandte und 415 v. Chr. auf ein Hilfegesuch der Stadt Segesta hin eine Flotte von 143 Trieren mit 25.000 Ruderern und 6.400 Hopliten nach Sizilien schickte, wendete sich das Blatt: Die wuchtigeren Kriegsschiffe der Syrakusaner hielten den Rammstößen der athenischen Trieren stand; die Athener verloren ihre gesamte Flotte (Schulz 2004, 122 f.). Gelockt hatten auch hier die örtlichen Ressourcen, nämlich Schiffsbauholz, das in Sizilien angeblich zu finden sei, sowie Getreide. Jedenfalls führte Alkibiades dieses Argument an, als er im spartanischen Exil den Spartanern die Kriegsgründe Athens erläuterte (Thukydides 6,90). Als dann noch die Perser die Spartaner mit Hilfsmitteln zum Bau einer Flotte animierten, gewann Sparta die Oberhand. Im Jahre 404 v. Chr. schlossen die Spartaner Athen zu Lande und zu Wasser ein und erreichten die Kapitulation der Stadt. Der Seebund wurde aufgelöst. Zehn Jahre, bis zum Ausbruch des Korinthischen Krieges, ruhten zwischen beiden Mächten die Waffen.

Emporion Piräus

Neben der eigentlichen Stadt (*ásty* = Burg) und dem Umland (*chôra*) gehörte zu einer Polis häufig auch ein Hafen (*empórion*). Erst im Jahre 493 v. Chr. war der alte Hafen Athens von Phaleron in den heute sieben Kilometer entfernt vom Stadtgebiet gelegenen Piräus (*Peiraieús*) mit seinen drei natürlichen Buchten verlegt (Thukydides 1,93) worden. Um 460 v. Chr. ließ Kimon den Hafen über eine lange Mauer mit Athen verbinden, deren Gesamtlänge 13 Kilometer betrug. In allen drei Häfen standen Schiffshäuser (Kantharos: 94, Zea: 186, Munichia: 82), wo sich vor allem die Kriegsschiffe, die Trieren, befanden. Hinzu kamen Heiligtümer und Säulenhallen, die dem Handel und dem Geschäft der Geldwechsler dienten. Auch besaß die Hafenstadt ein Theater. Im Hafengebiet lebten viele Fremde, *métoikoi*, wovon zahlreiche Kulte für fremde Gottheiten wie Bendis, Baal und Isis zeugen.

Der Kampf um Seerouten im 4. Jahrhundert Nach der Niederlage Athens gegen Sparta im Jahre 404 v. Chr. wurden die Seerouten zum Zankapfel konkurrierender Mächte. Als eine beherrschende Seemacht behaupteten sich die Perser. Diese hatten nach dem Ende des Peloponnesischen Krieges ihre Flotte ausgebaut, deren Rückgrat die kleinasiatischen Hafenstädte Kariens und Lydiens sowie die phönizischen Städte auf Zypern und der Levante bildeten. Die Flotte, die 300 Schiffe umfasste, wurde bei Kition auf Zypern stationiert. Ihre Kommandanten waren der Athener Konon, einst Stratege des attischen Heeres, sowie der kleinasiatische Satrap Pharnabazos. Auf Rhodos befand sich eine spartanische Marinebasis, die ihrer Mutterstadt abtrünnig wurde und ebenfalls an die Seite der Perser trat; sie steuerte 80 Schiffe bei. Die Perser kontrollierten im ersten Jahrzehnt des 4. Jhs. auf diese Weise das Meer zwischen Kilikien und Zypern und konnten auch ohne Mühe ägyptische Getreideschiffe abfangen, die den Weg über Rhodos nach Athen nahmen. In der Folge dehnte sich der Machtbereich der Perser auf die Kykladen aus, was zur Folge hatte, dass der alte Freund Sparta nun zum Gegner wurde. Im August 394 v. Chr. wurde die spartanische Flotte bei Knidos besiegt. 393 v. Chr. kehrte Konon im Auftrag der Perser nach Athen zurück, um die inzwischen geschmiedete anti-spartanische Koalition von Korinth, Argos, Theben und Athen im so genannten Korinthischen Krieg (395–387 v. Chr.) zu unterstützen. Athen gelang es in dieser Situation, seine Bündnisse mit Städten der Ägäis zu erneuern – mit Chios, Mytilene auf Lesbos, Kos und Knidos. Auch schlossen die Athener ein Dreierbündnis mit dem zyprischen König Euagoras und dem ägyptischen König Akoris (Schulz 2004, 128). Hinzu kamen Verträge mit den Poleis der Nordägäis: Thasos, Samothrake und Byzantion. Mit 40 Trieren sicherte der athenische Feldherr Thrasyboulos die Route.

Diese erneute Seebundpolitik der Athener missfiel den Persern, die trotz der anfänglichen Unterstützung der Alliierten des Korinthischen Krieges 390/89 v. Chr. den Spartanern mit 80 Trieren unter die Arme griffen und erreichten, dass Athen sowohl am Hellespont als auch im Hafen Piräus angegriffen wurde und damit die Kontrolle über die Seehandelsroute verlor. Im Jahre 388 v. Chr. ließ der persische Großkönig dann Gesandte aus Athen, Korinth, Theben und Sparta nach Sardes kommen und den sogenannten »Königsfrieden« (*koinê eirenê*) verkünden. Er beinhaltete für die ehemaligen Mitglieder des Delisch-Attischen Seebundes bis auf die Inselstädte Lemnos, Imbros und Skyros die Autonomie; Athen musste sich also auf die Nordroute konzentrieren.

In diese Zeit nach dem Königsfrieden fiel die eingangs zitierte Warnung des Isokrates. Nach Meinung des attischen Redners existierte nämlich eine unsichere Situation: Diejenigen, die vorher im Krieg ihr Auskommen gefunden hatten, suchten dieses nun in der Piraterie. Mit der erneuten Gründung eines Seebundes im Jahre 378/77 v. Chr. versuchte Athen der unsicheren Lage zu begegnen. Als die Athener von den Bündnispartnern erneut Tribute eintrieben, gelang es dem karischen Dynasten Mausolos (370–353 v. Chr.), die Inselstädte Chios, Rhodos, Byzantion und Kos zum Abfall zu bewegen, womit sie den sogenannten Bundesgenossenkrieg auslösten (357 v. Chr.), der zur erneuten Schwächung Athens führte (Schulz 2004, 130–135).

Andere Konkurrenten bei der Kontrolle der Seerouten bildeten Theben und Makedonien. Nachdem die Böoter im Jahre 371 v. Chr. die Spartaner in der Schlacht bei Leuktra besiegt hatten, begannen auch sie – wie bereits 100 Jahre zuvor die Athener – mit einem Flottenbauprogramm und bauten den Hafen von Aulis aus. Rhodos, Chios und Byzantion, ehemalige Seebündner Athens, wurden für eine anti-athenische Allianz gewonnen, und die Thebaner gewannen die Kontrolle über die Seehandelsroute von Ägypten zum Marmara-Meer. Da die Thebaner für die Finanzierung ihrer Ruderer die finanzielle Unterstützung der Perser benötigten – anders als die Athener hatten sie keine Silberminen auf ihrem Gebiet, die ihnen eine großzügige Besoldung erlaubt hätten –, dauerte diese Vormacht der Thebaner nicht lange (Schulz 2004, 134; Gabrielsen 1994).

Mitte des 4. Jhs. trat ein anderer Konkurrent der griechischen Seemächte auf den Plan, die Makedonen. Ausgehend von ihrem Kerngebiet im Tal des Vadar in Nordgriechenland hatten die Makedonen seit dem 5. Jh. ihr Einflussgebiet zunehmend nach Osten in Richtung Thrakien und Süden bzw. Westen in Richtung Thessalien und Epirus ausgedehnt. Dabei spielten sowohl das Interesse an Bodenschätzen, den Silberminen in Thrakien, als auch Ansprüche auf Weidegebiete und Tribute eine Rolle. Versuche der Thebaner und Athener, sich den Makedonen entgegenzustellen, endeten 338 v. Chr. mit der Niederlage von Chaironeia und der Bildung des Korinthischen Bundes (337 v. Chr.), dem die Makedonen und ihr König selbst nicht beitraten. In ihm waren alle Griechenstädte mit Ausnahme Spartas durch Vertreter in einem Bundesrat anteilsmäßig vertreten. Feldherr des Bundes wurde der Sieger von Chaironeia, der makedonische König Philipp II. (359–336 v. Chr.). Bereits 354 v. Chr. hatten die Athener die für den Bau der Flotte so wichtige Besitzung Amphipolis verloren, die im Einflussbereich der Makedonen lag. Die Makedonen bauten nun selbst Schiffe und stiegen zur bedeutendsten Seemacht auf. Ende der 340er Jahre beherrschten die Makedonen mit rund 100 Schiffen die nördliche Ägäis. Die Makedonen beschränkten sich nicht auf die Kontrolle der Seewege in der Nordägäis, sondern machten nun den Persern die Kontrolle der südlichen Ägäis streitig. Mit 160 Schiffen zog Alexander der Große in den Krieg gegen die Perser, der die politische Landkarte des östlichen Mittelmeeres grundlegend verändern sollte (Schulz 2004, 136–139).

Neue Seemächte: Makedonen und Diadochenreiche

Am Ende des von Philipp II. proklamierten und von seinem Sohn Alexander (356–323 v. Chr.) durchgeführten Feldzugs gegen die Perser beherrschten neue Großmächte die Ägäis. Nach der Eroberung des Perserreiches wurde unter Alexanders Nachfolgern (Diadochen) das eroberte Gebiet aufgeteilt, wobei traditionelle, politisch gewachsene Einheiten das Grundmuster der neuen politischen Ordnung bildeten. Im Einzugsgebiet der Flüsse Euphrat und Tigris (Babylonien, Westsyrien, Südtürkei) bildete sich das Seleukidenreich heraus; im Osten das Partherreich und Baktrien. Beide gerieten zeitweise unter seleukidische Herrschaft. In Kleinasien, in der heutigen Türkei, entstanden um 275 v. Chr. selbständige Königreiche bzw. unabhängige ›Stadtstaaten‹ (Bithynien, Kappadokien, Pontos, Pergamon). Ägypten, unter Dareios den Persern tributpflichtig geworden, wurde von der Dynastie der Ptolemaier regiert, die von Ptolemaios, einem Feldherrn Alexanders, begründet worden war. Im Kernland Makedonien richtete sich seit 279 v. Chr. die Dynastie der Antigoniden ein, die bis zur Eroberung durch die Römer im Jahre 167 v. Chr. regierte.

Das dynastische Element kennzeichnet die neu entstandenen Reiche, deren Herrscher sich nicht mehr auf traditionelle Herrschaftsrechte berufen konnten. Zum Teil waren die Diadochen miteinander über Heiratsallianzen verbunden wie im 6. Jh. die Tyrannen, was zu Konflikten bei der Nachfolgeregelung führte (Coşkun/McAuley 2016). Im ptolemäischen Ägypten befolgte man daher eine strikte Endogamie in Form der Geschwisterehe, mit der die Zahl der potentiellen Nachfolger reduziert wurde. Mit der Dynastiebildung traten auch die Ehefrauen der Herrscher in der öffentlichen Wahrnehmung stärker in den Vordergrund. Zum Teil trugen sie, wie z. B. Arsinoë II., die zweite Ehefrau von Ptolemaios II., den Königinnentitel (*basilissa*). Das öffentlich auf Statuen, Münzen oder Monumenten inszenierte Bild der ptolemäischen Königin, das an ägyptischen wie griechischen Gottheiten orientiert war, trug zur Akzeptanz der Fremdherrschaft bei (Müller 2009). Politische Stütze der neuen Herren wurde der Rat der Freunde, entstanden aus dem Rat der nahezu gleichberechtigten Gefährten der ehemaligen makedonischen Könige. Er setzte sich nunmehr aus Männern der griechischen Herrenschicht in den eroberten Ländern zusammen; die indigene Bevölkerung hatte nur beschränkt Zugang (Gehrke 2000/2013, 232–237).

Die Aufteilung der Herrschaftsgebiete führte nicht zu einer dauerhaften Befriedung. Auch unter den Diadochen ging es um maritime Machtpolitik. Vor allem die Küstenstädte Koilesyriens (Palästina, Libanon), die für die Kontrolle der Seewege in der südlichen Ägäis von entscheidender Bedeutung waren, gerieten zum Zankapfel zwischen Seleukiden und Ptolemaiern. Um sie wurde allein zwischen 274 und 168 v. Chr. in sechs Kriegen gestritten (Syrische Kriege). Im 4. Syrischen Krieg gelang es schließlich Ptolemaios IV. (Schlacht von Raphia 217 v. Chr.), eine Entscheidung zu seinen Gunsten herbeizuführen. Unter seinem Nachfolger Ptolemaios V. (Schlacht von Pareion 200 v. Chr.) fielen die reichen Seestädte Koilesyriens wieder unter seleukidische Herrschaft. Die Mittelmeerorientierung der Ptolemäer drückt sich nicht zuletzt in der Verlagerung des Herrschersitzes von Memphis am Eingang zum Nildelta, wo die Pharaonen residiert hatten, an die Küste nach Alexandria aus (Clauss 2003). Die Stadt war von Alexander dem Großen gegründet worden und lag an der einzigen Stelle im Nildelta, die vom Nilschlamm frei war. Sie bot daher ungehinderten Zugang zum Mittelmeer.

Rhodos lag an einer der wichtigsten Schifffahrtsrouten, die von Griechenland nach Asien und Ägypten führten. Bereits im 6. Jh. v. Chr. pflegten rhodische Herren engen Kontakt mit dem ägyptischen Pharao. Amasis (570–526 v. Chr.) räumte den Rhodiern das Recht ein, sich in Naukratis im Mündungsgebiet des Nils niederzulassen, wo eine multiethnische Siedlung entstand (Möller 2000). In den Perserkriegen stand die rhodische Stadt Lindos zunächst auf der Seite der Griechen. Eine Belagerung von Lindos 490 v. Chr. gaben die Perser schließlich auf und schlossen einen Freundschaftsvertrag. Zehn Jahre später waren die rhodischen Städte, die sich erst 408 v. Chr. zu einem Bund (*synoikismós*) zusammenfanden, auf der Seite der Perser, als diese erneut nach Griechenland zogen. Mit einem Kontingent von 40 Schiffen nahmen sie an der Schlacht von Salamis teil. Nach dem Sieg der verbündeten Griechenstädte über die Perser schlossen sie sich wiederum dem Attisch-Delischen Seebund an. Auch dem später neu gegründeten Attischen Seebund gehörten sie an. In der Mitte des 4. Jhs. v. Chr. unternahm Mausolos von Karien den Versuch, Rhodos seinem Herrschaftsbereich anzugliedern. Dies gelang schließlich seiner Witwe Artemisia II. mit Hilfe einer List, die in

Schutzmacht Rhodos: Friedlicher Handelsstaat oder Piratenmacht?

ähnlicher Weise schon ihre Vorgängerin Artemisia I. in der Schlacht von Salamis angewandt hatte. Sie bemannte die in einer Seeschlacht gekaperten rhodischen Schiffe mit ihren Leuten und ließ sie unter rhodischer Flagge nach Rhodos fahren. Die Rhodier ließen sich täuschen, und so konnte sie die Stadt einnehmen. Dennoch behauptete die Inselrepublik mit ihrer Flotte im Verlauf des 4. und 3. Jhs. v. Chr. weitgehend ihre Unabhängigkeit. Als die Ptolemäer um 300 v. Chr. ihre Herrschaft in Ägypten errichteten, pflegten die Rhodier engen Kontakt mit Alexandria. Dort wurden Hunderte von rhodischen Siegelabdrücken auf Amphoren gefunden, die weniger den Import von rhodischem Wein belegen als vielmehr den Transport, den die Rhodier übernahmen. Konkret heißt dies, dass die Rhodier mit ihren Kriegsschiffen die Handelsschiffe von und nach Ägypten gegen Entgelt in die Häfen geleiteten. Deshalb wurden die Kriegsschiffe der Rhodier *phylakídes*, Wächter, genannt (Diodor 20,93,2).

Als Zeichen dieser beherrschenden Rolle als Seemacht kann der sogenannte Koloss von Rhodos gelten, der neben den Pyramiden oder den Hängenden Gärten der Semiramis in der Antike zu den sieben Weltwundern zählte. Es handelt sich um ein Siegesmonument. Als der Makedonenherrscher Antigonos *Monophthalmos* (»der Einäugige«) im Jahre 307 v. Chr. die Rhodier zum Kampf gegen Ptolemaios *Sotêr* gewinnen wollte, lehnten diese ab und hielten anders als die Ägypter auch der Belagerung von Demetrios *Poliorkétês* (»der Städtebelagerer«), des Sohnes des Antigonos, stand, schlossen aber aufgrund der Vermittlung der Athener einen Freundschaftsvertrag mit den ehemaligen Feinden. Als Zeichen dieses ›Sieges‹ errichteten sie eine Statue ihres Stadtgottes Helios, die etwa 45 Meter über den Hafen ragte. Er war von Chares von Lindos um 304/292 v. Chr. gegossen worden und stürzte während eines Erdbebens um 226 v. Chr. ein. Im 7. Jh. n. Chr. wurden die Trümmer auf 980 Kamelen nach Syrien transportiert und eingeschmolzen (Brodersen 1996, 84–91; Höpfner 2003).

Nach Diodor (20,81,3) war die Macht der Rhodier zwischen 260 und 167 v. Chr. so groß, dass sie im Interesse der Hellenen Krieg gegen Piraten (*peíratai*) führten und die Meere von Verbrechern (*kakoûrgoi*) säuberten (Wiemer 2002, 119). Der antike Geograph Strabon (14,2,5) meinte, dass Rhodos die Seeherrschaft ausgeübt und

Räuber vernichtet habe. Im Hafen waren nach Aussagen römischer Autoren die Schiffsschnäbel von tyrrhenischen Räubern aufgestellt (Aelius Aristides, *Orationes* 25 [43], 4). Deshalb galt Rhodos in der Forschung lange Zeit als Typus des friedlichen Handelsstaates. Hans-Ulrich Wiemer, der die These von der Ordnungsmacht Rhodos kritisch überprüft hat, führt plausible Gründe an, dass die Rhodier ähnlich wie die Athener im 5. Jh. eine durchaus doppelbödige Politik betrieben. Ebenso wie diese zogen die Rhodier Hafenzölle ein. Wiemer vermutet, dass die Rhodier mit der Flotte nicht nur fremden Handelsschiffen gegen Entgelt Schutz gaben, d. h. Geleitzüge organisierten, sondern mit diesen Schiffen auch Kaperfahrten machten. Seiner Meinung nach haben die Rhodier wie im Spätmittelalter die Venezianer, die mit ihren Galeerenkonvois Raubzüge unternahmen, sowohl vom Handel als auch vom Raub gelebt. Ohnehin können wir diese Geleitzüge auch als Schutzgelderpressung auffassen. Das Konzept der friedlichen Handelsmacht gehört nach Wiemer in die Mitte des 19. Jhs., als die Freihandelslehre unter den europäischen Mächten dominierte. Sie wurde einfach auf die antiken Verhältnisse projiziert (Wiemer 2002, 121).

Seine Machtstellung behielt Rhodos bis zum Aufstieg einer neuen Seemacht, den Römern. Diese erklärten im Jahre 166 v. Chr. Delos zum Freihafen, nachdem sich die Rhodier in den Makedonisch-Römischen Kriegen auf die Seite der Gegner Roms gestellt hatten (Ladewig 2014; Baltrusch u. a. 2016). Von Polybios (30,31,12) wissen wir, dass zwischen 168 und 164 v. Chr. die Einnahmen aus den Hafenzöllen von einer Million Drachmen auf 150.000 Drachmen sanken. Rhodos war ins Abseits der Seewege geraten.

Im Kampf um die Kontrolle der Seewege im westlichen Mittelmeer spielte Syrakus (*Syrakusai*), jene Macht, die den Athenern im Peloponnesischen Krieg die entscheidende Niederlage bereitet hatte, eine Schlüsselrolle. Der Aufstieg von Syrakus zur Seemacht begann unter der Herrschaft des Gelon (485–478 v. Chr.), der ausgehend von Gela, einer rhodischen Kolonie an der Südküste Siziliens, die syrakusanische Hegemonie über die getreidereiche Insel begründete. Diese währte nahezu dreihundert Jahre bis zur Eroberung durch die Römer im Jahre 212 v. Chr. Den Beginn dieser Entwicklung markiert die Schlacht bei Himera, die laut Herodot (7,166) ins Jahr

Seerepubliken im westlichen Mittelmeer: Das Beispiel Syrakus der Schlacht bei Salamis (480 v. Chr.) fiel. Den Hintergrund bildete ein Machtkampf der Tyrannen von Akragas und von Himera: Als Terillos von Himera von Theron, dem Tyrannen von Akragas, aus seiner Stadt vertrieben wurde, bat er seinen Schwiegervater Anaxilaos von Rhegion und seinen Gastfreund Amilkas (Hamilkar) um Hilfe. Theron erhielt Unterstützung von seinem Schwiegersohn Gelon von Syrakus. Wegen der Teilnahme der Karthager wurde die Schlacht von antiken Historikern als Kampf der Griechen gegen die Barbaren angesehen (Herodot 7,166–167). Mit dem Sieg über die Karthager gewann Gelon Zugang zu den Häfen in Westsizilien, die unter der Kontrolle der Karthager gestanden hatten, und sicherte sich den freien Durchgang durch die Straße von Messina (Luraghi 1994, 310–312). Im mythologischen Denken der Griechen wurde die Meerenge von zwei Ungeheuern, Skylla und Charybdis, beherrscht (Homer, *Odyssee* 12,73–201) – eine bildhafte Umschreibung der gefährlichen Strömungsverhältnisse (Thukydides 4,24), die sich die Anrainer, Zankle auf sizilischer Seite und Rhegion auf italischer Seite, zunutze machten, indem sie vermutlich Gebühren für das sichere Geleit erhoben. Seit der Eroberung der Stadt Zankle durch Anaxilaos und ihrer Umbenennung in Messana stand die Meerenge unter der Kontrolle von Rhegion. Über eine geschickte Bündnispolitik mit der unteritalischen Stadt Lokroi Epizephyrioi gelang es Gelons Bruder Hieron I. um 477 v. Chr., dem unteritalischen Tyrannen von Rhegion die Kontrolle über die Meerenge endgültig zu entreißen. Das Ende der alleinigen Herrschaft Rhegions über die Meerenge wurde durch die Heirat der Tochter des Anaxilaos mit Hieron I. besiegelt (Luraghi 1994, 224 und 348). Als 474 v. Chr. Kyme (Cumae) ein Hilfesuch an die Syrakusaner schickte, um gegen die Etrusker vorzugehen, die die Seerouten im Tyrrhenischen Meer beherrschten und die Herrschaft Kymes über den Golf von Neapel bedrohten, sandte Hieron I. Schiffe zur Unterstützung. Die Niederlage der Etrusker führte zur Destabilisierung der gesamten Region und wird von manchen Forschern als entscheidender Faktor für das Ende der etruskischen Königsherrschaft in Rom angesehen (Werner 1963, 474–482; Zimmermann [2]2009, 6). Nach der erfolgreichen Zurückdrängung der *Etrusci* betätigten sich die Syrakusaner auch weiterhin im Golf von Neapel als Schutzmacht und dehnten ihre Kontrolle der Seerouten nunmehr auf den gesamten südlichen Teil des Tyrrhenischen Meeres aus (Luraghi 1994, 351–353). In der hellenistischen Literatur fand diese Seeherrschaft ihren mythischen Ausdruck im Bild der Nereïden, der Töchter des Meergreises Nereus, die – ihre Röcke raffend – das Schiff der ersten »Seefahrer«, der Argonauten, gleich einem Ball hin und her warfen und auf diese Weise sicher durch die Meerenge beförderten (Apollonios von Rhodos, *Argonautika* 4,920–955).

3. Das Römische Weltreich

Jede römische Geschichte, so urteilt Greg Woolf in seiner Biographie Roms, ist die Geschichte eines Weltreiches (Woolf 2015, 11). Anders als die griechischen Poleis dehnte Rom seinen Herrschaftsbereich weit über regionale Grenzen hinweg aus und entwickelte sich von einer einfachen Hirtensiedlung an einer Furt über den Tiber zu einem Weltreich, das alle Küstengebiete des Mittelmeeres umfasste. Über die Ursachen dieses beispiellosen Expansionsprozesses wird seit Theodor Mommsen gestritten. Die Entwicklung begann mit der Gründung eines lateinischen Städtebundes, einer Bündnisform, wie sie in vielen Regionen der antiken Mittelmeerkultur üblich war. Eine neue Dimension erhielt die Expansion durch die Samnitenkriege, mit denen große Teile der italischen Halbinsel unter römische Herrschaft gerieten. Aber erst mit den Punischen und Makedonischen Kriegen, die über Italien hinausführten, bekam die römische Expansion jene Dimension, die an ein Weltreich denken lässt. Die Punischen Kriege führten zur Errichtung von Provinzen (227/25 v. Chr.: Sizilien, Sardinien und Korsika; 197 v. Chr.: Spanien; 146 v. Chr.: Africa), aus denen regelmäßige Abgaben geschöpft wurden. Eigentlich meinte *provincia* nichts anderes als den militärischen Stützpunkt eines Statthalters, entwickelte sich aber in der Folge zum Sammelbegriff für die geographische Region, in der dieser Stützpunkt lag (Dahlheim 1977, 74). Die Makedonischen Kriege (200–194 v. Chr. gegen Philipp V., 171–168 v. Chr. gegen König Perseus) zogen die Errichtung der Provinz Makedonien und die Unterstellung griechischer Poleis unter den Statthalter Makedoniens nach sich (145 v. Chr.). Nachdem König Attalos III. von Pergamon 133 v. Chr. sein Reich Rom vererbt hatte und die daraufhin ausbrechenden Aufstände niedergeschlagen waren, wurde 129 v.

Chr. die Provinz Asia gegründet. Im 1. Jh. v. Chr. kamen Gallien und
Syrien hinzu.

Theodor Mommsen war der Meinung, die Römer hätten einen
defensiven Imperialismus gepflegt und ihr Weltreich in Reaktion auf
Angriffe von außen oder infolge von Bündnisverpflichtungen entwickelt. Von einer Herrschaft ohne Interessen spricht Werner Dahlheim in seiner Studie *Gewalt und Herrschaft* (1977, 28). Ein Beispiel
bildet das Hilfebegehren der Häduer gegen die Helvetier. Caesar,
der Eroberer Galliens, hatte als Statthalter der Gallia Narbonensis
das Gesuch mit Verweis auf den Gesichtsverlust für die Römer nicht
abschlagen wollen, ohne die Folgen der Entscheidung, die schließ-
liche Eroberung ganz Galliens, geplant zu haben (Ungern-Sternberg
1982, 270). In der gegenwärtigen angelsächsischen Forschung wird
eher von einem aggressiven Imperialismus ausgegangen (Harris
1979). Greg Woolf vergleicht Rom mit anderen Imperien wie das
China der Qin-Dynastie und schreibt den Institutionen Roms
eine entscheidende Rolle zu. Damit meint er die auf militärischen
Ruhm ausgerichtete Haltung der römischen Aristokratie und die
Anziehungskraft von Beute und Prestige. Diese manifestierte sich
in Triumphzügen, bei denen siegreiche Feldherren ihre Beute vorführten (Woolf 2015, 109). Demgegenüber hat John Rich die Häu-
figkeit der Triumphzüge relativiert und auf lange Friedensphasen
in der Zeit der mittleren Republik verwiesen (Rich 2004). Neville
Morley verknüpft beide Deutungen und nennt insgesamt drei Faktoren, die Kriegsentscheidungen vorstrukturiert und den römischen
Imperialismus befördert hätten: das römische Sicherheitsdenken,
die Beuteorientierung und die Koppelung von Ansehen an militärischen Erfolg. Gerade die Wettbewerbsorientierung der Elite habe
der Eroberungspolitik Dynamik verliehen. Ökonomische Ziele, so
die Sicherung von Rohstoffen und Absatzmärkten, die für die Beur-
teilung des Imperialismus des 19. und 20. Jhs. eine wichtige Rolle
spielen, verneinen alle, auch wenn sie die Bedeutung der Tribute
herausstreichen. 120 Millionen Sesterzen etwa brachte die Eroberung Makedoniens im Jahr 167 v. Chr. ein; jährliche Tribut- bzw.
Steuerleistungen im Wert von 2,4 Millionen Sesterzen wurden den
Makedonen in der Folge auferlegt (Morley 2010, 26). Greg Woolf
unterscheidet deshalb zwischen dem römischen Eroberungsstaat,

der die Zeit der Republik kennzeichnet, und einem Tribut-Reich der römischen Kaiserzeit (Woolf 2015, 261).

Der dänische Althistoriker Peter Fibiger Bang, der sich dieser >ökonomischen< Seite der Weltreichsbildung gewidmet hat, meint, dass das Weltreich anders als der moderne Imperialismus nicht die ökonomische Integration erzwungen, sondern den Fluss der begrenzten agrarischen Überschüsse verändert habe. Auch wenn Marktkräfte eine Rolle gespielt hätten, so habe der Markt anders als heute nur als Transformator von politisch erzeugtem Surplus gedient und ermöglicht, Überschüsse fern von den agrarischen Produktionsbereichen zu konsumieren. Sie hätten aber nicht den Imperialismus gesteuert. Römischer Imperialismus bedeutet vor diesem Hintergrund, dass die Überschüsse in den eroberten Gebieten abgeschöpft wurden und in den Mägen der Bewohner Roms landeten (Bang 2008). Mit dieser Sicht unterscheidet er sich von ökonomischen Erklärungen der Expansionsbestrebungen der Römer, die auf Gewinne aus Handelsbeziehungen abheben (Willing 1998).

Die Römer selbst sahen in der Weltreichsbildung ein moralisches Problem. Um die Genüsse des Magens, die in den Provinzen erwirtschaftet und nach Rom gebracht wurden, entspann sich seit den großen Eroberungen in den Punischen Kriegen ein Luxusdiskurs, der auch in gesetzliche Maßnahmen zur Beschränkung des Aufwandes, *sumptus*, mündete (Baltrusch 1988). Das gilt vor allem für den Speiseluxus, aber auch für den Kleider- und Bauluxus (Hildebrandt 2009; Wagner-Hasel 2002; 2016). Sie lassen die Weltreichsbildung vordergründig als ein moralisches Problem individueller Maßlosigkeit und Habgier erscheinen, ein Deutungsangebot, das lange Zeit ernst genommen worden ist. Der Moraldiskurs gründet auf einer im hohen Maße konsensual angelegten politischen Kultur, die von dem Bemühen geprägt war, Konkurrenz sowohl institutionell als auch normativ einzuhegen. Dieses Changieren zwischen Konsens und Konkurrenz ist in den letzten Jahren Gegenstand intensiver Forschungen geworden (Hölkeskamp 2006), in dessen Zusammenhang auch die Konsumgewohnheiten der Elite auf ihre politische Signalfunktion hin befragt worden sind (Aßkamp 2007; Edwardson 1993; Dalby 2002; Weeber 2003; 2006; Zanda 2011; Zarmakoupi 2013). Sie legen nahe, die moralischen Werturteile über den Luxuskonsum als einen Konflikt um die

Verteilung und um die Partizipation an den Genüssen des Weltreiches zu lesen, der im 1. Jh. v. Chr. in die Ablösung der Republik durch eine ›monarchische‹ Ordnung mündete (Wagner-Hasel 2002).

3.1 Tuffstein, Tiberfurt und Salinen: Rom und seine Landschaften

Wurden mit der Errichtung der Provinzen Güter jeglicher Art – einfach *res*, »Ding«, »Sache« genannt – nach Rom verbracht (Cicero, *Rede über den Oberbefehl des Cn. Pompeius* 14), so ging es in der Frühphase der Republik um den Zugang zu Salinen und Weideland. Diese Dimension der Eroberungspolitik wird deutlich, wenn man die naturräumlichen Bedingungen mit einbezieht, deren gestaltende Rolle jüngste archäologische Forschungen aufgezeigt haben (Bjur/Santillo-Frizell 2009). Bezugspunkt bilden die theoretischen Prämissen der Annales-Schule, die ihrerseits in der Tradition des so genannten Leipziger Positivistenkreises steht, zu dem u. a. der Geograph Friedrich Ratzel (1844–1904) und der Althistoriker und Nationalökonom Karl Bücher (1847–1930) zählten (Wagner-Hasel 2011). Der Kreis zog Studenten aus aller Welt an, so auch Marc Bloch, der neben Lucien Febvre und Fernand Braudel zu den Begründern der Annales-Schule gehört. Wurde Karl Bücher mit seinem Wirtschaftsstufenmodell von der geschlossenen Hauswirtschaft zur Stadt- und Volkswirtschaft berühmt, mit dem er die Erforschung der antiken Wirtschaft maßgeblich beeinflusste (vgl. Kapitel 3.8), so hat Ratzels Interesse an der Erforschung der Zusammenhänge zwischen Raumverhältnissen und gesellschaftlichen Charakterbildungen eine große Strahlkraft entwickelt, die sich nicht nur auf die Annales-Schule erstreckte. Raum war für Ratzel nichts statisch Gegebenes, sondern unterlag einer steten geschichtlichen Bewegung. In der Annales-Schule wurde diese Wechselwirkung von der Prägung menschlicher Kulturen durch die physische Landschaft auf der einen Seite und der Prägung der Landschaft durch den Menschen auf der anderen Seite zum entscheidenden Credo. In der gegenwärtigen Altertumswissenschaft hat die Historische Geographie mit der Gründung der

Geographie, Raum und Geschichte

Ernst Kirsten-Gesellschaft einen institutionellen Rahmen erhalten, in dem Zusammenhänge von Raum und Geschichte auf ganz unterschiedlichen Ebenen untersucht werden (Olshausen 1991; Sonnabend 2007; Dueck 2013). Eher auf sozial konstruierte Räume als auf physische Gegegebenheiten ausgerichtet sind jüngste Forschungen zum römischen Hauswesen (Laurence/Wallace Hadrill 1997; Dickmann 1999) und zu öffentlichen Räumen (Russell 2016), die auf der Unterscheidung zwischen *space* und *place* basieren. Von der konkreten Bedeutung eines Ortes, den dieser im Alltag hat, wird der gesellschaftliche Symbolgehalt abgetrennt, der einen Ort zum *place*, also zu einem Ort mit einer eingeschriebenen Identität mache. In diesem Kontext kommt der Vergangenheit in Form der Erinnerung als konstituierendes Merkmal für die Identität eines Ortes große Bedeutung zu (Larmour/Spencer 2007).

Naturräumliche Lage
 Das antike Rom erstreckt sich über sieben Hügel (*septem montes*), die heute im Stadtbild kaum mehr zu erkennen sind: Palatin, Kapitol, Quirinal, Esquilin, Caelius, Viminal und Aventin. Es handelt sich um plateauförmige Ausläufer eines größeren zusammenhängenden Massivs aus vulkanischem Tuffstein, das durch eine Serie von Vulkanausbrüchen im zentralen Italien entstanden war. Über mehrere eruptive Phasen hinweg, die sich über einen Zeitraum von etwa zehn Millionen Jahren erstreckten, hatte sich die für die Umgebung von Rom typische Landschaft herausgebildet, die von Kraterseen wie dem Bolsener See oder dem Trasimenischen See und Berggebieten wie den Albaner Bergen oder dem noch immer aktiven Vesuv bestimmt ist. Barbro Santillo Frizell, lange Jahre Leiterin des Schwedischen Archäologischen Instituts in Rom, hat in Anlehnung an das Konzept der Annales-Schule das Zusammenspiel von Landschaft und historischem Wandel untersucht und die Bedeutung der naturräumlichen Bedingungen für den Aufstieg der kleinen Siedlung am Tiber zur Weltmacht hervorgehoben (Santillo Frizell 2009, 46–55).

Malaria
 Tuffplateaus sind für die Besiedlung grundsätzlich gut geeignet, da die steil abfallenden Hänge ein natürliches Bollwerk bilden und der Tuffstein ein natürliches Baumaterial bereitstellt. Vor allem aber boten die Höhen Schutz vor der Malaria, die sich in den Niederungen der Flüsse und der Küstengebiete infolge von Ackerbau und Viehzucht ausgebreitet hatten. Die antiken Ärzte kannten die

Malaria mit ihren typischen Fieberschüben, wussten aber nicht, dass die Krankheit durch Malariamücken der Gattung *Anopheles* übertragen wird. Diesen Zusammenhang erkannte man erst zu Beginn des 18. Jhs.; in den 1880er Jahren wurden dann die *Protozoen*, die eigentlichen Erreger der Krankheit, identifiziert. Die Römer glaubten vielmehr, Malaria werde durch aus Sümpfen und Feuchtgebieten aufsteigende schlechte Luft (*mal'aria* = schlechte Luft) verursacht, und warnten davor, sich in Senken anzusiedeln oder sich im Sommer in Gewässernähe aufzuhalten. Denn die Krankheit brach meistens im Sommer aus, wenn der Tiber wenig Wasser führte und das brackige, stehende Wasser den Mückenlarven ein günstiges Milieu bot. Das gilt auch für die Küstengebiete der Toskana und Latiums, wo in den Lagunen jenseits der Dünen besonders günstige Bedingungen für die Mückenlarven herrschten. Landsitze wurden in der Antike deshalb bevorzugt auf Anhöhen errichtet. Diese Strategie war sinnvoll, denn Mücken fliegen nicht gerne nach oben. Auch wenn dieser Zusammenhang nicht erkannt wurde, zeigte aber die Erfahrung, dass ein Aufenthalt in der Höhe vor der Malaria schützte. Die Malaria hat demnach die Wahl des Wohnorts und die Ansiedlung auf den Hügeln beeinflusst. Bis ins 19. Jh. war Rom aufgrund der ständigen Überschwemmungen des Tibers der Malaria ausgesetzt. Erst als Rom Hauptstadt des geeinten Italiens geworden war, »wurden die noch heute vorhandenen hohen Kais als Schutz vor den hohen, durch die Überschwemmungen des Tibers verursachten Wasserständen errichtet« (Santillo Frizell 2009, 54). Unter Benito Mussolini wurden dann die Feuchtgebiete um Rom, die pontinischen Sümpfe und die toskanische Maremma, trocken gelegt – eine heute von Ökologen in ihrem Nutzen höchst ambivalent eingeschätzte Maßnahme.

Santillo Frizell verweist auch auf einen weiteren Vorteil des Tuffgesteins. Tuffboden ist nämlich äußerst fruchtbar und bietet gutes Ackerland; die Feuchtgebiete wiederum konnten als Weideland genutzt werden. Bis zur Trockenlegung unter Mussolini wurden die sumpfigen Küstengebiete am Mündungsgebiet des Tibers als Winterweiden genutzt; im Sommer befanden sich die Tiere in den Bergregionen, in den Abruzzen. Das System der Wanderweidewirtschaft (Transhumanz), das auf dem Wechsel von Winter- und Sommerweiden basiert und bereits die Ökonomie der minoischen Tempel-

Weidewirtschaft

bzw. Palastwirtschaft bestimmt hatte, wurde bis in die jüngste Zeit in der Umgebung von Rom praktiziert. Die Winterweidegründe an der Küste waren so üppig, dass man in der Antike dort sogar große Elefantenherden weiden lassen konnte, die in der Kaiserzeit in Amphitheatern auftraten (Santillo Frizell 2009, 50).

Roms Ressourcen: Salinen und Sulfatseen Einen weiteren Vorteil bot die Flusslage. Zwei wichtige Verkehrsadern treffen in Rom aufeinander, die Nord-Süd-Achse, die Etrurien mit Latium und Kampanien verbindet, und die West-Ost-Achse, die von der Küste bei Ostia durch das Tal des Tibers ins Berggebiet der Abruzzen führt. Der Tiber, der von seiner Mündung bis 100 Kilometer stromaufwärts schiffbar war, hatte in Rom einen natürlichen Übergang. In der Senke zwischen den Hügeln befand sich eine Furt, die von Mensch und Tier gleichermaßen genutzt werden konnte. Wichtig war diese Furt auch für den Zugang zu den Salinen an der Tibermündung, um den sich Etrusker und Römer stritten. Vermutlich lag die Kontrolle des Zugangs zu den Salinen und der Salzverkauf ursprünglich in den Händen von Veji, einer etruskischen Stadt. Denn das rechte Ufer des Tibers, wo die Salzstraße (*Via Campana*) zum *Campus Salinarum* entlang führte, galt als das Ufer von Veji. Laut Livius (1,33,6–9) wurden bereits im 7. Jh. v. Chr. unter dem König Ancus Marcius (646–616 v. Chr.) an der Flussmündung bei Ostia Bassins zur Salzgewinnung angelegt. Archäologisch nachgewiesen ist die Präsenz der Römer ab dem 5. Jh., als an der Tibermündung ein sogenanntes Castrum errichtet wurde, das von einer Mauer aus Tuffstein aus den Steinbrüchen von Fidenae umgeben war und wohl der militärischen Sicherung der Salinen diente (Bolder-Boos 2014, 9). Der Salzverkauf bildete durch die gesamte Antike hinweg das Monopol des römischen Gemeinwesens. Nach Barbro Santillo Frizell hat die Salzgewinnung für die Entstehung und Entwicklung der Stadt Rom von einer einfachen Hüttensiedlung hin zu einer bedeutenden Handelsmetropole mit Verbindungen zu Stadtstaaten im gesamten Mittelmeerraum eine maßgebliche Rolle gespielt. Das Salz wurde zum »Haltbarmachen von Lebensmitteln, für die Verarbeitung von Fisch und Fleisch sowie zum Gerben von Häuten und zur Färbung von Wolle und Stoffen verwendet« (Santillo Frizell 2009, 47) sowie als Nahrungsergänzungsmittel für Mensch und Tier benötigt. Vor allem für die

Weidewirtschaft war der Zugang zu Salz lebenswichtig. Eine Kuh braucht bis zu 90 Gramm pro Tag.

Einen weiteren Faktor bildete der Zugang zu Schwefel (Santillo Frizell 2009, 142–145). Um das Fell von Parasiten zu reinigen und die Tiere vor dem gefährlichen Milzbrand zu schützen, wurden Wollschafe in der Antike regelmäßig in schwefelhaltigen Seen gebadet. Solche Sulfatseen, die zudem den Vorteil hatten, dass sich dort keine Mückenlarven aufhielten, befinden sich östlich von Rom an der Via Tiburtina, die vom Forum Boarium in Rom zu einem berühmten Herculesheiligtum nach Tibur (heute: Tivoli) führte. Hercules (gr. Herakles) wurde von den Römern als Hüter der Herden und Schutzgott der Viehhändler verehrt; seine Kultorte befinden sich häufig an Quellen. Das Forum Boarium, der römische Viehmarkt, hat seine Bedeutung als Marktplatz nie verloren und seinen Namen die ganze Geschichte Roms hindurch behalten; er trägt ihn noch heute (Santillo Frizell 2009, 130–145). Dessen Wichtigkeit mag man daran erkennen, dass der dortige Rundtempel des Hercules Victor, der Ende des 2. Jhs. v. Chr. entstand, der erste Marmorbau Roms war. Den Marmor ließ man zunächst aus dem Pentelikonmassiv bei Athen kommen; in der Kaiserzeit wurden die Säulen nach und nach durch Marmor aus der ligurischen Stadt Luna ersetzt (Binder 2014).

In eben dieser Zeit, in der die Salinen in Ostia an Bedeutung gewannen, begann auch das Zusammenwachsen der verschiedenen Siedlungen zu einer Stadt, zu einer *urbs*. Die ältesten Siedlungsspuren reichen ins 8. Jh. v. Chr. zurück und befanden sich auf dem Palatin, wo später die Kaiser residierten. Der Bereich des in der Niederung zwischen Palatin und Kapitol gelegenen späteren *Forum Romanum* diente in dieser Zeit noch als Nekropole (Kolb 2002; Cornell 1995). Um das tiefer gelegene sumpfige Gelände zwischen den Tuffplateaus bewohnbar zu machen, mussten umfangreiche Entwässerungsmaßnahmen ergriffen werden. Der erste Entwässerungskanal, die *Cloaca Maxima*, war anfangs nur ein mehr als drei Meter breiter offener Entwässerungsgraben, der erst mit der Pflasterung des Forums abgedeckt wurde. Der heute noch vorhandene abgedeckte große Abwasserkanal mündet in den Tiber (Abb. 11: Cloaca maxima; siehe »Bildquellen« unter *www.campus.de*). In der Mitte des 6. Jhs. (575/550 v. Chr.) entstanden auf dem Forum erste größere

Die Stadtwerdung – archäologisch

Sakralbauten, ein Vestatempel, der Ort des heiligen Herdfeuers, und die Regia, der so genannte Königspalast (Abb. 12: Forum Romanum; siehe »Bildquellen« unter *www.campus.de*). Das Kapitol (*capitolium*) war Sitz des Iuppiter; ihm wurde hier gegen Ende des 6. Jhs. ein Tempel errichtet, der etruskische Bauelemente (Reliefs und Skulpturen aus Terrakotta) aufweist, wie man sie aus dem Gebiet nördlich des Tibers, dem Siedlungsgebiet der Etrusker, kennt. Die früheste Präsenz der Etrusker ist archäologisch für das 7. Jh. v. Chr. nachweisbar; von den Etruskern stammt auch der Name »Roma«. Deshalb gehen manche Forscher davon aus, dass Rom ursprünglich eine etruskische Siedlung war (Kolb 2002). Es ist aber auch möglich, dass Rom ursprünglich eine multiethnische Siedlung war, gebildet aus Etruskern, Latinern, Sabinern und Albanern, die alle gleichermaßen an dem Zugang zu den Salinen interessiert waren. Auf dem Quirinal vermuten Archäologen eine ursprünglich sabinische Siedlung, auf dem Palatin hingegen ein latinisches Dorf. Auf dem Aventin konzentrieren sich etruskische Siedlungsfunde. Der *mons Caelius* wird mit den Albanern in Verbindung gebracht, die sich laut Livius nach der Zerstörung von Alba Longa dort niedergelassen haben sollen (Kolb 2002).

Samniten- kriege und die Aus- dehnung der trans- humanten Ökonomie
Wie stark die Weidewirtschaft die Entwicklung Roms zu einer Großmacht geprägt hat, machen die Kriege gegen die Samniten deutlich, die zwischen 326 und 290 v. Chr. geführt wurden. Zu Beginn des 4. Jhs. v. Chr. bildeten nicht die Römer, sondern die Samniten die größte politische Einheit in Italien. Ihr Kerngebiet umfasste ein Territorium von etwa 15.000 Quadratkilometern und lag in den unzugänglichen Gebirgsregionen im zentralen und südlichen Apennin, die dem heutigen Abruzzo, Molise und dem inneren Kampanien entsprechen. Samniten nannten erst die Römer die Bewohner dieser Region. Er ist eigentlich der Oberbegriff für vier altitalische Stämme, nämlich die Caracener, Kaudiner, Hirpiner und Pentrer. Jeder dieser Stämme bewohnte ein eigenes Gebiet in Samnium, das auf Oskisch – der dort üblichen Sprache, die wir aus Inschriften in Pompeji kennen – »afinim« hieß (Santillo Frizell 2009, 41). Die Samniten besaßen ursprünglich keine Küstengebiete, aber im 5. Jh. konnten sie durch Kriege an der Küste von Kampanien ihr Territorium erweitern und Städte wie Capua, Cumae

und Pompeji erobern. Hier hatten sich seit dem 8. Jh. v. Chr. griechische Siedler niedergelassen. Und eben dieses Gebiet mit seinen
fruchtbaren Böden und zahlreichen Sulfatseen begehrten auch die
Römer. Die drei sogenannten Samnitenkriege endeten damit, dass
die Römer die Herrschaft über das gesamte Gebiet übernahmen
und damit auch die Kontrolle über die Weidewege im Inneren der
Abruzzen gewannen. Eine Strategie, die Eroberungen zu sichern,
bestand nämlich in der Einrichtung von Kolonien an strategischen
Plätzen, an Straßen und Pässen, die zugleich den Lebensnerv für
die transhumante Ökonomie der Samniten bildeten. Hier wurden
römische Soldaten angesiedelt. Die im Jahre 314 v. Chr. von Römern gegründete Kolonie Luceria liegt in der apulischen Ebene,
einem bedeutenden Winterweidegebiet; die 303 v. Chr. gegründete
Kolonie Alba Fucens befindet sich dagegen in den Abruzzen, wo
im Sommer die Herden weideten. Dass die Römer diese Gebiete
für ihre Herdenwanderungen nutzten, wissen wir von Varro, der
seine eigenen Herden im Sommer in den Sabiner Bergen bei Reate
(heute: Rieti) nördlich von Rom und im Winter in Apulien weiden ließ. Das Gebirge war von bis zu 350 Kilometer langen öffentlichen Triftpfaden, *calles publicae*, durchzogen, die, wie Marcus
Terentius Varro im 1. Jh. v. Chr. (116–127 v. Chr.) schrieb, »beide
auseinander liegenden Gebiete so miteinander verklammerten, wie
ein Tragejoch die Körbe an seinen Enden verbindet« (Varro, *res
rustica* 2,2,9–11). Wirtschaftshistoriker vermuten daher mit guten
Gründen, dass es bei den Samnitenkriegen um Auseinandersetzungen um Weideland ging (Santillo Frizell 2009).

Die Bewohner der Gebiete, in die die Römer vordrangen, wurden keineswegs Untertanen, sondern Bundesgenossen, manchmal
auch Bürger. Nur ein Teil des Bodens wurde okkupiert und galt
als *ager romanus*; der Rest galt als *ager peregrinus*. Die sukzessive
Integration Fremder in den Bürgerverband gehört zu den Erfolgs-
geschichten Roms und erklärt die Dauerhaftigkeit der Weltreichsbildung. Zu unterscheiden ist in den Anfängen zwischen römischen Bürgern, *cives Romani*, Latinern (*nomen Latinum*) und
Bundesgenossen, *socii*.

Am Anfang der Geschichte der römischen Expansion steht der
lateinische Städtebund, ein Bündnis (lat. *foedus*), das den Mitgliedern

*Herrschafts-
raum und
Bündnis-
politik*

das Recht auf Handel (*commercium*) und Heirat (*conubium*) sowie Anrechte auf Kriegsbeute und das Recht der Ansiedlung in anderen latinischen Gemeinden einräumte. Es handelt sich um Privilegien, die auch latinische Kolonien besaßen, in denen römische Bürger angesiedelt wurden. Diese büßten allerdings mit der Umsiedlung ihre Zugehörigkeit zur römischen Bürgerschaft ein. Der Bund war zunächst sakral begründet und unterstand dem Schutz des Heiligtums des Iuppiter Latiaris am mons Albanus sowie des Heiligtums der Diana von Aricia, ehe er zu einem Herrschaftsinstrument der Römer wurde. Im Jahre 338 v. Chr. wurde die Mehrzahl der Mitglieder dieses Städtebundes, deren Rechte im *foedus Cassianum* fixiert waren, von Rom annektiert.

Über ganz Italien zog sich ein Netz von *socii*, Bundesgenossen, die nicht in den römischen Bürgerverband aufgenommen wurden. Es handelt sich um selbständige Städte oder Volksgruppen, mit denen Rom ein zweiseitiges Militärbündnis (*foedus*) geschlossen hatte. Im Bundesgenossenkrieg (91–89 v. Chr.) erstritten sie das römische Bürgerrecht, das aber niemals mit einem Gemeinschaftsbewusstsein einherging (Fedeli 2014). Im Jahre 90/89 v. Chr. erhielten alle italischen Gemeinden das Bürgerrecht. Als Grenze galt der Po; den nördlich des Flusses wohnenden Galliern und Venetern wurde 49 v. Chr. das Bürgerrecht zuerkannt. Im Jahre 212 n. Chr. erhielten auf Erlass des Kaisers M. Aur. Antoninus Caracalla (*constitutio Antoniniana*) alle im Reich angesiedelten freien erwachsenen Männer das Bürgerrecht (Galsterer 1976; Dahlheim 1977; Hantos 1983; Jehne/Pfeilschifter 2006; Schulz 1997).

Eine dritte Form der Herrschaftssicherung war die Schaffung von Freundschafts- und Klientelbeziehungen (*amicitia, clientela*), die aber erst im Zuge der Ausdehnung des Imperium Romanum über Italien hinaus an Bedeutung gewannen. Solche tendenziell asymmetrischen Verpflichtungsverhältnisse zwischen *amici* bzw. zwischen einem *patronus* und den abhängigen *clientes* wurden vor allem mit Herrschern, aber auch ganzen Gemeinden im östlichen Mittelmeergebiet eingegangen (Badian 1958; Coskun 2005). Es ist aber umstritten, ob *clientela* die angemessene Bezeichnung sein kann, da die Römer selbst ihre Außenbeziehungen mit dem Begriff *amicitia* belegten (Baltrusch/Wilker 2015).

Mit den Punischen Kriegen kam es zur Ausdehnung des römischen Herrschaftsgebietes über die italische Halbinsel hinaus. Konflikte um die Stadt Messana in Sizilien hatten 264 v. Chr. zu kriegerischen Auseinandersetzungen mit der nordafrikanischen Küstenstadt Karthago geführt, die auf Sizilien Niederlassungen besaß. Hatte der Erste Punische Krieg (264–241 v. Chr.) die Errichtung der Provinz Sizilien zur Folge, so führte der Zweite Punische Krieg (218–202 v. Chr.), der in Spanien seinen Ausgang nahm, wo seit 237 v. Chr. die Karthager Fuß zu fassen versucht hatten, zur Erweiterung der römischen Herrschaft über ganz Italien und darüber hinaus. Denn der Marsch des karthagischen Feldherrn Hannibal über die Alpen hatte anders als im Ersten Punischen Krieg auch Italien zum Kriegsschauplatz gemacht. Nach dem Sieg über die Karthager (202 v. Chr.: Schlacht bei Zama) wurde das Land der italischen Städte, die mit Hannibal kooperiert hatten, konfisziert und als *ager publicus* zur Okkupation freigegeben. Dieses Land wurde nicht nur als Ackerland, sondern auch und vor allem als Weideland verwendet, für dessen Nutzung Gebühren (*scriptura, pensio*) eingezogen wurden (Varro, *res rusticae* 2,1,16; Hammerstein 1975).

Eroberungen, die die Römer im Laufe der Punischen Kriege machten, festigten das während der Samnitenkriege installierte System der überregionalen Weidewirtschaft. Barbro Santillo Frizell nimmt an, dass auch die menschliche Beute für die extensive Schafhaltung genutzt wurde. Ein Großteil der (menschlichen) Beute (*praeda*) fiel nämlich in die Hände der siegreichen Feldherren, die einen Teil für Siegesspiele und öffentliche Weihungen ausgaben. 4.370 Pfund Silber soll Scipio Aemilius Africanus in Karthago erbeutet haben, davon allein 1.400 Pfund an ziselierten Silbergefäßen, die er beim Triumph in Rom vorführte (Plinius, *naturalis historia* 33,141–148). Ein geringerer Anteil ging als Donative (Schenkungen) an die Soldaten. Der Rest, vor allem Reparationen und die unbewegliche Beute wie Land (*ager occupatorius*), füllte die Kasse des Gemeinwesens (*aerarium*). Hirten waren, das wissen wir von den Agrarschriftstellern, die in der späten Republik und frühen Kaiserzeit ihre Werke verfassten, in erster Linie Sklaven. Ein Besitzer von 700 Schafen benötigte zwischen sieben und zehn Hirtensklaven (Varro, *res rusticae* 2,10,11). Von diesen Hirten gingen im 1. Jh. v. Chr. die Sklavenaufstände aus, da sie – anders als die Ackerbausklaven – bewaffnet waren; auch rekrutierten sich aus ihnen Räuber und Wegelagerer, deren Treiben von Historikern und Romanautoren geschildert wird (Shaw 1984; 1991). Das Entstehen großer landwirtschaftlicher Güter, der sogenannten Latifundien (Appian, *bellum civile* 1,7 f.), das lange Zeit von Wirtschaftshistorikern mit den Punischen Kriegen in Verbindung gebracht wurde (Sommer 2013, 336–342), hat weniger etwas mit der Vernichtung des Kleinbauerntums zugunsten der Schaffung von großen landwirtschaftlichen Gütern zu tun, auf denen Sklaven arbeiteten, als vielmehr mit der Konzentration von Weideland in den Händen weniger. Neu war auch die Entstehung von Sonderkulturen. Die Elite besaß seit den Punischen Kriegen und der Eroberung Italiens nicht nur ein ererbtes Landgut, sondern erwarb nun mehrere Güter (Mielsch 1987). Auf ihnen wurden Wein und Oliven angebaut, Gemüse- und Obstbaumkulturen angelegt sowie Geflügel- und Fischzucht betrieben. Aber auch hier war die Zahl der Sklaven gering. Neuere Forschungen haben gezeigt, dass das Pachtwesen und Kleinbauerntum dominierte und man für Saisonarbeit auf gedungene Arbeitskräfte zurückgriff (Foxhall 1990; Frayn 1984; Tietz 2015, 286–306). Nach Foxhall barg das Pachtsystem für beide Seiten Vorteile: Für den Verpächter ist die kurze Kontraktzeit von fünf Jahren von Vorteil, weil sie Druck auf den Pächter ausübt, wie aus Studien zu Praktiken im Bengalen der 1930er Jahre hervorgeht. Die Produktivität von Pachtland ist demzufolge höher, da die Pächter aus Furcht vor dem Hunger den Boden intensiv bewirtschaften. Für die Pächter, die eigenes Land haben können, bietet die Pacht die Möglichkeit, zeitweilig die Ernährungsbasis zu erweitern, wenn die Familie groß ist oder Mittel für bestimmte soziale Gelegenheiten erwirtschaftet werden müssen. Zusätzliches Pachtland bedeutet Risikostreuung: Es ermöglicht einen Zugang zum Besitzungsnetz des Verpächters (Marktbeziehungen) oder zu dessen Mitteln, z. B. Zugtiere und Transportmöglichkeiten. Nach Lin Foxhall geht die Zuspitzung von freier versus unfreier Arbeit auf den amerikanischen Unabhängigkeitskrieg zurück, als der Sklave zur Antithese des freien Bürgers wurde. Erst die Konstituierung des freien männlichen Wahlbürgers der Neuzeit machte die Abgrenzung zwischen freien Bauern und unfreien Sklaven zum Thema (Scheidel 2001, 177).

Seit den Eroberungen füllte auch eine Vielzahl von Steuern und Zöllen die Kasse des römischen Gemeinwesens. Eingezogen wurden diese Steuern, *vectigalia* genannt, in Form von Hafenzöllen (*portorium*), in Gestalt des Zehnten der Erträge des Landbaus (*decuma*) und in Form von Herdensteuern (*scriptura*). In Rom waren die Bürger von der Leistung der *portoria* befreit; sie betraf also nur Fremde (Livius 44, 16, 8). Im 1. Jh. v. Chr., nach dem Bundesgenossenkrieg, galt diese Steuerfreiheit dann für alle Italiker. Für den Einzug der *vectigalia* waren die *Publicani*, die Steuerpächter, zuständig. Die Versteigerung der Steuern erfolgte ursprünglich durch den Prätor, später durch den Zensor. Eine solche Verpachtung des Einzugs von Steuern – so z. B. der Kommunalsteuern in Jena – war noch im 19. Jh. üblich (F. Kniep, *Societas Publicanorum* 1896, 92; Badian 1997). In der Kaiserzeit vervielfältigten sich diese Steuereinnahmen, die aus der Bewegung von Gütern und Menschen geschöpft wurden und mit Zöllen gleichgesetzt werden können. Das römische Reich bildete nie ein einheitliches Zollgebiet, vielmehr wurden zwischen einzelnen Verwaltungsbezirken und am Ende von Karawanenstraßen oder in Häfen ›Binnenzölle‹ eingezogen. Die Höhe des Zolls schwankte und lag zeitweise bei etwa 2,5 Prozent (Ausbüttel 1998, 90–94). Hinzu kam der Betrieb von Bergwerken und Salinen (vgl. Polybios 6,17), der die Kasse des römischen Gemeinwesens, das *aerarium Saturni populi Romani*, füllte. 36,5 Millionen Sesterzen betrug der jährliche Ertrag der spanischen Silberminen für die Römer, auf die sie nach dem Zweiten Punischen Krieg Zugriff hatten (Morley 2010, 26). Als Cicero im Jahre 67 v. Chr. im Senat für die Erteilung eines Oberbefehls in Asien an Pompeius focht, um gegen den pontischen König Mithridates vorzugehen, verwies er auf eben diese *vectigalia*, die aus Asien abzuziehen seien: »Asien [...] ist so reich und fruchtbar, daß es durch die Ergiebigkeit seiner Landwirtschaft, die Vielfalt seiner Erträgnisse, die Größe seiner Weideplätze und die Menge der für die Ausfuhr bestimmten Waren mühelos alle anderen Länder übertrifft« (Cicero, *Über den Oberbefehl des Cn. Pompeius* 14). In der Kaiserzeit wurden Procuratoren eingesetzt, die die Publicani kontrollierten (Günther 2016).

Von den *vectigalia* sind die *tributa* (*tributum soli* und *tributum capitis*) zu unterscheiden, die auf der Zensuszählung basierten und von den

Steuern und Abgaben: vectigalia und tributa

Provinzbewohnern erhoben wurden. Auch diese Boden- und Kopf-
steuer wurde zunächst von den Publicani eingezogen. In der Kaiserzeit
flossen die Tribute aus den senatorischen Provinzen in die Kasse des
Gemeinwesens, die im Saturntempel auf dem Forum aufbewahrt wurde
(*aerarium Saturni*), die Tribute aus den kaiserlichen Provinzen dagegen
in den *fiscus Caesaris*. Um das Militär zu finanzieren, wurden in der Kaiserzeit weitere Steuern erhoben. In das *aerarium militaris* flossen die
Freilassungssteuer und die fünfprozentige Erbschaftssteuer (*vicesima
hereditatium*), die es seit Augustus gab und die von Bürgern geleistet
wurde. Vermögen bis 1.000 Sesterzen waren von der Steuerpflicht ausgenommen. Die Freilassungssteuer hingegen war eine republikanische
Einrichtung; sie ist ab 357 v. Chr. belegt und galt bis in die Regierungszeit des Kaisers Diokletian (Günther 2008; 2016). Mit der Ausdehnung des Bürgerrechts auf alle freien Reichsbewohner unter Caracalla
wurden diese Steuern sukzessive durch die *annona militaris* und die
annona civica ersetzt. Unter Diokletian wurden diese Abgaben mit der
Grundsteuer verbunden. Sie bestanden vor allem aus Lebensmittelliefe-
rungen für das Heer und für die Städte sowie aus Tuchlieferungen bzw.
Kleidung (*canon vestium*) für die Soldaten. Sie konnten in Geld umge-
rechnet und auch als Geldbetrag eingezogen werden (Ausbüttel 1998,
75–94). Besteuert wurde auch der Handel bzw. der Verkauf von Gütern
einschließlich von Sklaven (Ausbüttel 1998, 77). Ein Teil der Abgaben
galt als Geschenke, so etwa die Geldgeschenke (*strenuae*), die der Kaiser
u. a. zu Neujahr erhielt. Vornehmlich aus den Provinzen, zeitweise auch
aus römischen Bürgergemeinden empfingen die Kaiser vergoldete Eh-
renkränze; in der Spätantike zahlten die städtischen Honoratioren, die
Dekurionen, die für das Einziehen der Steuern verantwortlich waren,
das Kranzgold aus ihrem Vermögen (Ausbüttel 1998, 78).

3.2 Gründungsmythen und Exemplaliteratur: Die Fundierung der sozialen und politischen Ordnung Roms

Erinne-
rungskultur

Die römische Erinnerungskultur unterscheidet sich in einem zentralen Punkt von der der Griechen. Anders als in Griechenland gab

es keine Heroenerzählungen von einer mythischen Vorzeit. Stattdessen kursierten in Rom Erzählungen vom beispielhaften Verhalten (*exempla*) einzelner römischer Frauen und Männer, anhand derer Werte und Normen vermittelt wurden. Diese *exempla* betreffen das Verhältnis der Generationen und der Geschlechter ebenso wie die politische Ordnung insgesamt. Diese spezifisch römische Erinnerungskultur, die Art und Weise, wie die Römer durch Erzählungen, Monumente und Rituale ihre Vergangenheit vergegenwärtigten und sich ihrer sozialen und politischen Ordnung vergewisserten, ist seit einigen Jahren vermehrt Gegenstand der Forschung (Walter 2004; Stein-Hölkeskamp/Hölkeskamp 2006; Larmour/Spencer 2007).

Ebenso wie in Griechenland haben die großen Kriege das Entstehen der Geschichtsschreibung befördert. Die römische Historiographie setzte erst nach den Punischen Kriegen im 3./2. Jh. v. Chr. ein. Mehr noch als für Griechenland gilt für Rom der konstruierte Charakter der Frühgeschichte. Antike Historiker ließen die Geschichte der Stadt mit dem Jahr 753 v. Chr. beginnen. Aber schriftliche Quellen aus dieser Zeit fehlen. Es gibt kein Heldenepos wie die Epen Homers, das Aufschlüsse über die gesellschaftlichen Werte und Normen zur Zeit der Stadtgründung bietet. Es existiert keine Symposionsliteratur, die – wie die Gedichte Solons – Zeugnis über soziale Konflikte in der Formierungsphase der römischen Bürgerschaft ablegen. Alle Vorstellungen über die Anfänge Roms sind von der Erfahrung des Übergangs von der späten Republik zum Prinzipat geprägt und stellen zum Teil Projektionen späterer Konflikte auf die Anfänge der Stadt dar.

Geschichtsschreibung

Römische Historiker

Der erste römische Historiker war Q. Fabius Pictor, dessen in griechischer Sprache geschriebenes Werk aus dem Ende des 3. Jhs. allerdings nur in Form von Zitaten bei späteren Historikern überliefert ist. Das ist in erster Linie T. Livius (59 v. Chr. – 17 n. Chr.) aus Padua (Patavium), der eine Geschichte Roms *ab urbe condita* bis zum Jahre 9 n. Chr. in lateinischer Sprache schrieb. Sie ist bis zum Jahre 293 v. Chr. (Bücher 1–10) und für die Jahre 218–167 v. Chr. (Bücher 21–45) vollständig erhalten. Nur wenige Fragmente sind von den ›Gründungsgeschichten‹ (*origines*) des Marcus Porcius Cato Censorius (234–149 v. Chr.) überliefert, die ebenfalls in lateinischer Sprache verfasst wurden. Älteren Datums sind die Werke griechischer Historiker. Dazu zählte Polybios (200–110 v. Chr.), der 168 v. Chr. als Geisel nach Rom kam und aus älteren Berichten, z. B. aus denen des Timaios von Tauromenion (um 356–260 v. Chr.), schöpfte. Dionysios von Halikarnassos, ebenfalls griechischer Herkunft, war ein Zeitgenosse des Livius. Er erzählt ebenfalls die Geschichte Roms (*Rhomaïke archaiologia*) von der Gründung der Stadt bis zu den Punischen Kriegen. Sie wurde unter der Herrschaft des Augustus, um 7 v. Chr., veröffentlicht. Das Werk des Polybios, das mit der Zerstörung Korinths im Jahre 146 v. Chr. endete, setzte Poseidonios fort, der im 1. Jh. v. Chr. lebte. Vom Ende des 1. Jhs. v. Chr. stammen die Werke von Diodor von Sizilien (um 80–29 v. Chr.), der eine Universalgeschichte verfasste. In nachrepublikanischer Zeit, im 2. und 3. Jh. n. Chr. entstanden die Schriften des Appian von Alexandria (um 100–170 n. Chr.), die von den Bürgerkriegen handeln, und von Cassius Dio (um 150–235 n. Chr.) aus Nikaia in Kleinasien, der Mitglied des römischen Senats war und Aufschlüsse über die letzte Generation der Republik nach dem Jahre 69 v. Chr. bietet (Mehl 2001).

Annalistik Kennzeichnend für die römische Geschichtsschreibung ist die nach Amtsjahren gegliederte Darstellung der römischen Geschichte, die Annalistik. Anders als in den griechischen Poleis gab es Spezialisten für das öffentliche Gedächtnis. Es war der oberste Priester, der *pontifex maximus*, der die öffentlichen Jahreschroniken (*annales maximi*) führte. Cicero berichtet im 1. Jh. in seiner Schrift über die Rhetorik, dass der *pontifex maximus* bis zum Konsulat des P. Mucius Scaevola (133 v. Chr.) alles Wichtige auf geweißten Tafeln notierte. Diese wurden in seinem Amtssitz, in der Regia (Königshaus), aufgehängt und allen zugänglich gemacht (Cicero, *de oratore* 2,52 f.; Dahlheim 1996, 307). Es handelt sich um ein Verzeichnis solcher Tage, an denen es *fas* (göttliches Recht, Schicksal), d. h. rechtlich gestattet war, Gerichtsverhandlungen abzuhalten. Niedergelegt waren daneben die Namen der jeweiligen Amtsträger (Magistrate) und wichtige Ereignisse des Jahres wie z. B. Finsternisse oder Triumphzüge von siegreichen Feldherren. Auf diese Tafeln konnten sich die Historiker beziehen. Römische Historiker nahmen daneben die Datierungen nach der Gründung der Stadt Rom (*ab urbe condita*) vor, und zwar in Form von Intervallangaben (x Jahre nach der Gründung Roms).

Eine durchlaufende Zählung *ab urbe condita* praktizierten erst die Humanisten der frühen Neuzeit. Das Datum für den Beginn der Ära *ab urbe condita* war in der Antike umstritten, und es entstanden konkurrierende Systeme. Das oben zitierte Datum 753 folgt der Auffassung von Marcus Terentius Varro, der zwischen 116 und 27 v. Chr. lebte (Mehl 2001).

Als typisch für die römische Geschichtsschreibung gilt ihre Kohärenz und Homogenität. Dieter Timpe erklärt dies mit der Homogenität der Führungsschicht, der Senatsaristokratie: Öffentliches und privates Gedenken, *publica memoria* und *privata memoria*, gehörten zusammen. Bildeten die Jahreschroniken die Grundlage der *publica memoria*, so fußte die *privata memoria* auf mündlich überlieferten Familienchroniken (Timpe 1996). Fassen können wir diese in Leichenreden zu Ehren hoher Amtsträger. Leichenreden – die älteste schriftlich überlieferte *laudatio funebris* stammt aus dem Jahre 221 v. Chr. (von Ungern-Sternberg 1988, 237–265) – enthielten anders als im Perikleischen Athen nicht das Lob des Gemeinwesens, sondern eine Lobpreisung der Taten des Verstorbenen, allerdings solcher Taten, die zum Nutzen des Gemeinwesens erbracht worden waren. Dies waren vor allem kriegerische Taten, aber auch Wohltaten für die Allgemeinheit wie Straßen- und Wasserbaumaßnahmen (Schneider 2014).

Nachzulesen ist eine solche Leichenrede im Werk des Polybios, der sich beeindruckt zeigte vom römischen Bestattungsritual, wie es zu seiner Zeit in der römischen Aristokratie üblich war (Polybios VI 54). Im Zentrum standen der Leichenzug, die *pompa funebris*, und die Leichenrede, die *laudatio funebris*. Den Leichenzug begleiteten Schauspieler, »welche die Masken namhafter Ahnen der *gens* repräsentierten« (Harich Schwarzbauer 2011a, 177). Die Totenmasken selbst, die *imagines*, waren sichtbar im Atrium des Hauses aufgestellt (Flower 1996). Die Taten dieser Ahnen wurden in der Leichenrede ebenso bedacht wie die des gerade Verstorbenen. Ort des Geschehens war das Forum, wo die mit Schiffsschnäbeln geschmückte Rednertribüne (*rostra*) stand. Hinzu wurden Leichenspiele in Form von Theateraufführungen (*ludi funebres*) durchgeführt ebenso wie Gladiatorenspiele, die ursprünglich auf dem *Forum Romanum* abgehalten wurden. Auch wurden dem Volk Gaben, *munera*, in Form

publica memoria und privata memoria

von öffentlichen Speisungen gewährt. Alle diese Rituale hatten den Zweck, Ruhm, Tüchtigkeit, Würde und Ehre (*gloria, virtus, dignitas, honos*) des ganzen Geschlechts (*gens*), welchem der Verstorbene entstammte, ins Gedächtnis zu rufen. Solche »civic rituals«, zu denen auch der Triumphzug des siegreichen Feldherrn gehörte (Itgenshorst 2005), stellen Zugehörigkeitsrituale dar, die zugleich ein Idealbild einer Gesellschaft zeichnen. Dieses war in Rom von einer eigenartigen Mischung aus kompetitiven und konsensualen Verhaltensmustern geprägt, die uns noch im Zusammenhang mit dem Ende der Republik beschäftigen werden (Flaig 2003; Hölkeskamp 2009, 18–21).

Zwei Gründungsväter: Aeneas und Romulus

Die Geschichte Roms beginnt nach Livius und auch in der Dichtung Vergils (70–19 v. Chr.) mit Aeneas, der aus dem brennenden Troja flieht und nach einer Irrfahrt im Herrschaftsgebiet (Laurentum) des Königs Latinus landet, der über die Aborigines (im Laurentischen Gebiet) herrscht. Er heiratet Lavinia, die Tochter des Latinus, und gründet mit ihr die Stadt Lavinium. Aus Trojanern und den Aborigines werden Latiner (Abb. 13: Aeneas flieht aus Troja. Alter der gens Augusta; siehe »Bildquellen« unter *www.campus.de*).

Ihr gemeinsamer Sohn Ascanius gründet Alba Longa in den Albaner Bergen, die später den Hügel Caelius in Rom besiedeln werden; seiner Mutter überlässt er Lavinium als Herrschaftsgebiet. Nach Jahren ungestörter Herrschaft seiner Nachfolger kommt es zwischen den Brüdern Amulius und Numitor zum Streit um die Herrschaft, der in die Gründung Roms mündet. Amulius macht seinem Bruder Numitor die rechtmäßige Nachfolge streitig und zwingt die Tochter seines Bruders in die Rolle der Vestalin, der Hüterin des heiligen Herdfeuers. Als Vestalin untersteht sie dem Keuschheitsgebot. Sie wird aber von dem Kriegsgott Mars geschwängert und gebiert die Zwillinge Romulus und Remus. Diese werden ausgesetzt, um den Bruch des Keuschheitsgebots zu vertuschen. Die Identität der Zwillinge, die von einer Wölfin gesäugt und von einem Hirtenpaar aufgezogen werden, wird jedoch aufgedeckt. Obwohl sie vom Großvater Numitor als rechtmäßige Erben anerkannt werden und sogar den Onkel vertreiben, treten sie nicht die ihnen zustehende Herrschaft an, sondern gründen an einer Furt über den Tiber eine neue Siedlung, nämlich Rom. Dass Romulus und Remus nicht in Alba Longa Könige werden, sondern Rom gründen, wird von Livius auf einen Erbfolgekonflikt zwischen zwei Brüdern aus der Nachkommenschaft des Aeneas und der Lavinia zurückgeführt. Der Streit der Großväter wiederholt sich, diesmal geht es um die Frage, an welcher Stelle die Stadt gegründet werden soll. Remus wird von seinem Bruder Romulus getötet. Romulus ist es, dem die Errichtung der zentralen politischen und sozialen Strukturen zugeschrieben wird: Volksversammlung, Senat, Magistrate (= Ämter: Konsuln, Prätoren, Ädile, Quästoren). Der Senat besteht aus 100 Männern, die den Ehrennamen *patres* tragen: Väter. Sie bilden das Patriziat. Das Volk wird in 30 Kurien unterteilt, die nach den Namen der Ehefrauen benannt werden (Hillen 2003).

Der Mythos bildet nicht die Entwicklung der Siedlungen am Tiber zu einer Stadt (*urbs*) ab, wie sie die Archäologen rekonstruieren können. Er übersetzt vielmehr bestimmte Merkmale der politischen Ordnung der Römer in ein Bild. Die doppelte Gründungslegende, einerseits begründet durch den Trojaner Aeneas, andererseits durch die ausgesetzten Zwillinge Romulus und Remus, reflektiert nach Florence Dupont (2013, 17) das Konzept des römischen Bürgerrechts. Dieses beruhte in republikanischer Zeit auf einer doppelten Zugehörigkeit. Jeder Römer war sowohl Bürger Roms als auch Bürger seiner Herkunftsgemeinde, der das Bürgerrecht (*civitas*) vom *populus romanus* verliehen worden war. Diese Herkunft (*origo*) musste keineswegs mit dem *tatsächlichen* Wohnort oder mit dem Geburtsort identisch sein, sondern konnte auch ererbt werden. Nach Dupont lag die *origo* Roms in Lavinium, eben dort, wo Aeneas herrschte. Das Konzept der *origo* ist ein Rechtskonstrukt und ermöglichte die Bindung des einzelnen Bürgers an das Territorium des römischen Imperiums und machte ihn zum Teil der Bürgerschaft (*civitas*).

Origo und Civitas

Eine weitere politische Dimension der Legende liegt in der Gestalt der Zwillingsfigur. Laut Timothy P. Wiseman bildet das Zwillingspaar Romulus und Remus die Doppelmagistratur ab: Zwei Konsuln standen an der Spitze der Republik. Allerdings galt dies erst ab 367 v. Chr.; die spätere Praxis wurde einfach an den Anfang der Geschichte Roms gesetzt. Mit der Figur der Wölfin waren die Zwillinge erst seit 296 v. Chr. fest verbunden. Jedenfalls sollen in dieser Zeit nach den Aussagen des Livius (10,23) die Ädile Gnaeus und Quintus Ogulnius die Statue der Wölfin aufgestellt haben – noch ohne Zwillinge. Die

Zwillingssymbolik und Brudermord

bronzene Wölfin mit den Zwillingen, die heute auf dem Kapitol steht, stammt vermutlich aus der Renaissance. Das älteste Zeugnis von einer Wölfin, die Zwillinge säugt, ist auf einer römischen Silbermünze des Jahres 269 v. Chr. zu sehen (Abb. 14: Didrachme mit Wölfin; siehe »Bildquellen« unter *www.campus.de*): also das Jahr, in dem Quintus Ogulnius Konsul war (Raaflaub 2006, 19). Auch die Erzählung vom Brudermord ist ein vieldeutiges Konstrukt. Ein Gründungsopfer vermuten Religionshistoriker als Hintergrund. Da Remus getötet wird, als er die erste Mauer Roms überspringt, wird die Erzählung auch als *exemplum* für die Unantastbarkeit der Grenzziehung zwischen dem zivilen und militärischen Bereich gedeutet. Denn innerhalb der Stadtmauern Roms war das Waffentragen untersagt. Die Heeresversammlung tagte auf dem Marsfeld vor den Toren der Stadt (Raaflaub 2006, 18–23).

Raub der Sabinerinnen

Der von Romulus und Remus gegründeten Siedlung – so die Legende – fehlten die Frauen. Bei einem Fest, zu dem die Nachbarn eingeladen wurden, kam es zum sogenannten Raub der Sabinerinnen. Die Verwandten ließen sich diesen Frevel nicht gefallen; Römer und Sabiner bekriegten sich. In die Kriegshandlungen griffen schließlich die Frauen vermittelnd ein: Daraufhin einigten sich Sabiner und Römer, was sich im Doppelkönigtum des Romulus und des Titus Tatius ausdrückte, das allerdings nur wenige Jahre währte (Ungern-Sternberg 1988, 40). Erzählt wird die kriegerische Auseinandersetzung nach dem Muster späterer Kriege, die im 4./3. Jh. mit den Samniten ausgefochten wurden und zur Eroberung Kampaniens führten (Raaflaub 2006, 31). Zugleich handelt die Legende ein wenig von der doppelten Loyalitätsverpflichtung, die auf den Römerinnen lastete. Diese hatten zwischen zwei agnatischen Abstammungsverbanden, der *familia* ihres Vaters und der *familia* ihres Ehemannes, zu vermitteln.

Der agnatische Abstammungsverband: die familia

Es handelt sich bei der römischen *familia* – nicht zu verwechseln mit unserer »Familie« – um eine agnatische Abstammungsgemeinschaft, die alle männlichen Nachkommen eines noch lebenden »Hausvaters«, eines *pater familias*, Söhne und Enkel, sowie die unverheirateten weiblichen Nachkommen bzw. die verheirateten weiblichen Nachkommen umfasste, sofern sie nicht in die »Gewalt« (*manus*) des Ehemannes übergegangen waren. Ideell bestand die *familia* aus all denen, die sich in männlicher Linie auf einen gemeinsamen Ahnen zurückführten, d. h. die aus einem Geschlecht (*gens*) stammten. Zur *familia* gerechnet wurden auch die Sklaven und Besitztümer, d. h. der bewegliche und unbewegliche Besitz. Das Haupt der *familia*, der *pater familias*, hatte die Besitzherrschaft, das *dominium*, inne. Seine soziale Relevanz entfaltete der >Rechtsverband< *familia* also auf dem Gebiet der Besitzübertragung bzw. des Vermögenstransfers (Gardner 1998; Martin 2002; Saller 1997; Thomas 1993, 107–171). Beim Tod des *pater familias* wurde der Besitz in agnatischer Linie an die Nachkommen verteilt. Söhne und Töchter erbten gleichermaßen; die Ehefrau wurde in der Erbfolge nicht berücksichtigt. Ihr Erbanteil aus ihrer Herkunftsfamilie fiel im Idealfall an ihre Geschwister bzw. Neffen und Nichten, nicht an ihre Kinder. Über Legate konnten jedoch auch nicht erbberechtigte Personen bedacht werden.

Die Ehefrau gehörte nicht zur *familia*, es sei denn, sie war eine *manus*-Ehe eingegangen und der >Gewalt< des Ehemannes unterworfen. Allerdings setzte sich gegen Ende der Republik zunehmend die *usus*-Ehe durch. Mit ihr blieb die Ehefrau Mitglied ihrer väterlichen *familia*. Um dies zu bekräftigen, musste sie pro Jahr drei Tage lang das Haus des Ehemanns verlassen. Mit diesem symbolischen Akt war die Zugehörigkeit zur *familia* des Ehemannes unterbrochen. Das Recht auf Eheschließung gehört zu den zentralen Merkmalen des römischen Bürgerrechts. Sie basiert auf der beiderseitigen Willensbekundung und eben nicht auf Gewalt, wie es in der Erzählung vom Raub der Sabinerinnen den Anschein hat (Kunst 2000).

Matrimonium und Conubium

Die Ehe selbst war in Rom weder juristisch noch religiös sanktioniert, sondern wurde vollkommen formlos durch den gemeinsamen Willen der Partner geschlossen. Begleitet war die Hochzeitszeremonie, in deren Rahmen die junge Frau (*virgo*) die *bulla*, die Amulettkapsel, die von Kindern beiderlei Geschlechts getragen wurde, und das Mädchenkleid ablegte, allein von einem Opfer, das den Beginn eines neuen Lebensabschnittes markierte (Hersch 2010). Auf Grabreliefs wurde die Eheschließung über die *dextrarum iunctio*, den >Handschlag<, visualisiert, der die Herstellung von Eintracht, *concordia*, zwischen Mann und Frau symbolisierte. Auf Grabreliefs von Freigelassenen dient die

Darstellung dem Zweck, das Recht auf Ehe, *conubium*, als Symbol des neu erworbenen Bürgerstatus zu dokumentieren. Ebenso formlos wie die Eheschließung verlief in Rom die Scheidung. Einen spezifischen Begriff für Heiraten gab es nicht. Stattdessen existiert eine Reihe von Begriffen, die den Statuswandel der Frau von der *virgo* zur *matrona* benennen, der mit der Eheschließung erfolgte. Der Status *matrona* war unabhängig von der Geburt von Kindern und wurde durch das Tragen der *stola* mit einer aufgenähten Kante (*insta*) sichtbar gemacht. Die Frau wurde in die Ehe geführt (*in matrimonium ducere/duco*) oder darin angenommen (*recipere/recipio*). Auf die Verhüllung mit dem neuen Gewand der Matrona nimmt der Begriff *nubere/nubo*, verhüllen, Bezug, der oft mit »heiraten« übertragen wird; *nupta*, die ›Verhüllte‹, ist die Braut (Treggiari 1993). Nur ein in *iustum matrimonium* gezeugtes Kind besaß das Bürgerrecht. Der *pater familias* war es, der über die Aufnahme eines neu geborenen Kindes in die häusliche Gemeinschaft entschied, indem er den gebadeten und gewickelten Säugling vom Boden aufhob und damit als eigenen Nachkommen anerkannte. Vaterschaft war Bürgerpflicht. So fragten die Zensoren der Republik, die über das Sozialverhalten der Ritter und Senatoren wachten, bei der Erhebung des Zensus, ob die Männer geheiratet hätten, um legitime Kinder zu zeugen (Valerius Maximus, *Facta* 7,7,4; Aulus Gellius, *Noctes Atticae* 4,3,2). Auch die Abkömmlinge von Fremden, denen das Recht auf Ehe (*conubium*) verliehen worden war, galten als legitime Erben.

Das Hauswesen: die domus Im Unterschied zu den Juristen betonten die Historiker und Redner die Heirat (*conubium*) und die Verschwägerung, *adfinitas*, nicht den Abstammungsverband. Der gemeinsame Ort des Paares war die *domus*, das Haus. *Domus* meint allerdings mehr als den Raum, in dem die Hausgemeinschaft lebte, das Haus, sondern darüber hinaus die Hausgemeinschaft. Der Begriff der *domus* bezieht die Ehefrau und die über die Ehe erworbene Verwandtschaft, die Verschwägerung (*adfinitas*), mit ein. Auch konnte *domus* das Vermögen des Hauses meinen, den sichtbaren Status eines Hauses. Das Stadthaus bildete keine private und abgeschlossene Zuflucht, sondern stand in weiten Teilen jedermann offen. Denn von vornehmen Bürgern der Stadt wurde erwartet, dass sie ihr Leben wie auf einer Bühne führten (Kunst 2000; Saller 1997).

Für Marcus Tullius Cicero (106–43 v. Chr.) waren die Verwandten über die mütterliche Seite und die Schwiegerverwandten, die Cognaten, ebenso wichtig wie die Agnaten. Ihm zufolge beruht »die erste Gesellschaftsbildung in der Ehe (*coniugium,* von *coniungo* = zusammenknüpfen) selbst, die nächste in den Kindern (*liberi*), sodann kommt die Gemeinschaft des Hauses (*domus*) und die Gemeinschaftlichkeit allen Besitzes (*communia omnia*). Dies aber ist der Ursprung der Stadtgemeinde (*urbs*) und gleichsam die Pflanzstätte des Gemeinwesens (*res publica*). Es folgen die Verbindungen der Geschwister (*fratrum coniunctiones*), sodann die der Geschwisterkinder, der mütterlichen (*consobrinus*) und väterlichen Seite (*sobrinus*), die, da sie ein Haus nicht mehr beherbergen kann, in andere Häuser gleichsam wie in Tochterstädte auswandern. Es folgen die Verbindungen durch Heirat (*conubium,* von *nubo* = heiraten, ein *iustum matrimonium* eingehen*)* und Verschwägerung (*adfinitas),* aus denen noch weitere Verwandte (*propinqui*) erwachsen. Diese Fortpflanzung und Nachkommenschaft ist die Keimzelle des Gemeinwesens, Blutsverbindung (*sanguis*) aber vereint die Menschen durch Wohlwollen (*benivolentia*) und Liebe (*caritas*)« (*de officiis* 1,54; Übers.: Heinz Gunermann).

Diese strikte Trennung zwischen der mütterlichen und väterlichen Abkunft, die die Römer mit vielen frühen Kulturen teilen, drückt sich in der Verwandtschaftsterminologie aus. Wir kämen nicht auf die Idee, unsere Tanten und Onkel nach der Vater- oder Mutterseite zu unterteilen. Die Römer aber taten dies. Der Bruder des Vaters wurde anders benannt als der Bruder der Mutter. Der Bruder des Vaters (*pater*) hieß *patruus,* der Bruder der Mutter (*mater*) wurde als *avunculus* bezeichnet. Auch die Tanten trugen unterschiedliche Bezeichnungen. Die Schwester des Vaters hieß *amita,* die Schwester der Mutter *matertera,* kleine Mutter. In den letzten Jahren ist verstärkt auf die Bedeutung der cognatischen Verwandtschaft hingewiesen worden (Bettini 1987; Martin 2002; Harders 2008). Der italienische Althistoriker Maurizio Bettini hat herausgefunden, dass diese Bezeichnungen mit unterschiedlichen Haltungen einhergehen und ein differenziertes System der affektiven Beziehungen abbilden, die unterschiedlichen Verwandtschaftsgraden entsprechen. Strenge und unerbittliche Zucht gehören zum Habitus der Agnaten, Milde

Cognatio (Verwandtschaft)

Verwandtschaftsterminologie und das System der affektiven Beziehungen und Nachsicht findet sich auf der Seite der Cognaten. Zudem hängt das Verhalten vom Alter ab. Während die Kindheit noch von Nähe und Fürsorge zwischen Vater und Sohn geprägt ist, ändert sich dies, wenn der Sohn erwachsen ist. Bettini vergleicht dies mit Haltungen, wie sie Marcel Granet für das China des 19. Jhs. beschrieben hat, wo die Beziehungen zwischen Eltern und Kindern nicht in den Bereich der liebevollen Zuneigung, sondern in den von Etikette und Ehre gehörten (Bettini 1987, 22). Solche Verhaltensmuster, die von Distanz geprägt sind, meint Bettini auch für das antike Rom greifen zu können. Ein Beispiel bildet das Badeverbot. Nach Auskunft des antiken Biographen Plutarch (*Römische Fragen* 40) galt es weder als schicklich noch als schön, wenn sich ein Sohn vor dem Vater oder ein Schwiegersohn vor dem Schwiegervater entkleidete. Aus diesem Grund nahmen sie in alten Zeiten kein gemeinsames Bad, meinte Plutarch. Das ist bemerkenswert, denn das öffentliche Badewesen ist ein Merkmal der römischen Kultur und ein Ort männlicher Geselligkeit.

Bruder-Schwester-Beziehungen: Die Horatierlegende

Nach Ann-Cathrin Harders, die an Bettinis Forschungen anknüpft, besaßen gerade die durch Heirat hergestellten, adfinen Verbindungen ein hohes sozialintegratives Potential und dienten der Vernetzung der Familienverbände jenseits tagespolitischer Fraktionierungen. Die Geschwisterbeziehung hält Harders für die entscheidende Scharnierstelle dieser horizontalen Vernetzung mittels Schwiegerverwandtschaft, *adfinitas*. Als paradigmatisch betrachtet sie die Erzählung vom Tod der Horatia aus der Zeit des Krieges zwischen Rom und Alba Longa, also aus den Anfängen Roms. Ein Stellvertreterkampf zwischen zwei Drillingsbrüdern, den Horatiern auf der römischen Seite und den Curiatiern auf der Seite Albas, sollte laut Livius die militärische Entscheidung erzwingen. Nachdem seine Brüder gefallen waren, gelang es dem letzten überlebenden Bruder durch eine List, die Übermacht der Curiatier zu brechen und die feindlichen Drillingsbrüder zu töten. Sein Sieg fand in Rom nicht nur ungeteilte Zustimmung. Zurückgekehrt nach Rom, trifft er auf seine Schwester Horatia, die mit einem der gefallenen Curiatier verlobt war. Als sie nun dessen Tod beklagt, entbrennt Horatius vor Zorn und tötet seine Schwester. Zur Rechenschaft gezogen, spricht ihn das Volk von der Schuld frei (Livius 1,22–26). Weder das Ereignis noch die Konfliktsituation besitzen historische Glaubwürdigkeit. Der Konflikt zwischen Rom und Alba Longa gehört historisch ins 5. Jh. v. Chr., nicht ins 7. Jh. v. Chr., wie ihn Livius datiert. Erst in dieser Zeit beherrschte Rom den latinischen Städtebund, zu dem Alba Longa gehörte. Andreas Alföldi (1977, 95–98) meinte deshalb, dass die Erzählung die Vorherrschaft Roms habe legitimieren sollen. Allerdings reicht die Überlieferung des Schwestermordes nicht weiter als bis ins 2. Jh. zurück. Erst der römische Historiker Ennius sowie Cicero (*de inventione* 2,78), Dionysios von Halikarnassos (3,21) und Valerius Maximus (*Facta* 8,1) schrieben darüber. Die Geschichte muss daher einer anderen als nur ereignispolitischen Logik gehorchen. Laut Ann-Cathrin Harders taten römische Historiker ihrer Leserschaft mit solchen Geschichten kund, wie die Hierarchie von Loyalitätsbeziehungen in der römischen Gesellschaft beschaffen war. Die Botschaft lautete: Die Geschwisterbeziehung hat Vorrang vor dem Eheband. Horatia hätte, wie es später von Octavia, der Schwester des Augustus, überliefert ist, ihre Rolle als Ehefrau oder Mutter zugunsten jener als Schwester verleugnen müssen (Harders 2008, 87–100).

Sechs weitere Könige folgten auf die Herrschaft des Romulus. In ihre Regierungszeit fiel die Einrichtung der kultischen und militärischen Verfassung. Alle diese Könige fungierten als Kulturheroen; sie werden als Erfinder dessen verstanden, was die Römer über Jahrhunderte praktizierten. Wann tatsächlich diese Ordnung eingeführt wurde, wissen wir nicht, nur dass es sich nicht um den Gründungsakt eines Einzelnen, sondern um eine sukzessive Entwicklung handelt (von Ungern-Sternberg 1988, 42). Schuf Romulus die politischen Institutionen, so begründete der Sabiner Numa die religiösen Einrichtungen. Unter seinem Nachfolger Tullus Hostilius, einem Römer, wurde Alba Longa zerstört. Eine klare Vater-Sohn-Erbfolge ist nicht erkennbar. Nachfolger des Tullus Hostilius wurde Ancus Marcius, dessen Mutter eine Tochter des Numa war, des zweiten Königs. Wie sein mütterlicher Großvater sorgte er für die Sakralordnung und führte die Leberschau ein. Die Einrichtung der Spiele und die Trockenlegung des Forums, des Gebietes zwischen Palatin und Kapitol, und die Einführung der Militärordnung Roms werden mit der Herrschaft der Etrusker

Könige als Kulturbringer und die Sage von Tanaquil

in Verbindung gebracht. Sie beginnt mit einem Zuwanderer aus dem Gebiet der Tarquinier, Lucumo, der väterlicherseits aus Korinth stammte. Von seiner Frau Tanaquil gedrängt, die aus einem etruskischen Geschlecht stammte, siedelte Lucumo nach Rom um, wo er sich Tarquinius Priscus nannte und das Vertrauen des Königs gewann. Das etruskische Vorzeichenwesen, Vogel- und Leberschau, das in Rom Sache einer bestimmten Priesterkaste, der *haruspices*, war, bringt Livius mit dem Wirken der Tanaquil in Verbindung. Sie soll beim Einzug in Rom den Flug eines Adlers, der mit ausgebreiteten Schwingen sanft herabgeschwebt sei, die Filzkappe des Lucumo ergriffen und sie wieder aufgesetzt habe, als Verheißung des Schönsten und Größten zu deuten gewusst haben (I 34, 8–9). Auch die Wahl des Nachfolgers stellt Livius als Sache der Tanaquil dar. Eine Erscheinung ließ sie angeblich Servius Tullius (578–534) verfallen, dem Sohn einer Sklavin, den sie mit ihrer Tochter verheiratete (Livius I 39, 2–4). Livius schreibt: »Einem schlafenden Jungen namens Ser. Tullius, heißt es, habe das Haupt in Flammen gestanden«, was Tanaquil als »unser Licht« deutete, das, wenn »das Königshaus in Not gerät, unser Schutz sein wird« (Livius I 41,1–7). Diesem ehemaligen Sklaven Servius Tullius schreibt Livius die Einteilung der Bürgerschaft in Hundertschaften (Zenturien) sowie die Einrichtung der Heeresversammlung, *comitia centuriata*, zu. Auch die Organisation der Bürger in Wohnbezirke, *tribus* genannt, wird auf ihn zurückgeführt. Bei der Nachfolge des Servius Tullius spielen die Frauen ebenfalls eine entscheidende Rolle. Servius Tullius verheiratete seine Töchter mit den Königssöhnen Lucius und Arruns Tarquinius, von denen nicht klar ist, ob sie nun die Enkel oder die Söhne des Schwiegervaters waren, den er beerbt hatte. Durch die Ranküne seiner eigenen Tochter Tullia wurde er entmachtet und durch seinen Schwiegersohn Lucius Tarquinius ersetzt (I 47,10), ein in den Augen des Chronisten Livius unerhörter Vorgang, der das Ende der Königsherrschaft einleitete.

Etruskisches Matriarchat? Die Rolle der Frauen bei der Inthronisation ihrer Männer ist bemerkenswert. Für Johann Jakob Bachofen, der im 19. Jh. aus antiken Mythen und historischen Erzählungen eine ursprüngliche Frauenherrschaft ableitete, verbarg sich hinter Tanaquil eigentlich eine assyrische Göttin bzw. eine asiatische Königsfrau, die in der römischen Überlieferung nahezu unkenntlich gemacht worden sei. Ein entscheidendes Argument bildet bei ihm die fremde Herkunft der Tanaquil und des Tarquinius Priscus. Für Bachofen war die weibliche Erbfolge vor allem ein orientalisches Element. »Die Königssagen der asiatischen Dynastien zeigen mehr als eine Tanaquil« (VIII), und die »Halbinsel des Apennins erscheint als Kolonialland Asiens, lange bevor sie für das erstarkende Hellenentum dieselbe Bedeutung erhält« (XIV). Jacques Heurgon folgte ihm in der Annahme einer mutterrechtlichen Kultur der Etrusker, da sich in etruskischen Grabinschriften neben dem väterlichen Namen auch Angaben des mütterlichen Namens finden lassen (Heurgon 1971, 106–138). Auch archäologische Funde wie die etruskischen »Ehepaar-Sarkophage« und Wandmalereien in den Gräbern, die Gelageszenen zeigen, auf denen Frauen und Männer zusammen auf Klinen lagern, haben Spekulationen über die mutterrechtliche Kultur der Etrusker genährt, zumal griechische Autoren im 4. Jh. v. Chr. annahmen, dass die Etrusker die Frauen gemeinsam hätten (Theopompos bei Athenaios, *Das Gelehrtenmahl* 12, 517 d – 518 b). Eben diese ›Frauengemeinschaft‹ war für Bachofen, der die Entstehungszeit der Erzählung unbeachtet ließ, ein Kennzeichen einer ursprünglichen gynaikokratischen Epoche. Betrachtet man den Kontext der Erzählung von Theopomp, so ist festzustellen, dass Frauengemeinschaft ein typisches Merkmal ethnographischer und philosophischer Betrachtungen des 5. Jhs. ist. In Platons Idealstaat ist sie sogar utopisches Ziel (Amman 1999). Er will, dass Männer und Frauen eine Kriegergemeinschaft bilden und ihre Kinder allen gehören. Dahinter steht die Idee der Auflösung einzelner Hauswesen, womit die Habgier eingedämmt und das Gemeinwohl gefördert werden soll (Wagner-Hasel 1992). Wahrscheinlicher ist es, dass es sich ebenso wie in den anderen Erzählungen um Rückprojektionen handelt. Seit Ende des 2. Jhs. v. Chr. wurde in Rom bewusst Familienpolitik betrieben. Frauen betraten die politische Bühne. In der etruskischen Tanaquil und ihrer Enkelin Tullia spiegeln sich die Verhaltensweisen von Aristokratinnen und Kaiserfrauen, die ihre Söhne und Ehemänner in deren Machtstreben unterstützten (Aigner-Foresti 2003, 132; Beard 2016, 100; vgl. Kapitel 3.7).

Sieben Könige herrschten, bevor es am Ende des 6. Jhs. zum Sturz der Königsherrschaft und zur Errichtung der Republik kam. Am Anfang der neuen Ordnung, der Republik, stand die Schaffung des Zwölftafelrechts. So erzählen es die Historiker der späten Republik, Livius und Dionysios von Halikarnassos. Beide Gründungsakte, sowohl die Vertreibung der Könige wie auch die Schaffung des Rechts, sind eingebettet in die Geschichte von der Selbstopferung einer Frau, Lucretia, und der Tötung der weiblichen wie männlichen Nachkommenschaft. Die Selbstopferung der Lucretia ereignete sich im Jahre 509 v. Chr. Sie tötete sich selbst, nachdem sie von dem ältesten Sohn des Königs Tarquinius Superbus, Sextus Tarquinius, vergewaltigt worden war. Die Tat wurde von ihrem Ehemann Collatinus und ihrem Schwager Brutus gerächt: Sie vertrieben die Tarquinier und wurden die ersten *consules* der Republik. Das heißt, man verdoppelte die Könige, nannte sie aber nicht *reges*, sondern *consules*, »Sorgende«, »Ratgeber«, die sich in der späten Republik vor allem um das Heer sorgten. Auch herrschten sie nicht dauerhaft, sondern immer nur für ein Jahr. Kollegialität, in der Zwillingsgestalt von Romulus und Remus vorgegeben, und Annuität waren die Prinzipien, nach denen die republikanische Ordnung gebaut wurde. Entstanden ist diese Ordnung vermutlich erst im 4. Jh. v. Chr. nach den Ständekämpfen und der Integration der Plebejer. Ursprünglich rangierte nicht das Amt des Konsuls an erster Stelle, sondern das Amt des Prätors (von lat. *prae-ire* = [als Heerführer] vorausgehen), der später für die Rechtsprechung zuständig war (Blösel 2015, 32–36 und 56–65). Aber um Faktizität geht es auch in dieser Erzählung nicht.

Nach der Vertreibung der Tarquinier schwor das Volk, keinen König mehr in Rom zu dulden. Kurz danach kam es erneut zu Unruhen. Einige junge Leute taten sich zusammen und wollten die Tarquinier zurückholen. Darunter waren auch die Söhne des Brutus, des ersten Consuls, die des versuchten Vatermords überführt wurden. Livius (2,1–5) und Dionysios von Halikarnassos (5,8,3) ließen beide den Vater als Consul in Ausübung sowohl der häuslichen Gewalt, *patria potestas*, als auch der magistralen Amtsgewalt, des *imperium*, über die Söhne richten und das Todesurteil sprechen. Brutus tötete seine Söhne ohne Tränen und bestätigte damit die Herrschaft der Gesetze über die Bande der häuslichen Gemeinschaft. Die Tötung der Nachkommen sicherte die Republik und verhinderte so die Errichtung der Herrschaft eines Hauses. Hausväterliche und magistratische Gewalt waren in der Republik verwoben, das Haus herrschte nicht über das Gemeinwesen und das Gemeinwesen nicht über das Haus. Es ist ein *exemplum*, eine Erzählung, über die vorbildhaftes Verhalten mitgeteilt wird. Der *pater familias*, das männliche Oberhaupt der *familia*, handelt stets und von Anbeginn der Republik in Übereinstimmung mit den Normen des Gemeinwesens, der *res publica*. Dies tat zur Erzählzeit des Livius kein Politiker, aber eben deshalb wurde es so wichtig, ein Ideal, ein *exemplum*, zu statuieren (Walter 2004; 2004a; Pina Polo 2004).

Der *pater familias* hatte die Strafgewalt über die Agnaten, das *ius vitae necisque*. Bei Livius sind eine Reihe solcher *exempla* überliefert, die von der Strenge und Härte des *pater familias* gegenüber den Söhnen erzählen. Ein prominentes Beispiel stellt die Geschichte der Manlier dar, von der Livius in seinem siebten Buch berichtet. Wir schreiben das Jahr 361 v. Chr, die Gallier sind in Rom eingefallen. In Rom herrscht in diesem Ausnahmezustand ein Diktator. Im Kampf um die Brücke über den Fluß Anio stellt sich T. Manlius, der Sohn des Lucius Manlius, einem an Körpergröße wie Ausrüstung überlegenen Gallier und siegt. Dem besiegten Gegner nimmt er den Halsreif ab, *torques*, der ihm den Beinamen geben wird: T. Manlius Torquatus, der mit dem Halsreif (7,10,13). Die Gallier sind verstört, ziehen sich nach Tibur zurück und rücken von dort nach Kampanien ab, um im nächsten Jahr aber, als die Römer gegen die Tiburtiner ziehen, diesen beizustehen. Der Sohn des Manlius Torquatus folgt dem *exemplum* seines Vaters, scheitert aber, weil er versäumt, dessen Zustimmung für seinen heldenmütigen Kampf einzuholen. Den Kontext für seine Geschichte bilden die Samnitenkriege (340 und 290 v. Chr.). Als T. Manlius dem Befehl seines Vaters, der 340 v. Chr. Konsul geworden war, zuwider handelte, wonach »niemand außer Reih und Glied mit dem Feind kämpfen sollte«, und mit diesem Verhalten militärischen Erfolg hatte (er tötete ebenso wie sein Vater den Feind), wurde er keineswegs bei der Heimkehr geehrt. Sein Vater ließ ihn vielmehr zum Tode verurteilen, weil er gegen die militärische Disziplin verstoßen hatte (Livius 8,7,13–8,2).

Es ist nicht davon auszugehen, dass sich die Ereignisse in dieser Art und Weise abgespielt haben. Derartige *exempla* von der *auc-*

Die Manlius-legende und das ius vitae necisque

patria potestas

toritas des *pater* und der *pietas* (Ehrfurcht), die Söhne an den Tag legen mussten, stützten die politische Autorität der *patres*, d. h. der Senatoren. Da zumindest zu Beginn der Aufzeichnungen, im 2. Jh. v. Chr., nur die Senatoren befugt waren, Geschichtsschreibung zu betreiben, ging es in solchen Erzählungen immer auch um den spezifischen Wertekanon der politischen Elite. Gesellschaftliche Ordnungsvorstellungen, vor allem die Einhaltung der Disziplin, wurde über solche *exempla* vermittelt. Typisch ist die Situation der familialen Wiederholung, von der ein Handlungsimperativ für die Nachkommen ausging. Die *patria potestas* erwies sich hier als Disziplinierungsinstrument, das auf politische Sozialisation zielte. Es gab in der römischen Republik kein staatliches Gewaltmonopol (Martin 1994, 104; Blösel 2015, 40). Die Hausväter waren Teil des »Erzwingungsstabes« der Republik. Sie mussten ihre Normen mit Gewalt durchsetzen, deshalb hatten sie das Recht über Leben und Tod.

Pietas und
Patriarchat
    Im alltäglichen Zusammenleben aber galten andere Normen. Lange Zeit ging die rechtshistorische, aber auch die sozialhistorische Forschung davon aus, dass Söhne mit Sklaven nahezu gleichgesetzt waren, da sie ebenso wie diese zu Lebzeiten des *pater familias* nur ein Sondervermögen, *peculium* genannt, zur Eigenbewirtschaftung erhielten und zu Gehorsam gegenüber dem *pater familias* verpflichtet waren. Ernst Badian hat auf einen wesentlichen Unterschied aufmerksam gemacht: Der Gebrauch der Peitsche schied freie und unfreie Gewaltunterworfene. Nur Sklaven durften mit der Peitsche gezüchtigt werden, nicht die Haussöhne. Richard Saller (1991; 1997, 102–153) geht in seinen Annahmen noch weiter und behauptet, dass nicht Befehl und Gehorsam, sondern *pietas* das Verhältnis von Vätern und Söhnen prägte. *Pietas* ist ein Begriff der reziproken Verpflichtungen. Sie ist insofern von rechtlicher Relevanz, als die *pietas* die Kinder juristisch verpflichtete; sie konnten die Eltern nicht ohne Erlaubnis des Prators vor Gericht bringen. Der ältere Seneca (55 v. Chr. – 39 n. Chr.) berichtet in seinen *Controversiae* (1,4,5) von dem Fall eines Sohnes, der von seinem Vater enterbt wurde, weil er ihm nicht gehorcht hatte, die Mutter zu töten, die Ehebruch begangen hatte. Die Juristen gaben dem Sohn Recht, denn er habe aus *pietas* gegenüber der Mutter gehandelt.

    Pietas war in Rom eine Göttin. Bei Plinius d. Ä. ist die Gründungsgeschichte der Pietas überliefert. Sie handelt von einer Tochter, die ihrer Mutter, die zum Hungertode im Kerker verurteilt war, die Brust gab und diese mit der Muttermilch am Leben erhielt (Plinius, *naturalis historia* 7,121). Die Charakterisierung der römischen Familie als patriarchalisch, wie dies üblich ist, lehnt Saller ab. Zwar trage das Verhältnis von Vater und Sohn patriarchalische Elemente, weil es auf Ungleichheit basierte. Auf die Beziehung zwischen Ehemann und Ehefrau passe der Begriff aufgrund des Besitzrechtes, über das die Frauen zumindest in der späten Republik verfügten, nicht (Saller 1997, 107 und 128).

All diese Geschichten übermittelten eine Vorstellung von den Normen, nach denen sich das Verhalten der politischen Elite auszurichten hatte. Das gilt insbesondere für die neue politische Klasse, die *nobilitas*, die sich nach den Ständekämpfen herausbildete. Ihre gemeinsame ethische Grundlage fanden sie in den Sitten der Vorväter, im *mos maiorum*. Nach Francesco Pina Polo symbolisierte der *mos maiorum* die Stabilität und Kontinuität der römischen Gesellschaft. Ähnlich wie ein Mythos suggerierte der *mos maiorum* eine gleichbleibende Ordnung, auch wenn Anpassungen an veränderte Rahmenbedingungen nicht ausblieben (Pina Polo 2004).

> Mos maiorum

3.3 Konsenskultur und Konkurrenz in der römischen Republik

Die politische Geschichte der frühen Republik wird von den römischen Historikern als eine stete Auseinandersetzung zwischen Plebejern und Patriziern erzählt. Dahinter wurde und wird einerseits ein sozialer Gegensatz zwischen Arm und Reich oder – ständisch ausgedrückt – zwischen Adel und Volk vermutet. Andererseits – das ist eine Minderheitenposition – wird von einem Gegensatz zwischen verschiedenen aristokratischen Geschlechtern ausgegangen, die miteinander um eine Vormachtstellung konkurrierten (Blösel 2015, 36–47). Das war zumindest die Situation im 1. Jh., als die Geschichte von den Anfängen der Republik von Livius aufgeschrieben wurde. Die Patrizier besaßen das Monopol auf bestimmte Priesterämter und Magistraturen und beherrschten die Rechtsprechung. Umstritten

> Politische Gruppenbildung in der Republik: Patrizier und Plebejer

ist auch das Alter dieses Gegensatzes: also ob er in die Anfänge der Stadtgründung zurückreicht oder ob er sich erst im Zusammenhang mit der Militärordnung herausgebildet hat, in dessen Folge es zur Integration ländlicher Siedlungen kam (Smith 1996, 213; Sommer 2013, 80–101). Dies würde bedeuten, dass es sich bei der Einigung zwischen Patriziern und Plebejern um einen ähnlichen räumlichen und sozio-politischen Integrationsprozess handelte, wie er oben für das frühe Athen angenommen wurde, nämlich um eine Einigung zwischen Bevölkerungsanteilen unterschiedlicher Herkunft.

Nobilität
Vehikel der Einigung zwischen beiden Gruppierungen, die sich über Jahrhunderte hinzog, bildeten konkrete Gesetze, die den Plebejern politische Mitsprache einräumten. Neben dem Senat, in dem ursprünglich die *patres* versammelt waren, die möglicherweise mit den Patriziern identisch waren, wurde eine weitere Entscheidungsinstanz, das *concilium plebis*, eingerichtet, dem die Volkstribune, *tribuni plebis*, vorstanden. Das Volkstribunat war ein rein plebejisches Amt. Der Senat und das Volkstribunat bildeten fortan die beiden Säulen, auf denen die *res publica* ruhten. Einher ging damit eine sukzessive Öffnung der politischen Ämter für die plebejischen Geschlechter (Gehrke/Schneider 2000, 245 f.; dies. ⁴2013, 292 f.). Am Ende dieses Einigungsprozesses zwischen Patriziern und Plebejern stand eine neue politische Klasse, die Nobilität (Hölkeskamp ²2011). Ab 367 v. Chr. war das Konsulamt den Plebejern zugänglich; für manche Forscher (Wiseman 1971) ist das der Zeitpunkt, an dem die Kollegialität im Ämterwesen eingeführt wurde. Die Lex Hortensia von 287 v. Chr. machte die Beschlüsse des *concilium plebis*, der Versammlung der Plebejer, bindend für alle. Kein Todesurteil konnte nun allein vom Senat beschlossen werden, ein entsprechender Beschluss des Senats bedurfte immer der Zustimmung des *concilium plebis* (Blösel 2015, 58).

Diese neue Nobilität stellte keinen Geburtsadel dar. Anders als in Griechenland definierte sich die Aristokratie über die Teilhabe an politischen Ämtern und durch die Zugehörigkeit zu dem entscheidenden politischen Gremium, dem Senat, und war insofern mit der Senatorenschaft identisch. Er umfasste zunächst 300, ab dem 1. Jh. v. Chr. (Sulla) 600 Mitglieder. Die Mitgliedschaft bestand auf Lebenszeit. Der Senat beriet die Amtsträger und fasste eigene Beschlüsse:

senatus consultum/a. Als Vehikel zur Formierung der neuen Elite fungierte der *cursus honorum*, die Ämterlaufbahn: Quästur, Ädilität, Prätur, Konsulat.

Konsuln und Prätoren standen an der Spitze der Ämterhierarchie. Sie waren für die Kriegführung und die Rechtsprechung zuständig. Die Verwaltung der Kasse des Gemeinwesens (*aerarium*) war Sache der Quästoren, für die Aufsicht über öffentliche Gebäude und Anlagen (Tempel, Straßen) sowie für die Sicherung der Getreideversorgung und für die Einberufung der Tributcomitien waren die Ädile verantwortlich. Hinzu kamen die Zensoren, die über die Sittengesetze und über die Auswahl (*lectio*) der Senatoren wachten.

Für diese Ämter gab es kein Entgelt, sie wurden als Ehren (*honores*) begriffen. Wurden zunächst nur ehemalige Konsuln und Prätoren in den Senat aufgenommen, so bildete seit dem frühen 1. Jh. v. Chr. bereits die Quästur das »Eintrittsbillet« in den Senat. Auch galt ein Mindestzensus für die Aufnahme in den Senat, der am Ende der Republik eine Million Sesterzen betrug. Nach den Berechnungen von Mary Harlow und Ray Laurence konnte die Quästur in der Zeit der späten Republik nicht vor dem 27. Lebensjahr erreicht werden, meist jedoch erst mit dem 30. Lebensjahr. Durchschnittlich neun bis vierzehn Jahre Abstand lagen zwischen Quästur und den höchsten Ämtern, Prätur und Konsulat. Die Kandidaten erreichten diese Ämter nicht vor dem 39. bzw. 42. Lebensjahr.

Diese Regelungen führten dazu, dass die Altersstruktur im Senat einheitlich war und sich jeweils eine Alterskohorte zur Wahl stellte (Harlow/Laurence 2002, 104–110). Allerdings herrschte im Senat das Prinzip der Seniorität. Die älteren Senatoren, die bereits Prätoren oder Konsuln gewesen waren, durften zuerst reden; sie besaßen die Meinungsführerschaft. Dafür gab es den Begriff *princeps senatus*, »Meinungsführer«.

Eine weitere Besonderheit der römischen Elite bildete die Unterteilung in den *ordo senatorius* und in den *ordo equester*. Die Zweiteilung der Elite in den Senatoren- und Ritterstand geht auf Reformen der Gracchen am Ende des 2. Jhs. v. Chr. zurück und blieb auch in der Kaiserzeit ein Strukturmerkmal der römischen Elite. Für die Aufnahme in den Ritterstand war ein Zensus von 400.000 Sesterzen erforderlich. Deren Mitglieder gehörten zwar derselben sozialen Gruppe an wie die

Ordo senatorius und ordo equester

Senatoren, durchliefen aber keine Ämterkarriere und wurden deshalb nicht in den Senat aufgenommen. Aus ihnen rekrutierten sich die Steuerpächter, die *publicani*, die für die Abschöpfung der Ressourcen der Provinzen zuständig waren (Badian 1972/1997; Nicolet 2000).

Optimaten und Populare   Livius beschreibt die Konflikte zwischen Patriziern und Plebejern aus der Perspektive des Gegensatzes zwischen Popularen und Optimaten, der die politischen Tageskämpfe seiner Zeit beherrschte. Sie trennte nicht ein unterschiedliches Programm oder eine unterschiedliche Herkunft, sondern, wie Matthias Gelzer, Christian Meier, Hermann Strassburger und Jochen Martin herausgearbeitet haben, unterschiedliche Methoden, mit denen sie Politik betrieben (Nippel 1997, 239). *Optimi*, die Besten, nannten sich diejenigen, die auf den Senat als Konsensgremium setzten. Ihnen gegenüber standen die Popularen (von *populus* = Volk), die versuchten, über das *concilium plebis* der Plebejer einen *consensus* zu erzielen bzw. ihre eigenen Interessen durchzusetzen. Laut Cicero ging diese politische Fraktionenbildung auf die Politik des Tiberius und Gaius Gracchus zurück, die ihre Reformen mit dem Instrument des Volkstribunats durchsetzten, auf das später auch die Kaiser zurückgreifen sollten (Cicero, *De re publica* 1,31; Huttner 2008, 110; Bücher 2009).

Kulturgeschichte des Politischen   Um die Kommunikationsweisen innerhalb dieser politischen Eliten kreist seit einigen Jahren ein intensiver Forschungsdiskurs (Flaig 2003; Hölkeskamp 2006; 2009; Timmer 2017). Das methodische Instrumentarium stammt vorwiegend aus der Soziologie und Ethnologie. Einen maßgeblichen Einfluss haben die diskursanalytischen Verfahrensweisen von Michel Foucault, die zunächst in der althistorischen Genderforschung (Winkler 1990; Späth 1994) und dann auch in der kulturgeschichtlich gewendeten Politikgeschichte benutzt wurden, sowie die Theorie der sozialen Praxis von Pierre Bourdieu (1930–2002), die dieser beim Studium einer Kabylengesellschaft im heutigen Algerien entwickelt hatte. Mit ihrer Rezeption sind Begriffe wie »symbolisches Kapital«, »Lebensstil« und »Habitus« zu zentralen analytischen Kategorien avanciert (Flaig 1993; 2003; Corbeill 2002; Hölkeskamp 2004). Diskursanalyse meint die Einbeziehung dessen, was mündliche und schriftliche Äußerung formiert, wie etwa Gebärden, Benehmen und Mimik, die wiederum Teil des Habitus im Bourdieu'schen Sinne sind (Meyer-

Zwiffelhoffer 1995, 9–18). Der Begriff des Habitus hat Begriffe wie »Klasse«, »Stand« oder »Schicht«, die in der sozialgeschichtlich orientierten Forschung dominierten, verdrängt.

Wer mit dem Klassenbegriff operiert, richtet entweder sein Augenmerk auf die Rechtsunterschiede zwischen Freien und Unfreien – nur erstere konnten den Bürgerstatus erlangen – oder aber auf ökonomische Unterschiede zwischen Reichen und Armen. Im ersten Fall verliert man die enormen sozialen Unterschiede innerhalb der freien Bevölkerung aus den Augen. Auf etwa das 714-Fache der Mittel der Armen schätzt Wilhelm Weeber das Vermögen der Reichen; auf ein Verhältnis von 1 zu 17.142 kommt er für die Kaiserzeit (Weeber 2003, 13). Die Zahl der wirklich Reichen in der römischen Kaiserzeit belief sich nach Weeber auf einen Kreis von 150 bis 200 Personen. Sie sollen über ein jährliches Einkommen von 20 Millionen Sesterzen verfügt haben. Im zweiten Fall wird der Rechtsstatus nicht beachtet. Denn Unfreie oder Freigelassene, die im Dienst ihres Patrons standen, konnten vor allem in der Kaiserzeit riesige Vermögen anhäufen (Veyne 1988a).

Der Schichtenbegriff hat den Nachteil, dass er zu sehr auf die Vermögensunterschiede abhebt und die politische Dimension der Elitenbildung unsichtbar macht, die Scheidung der Elite zwischen zwei ›Ständen‹, *ordines*, zwischen der Senatoren- und der Ritterschaft. Wer für beide Gruppen den Standesbegriff benutzt, suggeriert eine soziale Undurchlässigkeit zwischen dem *ordo equester* und dem *ordo senatorius*. Tatsächlich aber mischten sich in einer Familie Angehörige beider Stände. Nur diejenigen Familienmitglieder, die eine Ämterkarriere durchliefen, gehörten zur Senatsaristokratie.

Die Begriffe »Habitus« und »symbolisches Kapital« haben den Vorteil, dass sie auf Handlungen von einzelnen politischen Akteuren abheben, die jedoch nicht losgelöst von den sozialen Strukturen und Zugehörigkeiten zu betrachten sind. Gemeint ist mit Habitus ein überindividueller Verhaltenscode, die Art des Sprechens, des Gehens, des Fühlens, der dem Körper des Einzelnen über einen langen Prozess der Sozialisation quasi eingeschrieben ist und seine Zugehörigkeit zur Elite sichtbar macht (Corbeill 2002, 184; Scholz 2011; O'Sullivan 2011). Gerade für die römische Gesellschaft ist diese keineswegs unumstritten, häufig als zu deterministisch kritisierte Habitus-Theorie gewinnbringend angewendet worden, da mit dem Regiment des *mos maiorum* eine mächtige Sozialisationsinstanz vorhanden war, die der autonomen Handlungsinstanz des »Selbst« oder der Persönlichkeit keinen Raum ließ (Späth 2005). Andererseits wurde Unterscheidbarkeit und Unverwechselbarkeit eingefordert. Dazu dienten performative Akte im öffentlichen Raum wie z. B. der Triumph nach einem erfolgreichen Feldzug (Itgenshorst 2005) oder Leichenspiele zu Ehren der Ahnen (Bernstein 1998), die symbolisches Kapital in Form von Ansehen und Reputation erzeugen sollten.

Die Erziehung der Jugend erfolgte nicht nur durch die väterliche Vermittlung des traditionellen Wertekanons der Vorväter (*mos maiorum*), sondern darüber hinaus durch die Institution des *tirocinium fori*, einer Art politischer Mentorschaft. Junge *nobiles* erprobten sich nach der zehnjährigen Militärzeit unter Aufsicht eines Mentors als Anwalt vor Gericht und erwarben so öffentliche Reputation, die wiederum ihrer Ämterkarriere diente (Scholz 2011; Humbert 2001; Harlow/Laurence 2002). Anthony Corbeill (2002) und Jan Meister (2009) haben gezeigt, wie sehr die politische Rhetorik, die diese jungen Nobiles unter der Mentorschaft eines Älteren erlernten, auf diesen aristokratischen Habitus ausgerichtet war. Gestik, Mimik, Körpergestalt und die Art der Fortbewegung waren ebenso wie das Konsum- und Sexualverhalten Gegenstand von politischen Diffamierungsstrategien und wurden mit politischen Fraktionierungen in Verbindung gebracht (Meyer-Zwiffelhoffer 1995). Sie bildeten die Kehrseite des enormen Konformitätsdrucks, der aufgrund der Koppelung von sozialer und politischer Macht auf der römischen Elite lastete.

Die Zwölf- Gründungsakt des politischen Konsenses zwischen Patriziern und
tafelgesetz- Plebejern schlechthin war die Schaffung des Zwölftafelrechts. 60 Jah-
gebung re nach dem Sturz der Tarquinierherrschaft gab sich die Republik ein Gesetzeswerk, die Zwölf Tafeln. Anders als in Griechenland wird das Gesetzeswerk nicht einem idealtypischen Gesetzgeber zugeschrieben, sondern einem Kollektiv, einer Gruppe von zehn Männern. Laut Livius einigten sich im Jahre 454 v. Chr. Patrizier und Plebejer, eine Kommission, bestehend aus drei Männern, nach Athen zu schicken, um die Gesetze Solons abzuschreiben (*leges Solonis describere*) und die griechischen Sitten und Rechte sowie Verfassungen zu studieren (*civitatium instituta mores iuraque noscere*). Nach der Rückkehr kam

es zur Einrichtung eines Zehnmännerkollegiums, deren Mitglieder abwechselnd alle zehn Tage Recht sprachen und die Gesetze auf zehn Tafeln (*decem tabulis*) sichtbar niederlegten, bevor sie diese vom Volk beraten und dann in den Zenturiatscomitien zur Abstimmung bringen ließen. Diese Gesetze wurden nun, wie Livius (III 44,2–58,111) behauptet, zur Quelle allen öffentlichen und privaten Rechts (*fons omnis publici privatique est iuris*). Nicht lange danach verbreitete sich nämlich die Meinung, dass zwei Tafeln fehlten; erneut wurden Decemvirn gewählt. Als einziger aus dem Kreis des alten Zehnmännerkollegiums wurde nun Appius Claudius in das neue Kollegium gewählt, der sich als Tyrann entpuppte. Die neuen Decemvirn wechselten sich nicht ab bei der Rechtsprechung; nun begehrten alle die Insignien der Macht, eine Leibwache, also die Begleitung von Liktoren mit Rutenbündel und Beilen. Konsuln und Tribunen gab es nicht mehr. »Die Urteile brüteten sie zu Hause aus und verkündeten sie auf dem Forum« (Livius III 36,8: *iudicia domi conflabant, pronuntiabant in foro*), charakterisiert Livius ihre Herrschaft. Auch nach der Errichtung zweier weiterer Tafeln, über die ebenfalls in den Zenturiatscomitien abgestimmt wurden, traten sie nicht ab, sondern verbündeten sich mit jungen Patriziern, plünderten den Besitz anderer, kurz, sie führten sich wie Könige auf, die *suberbia*, Hochmut, und *violentia*, Gewalt, an den Tag legten. Erst durch äußeren Druck, durch einen Einfall der Sabiner, kam es zum Umschwung, wurden die alten Institutionen wieder belebt, tagte der Senat, einigten sich Patrizier und Plebejer auf die Wahl von neuen Konsuln; die *tribunicia potestas* (tribunizische Gewalt) wurde wieder hergestellt, die *res publica* erneuert. Bevor es aber zur Einigung kam, musste ein anderes Unglück passieren, die Bedrohung der hausväterlichen Gewalt durch Appius Claudius. Das ist die Geschichte der Verginia (Livius III 44,2–58,11). Die Republik mit all ihren Institutionen des 1. Jhs. ist in dem Ablauf der Erzählung bereits enthalten. Geschildert wird der Konflikt von Livius zudem als Auseinandersetzung zwischen *optimates* und *populares*, zwischen *privati* und *magistratus*, d. h. entlang der Konfliktlinien seiner eigenen Zeit (vgl. Kapitel 3.4).

Verginia, eine Plebejerin, deren Vater L. Verginius als Zenturio im Heer diente, war mit L. Iculius, einem ehemaligen Volkstribun, verlobt. Nach Livius versuchte nun Appius, ähnlich wie es von Tarqui-

Die Verginia-Legende

nius Superbus überliefert ist, die Keuschheit (*pudicitia*) der Verginia zu zerstören, indem er seinem Klienten M. Claudius den Auftrag gab, das Mädchen als seine Sklavin zu beanspruchen. Der Großvater des Mädchens, P. Numitorius, und der Verlobte Iculius verhindern zwar den gewaltsamen Zugriff auf das Mädchen, können aber die Gerichtsverhandlung nicht verhindern, auf der über den Status der Verginia entschieden werden soll. In Trauerkleidung tritt Verginius mit seiner Tochter vor den Richterstuhl des Appius Claudius, der »eine einstweilige Entscheidung zugunsten der Sklaverei« fällt (Livius III 44–45). Als M. Claudius Anstalten macht, das Mädchen zu ergreifen, wirft sich der Vater dazwischen und ruft die Menge dazu auf, zu den Waffen zu greifen. Appius Claudius seinerseits droht mit bewaffneten Kräften und wirft dem Vater die heimliche Organisation von Aufruhr vor. Die Menge nun weicht vor der Drohung zurück, Verginius steht allein ohne Hilfe da. »Da sagte Verginius, der nirgendwo mehr Hilfe sah, ›Ich bitte dich, Appius, verzeih zunächst den Schmerz eines Vaters, wenn ich dich etwas zu hart angefahren habe. Dann laß mich hier im Angesicht des Mädchens die Amme befragen, wie die Sache sich verhält, damit ich, wenn ich zu Unrecht als Vater bezeichnet worden bin, mit größerer Gelassenheit von hier weggehe.‹ Als er die Erlaubnis erhielt, führte er seine Tochter und die Amme beiseite in die Nähe des Heiligtums der Cloacina zu den Läden, die jetzt ›die Neuen‹ heißen. Hier entriß er einem Metzger das Messer und sagte, ›Auf diese einzige Art, die mir möglich ist, Tochter, bewahre ich dir die Freiheit.‹ Dann durchbohrte er die Brust des Mädchens und rief, zur Gerichtstribüne zurückgewandt: ›Dich Appius, und dein Haupt verfluche ich mit diesem Blut‹« (III 48,4–5).

Die Tat ist das Fanal für den Widerstand gegen den Rechtsverdreher: Die Leiche wird dem Volk vorgeführt; es kommt zum Auszug des Volkes aus der Stadt. Erst der Abtritt der Decemvirn und die Wahl von Volkstribunen und Konsuln befrieden die Situation, die als neue Eintracht zwischen Patriziern und Plebejern dargestellt wird; das Volk geht wieder seinen Geschäften nach: Es zieht in den Krieg. Am Ende der Einigung steht die Aufstellung der Zwölf Tafeln. Wir schreiben das Jahr 449 v. Chr. »Bevor sie aus der Stadt ausrückten, wurden die Gesetze der Decemvirn, die die ›Zwölf Tafeln‹ heißen, in Bronze geschnitten und öffentlich (*in publico proposuerunt*) aufgestellt« (III 57,10). Appius wird angeklagt und begeht Selbstmord im Kerker; sein Klient M. Claudius geht in die Verbannung.

Die Zwölf Tafeln existieren in materieller Form nicht. Es gibt keine Bronzetafeln, keine Inschrift in Stein, nur indirekte oder direkte Zitate bei Historikern und Juristen der Kaiserzeit. Die Römer glaubten, die Tafeln seien beim Galliereinfall im Jahre 390/89 v. Chr. zerstört und geraubt worden (Livius V 41,10). 60 Jahre nach Beginn der Republik entstehen Gesetzestafeln, nach weiteren 60 Jahren verschwinden sie wieder. Dennoch: Auf der Grundlage dieser Zitate wurden seit dem 16. Jh. n. Chr. die Zwölf Tafeln »ediert«.

Zahlenmystik und Konsensritual

»Feldfrüchte heimlich abgeweidet zu haben, war nach den Zwölftafeln todeswürdig bestraft, härter als bei einem Totschlag«, weiß Plinius der Ältere im 1. Jh. n. Chr. zu berichten (*historia naturalis* 18,3,12). Daraus machten die Editoren Tafel 8,24b. Die Tafel 7,10 basiert ebenfalls auf Plinius: »Im Zwölftafelgesetz ist vorgesehen, daß man Eicheln, die auf ein fremdes Grundstück gefallen sind, sammeln dürfe« (ebd., 16,5,15). Die meisten hier zusammengestellten Regeln betreffen den Agrarbereich, Verfahrensregeln beim Streit um Grenzen, etwa wenn ein Baum über die Grenze wuchs, Festlegungen der Breite von Wegen, Strafen im Falle von Diebstahl, Bestattungsregeln, Erbregeln. Gerade die agrarische Ausrichtung hat den Glauben an die Authentizität der Zwölf Tafeln bestärkt. Auch nach der Verbreitung der Quellenkritik des 19. Jhs., mit der Glaubwürdiges von Unglaubwürdigem geschieden wurde, kam kein Zweifel an den Zwölf Tafeln auf.

Nach Ansicht der Rechtshistorikerin Marie-Theres Fögen haben wir es mit einem virtuellen Gesetzeswerk zu tun. Demnach ist es völlig unangemessen zu fragen, was im 5. Jh. als Recht galt, sondern allein, wie sich die Römer im 1. Jh. v. Chr. die Schaffung von Recht vorstellten. Nach Fögen bedarf es des Rechtsbruchs, um die Wirksamkeit des Rechts zu illustrieren. Da es sich aber um einen Gründungsakt handelt, der im Gedächtnis verankert wird, muss ein herausragendes Ereignis her. Verginia ist in ihren Augen der Typus der reinen Jungfrau; sie wird im Heiligtum der Venus Cloacina, der Göttin der Reinheit, wie ein Opfertier getötet. Verginius tötet als Vater, er nimmt sich das Recht des *pater familias* über Leben und Tod, *vitae necisque potestas*, um die Republik zu retten. Die Freiheit der Tochter ist gleichbedeutend mit der Freiheit der *res publica*. In soziale Strukturen übersetzt heißt die Bewahrung der Tugend, der *pudicitia*, die Unantastbarkeit sowohl der Häuser als auch des Ehebandes. Indem der Verlobte und der Vater sich zum Rächer aufschwingen, beweisen sie die Einheit von generativem und ehelichem Band.

Fögen leugnet nicht, dass einzelne Regeln bereits im 5. Jh. existierten. Aber der Vorgang an sich ist in ihren Augen ein Konstrukt von politischer Bedeutsamkeit. Die Botschaft lautet: Das römische Recht gründet auf dem *consensus* zwischen Patriziern und Plebejern; dieser *consensus omnium* wiederum lässt sich über Zahlen, über die Zehnzahl und die Zwölfzahl abbilden (Fögen 2002, 87). Denn kein idealtypischer Gesetzgeber wie in Griechenland, keine Götter schaffen Recht, es waren die Römer in ihrer Gesamtheit, die in ihren Versammlungen darüber abstimmten. Dennoch berufen sie sich auf eine höhere Instanz, die in diesem Fall nicht durch Götter, sondern durch göttliche Zahlen repräsentiert wird. Nach Fögen boten die pythagoreischen Vorstellungen über die Zahl Zehn und die pythagoreische Harmonielehre, in der die Zahl Zwölf eine zentrale Rolle spielt, eine höhere Legitimation vergleichbar den Göttern, auf die sich die Griechen bezogen.

Nach Auffassung des Pythagoras, der im 6. Jh. v. Chr. lehrte, herrschte im Kosmos eine Gesetzlichkeit, die sich in Zahlenverhältnissen und ihren Analogien erkennen und ausdrücken lässt (Fögen 2002, 89). Die ersten vier Zahlen, die man unter dem Begriff *Tetraktys* fasste, waren für die Pythagoräer göttlich, weil sie vollkommen waren. Im Neuplatonismus stand die Tetraktys für das höchste Sein (Harich-Schwarzbauer 2011, 32). Als vollendet harmonische Zahl galt die Zehn, weil sie die Summe von eins, zwei, drei und vier bildet. Dargestellt wurde die *Tetraktys* als formvollendetes gleichseitiges Dreieck, strukturiert durch die Zahlen eins, zwei, drei und vier. Das Dreieck taucht in vielen Religionen als Symbol auf: Die Zehn Gebote wurden ebenfalls als Dreieck dargestellt, so am Portal des Deutschen Domes in Berlin. Offenbar war der *consensus omnium*, der zwischen patrizischen und plebejischen Geschlechtern hergestellt wurde, ebenfalls als Dreieck, basierend auf der pythagoreischen Zahlenlehre, darstellbar. Es ist unwahrscheinlich, dass die

Römer bereits im 6. Jh. von Pythagoras Kenntnis hatten, auch wenn Numa, der zweite König der Römer, als Schüler des Pythagoras gilt. Aber ab dem 2. Jh. v. Chr. wurden die pythagoreischen Schriften in Rom rezipiert. »Cicero nennt Pythagoras einen Mann von hervorragender Weisheit und Vornehmheit« (Fögen 2002, 95). In dieser Zeit müssen die Geschichten von der Entstehung des Zwölftafelrechts konzipiert worden sein.

Die Zwölfzahl, die am Ende des neu geschaffenen Konsenses steht, birgt eine andere Symbolik. Nachdem zehn Volkstribunen und zwei Konsuln gewählt sind, können die Gesetze auf zwölf Bronzetafeln graviert und auf dem Forum aufgestellt werden. Die Zwölf ist teilbar durch die Zahlen eins, zwei, drei und vier, die addiert die vollkommene Zahl zehn bilden. Zueinander in Beziehung gesetzt, ergeben sie die Grundkonsonanzen der Musik: zwei zu eins die Oktav, drei zu zwei die Quint, vier zu drei die Quart. Das Wissen um dieses Verhältnis ist in einer Legende aufgehoben. Pythagoras, so heißt es, kam zufällig an einer Schmiede vorbei, blieb verwundert stehen und lauschte den Schlägen der Schmiedehämmer, die in den musikalischen Konsonanzen erklangen. Bei genauerer Betrachtung der Hämmer entdeckte er, dass die Gewichte, welche in der Oktave ertönten, im Verhältnis eins zu zwei standen. Erklang eine Quinte, dann war das Verhältnis drei zu zwei. Die Quarte wurde schließlich durch die Proportion vier zu drei gebildet. Pythagoras hatte entdeckt, dass bestimmte Intervalle konsonant waren, weil sie durch Proportion der ersten vier Zahlen gebildet wurden (Rieger 2004, 6 f.). Tetraktys hieß auch die Harmonie, in der die Sirenen singen (Fögen 2002, 108 f.). Mathematisch ausgedrückt heißt dies, dass die Bruchzahlen aus zwölf die Zahlen sechs (½), acht (⅔) und neun (¾) ergeben. »Der Schritt von der Arithmetik zur Algebra ist der Schritt von der Addition zur Operation, ist damit der Schritt von der bloßen Ansammlung einzelner, einsamer Individuen zu einem sozialen System, das nicht dasselbe ist wie die Summe kommender und gehender ›unteilbarer Partikel« (*individuum*), sondern eine neue Qualität der kommunikativen Beziehungen aufweist« (Fögen 2002, 112). Eben darum geht es: Recht als Kommunikation, abbildbar über Zahlensymbolik.

Die Deutung der Zwölftafeln als einen virtuellen Text darf nicht darüber hinwegtäuschen, dass sich Rom durch die Entwick-

Römische Juristen

lung einer ausgefeilten Jurisprudenz auszeichnet. Allerdings wurde nie ein einheitliches Gesetzbuch geschaffen, vergleichbar mit unserem Bürgerlichen Gesetzbuch, das 1900 in Kraft trat. Kennzeichnend für Rom ist das kasuistische Recht. Es wurde über einzelne Rechtsfälle entschieden; diese Entscheidungen wurden gesammelt und von Juristen der Kaiserzeit kommentiert. Es war der römische Jurist Ulpian (223 n. Chr. gestorben), der an der Wende vom 2. zum 3. Jh. n. Chr. (*Digesten* 27,8,2,14) die verschiedenen Bedeutungsebenen der *familia* darlegte. Seine Angaben finden sich in den Digesten, einer Zusammenstellung von Aussagen antiker Juristen, die um 530 n. Chr. entstand. Zwei Fünftel der dort niedergelegten Rechtsregeln stammen von Ulpian, der Rest von Gaius, Papinian, Modestinus und anderen kaiserzeitlichen Juristen. Eine Sammlung von Kaisergesetzen wurde um 429 n. Chr. im Codex Theodosianus und um 529 n. Chr. im Codex Iustianianus zusammengefasst. Zusammen mit den Institutionen, einem Einführungsbuch für Rechtsstudien aus der Zeit um 533 n. Chr., und den Konstitutionen, d. h. den Dienstanweisungen (*mandata*) und öffentlichen Edikten und Dekreten des Kaisers, bilden die Digesten das *Corpus Iuris Civilis*, das erstmals 1583 ediert und in der Folge als Grundlage für europäische Rechtskodifikationen genutzt wurde (Behrends 1990 ff.).

Demokratie oder Oligarchie? Die Stabilität des römischen Gemeinwesens hing nicht nur vom Konsens innerhalb der Elite ab, sondern auch von der Akzeptanz der Elite durch das Volk (Hölkeskamp 2009, 17). Bereits in der Antike wurde gestritten, ob in Rom nach dem Sturz des Königtums ein demokratisches oder aristokratisches Regiment herrschte. Polybios sah in der Mischung von allen drei Elementen die Größe Roms begrundet (Polybios VI 10). Als monarchisch betrachtete er die Ausstattung der obersten Amtsträger, der Konsuln, mit einer umfassenden Befehlsgewalt (*imperium*), der sich bis auf die Volkstribune alle anderen Amtsträger zu beugen hatten. In der Finanzhoheit des Senats meinte er ein aristokratisches Element zu erblicken. Weil es aber das Volk war, das in Ämter wählte und über Ehrungen und Bestrafungen entschied, war in den Augen des Polybios das demokratische Element vorherrschend (IV 14). Laut neueren kulturgeschichtlichen Ansätzen zeichnete sich nun genau diese Wahlfunktion des Volkes durch eine Mischung von egalitären und hierarchischen Prinzipien aus (Jehne 1995; 2003; Hölkeskamp 2004).

Das Volk partizipierte an politischen und militärischen Entscheidungen mittels vier verschiedener Gremien: Als Heeresversammlung lassen sich die *comitia centuriata* fassen, die über Krieg und Frieden entschieden und die Konsuln, Prätoren und Zensoren wählten. Dieses Gremium tagte auf dem Marsfeld außerhalb der Stadtgrenze, dem *pomerium*. Die Zenturiatskomitien waren in 193 Abstimmungseinheiten gegliedert: Es gab 18 Reiterzenturien sowie 170 Zenturien der Schwer- und Leichtbewaffneten, während fünf Zenturien den unteren Schichten offen standen. In den regional gegliederten *comitia tributa* – es gab 31 ländliche und vier städtische Tribus – wurden Gesetze beschlossen, soweit sie – bis 218 v. Chr. – nicht den Zenturiatskomitien vorbehalten waren. Hier wurden die Quästoren und Ädilen sowie die Militärtribunen gewählt. Ort der Abstimmung waren das Forum oder das Kapitol, bei Wahlen auch das Marsfeld. Das *concilium plebis*, das Versammlungsorgan der Plebejer, war ebenfalls regional gegliedert und tagte auf dem Forum und auf dem Marsfeld; hier wurden die Gesetzesvorlagen der Volkstribune beschlossen. Einen traditionellen Versammlungstyp aus der Frühzeit bildeten die *comitia curiata*, deren Mitglieder über Testamente und Adoptionen berieten und auf dem Kapitol zusammenkamen. Sie hatten auch die Aufgabe, die Befehlsgewalt, das *imperium*, der Prätoren und Konsuln zu bestätigen.

Betrachtet man das, was in den Tributcomitien geschah, so wird ein demokratisches Element deutlich. Unabhängig vom Status des Einzelnen wurde tribusweise gewählt. 35 Pferche (also eingezäunte Flächen) standen auf dem Marsfeld dafür zur Verfügung, so dass alle *tribus* gleichzeitig zur Wahl aufgerufen werden konnten. Der Versammlungsleiter verkündete für jede *tribus* das Ergebnis. Sobald die Mehrheit erreicht war, wurde die Verkündigung abgebrochen. Es herrschte also die Mehrheit ohne Ansehen der Person. Bei Gesetzen rief man die *tribus* nacheinander auf, jedoch war die Reihenfolge nach Los bestimmt. Weder Alter noch Status wirkten sich bei der Abstimmung aus (Hölkeskamp 2004).

Anders verhielt es sich in den Zenturiatscomitien, in denen ein »Klassenwahlrecht« herrschte. Hier gaben die Besitzenden und die

Älteren den Ausschlag. Jeder der 193 Zenturien hatte eine Stimme; die Mehrheit der Zenturien brachte die Entscheidung. Die Reichen waren auf 18 Ritterzenturien aufgeteilt; dann folgten – seit 241 v. Chr. – die nach Klassen (*classis*) organisierten Fußsoldaten. Die erste Klasse umfasste 70 Zenturien. 97 Zenturien brachten die Mehrheit; also mussten nur noch wenige Zenturien der zweiten Klasse wie die erste Klasse stimmen. Aus den 70 Zenturien der ersten Klasse wurde zunächst eine *centuria praerogativa* ausgelost, die zuerst abstimmte (Schneider [4]2013, 312). Diese Bürger gingen einzeln hintereinander auf einem Steg, der zur Urne führte, zur Abstimmung und hinterlegten ihr Stimmtäfelchen. Diese Stimmen wurden ausgezählt und das Ergebnis verkündet. Dann erst gaben die anderen Zenturien der ersten Klasse ihre Stimme ab, danach kamen die 18 Reiterzenturien an die Reihe. Nach jeder Abstimmung wurde das Ergebnis verkündet. Die Richtung war also vorgegeben. Die *centuria praerogativa* gab die Stimmung vor. Nach Livius (I 43,11) wurden nur selten die unteren Klassen befragt. Auch besaßen die Älteren die strukturelle Mehrheit. Die Zenturien waren zur Hälfte nach *iuniores* und *seniores* gegliedert; d.h. die halbe Stimmenzahl hatten die Jüngeren, die zahlenmäßig in der Mehrheit waren, während die andere Hälfte der zahlenmäßig geringeren Anzahl der Älteren zustand. Eine hierarchische, von Status und Alter bestimmte Struktur ist unübersehbar (Jehne 2003).

Nach Martin Jehne war die Partizipation an den Wahlen eine Statusdemonstration, eine ostentative Demonstration der Zugehörigkeit zum römischen Bürgerverband, und zwar nach einem sowohl egalitären als auch hierarchischen Prinzip. Während in den *comitia tributa* und im *concilium plebis* die formale Gleichheit aller Bürger, die in einem Bezirk des Bürgergebietes ansässig waren, inszeniert wurde, kam in den *comitia centuriata* eine hierarchische Gliederung des Bürgerverbandes zum Tragen (Jehne 2003; Hölkeskamp 2004, 61). Beide Elemente, Hierarchisierung wie Egalisierung, waren bei den Wahlen für jeden Teilnehmer sichtbar und am eigenen Leibe erfahrbar.

Entschieden wurde in den Gremien über Gesetzesanträge und Kriegszüge, wobei nicht diskutiert, sondern nur mit Ja oder Nein abgestimmt werden konnte. Erstaunlicherweise kam es in der ge-

samten Zeit der römischen Republik fast nie vor, dass in den Comitien ein Gesetzesantrag durchfiel oder ein Kandidat nicht gewählt
wurde. Eine Niederlage wurde bereits im Vorfeld abgefangen und
unmöglich gemacht. Um die Stimmung des Volkes zu ermitteln,
wurden vor den Wahlen formlose Versammlungen, *contiones*, abgehalten, auf denen die Volkstribune Reden hielten und für ihre Sache
warben. War die Stimmung schlecht, wurde eine Sache gar nicht erst
zur Abstimmung in den Comitien gebracht (Flaig 2003, 155–180;
Beard 2016, 292).

Im Wettbewerb um Wählerstimmen für die Ämter war Ansehen
(*dignitas*) ein hohes Gut, das in Anlehnung an Pierre Bourdieu »symbolisches Kapital« genannt wird (Flaig 2003; Hölkeskamp 2004).
Symbolisches Kapital heißt es in diesem Fall, weil es nicht um den öko-
nomisch generierten Mehrwert ging, aber dem ökonomischen Kapital
ähnelte, insofern sich dieses Ansehen in Gegenwerte bzw. in Gegenleistungen ummünzen ließ, also in Wählerstimmen. Polybios klagt, dass
zu seiner Zeit, im 2. Jh. v. Chr., die Lebenshaltung üppiger war und
sich bei der Bewerbung um die Ämter ein unerwünschter Ehrgeiz ein-
geschlichen habe (VI 57). Bestechung wurde zum Gegenstand von
Gesetzen. Auf zehn Millionen Sesterzen werden allein die Kosten
für die Beeinflussung der *centuria praerogativa* bei den Konsulats-
wahlen von 54 v. Chr. geschätzt (Walter 2010, 159).

Anders als heute gab es keine ›Parteien‹, welche Wähler auf
Dauer banden. Auch ging es bei Wahlen nie um Sachentscheidun-
gen, sondern um die Popularität von Personen. Die Entscheidungen
fielen auf informeller Ebene, den Klientelbeziehungen (*clientela*).
Den einzelnen (aristokratischen) Häusern gelang es, dauerhaft Gefolgsleute an sich zu binden, wie dies die Tyrannen in Griechenland
vergeblich versucht hatten. Das bedeutet, dass der Wahlerfolg von
der Zahl der Klienten und Freunde abhing, die ein aristokratisches
Hauswesen (*domus*) an sich zu binden in der Lage war (Jehne 1993,
593–613; ders. 1995, 55). Manche Klientelbindungen konnten auch
erheiratet werden. Eine Heiratsverbindung mit einem anderen Haus
brachte auch die an dieses Haus gebundenen Klienten mit ein (Wallace-Hadrill 1989, 63–87; David/von Ungern-Sternberg 1997, 195–
216; Dixon 1983, 91–112; Ganter 2015). Es war lange Zeit umstritten,
ob Wähler an einen Patron dauerhaft gebunden wurden oder diese

**Wahlwer-
bung und
Klientel-
wesen**

von Wahl zu Wahl und von Gesetz zu Gesetz neu gewonnen werden mussten. Mittlerweile nimmt man an, dass zumindest in der Zeit der späten Republik konkurrierende Bindungen zu mehreren Patronen bestanden und sich auch innerhalb der Senatsaristokratie die Verpflichtungen überschnitten. Nach Martin Jehne war dies auch der Grund, dass die geheime Abstimmung um 130 v. Chr. eingeführt wurde (Jehne 1995, 56; ders. 1993, 593–613).

Die Wahlwerbung ging mit informellen Mitteln vonstatten. Suggeriert werden musste auf jeden Fall der persönliche Charakter der Beziehungen, auch wenn es völlig illusorisch war, dass ein einzelner Senator Hunderte oder Tausende von Klienten kannte. Das geschah mit Hilfe eines Nomenclators, der die Namen derjenigen einflüsterte, denen die Senatoren beim Gang zum Forum begegneten. Auch wurden persönliche Beziehungen über formale Akte wie Händeschütteln auf dem Forum vorgetäuscht. Zentraler Ort dieser Patronagebeziehungen war der Morgenempfang, die *salutatio* im Hause eines Senators. Statusgleiche Gäste wurden zum Gastmahl, zum *convivium* oder zur *cena* geladen. Über diese Gastmähler (*cenae* und *convivia*) verbreitete sich der Ruhm (*fama*) eines Hauses (*domus*) (Bradley 1998, 55). Auch Gelage für die Mitglieder einer Tribus wurden abgehalten, von denen man erwartete, dass sie bei den Wahlen ihre Stimme geschlossen für den freigebigen Aristokraten abgaben (Jehne 1995, 72 f.). Für die stadtrömische *plebs* wurden auf den Foren der Stadt, aber auch in den ›privaten‹ Gärten (*horti*) der Nobiles große Festgelage, *epulae*, abgehalten (D'Arms 1998, 37 f.). Anlässe waren Leichenfeiern oder Triumphe, die der Senat erfolgreichen Feldherren bewilligte. War die Ausstattung bei den *epulae* schlecht, konnte dies – wie von Quintus Aelius Tubero, einem Neffen des Publius Cornelius Scipio Aemilianus Africanus, überliefert, der zum Leichenschmaus seines Onkels nur hölzerne Speisesofas, einfache Ziegenfelle und samisches Tongeschirr aufwendete – die Wahl zur Prätur gefährden (Cicero, *pro L. Murena* 75–76).

Statthalterschaft und Repretundenverfahren Die Mitglieder der führenden Familien Roms standen unter einem massiven finanziellen und militärischen Druck: Sie mussten militärisch erfolgreich sein, um symbolisches Kapital für eine erfolgreiche Ämterkarriere zu erwerben, die in den Senat führte. Zudem mussten sie über finanzielle Mittel verfügen, um Klienten und Anhänger zu werben, die für sie stimmten. Denn erst Prätur und Konsulat bildeten die Voraussetzung, um die Statthalterschaft zu erlangen, und eröffneten den Zugang zu den Ressourcen der Provinzen. Zwar war das Einziehen der Steuern Sache der Publicani, aber die Verwaltung einer Provinz unterstand den ehemaligen Amtsträgern. Man geht davon aus, dass die Verwaltung einer Provinz die Domäne von ungefähr 20 bis 30 aristokratischen Familien war. Verwaltet wurden die Provinzen zunächst von einem Prätor. Die ursprünglich zwei Präturen wurden 227 v. Chr. auf vier verdoppelt; zwei Prätoren blieben in Rom, einer ging nach Sizilien, der andere nach Sardinien. Nach der Errichtung der spanischen Provinzen kamen zwei weitere Prätoren hinzu. In der zweiten Hälfte des 2. Jhs. wurden dann die Ex-Magistrate in die Provinzen geschickt, die Pro-Prätoren und Pro-Konsuln. Die *lex Pompeia de provinciis* von 52 v. Chr. ließ nur noch ehemalige Konsuln und Prätoren nach einer Interimszeit von fünf Jahren als Provinzstatthalter zu. Diese Regelung sollte verhindern, dass die Statthalterschaft zum Ausgleich der Wahlschulden benutzt wurde, was aber dennoch geschah. Obwohl die Einnahmen aus den Provinzen in die Kasse des Gemeinwesens zu fließen hatten, gelang es den Statthaltern, einen Teil der Tribute in ihre eigene Tasche umzulenken (Schulz 1997, 23–51). Um dies zu verhindern, wurde das Repetundenverfahren (von *res repetundae* = zurück zuholende Dinge) eingeführt, das den Provinzbewohnern erlaubte, die ehemaligen Statthalter des unrechtmäßigen Einzugs von Vermögen anzuklagen. Allerdings waren im 1. Jh. v. Chr. nur noch die neu eroberten Provinzen oder Teilhaberschaften an den Publikanengesellschaften lukrativ, da in den bestehenden Provinzen die Publicani und die örtliche Elite den Steuerkuchen längst unter sich aufgeteilt hatten (Blösel 2015, 215). Neu gewählte Konsuln mussten also im 1. Jh. v. Chr. ein großes Interesse haben, Krieg zu führen.

Begleitet wurde diese Entwicklung von einem Diskurs über den Sittenverfall (Sallust, *Catilinarische Verschwörung* 10; Edwards 1993). Im Zentrum der Kritik stand genau jener Ort, an dem um Anhängerschaft geworben wurde: das Gastmahl in einer aristokratischen *domus*. Der Kritik am mangelnden Aufwand für öffentliche Gastmähler stand die Kritik am übermäßigen Aufwand in der eigenen *domus* gegenüber. Kritisiert wurde nicht nur der Speiseaufwand, sondern auch der Auf-

Luxusdiskurs und Familienpolitik

wand an Tafelgeschirr und Personal. Die Kosten für ein Fässchen pontische Fischmarinaden stießen laut Polybios dem älteren Cato auf, der in einer Rede vor dem Volk geäußert haben soll, »man könne den Niedergang der *res publica* am besten daran erkennen, wenn schöne Knaben einen höheren Kaufpreis erzielten als ein Landgut, Kaviarbüchsen als ein Ochsengespann« (Polybios 31,24). Bis zum Ende der Republik wurden zahlreiche Tafelluxusgesetze erlassen, die den Aufwand an Speisen und Silbergeschirr sowie die Zahl der Gäste beschränkten (Baltrusch 1988; Wagner-Hasel 2002). Auf diese Weise sollte die Konkurrrenz innerhalb der Elite um den Luxusaufwand eingehegt werden.

Ein Großteil des Luxusdiskurses kreiste um die Frauen der Senatsaristokratie. In diesen Zusammenhang gehört der Kampf der Frauen Roms um die Aufhebung der *lex Oppia*. Das Gesetz, das 215 v. Chr. während des Zweiten Punischen Krieges erlassen worden war, verbot den Frauen das Tragen von purpurfarbener Kleidung und Goldschmuck im Wert von mehr als einer halben Unze Gold sowie das Benutzen des Wagens (*carpentum*) außerhalb von Opferhandlungen (Valerius Maximus, *Facta* 9,1,3; El-Qualqili/Perl 2002). Da auf der Ebene der Kleidung für die Männer der Elite eine einheitliche Form der Selbstdarstellung galt – sie alle trugen die Toga, ein schweres Gewand aus Wolle, das zugleich das Kennzeichen des freien Römers bildete (Scholz 2005) –, bot allein die Kleidung der Frauen eine Möglichkeit, Statusunterschiede innerhalb der Elite nach außen sichtbar zu machen (Scholz 1992; Hildebrandt 2017, Kap. 4, 1, 1).

Öffentlicher Aufwand erntete hingegen Zustimmung. So würdigt Polybios, der sich mit Publius Cornelius Scipio Aemilianus anfreundete, die Prachtentfaltung, die dessen Tante bzw. Großmutter Aemilia bei Festen entfaltete. Sie war die Ehefrau des Publius Scipio Africanus maior, des Siegers über Hannibal, und Schwester des Lucius Aemilius Paullus, der das ganze makedonische Reich in seine Gewalt gebracht und Perseus besiegt hatte. Jedesmal, »wenn die Frauen bei festlichen Anlässen in der Öffentlichkeit erschienen«, pflegte sie laut Polybios großen Prunk zu entfalten, »da sie an dem Leben und der hohen Stellung Scipios teilgehabt hatte«. Neben persönlichem Schmuck nennt er die Körbe, die Trinkbecher und das übrige Opfergerät, das ihr bei den feierlichen Prozessionen nachgetragen wurde und aus Silber oder aus Gold war. Auch die große Zahl der Sklavinnen und

Sklaven, die ihr folgten, hält er für bemerkenswert (Polybios 32,9). Vermutlich war dieses Geschirr aus der karthagischen Kriegsbeute gefertigt (Harders 2008, 113). Der Kriegserfolg der Römer war also nicht nur am Aufwand der Männer, sondern auch und vor allem an dem Gepränge der weiblichen Mitglieder eines Hauswesens sichtbar.

In diesen Kontext gehören auch die Erzählungen über Cornelia, Tochter eben jenes Publius Cornelius Scipio Africanus maior und Mutter der Gracchen, die mit Tiberius Sempronius verheiratet war, der einem plebejischen Geschlecht angehörte. Sie soll zwölf Kinder geboren haben, von denen sie jedoch keines überlebte (Dixon 2007). In der Kaiserzeit kursierte die Überlieferung, dass ihr größter Schmuck nicht Gold und Silber, sondern ihre Kinder seien. »Als der Cornelia, der Mutter der Gracchen, eine kampanische Frau (*matrona*), die bei ihr zu Besuch war, ihre Schmuckstücke – die schönsten jener Zeit – zeigte, unterhielt sich Cornelia so lange mit ihr, bis die Kinder aus der Schule kamen, und sagte: »Dies ist mein Schmuck: *haec ornamenta sunt mea*« (Valerius Maximus, *Facta* 4,4,1). Die auf Pomponius Rufus zurückgehende Überlieferung ist wahrscheinlich zur Zeit des Augustus bewusst in Umlauf gebracht worden, als eine gezielte Bevölkerungspolitik betrieben wurde und Frauen, die drei Kinder geboren hatten, von der Geschlechtsvormundschaft befreit waren (Mette-Dittmann 1985). Im Gebäude der Octavia, der Schwester des Augustus, stand eine Statue der Cornelia, die ursprünglich aus der Porticus Metelli stammte. Die Statue ist zwar nicht erhalten, wohl aber die Statuenbasis mit der Inschrift, die aus augusteischer Zeit stammt: *Cornelia Africani f(ilia), Gracchorum* (CIL VII, 31610; Sehlmeyer 1999, 187 f.). Cornelia war damit die erste Frau in Rom, der eine Ehrenstatue gewidmet wurde. Leonard Burckhardt und Jürgen von Ungern-Sternberg führen diese Ehrung auf die neuartige Familienpolitik zurück, die sie vor allem mit dem Namen ihres Sohnes Gaius Gracchus verbinden (Burckhardt/von Ungern-Sternberg 1994). Dieser habe das mütterliche symbolische Kapital genutzt, das Cornelia als Tochter des Siegers über Hannibal in die Ehe mit Tiberius Sempronius eingebracht hatte. An eben diesem Tradierungsvorgang des Familienruhms hatten die weiblichen Mitglieder der führenden Geschlechter offenbar einen erheblichen Anteil. Laut Plutarch empfing Cornelia in ihrem Haus in Misenum am Golf von Neapel die Anhänger ihres Vaters und sorgte für die Kontinuität des Familiengedächtnisses und für die Erinnerung an die Taten der Cornelier (Plutarch, *Gaius Gracchus* 4 und 19).

3.4 Das Ende des Konsenses: Politische Skandale und die Krise der Republik

Die Refor-
men der
Gracchen

Die Politik von Tiberius und Gaius Gracchus gilt als Wendemarke in der Geschichte der Römischen Republik und als der Beginn einer neuen politischen Fraktionierung zwischen Vertretern der Senatsherrschaft (Optimaten) und der Popularen, die mit dem Instrument des Volkstribunats Politik machten. Mit der Ausrichtung seines Volkstribunats habe Tiberius Gracchus ein bisher einträchtiges Volk in zwei Teile getrennt, schreibt Cicero in seinem Werk über die *res publica* (*de re publica* I 31). Als Volkstribune hatten die Brüder eine Reihe von Gesetzen eingebracht, die nicht die Zustimmung des Senats fanden. Wie sehr dieser Mangel an Konsens zwischen Senat und Volkstribunat die Zeitgenossen verwundert haben muss, lässt sich Plutarchs Beschreibung der Lebenswege der Gracchen entnehmen. Hier fällt die Ausführlichkeit auf, mit der das Bemühen der Brüder geschildert wird, im Senat Zustimmung für ihre Gesetzesvorschläge zu erlangen. Eben diese Zustimmung war über Jahrhunderte politische Normalität gewesen. Das Amt des Volkstribuns, ein rein plebejisches Amt, wurde normalerweise nach der Quaestur übernommen; das Volkstribunat führte ebenso wie die anderen Ämter in den Senat. In ihren gesellschaftlich-ökonomischen Interessen unterschieden sich die Volkstribune nicht von den übrigen Senatoren. Nur über die Mittel der Politik herrschte keine Einigkeit mehr.

Die Reformen der Gracchen wurden lange Zeit als Sozialpolitik zugunsten der ärmeren Bevölkerung gedeutet und in den Kontext einer Krise des Kleinbauerntums gestellt, die durch die dauernden Kriegszüge und das Zurückdrängen der Bauernhöfe zugunsten von Gutshöfen mit Sklavenarbeitern ausgelöst worden sei (Meier 1966, 129). Genährt wird diese Auffassung von einer bei Plutarch überlieferten Rede des Tiberius Gracchus vor dem Volk (von Ungern-Sternberg 1988, 175), in der dieser das traurige Schicksal der ehemaligen römischen Soldaten beklagt, die sich Herren der Welt nennen, aber keine Scholle ihr Eigen nennen können (Plutarch, *Tiberius Gracchus* 9). Archäologische Untersuchungen haben eine solche Verdrängung des Kleinbauerntums jedoch nicht bestätigen können (Frayn 1984; Tietz 2015, 233–239). Vielmehr zielten die Reformen der Gracchen nach Klaus Bringmann eher darauf ab, die militärische Basis Roms zu erweitern (Bringmann 1985; 2003). Römische Vollbürger waren nämlich nur diejenigen, die einen Zensus von 4.000 Asses erreichten und damit die Voraussetzung mitbrachten, im Heer zu dienen. Auf diese Summe war der Zensus 216 v. Chr. nach der Niederlage von Cannae gesenkt worden. Ursprünglich hatte er noch höher gelegen. Die Reduzierung stellte eine Reaktion auf die verlustreichen Punischen Kriege dar, die das aus Bürgern bestehende Heer stark dezimiert hatten. Wurden im Jahr 233 v. Chr. noch 270.000 römische Bürger gezählt, waren es am Ende des Zweiten Punischen Krieges (203 v. Chr.) nur noch 214.000. In den spanischen Kriegen (153–133 v. Chr.) war das römische Heer weiter dezimiert worden. Während seines Volkstribunats (133 v. Chr.) brachte Tiberius Gracchus nun ein Gesetz ein, welches die Okkupation von *ager publicus* auf 500 *iugera* (125 ha) begrenzte, um einen Teil davon an besitzlose römische Bürger zu verteilen. Denen war es allerdings untersagt, das Land wieder zu verkaufen (Appian, *Bellum civile* I 26–47). Zur Verteilung kommen sollte solches Land, das man den Städten weggenommen hatte, die im Zweiten Punischen Krieg mit Hannibal kooperiert hatten. Dieses Land war zum *ager publicus*, zum Gemeinschaftsbesitz bzw. ›Staatsland‹, erklärt und an individuelle Nutzer verpachtet worden. Eben diese Umverteilung hätte laut Bringmann die Zahl der zensuspflichtigen Bürgersoldaten erhöhen sollen. Das Gesetz wurde zwar im *concilium plebis* beschlossen, Tiberius aber wurde ermordet. Laut Jochen Bleicken geschah dies nicht wegen des Gesetzes, sondern weil es ohne Zustimmung des anderen Volkstribuns Octavius und des Senats durchgesetzt worden war. Damit habe Tiberius das Volkstribunat zur Gegenmacht zum Senat aufgebaut (Bleicken 1988, 281).

Dasselbe Schicksal erlitt zehn Jahre später sein jüngerer Bruder Gaius während der Auseinandersetzungen um weitere Reformen, die eine Abgabe von Getreide zu einem fixen Preis an die stadtrömische Bevölkerung vorsahen, die im Vergleich zu den Soldaten ins Hintertreffen zu geraten drohte. Denn beide Gruppen konkurrierten gleichermaßen um das Getreide, das aus den Provinzen als Tribut nach Rom verbracht wurde. Als Anlass vermutet Peter Garnsey die Unterbrechung der Getreidezufuhr durch die Sklavenaufstände in Sizilien, dessen Getreide die stadtrömische Bevölkerung normalerweise nährte (Garnsey 1988, 194). Nahezu 30 Jahre nach den Reformen der Gracchen, unter Marius (107 v. Chr.), wurde der Zensus für Soldaten schließlich ganz aufgehoben und die Getreidepolitik wieder aufgegriffen. Damit begann eine neue Klientelpolitik, die sich auf die Soldaten und die *plebs urbana* gleichermaßen erstreckte. Mit ihr nahm die Konkurrenz innerhalb der politischen Klasse zerstörerische Züge an, die schließlich das Ende der Republik herbeiführten.

Sullas Politik gegen die Volkstribune

Physische Gewalt als Mittel, um Konkurrenten auszuschalten, wurde im 1. Jh. v. Chr. zur Normalität. Berühmt sind die Proskriptionen des Sulla, eines Vertreters der Optimaten (bzw. der Senatsherrschaft), der seine Gegner hinrichten und deren Vermögen einziehen ließ. Sein eigentlicher Gegner war Marius, ein popularer Politiker und Sieger über Kimbern und Teutonen, die 103–101 v. Chr. in Oberitalien eingefallen waren. Als Sulla das Oberkommando über die Truppen im Osten, die gegen den Herrscher vom Pontus, Mithridates, zu Felde gezogen waren, an den erfolgreichen Marius verlor (88 v. Chr.), zog er aus eigener Machtvollkommenheit gegen Rom. Seine Politik war gegen die Volkstribune gerichtet, die er – wie z. B. Sertorius – von der Ämterkarriere ausschloss. Zugleich öffnete er den Senat für ehemalige Quästoren und erweiterte ihn von 300 auf 600 Mitglieder. Damit verringerte er die Ämterkonkurrenz, nahm aber mit der Entwertung des Volkstribunats den popularen Politikern ihr entscheidendes Instrument, Einfluss auf die Politik zu nehmen.

Krise ohne Alternative? Das Ende des Konsenses

Christian Meier hat in seinem einflussreichen Buch *Res publica amissa* (1966) weniger die Krise als vielmehr den langen Bestand der Republik für erklärungswürdig erachtet. Den eigentlichen ›Webfehler‹ der republikanischen Ordnung erkannte er u. a. im Fehlen einer sozialen Gruppe, die Reformen hätte fordern und durchsetzen können. Deshalb habe »die Überwindung des Bestehenden von über-

ragenden Einzelpersönlichkeiten ausgehen« müssen (³1997, 229).
Sein Schüler Aloys Winterling sucht die Antwort nicht im Handeln
von Einzelnen, sondern in den Strukturen politischen Handelns, die
von einer Vermengung von politischer und sozialer Sphäre geprägt
seien. Gemeint ist die Koppelung der politischen Organisationsstruk-
tur an die soziale Stratifikation. Aber auch er unterstreicht das Fehlen einer revolutionären sozialen Gruppe. In der Bindung von Rang
und Ehre an Leistungen für die Bürgerschaft bzw. an die Ausübung
von Ämtern, vor allem des Konsulats, erblickt er das entscheidende
Strukturmerkmal der Republik. Eine reine Sachpolitik sei deshalb nie
möglich gewesen, und eine soziale Gruppe mit einem abgrenzbaren
politischen Programm habe sich nicht herausbilden können. Deshalb
richtet er sein Augenmerk auf die innere Kommunikationsstruktur
der politischen Elite und deren Integrationsmechnismen (Winterling
2008, 225–227). Hier siedelt er die Krise an (Winterling 2008, 230).
Von einer Kollision von Konsens und Konkurrenz spricht Karl-Joachim Hölkeskamp (2009, 25). Dogmatisches Festhalten an den alten
Formen sei die Antwort gewesen. In der französischen und neuerdings auch deutschsprachigen Forschung ist auf neue gewaltmäßige
Formen der Kommunikation aufmerksam gemacht worden, wobei
diese mit frühneuzeitlichen Praktiken verglichen wurden, die unter
dem Namen *charivari* bekannt sind. Sie setzen die *plebs urbana* als einen politischen Faktor voraus (Nippel 1997; Timmer 2005). Charriva-
ri-Formen artikulierten sich zum Beispiel in Bestrafungsritualen wie
Hausverwüstungen, denen in Rom Cicero ausgesetzt war. Da diese gewaltsamen Aktionen, die vor allem mit dem Namen des Catilina und
des Clodius verbunden sind, in den Überlieferungen oftmals jungen
Leuten zugeschrieben werden, wird auch von einem Generationenkonflikt gesprochen (Eyben 1993; Parkin 1998, 24–26).

Man kann sich vorstellen, dass in dem Wettbewerb um die   Catilina
Ämter viele auf der Strecke blieben. Dies ist die Geschichte des L.
Sergius Catilina (108–62 v. Chr.), der einer patrizischen *gens* ent-
stammte. 68 v. Chr. war er bis zur Prätur gelangt, bevor er 67 v. Chr.
Proprätor in der Provinz Africa wurde. Dort wurde er 66 v. Chr.
einem Repetundenprozess unterworfen. Ankläger war P. Clodius
Pulcher. Mit einer solchen Anklage konnten sich Provinzbewohner
gegen ehemalige Statthalter wenden, von denen sie sich um Gelder

und Sachwerte betrogen sahen. Cicero verteidigte ihn und erreichte einen Freispruch des Catilina. Aber der nächste Schritt, das Konsulat, war Catilina nicht mehr vergönnt, obwohl er mehrere Anläufe unternahm. Der erste Versuch (65 v. Chr.) scheiterte, weil er wegen des Prozesses nicht zur Wahl zugelassen wurde. Ein Jahr später (64 v. Chr.) kandidierte er erneut. Er konkurrierte damals mit Cicero um das Konsulat, verlor aber die Wahlen (Plutarch, *Cicero* 10–21). Er versuchte im darauf folgenden Jahr (63 v. Chr.) eine erneute Bewerbung, aber es wurden wieder andere, Silvanus und Murena, gewählt. Gescheitert schloss er sich dem Aufstand des C. Manlius in Etrurien an, der Anfang 62 v. Chr. bei Pistoria niedergeschlagen wurde, so die offizielle Überlieferung (Christ 1979, 255–267). Nach Cicero, der vier Catilinarische Reden schrieb, hatte Catilina ein Mordkomplott gegen ihn, Cicero, geschmiedet, wie ihm eine Frau, nämlich Fulvia, verraten habe, und einen Aufstand geplant. Cicero erfuhr angeblich von den Vereinbarungen, so gibt er es jedenfalls vor, weil die Verschwörer ihre Gedanken bei Trinkgelagen unter Anwesenheit von Frauen austauschten. Da wir nur durch Cicero über die Vorgänge informiert sind, ist der tatsächliche Ablauf kaum zweifelsfrei zu rekonstruieren. Gerade die Rolle des weiblichen Geredes gehört zu den immer wiederkehrenden Elementen des Tyrannisdiskurses. Bei den Griechen galt als ein Merkmal der Tyrannis, dass Frauen Gerede aus dem Haus tragen (Aristoteles, *Politik* 1313 b 31–39). Daneben zirkulierte das Gerücht, dass Verbündete des Catilina innerhalb der Stadtmauern Waffen gesammelt und Brandanschläge geplant haben sollen. Das Tragen von Waffen innerhalb der Stadtmauern war strengstens verboten. Brände waren eine ständige Gefahr; mit eigenen Feuerwehrtrupps konnte man sich einen guten Ruf erwerben. Wir wissen aus den Reden von Cicero und Sallust, dass am 5. Dezember 63 v. Chr. im Senat nach kontroversen Debatten die Hinrichtung der »Verschwörer« beschlossen wurde. Cato und Cicero befanden sich auf der Seite derjenigen, die die Todesstrafe forderten; Caesar, tendenziell ein popularer Politiker, plädierte für die Verbannung – ein typisches Vorgehen, den politischen Gegner aus dem Weg zu räumen. Die Anhänger des Catilina wurden hingerichtet (Sallust, *de coniuratione Catilinae* 54–55), ohne dass die Zustimmung des *concilium plebis* eingeholt wurde. Damit hatte Cicero einen Rechtsbruch begangen, der ihn noch teuer zu stehen kommen sollte (Dahlheim 1990).

In der Forschung des 19. Jhs. ist Catilina zum Archetypus des Verschwörers stilisiert worden. Als einen Banditen betrachtete ihn Theodor Mommsen, als ruchlosen Abenteurer, der die anarchistisch-revolutionäre Stimmung in Rom für seine Zwecke ausgenutzt habe, verurteilte ihn der Militärhistoriker Hans Delbrück (Christ 1979, 267). Inzwischen ist Catilina als Verteidiger der aristokratischen Ehre, seiner *dignitas*, rehabilitiert worden, auf die er in seiner bei Sallust überlieferten Rede pocht (Dahlheim 1990). Die eigentliche Bedeutung des Aufstandes sieht Karl Christ jedoch darin, dass Catilina die Vielfalt der Verelendung und Unzufriedenheit großer Bevölkerungsgruppen in Rom und ganz Italien enthüllt habe (Christ 1979, 267). In der Tat spricht Sallust von einem Gegensatz zwischen Wenigen und Vielen, Jung und Alt, Armen und Reichen, Verschuldung und Verschwendung, der diese Vorstellung genährt hat, es handele sich bei den Konflikten um soziale Auseinandersetzungen zwischen dem Volk und der Elite. Aber Verschwendung bestand in dieser Zeit aus Speiseluxus und Ausstattungsluxus, den nur die Reichen pflegten, die miteinander im Wettbewerb um die Ämter standen. Da die Konsuln im Jahr nach ihrem Amt als Prokonsuln die lukrative Verwaltung einer Provinz übernahmen, erscheint der Kampf um politische Macht bei Sallust folgerichtig auch als ein Kampf um den Zugriff auf die Reichtümer der Republik. Denn das Konsulat bildete das Nadelöhr der Ämterlaufbahn, das Catilina nun mit Mitteln der Gewalt zu erreichen suchte. Die Konfliktlinie zwischen »reich« und »verschuldet« verweist auf die hohen Mittel, die für die Wahlwerbung aufgebracht werden mussten. Die Erwähnung der Schulden in der Rede des Catilina lässt sich als Verweis auf den ruinösen Charakter lesen, den dieser Kampf um die Ämter inzwischen angenommen hatte. Eva Cantarella vermutet deshalb, dass jede Familie nur einen Sohn in die Ämterlaufbahn geschickt hat (Cantarella 2003). Unter den Anhängern Catilinas waren offensichtlich viele junge Männer, die diesen Weg in die höchsten Ämter aufgrund ihrer finanziellen Lage nicht schafften.

Mehr noch als das Urteil über Catilina ist die Einschätzung des P. Clodius Pulcher von dieser sozialhistorischen Sichtweise auf die

Der Frevel
des Clodius

Ereignisse bestimmt (Will 1991). P. Clodius Pulcher (93–52 v. Chr.) gehörte dem patrizischen Geschlecht der Claudier an, wechselte aber per Adoption zu den Plebejern, um das Volkstribunat zu erlangen. Cicero spricht in seinen Briefen an den Freund Atticus (61 v. Chr.) von ihm abfällig als milchbärtigen Burschen und zitiert den Dichter Naevius, der den törichten jungen Leuten Schuld am Sittenverfall gibt (Cicero, *epistulae ad Atticum* 1,16,11; Cicero, *de senectute* 20). Clodius durchlief die übliche Karriere. Nach dem Militärdienst machte er sich als Gerichtsredner einen Namen. Im Jahre 62 v. Chr. erlangte er sein erstes Amt, die Quästur. In der Nacht zu seinem Amtsantritt – am 5. Dezember 62 v. Chr. – kam es zu einem Skandal. Im Hause des *pontifex maximus* fand jedes Jahr am 5. Dezember das Bona Dea-Fest statt. Oberster Priester war zu diesem Zeitpunkt Gaius Julius Caesar. Gefeiert wurde das Fest allein von Frauen. Das Gerücht ging um, Clodius sei in Liebe zu Caesars Gattin Pompeia entbrannt und habe sich in Frauenkleidern unter die weiblichen Festteilnehmerinnen begeben, sei aber entdeckt worden. Es kam zum Prozess, in dem Cicero, von dem wir über den Vorgang informiert sind, gegen Clodius aussagt, der von sich behauptet, er sei an dem fraglichen Tag gar nicht in Rom gewesen. Cicero dagegen gibt an, dass Clodius am Morgen des 5. Dezember bei ihm zum Morgenempfang (*salutatio*) erschienen sei (Plutarch, *Cicero* 20; Nippel 1988; 2000).

Prozesse sind nach Egon Flaig Ausscheidungskämpfe zwischen konkurrierenden Aristokraten. Vermutlich hat Clodius den Skandal – wenn er sich tatsächlich ereignet hat und nicht nur zu den Gerüchten gehört, die in Rom zirkulierten, um Wahlen zu beeinflussen – bewusst inszeniert, um Cicero zu desavouieren. Dieser hatte nämlich am Bona Dea-Fest, das ein Jahr zuvor in seinem Hause stattfand, ein günstiges Omen für den Prozess gegen die Catilinarier von seiner Frau Terentia empfangen, als er im Senat weilte. Über die Rechtmäßigkeit der Hinrichtung der Catilinarier wurde nämlich gestritten. Die Senatoren befanden sich damals in der verfassungsrechtlichen Konfliktlage zwischen der Rechtswirksamkeit eines Senatsbeschlusses, *senatus consultum ultimum* genannt, der ein gewaltsames Vorgehen gegen aufrührerische Bürger zuließ, und der *lex Sempronia*, die dem Volk die Entscheidung über die Todesstrafe beließ. Eben diese *lex Sempronia* war im Falle der Hinrichtung der Catilinarier nicht zum Zuge gekommen (Dahlheim 1990). Clodius gelang es nun – vermutlich über Bestechung (Christ 1979, 285) –, den Gerichtsprozess zu seinen Gunsten zu beeinflussen. Dies tat er, und das ist in unserem Zusammenhang entscheidend, laut Cicero mit Hilfe milchbärtiger Jugendlicher, *barbatuli iuvenes*, wie er die Catilinarier nennt (Cicero, *epistulae ad Atticum* 1,14,5).

Auch Sallust (86–34 v. Chr.) erwähnt als Anhänger des Catilina in erster Linie junge Nobiles. In einer Catilina zugeschriebenen Rede lässt er den Verschwörer die eigene Anhängerschaft als zwar arm und verschuldet, aber jugendkräftig im Alter und geistesstark preisen, während die Anhänger der Gegner als vergreist herabgewürdigt werden. Bei ihnen sei »durch die Jahre und den Reichtum alles vergreist« (»*annis atque divitiis omnia consenuerunt*«) (Sallust, *De coniuratione Catilinae* 20).

Die Krise als Generationenkonflikt?

Um welche Altersgruppe es sich bei den Anhängern des Catilina und des Clodius tatsächlich handelte, ist nur schwer zu ermitteln, da die Altersbezeichnungen keine numerischen Größen darstellten. Auch 45jährige Männer bezeichneten sich als *iuvenes* (Wagner-Hasel 2012, 72–79). In jüngster Zeit wurde argumentiert, dass zu den gewaltbereiten Männern junge Nobiles zählten, die zwar den zehnjährigen Militärdienst absolviert, aber noch nicht die Ämterkarriere begonnen hatten und daher noch nicht voll in das politische System integriert waren. Nach Jan Timmer hatten Angehörige dieser Gruppe, die er nicht als Jugend im modernen Sinne verstehen will, da sie sich nicht mit eigenen Werten und einem eigenen Lebensstil von den Älteren abgesetzt habe, die Aufgabe, politische Entscheidungen mit Gewalt zu erzwingen, nachdem das auf Konsens ausgerichtete politische System der Römer in eine Krise geraten und die politische Elite handlungsunfähig geworden war. Für ihn geht es um einen in städtische Kontexte überführten Rügebrauch. Dieser hatte normalerweise den Zweck, die von der Gemeinschaft vertretenen Normen gegenüber einzelnen Devianten durchzusetzen. Hier aber sei es darum gegangen, durch Androhung oder Einsatz von körperlicher Gewalt Entscheidungen im politischen Raum zu erzwingen. Demnach handelt es sich bei der Krise nur vordergründig um einen Generationenkonflikt, im Kern aber um eine Krise der politischen

Konsensfindung, die in Kategorien von Jung und Alt verhandelt wurde (Timmer 2005, 197–219). Zu fragen wäre allein, wie diese Gewaltbereitschaft im Einzelnen erzeugt wurde. Das ist eine Frage der historischen Sozialisationsforschung.

Allerdings gewann Jugendlichkeit in der Selbstdarstellung einen eigenen Wert. Ein Beispiel bildet Pompeius, der nicht den klassischen *cursus honorum* durchlief (Abb. 15: Porträt des Pompeius; siehe »Bildquellen« unter *www.campus.de*). Er hatte aufgrund seiner militärischen Erfolge bereits als »milchbärtiger Jüngling« das Konsulat erhalten (Velleius Paterculus, *Facta* 2,29). In seiner Selbstdarstellung orientierte er sich gezielt an Alexanderbildnissen, die den makedonischen Feldherrn in der Pose des jugendlichen Heros zeigten. Das lässt sich vor allem an der Frisur erkennen. Mit der Alexanderlocke, die seine Porträts auszeichnet, wurde bewusst auf die jugendliche Tatkraft des Helden abgehoben und auf die eigenen kriegerischen Erfolge verwiesen. In der Mimik knüpfte Pompeius jedoch an traditionell republikanische Formen an: Gefurchte Stirn, kontrahierte Brauen und straff gespannte Wangen sowie ein geschlossener Mund verweisen auf republikanische Tugenden wie *gravitas* und *constantia*, Selbstbeherrschung, Strenge, Entschlossenheit, und bringen vollbrachte Leistungen und Lebenserfahrung zum Ausdruck (Giuliani 1986).

Diffamierungsstrategien Zu den Formen, in denen sich die politischen Auseinandersetzungen zwischen Cicero und Clodius abspielten, gehörte auch die sexuelle Schmähung. Prominentes Beispiel ist der Inzestvorwurf, den Cicero seinem politischen Gegner Clodius machte. In einer Verteidigungsrede des Caelius entwickelt Cicero das suggestive Bild vom furchtsamen Clodius, der sich aus Angst vor Nachtgespenstern in das Bett seiner Schwester Clodia flüchte (Cicero, *Pro Caelio* 36). Ann-Cathrin Harders hat plausibel erläutert, dass hinter dem Vorwurf, Clodius habe mit seiner Schwester Clodia alias Claudia Metelli sexuell verkehrt, ein aktives politisches Wirken der Schwester stand, da sie als Witwe des Metellus Celer ein hohes politisches Kapital besessen habe. In ihrem Haus in Baiae verkehrte die politische Elite Roms und es war gerade Cicero, der versuchte, über seinen Schwager Atticus an Informationen über die politischen Vorhaben des Clodius zu gelangen, weil dieser ein enger Freund der Claudia Metelli war

(Harders 2008, 215–248). Die sexuelle Invektive stellt eine negative Umdeutung der Norm der geschwisterlichen Loyalität und der habituellen Anforderung an einen standesbewussten Römer dar, Strenge, Gemessenheit und Beherrschung der Begierden an den Tag zu legen, um sich damit als herrschaftsfähig zu erweisen (Meyer-Zwiffelhoffer 1995, 184–211). Manche der Gerüchte über sexuelle Vergehen lassen sich auch als Versuche lesen, die Integrität des Hauses des Gegners zu erschüttern und politische Gefolgschaft zu erzwingen. Die *fama* vom vermeintlichen Ehebruch des Clodius mit Caesars Frau Pompeia am Bona Dea-Fest, aber auch die Gerüchte über Caesars zahllose Affären mit den Frauen seiner Standesgenossen, die bei Sueton und Plutarch überliefert sind, sind in den Kontext einer solchen ›mafiösen‹ Politik eingeordnet worden (Hartmann 2015).

Spätrepublikanische Diffamierungsstrategien richteten sich auch auf das äußere Erscheinungsbild. Unterschieden wurde zwischen einem städtischen Lebensstil (*urbanitas*), der in den Vorwurf der *mollitia*, der Verweichlichung, umschlagen konnte, und einer althergebrachten bäuerlichen Lebensweise, die sowohl im positiven Sinne als Tugend als auch im negativen Sinne als bäuerisch, unzivilisiert (*rusticus*) bewertet wurde (Meister 2009). Mimik und Gang galten als Indikatoren der jeweils unterschiedlichen Lebensstile, die zugleich mit politisch-moralischer Bedeutung aufgeladen waren. Gang und Gesicht machten laut Cicero Staatsfeinde sichtbar (Cicero, *Pro Sestio* 7,17). Er warnte seinen Sohn Marcus vor einer schnellen, zu exzessiven Gangart und aggressiven Redeweise, deren Einführung er den Gracchen zuschreibt (Cicero, *de officiis* 1,131). Es handelt sich um eine optimatische Weltsicht, sie definiert, was angemessen ist: Der Optimat überzeugt durch Worte und sparsame Gesten, nicht durch Exaltiertheit in der Körpersprache (Corbeill 2002, 192–204).

Clodius hatte Erfolg mit seiner jugendlichen Gefolgschaft: Er trat sein Amt als Quästor verspätet an und wurde 59 v. Chr. Volkstribun. Das Volkstribunat erlangte er, indem er sich von einem Plebejer adoptieren ließ. Als Volkstribun brachte er mehrere Gesetze ein:

Die Reformen des Clodius

(1) die *lex frumentaria* (von lat. *frumentum* = Getreide), die eine kostenlose Verteilung von monatlich fünf *modii*, d. h. etwa 33 Kilogramm Getreide, für die stadtrömische Bevölkerung (insgesamt 300.000 Personen) vorsah. Dies entsprach ungefähr den Getreide-

rationen, die Agrarschriftsteller für ihre Knechte veranschlagten. Diese lagen zwischen vier und viereinhalb *modii* (etwa 26,6 bzw. 30 kg). Dieses System der Getreideverteilungen existierte zwar mit Unterbrechungen bereits seit Ende des 2. Jhs. und ist mit dem Namen der Gracchen verbunden; anders aber als zur Zeit der Gracchen wurde nun das Getreide kostenlos verteilt.

(2) die *lex de collegiis restituendis novisque instituendis*, das Gesetz über die Wiederherstellung der alten und die Gründung neuer Kollegien. Es ermöglichte der *plebs urbana*, sich zu organisieren und ihre alten Rituale, die Compitalischen Spiele, durchzuführen (die später in den Kaiserkult integriert wurden). Die *plebs urbana* wurde damit zu einer eigenständigen politischen Kraft.

(3) die *lex de auspiciis*, das Gesetz über die Anwendung der Obnuntiation. Dieses Gesetz sah vor, dass an den Tagen, an denen Volksversammlungen stattfanden, keine Himmelskörper, d. h. Vorzeichen, beobachtet werden durften. Damit wurde den Mitgliedern der Senatsaristokratie, aus deren Kreis die Priester bestellt wurden, die Möglichkeit genommen, religiöse Bedenken gegen Volksbeschlüsse vorzubringen.

(4) Speziell auf Cicero war ein Gesetz aus dem Jahre 58 v. Chr. gemünzt, die *lex de capite civis Romani*, ein Gesetz zum Schutz vor der Willkür der Magistrate. Es belegte denjenigen mit Ächtung, der nicht rechtmäßige Urteile fällte, wie dieses Cicero im Falle der Catilinarier vorgeworfen wurde. Das Gesetz des Clodius hatte zur Folge, dass Cicero die Stadt verließ, also freiwillig in die Verbannung ging. Sein Haus auf dem Palatin sowie seine ländlichen Villen in Tusculum und Formiae wurden zerstört; auf dem Grundstück auf dem Palatin wurde ein Tempel der Göttin Libertas errichtet. Zwar gelang Cicero mit Hilfe des Pompeius im gleichen Jahr die Rückkehr und die Wiedereinsetzung in seine Besitzrechte, aber der Konflikt eskalierte: Es kam zu Straßenschlachten zwischen einem Parteigänger Ciceros, Milo, und dessen kampferprobten Gladiatoren, mit den ›Banden‹ des Clodius, den *barbatuli iuvenes*. Am 18. Januar 52 v. Chr. – Clodius kandidierte für die Prätur – wurde Clodius von einem Trupp Milos ermordet. Seine Witwe Fulvia, die später Antonius heiratete, ließ den Leichnam zum Forum bringen und inszenierte einen Trauer-

aufmarsch, der das Fanal zum Kampf darstellte, den Cicero letzt-
endlich ebenfalls verlor.

Es sind diese Gesetze zur Getreideverteilung, die in den Augen
der Forschung Clodius als Sozialrevolutionär und Vertreter der Interessen des Volkes erscheinen lassen (Will 1991). In der französisch-
sprachigen Forschung ist dagegen auf den Privilegiencharakter der
Getreideverteilung aufmerksam gemacht worden, zumal es sich
nicht um Getreide allgemein, sondern um den lokal nicht ver-
fügbaren Weizen handelte (Veyne 1988; Nippel 1997, 242). Empfänger priesen sich nicht selten in Grabinschriften als Begünstigte
von Getreidespenden auf ihren Grabinschriften. Es ging also um
die Gewährung von Wohltaten für die stadtrömische Bevölkerung,
für die *plebs urbana*, die seit den Gracchen zum politischen Faktor
geworden war und die sich nun als *plebs frumentaria* konstituierte.
Nur stammten die Mittel für diese ›Klienten‹ nicht aus der eigenen
Schatulle der Politiker, sondern aus der Kasse des Gemeinwesens
(*aerarium*). Deshalb wurde das Gesetz von Cicero, einem Vertreter
der Optimaten, bekämpft, der meinte, dass derartige Getreideverteilungen die Staatskasse erschöpften. Eben diese Getreidepolitik
sollte einer der Hebel der neuen politischen Ordnung werden, des
Prinzipats (Tiersch 2014).

Während die Griechen vorwiegend Gerstenbrei verzehrten, er- | Getreide-
nährte sich die *gens togata*, das Volk der Togaträger, traditionell von | arten und
geschrotetem Emmer (lat. *far*; vgl. lat. *farina* = Mehl), den sie *puls* | Ernährung
nannten (Junkelmann 1997, 104). Es handelt sich beim Emmer, der
nach paläobotanischen Untersuchungen seit dem späten 2. Jahrtausend v. Chr. in der Argolis und in Latium nachgewiesen ist, um
eine schwer zu entspelzende Weizenart, die in der Kaiserzeit noch
in der Region um Pompeji angebaut wurde. Gute Bedingungen
für das Gedeihen besaßen im Mittelmeergebiet sowohl die Gerste
(gr. *krithê*, lat. *hordeum*) als auch der heute noch weit verbreitete
Hartweizen (*triticum durum*), dessen Anbau die römischen Agrarschriftsteller empfehlen (Columella, *res rusticae* 2,6,2 und 2,9,13).
Er gehört zu den Nacktweizenarten und eignet sich für die Herstellung von Teigwaren, nicht aber von Brot. Da er aufgrund des
geringeren Wassergehaltes jahrelang gelagert werden konnte, ließ
er sich auch für spekulative Zwecke einsetzen. Saat- oder Weichwei-

zen (*triticum aestivum*, lat. *siligo*), ebenfalls eine Nacktweizenart, aus dem Brot hergestellt wurde, besaß im Mittelmeerraum dagegen schlechte Wachstumsbedingungen. Er wurde vom Schwarzmeergebiet (Theophrast, *historia plantarum* 8,4,5), vor allem aber aus Gallien, Britannien und Ägypten eingeführt. Beim *siligo* handelte es sich um eine Delikatesse, an der die *plebs frumentaria* nun partizipierte. Mit *frumentum* war also nicht das Getreide als solches, sondern ungemahlener Weizen gemeint, der aus den Provinzen Sizilien und Africa, ab 30 v. Chr. auch aus Ägypten als Steuer eingezogen wurde. Nach Seneca aßen die Reichen *panis siligineus*, also Brot aus Saatweizen, die Armen dagegen *panis pleibeius* aus lokal angebautem Hartweizen (Seneca, *epistulae* 119,3; Sallares 1998, 1030–1032).

Um den täglichen Kalorienbedarf (etwa 2.583 kcal.) zu decken, müssten pro Tag ca. 776 Gramm Weizen verzehrt werden. Dies ergäbe einen Jahresbedarf von ca. 283 Kilogramm Weizen. Schwer arbeitende Menschen brauchen ungefähr 4.000 Kilokalorien, also ein gutes Drittel mehr. Diese Menge Getreide reichte nur aus, wenn andere Nahrungsmittel hinzukamen. Als Zukost werden von den Agrarschriftstellern Oliven, eingelegter Fisch, Essig, Salz sowie Wein genannt. Essig wurde dem Wasser hinzugegeben. Ein solches Getränk, *posca* genannt, galt als »Limonade des Altertums« (Fellmeth 2001, 36). An Wein erhält bei Cato ein einzelner Mann im Laufe eines Jahres acht *Quadrantalia*, das sind 209 Liter; die fußgefesselten Sklaven erhalten sogar zehn *Quadrantalia*, das sind 261 Liter und entspricht einer Menge von bis zu 0,7 Litern pro Tag. Beim Militär waren 1,2 Liter Wein pro Tag üblich (Fellmeth 2001, 38).

3.5 Hungerkrisen und die Etablierung des Prinzipats

Caesar und Pompeius

Gewinner des Machtkampfes zwischen Cicero und Clodius war zunächst der lachende Dritte: Pompeius (106–48 v. Chr.). Er wurde, mit Sondervollmachten ausgestattet, zum einzigen Konsul des Jahres 52 v. Chr. (*consul sine collega*). Das Prinzip der Kollegialität wurde gebrochen. Auch er betrieb Politik mit der Getreideversorgung. Im Jahre 57 v. Chr. war ihm für fünf Jahre *cura annonae* übertragen worden. Die Aufgabe der Getreideversorgung stattete Pompeius mit einer Machtfülle aus, die den Rahmen der republikanischen Ordnung sprengte. Daher erhob laut Plutarch Clodius »den Vorwurf, der Antrag sei nicht wegen des Getreidemangels gestellt worden, sondern damit der Antrag gestellt werden könne, habe man den Getreidemangel veranstaltet mit dem Zweck, daß Pompeius sein dahinschwindendes Ansehen durch ein neues Kommando wie aus einer Ohnmacht erwecke und neu belebe!« (Plutarch, *Pompeius* 49) Deutlicher kann man die politische Relevanz der Getreideversorgung nicht ausdrücken. Pompeius hatte aus seiner Zeit des Kommandos gegen die Seeräuber (67 v. Chr.) gute Beziehungen zu getreideproduzierenden Provinzen, so dass Ullrich Fellmeth es nicht für ausgeschlossen hält, daß die Verknappung von ihm bewusst herbeigeführt worden war. »Mutwillig herbeigeführter Hunger war zum Mittel im politischen Geschäft Roms geworden« (Fellmeth 2001, 149).

Durchsetzen sollte sich jedoch nicht Pompeius, der sich tendenziell auf die Seite der Optimaten schlug, sondern ein popularer Politiker, Gaius Julius Caesar (100–44 v. Chr.). Zusammen mit Crassus und Pompeius hatte Caesar 59 v. Chr. einen Geheimbund (*coitio*) geschlossen, das so genannte 1. Triumvirat. Er sah eine Aufteilung der Machtsphären, sprich der Provinzen, vor: Caesar erhielt für fünf Jahre die Statthalterschaft für Gallia Cisalpina und Transalpina sowie für Illyricum; Pompeius die für Spanien, Crassus die für Syrien. Gleichzeitig hoben sie die Beschränkungen des Volkstribunats auf und nahmen die Getreideverteilungen wieder auf, beschränkten die Liste der Getreidempfänger jedoch auf 150.000 Bürger (Garnsey 1983). Nachdem Crassus 53 v. Chr. im Kampf gegen die Parther gefallen war, spitzte sich 49 v. Chr. der Machtkampf zwischen Pompeius und Caesar zu. Caesar wollte, ohne die Statthalterschaft aufzugeben, direkt für das Konsulat kandidieren, d. h. als Amtsträger, nicht als *privatus*, also amtlos, nach Rom zurückkehren. Das Amt sicherte seinen Inhaber vor Prozessen. Da der Senat nicht zustimmte, entschloss sich Caesar zum militärischen Marsch auf Rom, zum legendären Schritt über den Rubikon, der in einen Bürgerkrieg (49–

45 v. Chr.) mündete, aus dem Caesar als Sieger hervorging. Caesar ließ sich im Jahre 46 v. Chr. für zehn Jahre zum Consul und *dictator* ernennen, ein Jahr später zum *dictator* auf Lebenszeit. Um sich sichtbar von der übrigen Senatorenschaft herauszuheben, veranlasste er seine Standesgenosssen, ihm das Privileg zu verleihen, dauernd das Triumphgewand und die Goldkrone der römischen Könige tragen zu dürfen. Ein weiteres Privileg wirkt bis heute nach: Der römische Monat Quintilius wurde nach dem Gentilnamen Caesars in Julius (unser Juli) umbenannt. Auch den Imperatortitel beanspruchte er auf Lebenszeit. Akzeptiert haben seine Standesgenossen diesen Anspruch nicht. An den Iden des März 44 v. Chr. wurde Caesar von Brutus ermordet (Canfora 1999).

Der römische Kalender

In Rom fing das Jahr ursprünglich im Monat *Martius* (März) an, ehe im Jahre 153 v. Chr. der Jahresanfang auf den Januar verlegt wurde. Am 1. März wurde das Feuer der Vesta erneuert; seit dem 3. Jh. v. Chr. traten die Konsuln im März, seit Mitte des 2. Jhs. am 1. Januar ihr Amt an. Die lateinische Bezeichnung für »Kalender« ist *fasti* = Verzeichnis der Gerichtstage. Der moderne Begriff *Kalender* leitet sich von *calendarium* = Schuldenverzeichnis ab, da am ersten des Monats, an den Kalenden, üblicherweise Zinszahlungen fällig waren. Der römische Monat war nach Fixpunkten organisiert: Kalendae, Nonae und Idus, die sich ursprünglich an den Mondphasen (Neumond und Vollmond) orientierten. Die *idus* gilt als alter Vollmondtag, der die Monatsmitte markiert (der 15. im März, Mai, Juni, Oktober, sonst der 13.). Die Nonen waren die Tage des steigenden Halbmonds, die Iden die Vollmondstage; ein abnehmender Halbmondstag fehlte. Jeder dieser Fixpunkte war mit Opfern verbunden. An den Iden opferte der *Flamen dialis* dem Iupiter auf dem Kapitol ein Schaf. An diesem Tag ruhte das politische Geschehen in Rom. An den Kalendae opferte die Frau des *Rex sacrorum* der Iuno ein Ferkel oder Lamm in der Regia, der alten Königsburg am Südende des Forums. An den Nonen verkündete der *Rex sacrorum* auf dem Palatin, bei der Hütte des Romulus, die kommenden Festtage (Graf 1997, 11–17).

Octavian und Antonius   Caesars Neffe und Adoptivsohn Gaius Octavian (63 v. Chr. – 14 n. Chr.) führte zusammen mit Antonius, der die Leichenrede zu Ehren Caesars hielt (Appian, *bellum civile* 2,596–614), den erfolgreichen

Rachefeldzug gegen die Anhänger des Brutus an, der 42 v. Chr. mit dem Sieg bei Philippi endete. Im November 43 v. Chr. schlossen Octavian, Antonius und Lepidus ein Bündnis, das 2. Triumvirat, das ebenfalls eine Aufteilung der Provinzen vorsah: Antonius bekam den Osten, Octavian den Westen, Lepidus Africa. Während Lepidus bereits um 36 v. Chr. entmachtet wurde – er behielt nur das Amt des *pontifex maximus*, das bei seinem Tod im Jahre 12 v. Chr. an Augustus überging –, kam es zwischen Antonius und Octavian zum Machtkampf. Ihr Bündnis wurde wie bereits der Geheimbund Caesars mit Pompeius mit der Aufnahme von Heiratsbeziehungen bekräftigt. Antonius, der mit Fulvia, der Witwe des Clodius, verheiratet gewesen war, heiratete Octavia, die Schwester des Octavian, ging aber außerdem eine Verbindung mit Kleopatra VII., der letzten ptolemäischen Königin, ein. Er orientierte sich in seiner Selbstdarstellung zunehmend an hellenistischen Herrschaftspraktiken. Den Sieg über Armenien feierte er in Form eines Triumphzuges nicht in Rom, sondern in Alexandria. Als er den Sohn aus der Verbindung Caesars mit Kleopatra, Caesarion, mit Ehren bedachte – er erhielt den Titel »König der Könige« –, fühlte sich Octavian bedroht und gewann den Senat zu militärischen Aktionen gegen Kleopatra. 31 v. Chr. wurde Antonius bei Aktium besiegt; ein Jahr später, am 1. August 30 v. Chr., eroberte Octavian Alexandria; Antonius wählte den Freitod. Das Bild der letzten ptolemäischen Königin prägte fortan der Sieger. *Meretrix regina*, Königliche Hure, ist nur einer der Titel, den er ihr von seinen ›Hofdichtern‹ Properz und Horaz verpassen ließ (Wyke 2002).

Die *dominatio*, die Herrschaft eines *privatus* über das Volk von Sklaven, wie in der durch den Sieger Octavian gefärbten römischen Geschichtsschreibung die hellenistische Monarchie bezeichnet wird, lehnte der Sieger Octavian ab (Dahlheim 2010, 6). Er suggerierte die Wiederherstellung der alten *res publica* und gab 27 v. Chr. seine militärischen Sondervollmachten an den Senat zurück. Dennoch wurde er nahezu Alleinherrscher. Seine Macht basierte indes nicht auf den alten republikanischen Ämtern. Er erhielt zwar für fünf Jahre das Amt des Konsuls, gab es aber 23 v. Chr. wieder ab. Allerdings ließ er sich im Jahre 19 v. Chr. die äußeren Würden eines Konsuls (*ornamenta consularia*) verleihen: Das bedeutete das Recht auf die *sella*

Die Privilegien des Augustus

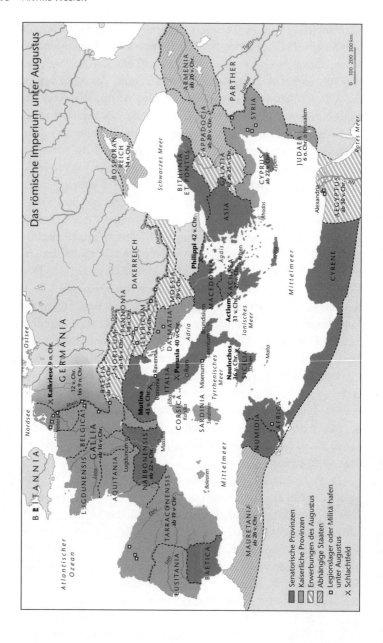

Das römische Imperium unter Augustus

BRITANNIA

GERMANIA

X **Kalkriese** 9 n.Chr.

RAETIA
ab 15 v.Chr.

NORICUM
ab 16 v.Chr.

GALLIA

BELGICA

LUGDUNENSIS

AQUITANIA
ab 16 v.Chr.

NARBONENSIS
ab 22 v.Chr.

TARRACONENSIS
ab 19 v.Chr.

LUSITANIA

BAETICA

MAURETANIE
ab 26 v.Chr.

NUMIDIA

AFRICA

CORSICA

SARDINIA

ITALIA

Mutina 43 v.Chr. X

Ravenna

Bononia

Roma

Misenum

SICILIA

Naulochos 36 v.Chr. X

X **Perusia** 40 v.Chr.

Brundisium

DALMATIA

ILLYRICUM
ab 9 v.Chr.

PANNONIA
10 v.Chr.

DAKERREICH

MOESIA
29 v.Chr.

MACEDONIA

Actium 31 v.Chr. X

ACHAEA
27 v.Chr.

Athen

Philippi 42 v.Chr.

Rhodos

BOSPORAN-
REICH
14 n.Chr.

BITHYNIA
ET
PONTUS

GALATIA
ab 25 v.Chr.

ASIA

CAPPADOCIA
ab 20 v.Chr.

ARMENIA
ab 20 v.Chr.

PARTHER

SYRIA

CYPRUS
ab 27 v.Chr.

JUDAEA
6 n.Chr. Jerusalem

AEGYPTUS
ab 30 v.Chr.

Alexandria

CYRENE

Atlantischer
Ozean

Nordsee

Ostsee

Nordsee

Mittelmeer

Mittelmeer

Tyrrhenisches
Meer

Ionisches
Meer

Adria

Ägäis

Schwarzes Meer

Mittelmeer

Rotes Meer

Balearen

Malta

Lugdunum

Massilia

Vetera

Ebro

Tajo

Tigris

Euphrat

NIL

0 100 200 300 km

Senatorische Provinzen
Kaiserliche Provinzen
Erwerbungen des Augustus
Abhängige Staaten
□ Legionslager oder Militärhafen
   unter Augustus
X Schlachtfeld

curulis zwischen den amtierenden Konsuln und auf die Begleitung von 12 Liktoren. Sein Vorrang musste nach außen sichtbar sein. Auf eine Funktion verzichtete er allerdings nicht: auf die Amtsgewalt des Volkstribuns, auf die *tribunicia potestas*, die das *ius auxilii*, das Interzessionsrecht, die Gesetzesinitiative und das Recht, den Senat einzuberufen, umfasste. Das Amt selbst übernahm er nicht. Diese Amtsgewalt wurde ihm im Jahr 23 v. Chr. auf Dauer übertragen. Auch erhielt er das Amt des *pontifex maximus*. Hinzu kam eine Reihe von Sondervollmachten, wozu die *cura annonae* gehörte, die Sicherung der Getreideversorgung.

Eine Hungerrevolte gehörte laut Appian (1./2. Jh. n. Chr.) zu den entscheidenden Erfahrungen des jungen Princeps. Als er mit Antonius und Lepidus das Triumvirat bildete, hatte der Sohn des Pompeius, der Sizilien besetzt hielt, laut Appian dafür gesorgt, dass die Kauffahrer des Ostens sich aus Angst vor ihm nicht auf See wagten und deshalb kein Getreide nach Rom brachten. »Eine allgemeine Teuerung war die Folge, das Volk aber sah die Ursache davon im Streit zwischen den führenden Persönlichkeiten, schmähte sie daher und drängte auf einen Friedensschluß mit Pompeius [...].« Octavian wagte sich in dieser Situation mit Leibwächtern unter die Menge, wurde erkannt und mit Steinen beworfen. Antonius kam ihm mit einem Trupp Soldaten zu Hilfe und ließ die Aufständischen niedermetzeln. »Die Empörung aber fand damit ihr Ende, freilich nur unter Schreckens- und Haßgefühl gegenüber den Machthabern. Indessen wuchs und wuchs die Hungersnot und das Volk seufzte wohl, verhielt sich aber still« (Appian, *bellum civile* 5,67–68). Im Jahre 22. v. Chr. – Octavian war seit fünf Jahren Princeps – kam es erneut zu einer Hungerkrise. Laut Cassius Dio wütete in ganz Italien die Pest. Bedrängt von Krankheit und Hunger begab sich die stadtrömische Bevölkerung zu Augustus und bat ihn, »er möge sich Diktator nennen lassen und das Amt eines *curator annonae* übernehmen, wie es schon einstmals Pompeius getan habe. Nur unter Druck erklärte er sich zu letzterem bereit [...] Die Diktatur hingegen lehnte Augustus strikt ab, ja er zerriß sogar sein Kleid, da er die Masse auf keine andere Weise, weder durch eine aufklärende Rede noch durch Bitten, in Schranken zu halten vermochte; denn da er bereits mehr Macht und Ehre als die Diktatoren besaß, hütete er sich mit Recht

Hungerkrisen als politisches Mittel

vor dem Neid und Haß, die eine solche Bezeichnung bei den Leuten erregen mußte« (Cassius Dio 54,1,3–5).

Augustus bediente sich hier traditioneller Gesten der Kommunikation mit der *plebs urbana*, die entgegen der faktischen sozialen Distanz Nähe und emotionale Bindung suggerieren sollten. Gesten wie Tränen oder das Beschmutzen und Zerreißen von Kleidung gehörten zum Trauerritual und brachten den familialen Zusammenhalt zum Ausdruck. Die Übertragung des Trauergestus in den politischen Raum, wo die habituellen Anforderungen der Selbstkontrolle galten, hatte laut Egon Flaig eben genau diesen Zweck, den Konsens mit dem Volk zu erzielen (Flaig 2003b, 116).

Unter Augustus wurde im Golf von Neapel die große Hafenmole von Puteoli gebaut, wo die Getreideschiffe aus Alexandria landeten (Garnsey 1983, 233) – diese brachten jährlich etwa 133.000 Tonnen Getreide nach Italien. Unter Claudius wurde mit dem Bau eines Hafenbeckens in Ostia begonnen und unter Nero vollendet; unter Trajan kam ein zweites Hafenbecken hinzu (Schneider 2014). Dies und die Errichtung von großen Speicherbauten (*horrea*) mit einem Fassungsvermögen von bis zu 7.000 Tonnen in der Hafenstadt Ostia (Bolder-Boos 2014, 17–20 und 43–56) zeugen von der großen Bedeutung der Getreideversorgung für die Machtstellung des Princeps.

Die Machtbasis des Augustus Was Augustus anders als seinen Vorgängern gelang, war die Monopolisierung aller Gefolgschaftsbindungen: Die stadtrömische plebs und die Soldaten waren ihm gleichermaßen verpflichtet. Die einen gewann er durch Getreidespenden, die anderen durch Landschenkungen. Der Senator Tacitus, der zwischen 60 und 120 n. Chr. lebte und eine Geschichte des Römischen Kaiserreiches von 14 und 68 n. Chr. schrieb, wusste um die Bedeutung der Geschenke für die Machtstellung des Princeps, wenn er behauptet: »Sobald er die Soldaten durch Geschenke, das Volk durch eine Getreidespende, alle durch den verführerischen Reiz des Friedens gewonnen hatte, schob er sich allmählich empor« (Tacitus, *Annalen* 1,2,1). Etwa 250.000 umfasste die Zahl der Empfänger unter Augustus; das war etwa ein Viertel der Bevölkerung Roms. Berechtigt waren nur männliche Bürger, jedoch keine Fremden und keine Sklaven. Getreideempfang war ein Zeichen der Zugehörigkeit zur *plebs frumentaria*, zur Speisegemeinschaft des *populus Romanus*. Die ökonomische Voraussetzung dafür bildete wiederum die Verfügung über die Provinzen. Der Verteilungskampf, der die späte Republik beherrscht hatte, wurde unter Augustus dauerhaft befriedet. Die Provinzen wurden aufgeteilt in senatorische, befriedete Provinzen, wozu u. a. Sizilien, Sardinien, Korsika, Dalmatien, Makedonien, Achaia, Asia, Bithynien, Pontos, Zypern, Kreta und die Cyrenaica gehörten, und in kaiserliche, nicht befriedete Provinzen wie Gallien, Syrien, Kilikien und Ägypten. Der Verteilungskampf wurde in geordnete Bahnen gelenkt. Die Tribute flossen nicht mehr nur in die ›Staatskasse‹, in das *aerarium*, sondern auch in die kaiserliche Kasse (*fiscus*); damit etablierte sich das Haus des Augustus als oberstes Ressourcenzentrum. Die aristokratische *domus*, mit der das aristokratische Stadthaus mit seinem toten und lebenden Inventar umschrieben wird (Saller 1997; Rilinger 1997), verwandelt sich in die kaiserliche *aula*, den Hof, wie das Haus des Princeps seit dem 2. Jh. dann genannt wurde (Winterling 1997, 97 f.).

Einher ging die gewandelte Machtstellung des Octavian mit einem Namenswechsel. Seit 27 v. Chr. ließ sich der nunmehr 36-jährige Octavian *Imperator Caesar Augustus* nennen. Den Namen Caesar trug er kraft Adoption; er zeigte seine Zugehörigkeit zum patrizischen Geschlecht der Iulier – seine Mutter Atia war eine Nichte von Julius Caesar, während sein Vater dem Ritterstand angehörte – und seine Abkunft von Caesar an. Bereits 38 v. Chr. hatte er den Vornamen (*praenomen*) Imperator gewählt. Er war Ausdruck der Klientelbindungen zu den Soldaten, die die wichtigste soziale Stütze der Macht bildeten. Der Senat verlieh ihm den Ehrentitel *Augustus* (der »Erhabene«), eine Anspielung auf den mythischen Stadtgründer Roms, dem die Götter durch das heilige *augurium* (»Vorzeichen«), die Aufgabe der Stadtgründung zugewiesen hatten, in dessen Nachfolge sich Augustus sah. Seither überragte Augustus alle an *auctoritas* (Abb. 16: Octavian; siehe »Bildquellen« unter *www.campus.de*).

An den Sieg über Ägypten erinnert die Sonnenuhr des Augustus auf dem Marsfeld. Das Prinzip der Sonnenuhr besteht aus einem Stab (*gnômôn*), der seinen Schatten auf eine konkave oder ebene Fläche wirft. In einem Liniennetz, dem »Ziffernblatt« der Sonnenuhr, wurden Tageszeiten und Kalenderzeiten eingetragen, die den unterschiedlich langen Stunden im Laufe eines Tages Rechnung trugen.

Namenswechsel

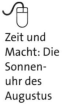

Zeit und Macht: Die Sonnenuhr des Augustus

Die Römer unterteilten den Tag in 24 Stunden und definierten die
Stunde als den zwölften Teil des Tages bzw. als den zwöften Teil der
Nacht. Die Stundenlänge richtete sich nach den Jahreszeiten. Die
längste Tagesstunde erreichte im Sommer eine Dauer von 75 Minuten, die kürzeste Stunde dauerte im Winter 45 Minuten (Weeber
1995, 348). Beim *horologium Augusti* (10 v. Chr.) diente ein Obelisk
aus Ägypten als *gnômôn*. Vor der Einführung der Stundenzählung
unterschieden die Römer zwischen Hahnenschreizeit (*gallicinium*),
Vormittag (*ad meridiem*), Nachmittag (*de meridie*) und Abend
(*vespera* = Abendstern) oder Schlafenszeit (*concubium/concubia
nox* = tiefe Nacht). Es ist heute umstritten, ob die Sonnenuhr des
Augustus tatsächlich der Zeitrechnung oder allein der Machtreprä-
sentation diente. Eine vergoldete Kugel auf der Spitze des Obelisken
sollte Augustus in der Rolle als Sonnengott Apollon repräsentieren.
An seinem Geburtstag, am 23. September, berührte ihr Schatten
genau um 12 Uhr mittags das Zentrum der *Ara pacis*, des Friedens-
altars von Augustus. Bald nach der Aufstellung geriet der Obelisk
aus dem Lot, weil der Sandboden unter dem ungeheuren Gewicht
des Monuments nachgab. Seit dem Jahre 1748 steht der Obelisk
auf der Piazza di Montecitorio, wo er heute noch zu sehen ist. Sein
Sockel trägt die Aufschrift: »Der Imperator Caesar, Sohn des göttlichen (Caesar)/Augustus/ Pontifex Maximus, zwölfmal Imperator,
elfmal Konsul, vierzehnmal Inhaber der tribunizischen Gewalt/ hat,
nachdem er Ägypten unter die Herrschaft des römischen Volkes gebracht hat/ (diesen Obelisken) der Sonne als Weihegabe gewidmet
(*donum dedit*)« (Neumeister 1997, 19 und 47).

Kaiser im 1./2. Jahrhundert n. Chr.

Iulisch-Claudisches Kaiserhaus (30/27 v. Chr. – 68 n. Chr.):
Augustus oo Sribonia/Livia (30 v. – 14 n. Ch.); **Tiberius** oo Vip-
sania Agrippina/Iulia (14–37); C. Caesar Germanicus = **Caligula**
oo Iunia Claudilla/Cornelia Orestilla/Lollia Paulina/Milonia Cae-
sonia (37–41); Ti. **Claudius** Drusus oo Plautia Urgulanilla/Aelia
Paetina/Antonia/Valeria Messalina/Iulia Agrippina (41–54); L.
Domitius Ahenobarbus = **Nero** oo Octavia/Poppaea/Statilia
Messalina (54–68)

68/69 Vierkaiserjahr:
L. Livius Ocella Se. Sulpicius **Galba** oo Aemilia Lepida, M. Salvius **Otho** oo
Poppaea Sabina, A. **Vitellius** oo Petronia/Galeria Fundana
Flavisches Kaiserhaus (69–96):
T. Flavius **Vespasianus** oo Flavia Domitilla maior (69–79); **Titus** Fulvius
Vespasianus oo Arrecina Tertullarcia (79–81); T. Flavius **Domitianus** oo
Domitia Longina (81–96)
Adoptivkaiser (96–192):
M. Coceius **Nerva** oo (96–98); M. Ulpius **Traianus** oo Pompeia Plotina
(98–117); P. Aelius P. F. Sergia **Hadrianus** oo Vibia Sabina (117–138); T. Au-
relius Fulvus Boionius **Antoninus Pius** oo Annia Galeria Faustina (139–
161); **Marcus Aurelius** oo Annia Galeria Faustina (161–180); L. Aurelius
Commodus oo Bruttia Crispina (180–192); M. Didius Severus **Iulianus** oo
Manlia Scantilla (193).

3.6 Kaiserliche Pracht: Vom aristokratischen Hauswesen zum Hof des Princeps

Auch die Erforschung der Kaiserzeit hat durch die kulturalistisch
gewendete Politikgeschichte neue Impulse erhalten und das Interesse von den politischen Institutionen hin auf die sozialen Strukturen
gelenkt. Gefragt wird, wie aus einem aristokratischen Hauswesen, einer *domus*, der Kaiserhof, die *aula*, entsteht (Rilinger 1997) und wie
sich dieses neue Gebilde in politischer Hinsicht zur *res publica* verhielt (Winterling 1997, 106–112; ders. 1999). Zugrunde liegt dieser
Fragestellung eine langjährige Debatte über den halb-öffentlichen
Charakter des römischen Hauswesens, die vor allem von Archäologen geführt wurde. Als eine öffentliche Sphäre im Sinne des Sichtbaren und Zugänglichen galten in Rom nicht nur allgemein zugängliche Plätze wie Foren, sondern auch die Häuser der Nobilität, die
von ungeladenen wie geladenen Gästen, von Klienten wie Freunden,
tagtäglich aufgesucht wurden (D'Arms 1998; Treggiari 1999, 41–43;
Dickmann 1999). Argumentiert wird deshalb mit einer abgestuften
Zugänglichkeit innerhalb eines römischen Hauses, der *domus* (Grahame 1997; Riggsby 1997). Zum anderen gilt das römische Hauswe-

sen als ein Ort des Politischen, weil anhand der eigenen *domus* politische Reputation und Akzeptanz erlangt wurde (Wallace-Hadrill 1988/1994, 3–37; ders. 1991; Winterling 2005; Russel 2016, 12–16). Daher sind es gerade die Veränderungen in den Repräsentations- und Kommunikationsformen innerhalb der kaiserlichen *domus*, die im Blickpunkt dieser neuen Kulturgeschichte des Politischen stehen (Winterling 1999; Meister 2012; Hartmann 2016). Einbezogen in die Analyse der Kommunikationsformen sind auch die Kaiserfrauen, deren Einfluss sich während der Etablierung einer höfischen Struktur vergrößerte (Späth 1996; Kunst 2008; 2013; Kolb 2010; Wieber 1999; 2000; Nadolny 2016). Einen anderen Forschungsschwerpunkt bilden die Neuerungen in der Ausgestaltung des Stadtraumes, die die Veränderungen im politischen Ordnungsgefüge spiegeln (Zanker 1987/²1990; Russell 2016).

Die Verwandlung des öffentlichen Raumes: Kaiserliche Baupolitik

Baulich drückte sich die dominante Position des Princeps in der sukzessiven Okkupation des Palatins, ursprünglich das Wohngebiet der Senatorenschaft, durch kaiserliche Wohngebäude aus. Der Prozess dauerte bis zur Herrschaft des Domitian, unter dem sich die kaiserliche *domus* nun in einen kaiserlichen Hof, *aula*, verwandelte. In der Zeit von Augustus bis Claudius entstand dort zunächst eine ensembleartige Einheit von selbständigen, durch Wege verbundenen Teilhäusern, Wohnhäusern und Heiligtümern (z. B. das Apollonheiligtum), die noch frei zugänglich waren. Keines dieser Einzelhäuser bot jedoch Raum für größere Versammlungen. Unter Claudius kam es dann zum Bau eines Palastgebäudes auf dem nördlichen Teil des Palatins. Dieses wurde zum Ort kaiserlicher Verwaltung und ermöglichte es, größere Gesellschaften zu empfangen und den Zugang zum Kaiser zu kontrollieren. Unter den Flaviern erfolgte dann eine Ausdehnung auf den südlichen Teil; es wurde stärker zwischen einzelnen Raumtypen differenziert, um unterschiedliche Formen von Geselligkeiten zu praktizieren (Sojc 2005/06; 2013). Auch setzte sich der Begriff *palatium* als Bezeichnung für das Kaiserhaus durch. Kaiserliche Gebäude in anderen Teilen der Stadt hatten keinen Bestand. Die Versuche Neros, sich mit seiner *domus aurea* (»goldenes Haus«) im öffentlichen Raum, im Gebiet zwischen Palatin, Kapitol und *mons Caelius*, anzusiedeln, kommentierten Zeitgenossen mit dem Spruch: »Rom wird ein einziges Haus (*Roma domus fiet*), nach Veji, Quiri-

ten, wandert aus« (Sueton, *Nero* 39,2). Die *domus aurea* wurde nach
Neros Tod abgerissen, und an deren Stelle entstanden das Kolosseum
und die Trajansthermen.

Sichtbar war die herausgehobene Position des Princeps durch
die Entwicklung eines exklusiven kaiserlichen Luxus, ein Prozess,
der von den Standesgenossen argwöhnisch beäugt wurde. Während
die dem Hof nahestehenden Dichter wie Statius und Martial den
Ausstattungsluxus des Kaisers priesen, kritisierten Vertreter der senatorischen Geschichtsschreibung vor allem den zunehmenden
Tafelluxus. Sparsamkeit (*parsimonia*) wird der Verschwendung
(*profusio*) gegenübergestellt. Gute Kaiser galten in den Augen eines
Tacitus oder Sueton als sparsam, schlechte als verschwenderisch. Zur
Zeit des Bürgerkrieges war Octavian vorgeworfen worden, gierig
nach kostbarem Hausrat und korinthischen Gefäßen gewesen zu
sein. Nach dem Sieg über Antonius ließ er in Alexandria alles vor-
gefundene Gold einschmelzen und behielt selbst nur einen Kelch
aus Flussspat. Sein Haus soll sparsam eingerichtet gewesen sein
(Sueton, *Augustus* 70–71). Eine ähnliche Bescheidenheit wird Tiberius nachgesagt. Galten sie sowie Vespasian und Marc Aurel in
den Augen der senatorischen Geschichtsschreibung als sparsame
Kaiser, so zeichneten sich die Kaiser Caligula, Claudius, Nero oder
Vitellius als unmäßig aus. Ein Übermaß an *luxuria* wurde vor allem
dem heftig geschmähten Nero nachgesagt, der in seiner neu erbauten
domus aurea die Speiseräume mit besonderer Pracht ausstatten ließ:
»Die Speisezimmer hatten Kassettendecken, deren Platten beweg-
lich waren, so daß man von oben Blumen streuen konnte; die Platten
hatten auch feine Röhren, um von oben Öle versprengen zu können.
Der Hauptspeisesaal war rund; sein Kuppeldach wurde unablässig
Tag und Nacht herumgeführt, ganz nach Art des Weltalls« (Sueton,
Nero 31). Besonderen Prunk soll auch Caligula entfaltet haben, der,
ebenso wie es Plinius von Kleopatra berichtet, in Essig aufgelöste
Perlen getrunken, in Parfüm gebadet und seinen Gästen vergoldete
Speisen vorgesetzt haben soll (Sueton, *Caligula* 37,1–3; Plinius, *na-
turalis historia* 9, 104–106; 113–132). Als ein Kaiser mit besonderem
Hang zur Grausamkeit und zum unmäßigen Tafelluxus wird auch
Vitellius geschildert, der in einer silbernen Schüssel »die Leber von
Papageifischen, das Gehirn von Fasanen und Pfauen, die Milch von

Luxus-
konsum

Muränen, die seine Kapitäne und Dreiruderer vom Partherreich bis zur Meerenge von Gibraltar hatten auftreiben müssen, untereinander mischt[e]« (Sueton, *Vitellius* 13).

An der Kritik am kaiserlichen Speiseluxus wird die Gemeinwohlorientierung deutlich, die dem Kaiser abverlangt wird. Was der Kaiser isst, stellt nichts anderes als den Anspruch auf die Ressourcen des Imperiums dar. Der Körper des Kaisers fungiert in der Rede über den Luxus als Indiz für den moralischen Zustand des sozialen Körpers, des Imperiums. Er ist der Mikrokosmos, über den ebenso wie über den Reichskörper Kontrolle gewahrt werden musste (Gowers 1993, 13 f. und 21). Strukturell drückt sich in dem Diskurs über den Speiseluxus die Institutionalisierung und Etablierung des kaiserlichen Hofes als oberstes Ressourcenzentrum aus. Deshalb ist Maßlosigkeit der entscheidende Vorwurf, der gegen einen Kaiser gerichtet werden kann (Wagner-Hasel 2002).

Morgen-empfang (salutatio) beim Kaiser

Die Monopolisierung der Gefolgschaftsbindung zeigt sich vor allem in der Veränderung der Geselligkeitskultur und des Kommunikationsverhaltens: an Gastmählern und am Morgenempfang. Eine Reihe von Kaisern zwang die Senatoren, bei der morgendlichen *salutatio* anzutreten. Mit diesem symbolischen Akt stellte sich der Kaiser gegenüber den Mitgliedern der Elite als oberster Patron dar und nicht als Gleicher unter Gleichen (Winterling 1999, 117–144; Goldbeck 2010). Die *salutatio*, Ort der Visualisierung von Klientelbindungen, wurde sukzessive zur Loyalitätsveranstaltung und ging mit Anwesenheitspflicht einher. Die Senatoren leisteten mit ihrer Anwesenheit einen Beitrag zur *magnificentia* des Kaisers. Innerhalb der aristokratischen Elite wurde sie zum Ort der Rangmanifestation. Guten Kaisern wurde nachgesagt, dass sie Salutatoren namentlich begrüßten und die Vornehmsten küssten (Hartmann 2016, 71–88). Besonders verpönt war das Küssen der Füße, das Caligula eingefordert haben soll. Selbst Senatoren soll er, so entrüstet sich Cassius Dio (59,27,1), den Fuß zur Huldigung hingehalten haben. Kaiser Trajan, der 98 n. Chr. die Nachfolge des Domitian antrat, wird dagegen von Martial gepriesen, dass er das erniedrigende Küssen der Füße abgelehnt habe (10,72). Dem Lob des richtigen Kussverhaltens des Kaisers steht die Klage über aufdringliche Küsser gegenüber, die »kein böser Furunkel oder auffällige Pusteln, kein abstoßendes Kinn und schmutzige Flechten« von einer Annäherung abhalten könne (Martial 11,98). Nach Plinius d. Ä. litten vor allem die Reichen an der sogenannten Kinnkrankheit (*mentagra*), einer epidemischen Hautkrankheit, die sich unter Tiberius ausgebreitet habe und durch Küsse übertragen würde (*Naturgeschichte* 26,2–4). Von Tiberius ist überliefert, dass er tägliche Wangenküsse mit Senatoren gar per Dekret verboten haben soll, vermutlich nicht nur aus hygienischen Gründen, sondern um der Konkurrenz der Standesgenossen um die Gunst des Princeps Einhalt zu gebieten. Laut Cassius Dio hat unter Tiberius die Rivalität innerhalb der Elite zugenommen, was dazu führte, »dass nun viel mehr als früher ›Worte und Gesten‹ beachtet worden seien« (Cassius Dio 58,5,2). Auch das Tragen des republikanischen Gewandes, der Toga, gehörte zum Erscheinungsbild des guten Kaisers. Dies taten Vespasian, Trajan und Marc Aurel. Schlechte Kaiser dagegen trugen exzentrische Kleider und beanspruchten für sich den alleinigen Gebrauch von Seide (Hildebrandt 2009; 2017).

Der Ort der Begegnung mit Freunden blieb das Gastmahl. Aber es änderte sich die bauliche Struktur. Die im Hause eines Patrons stattfindenden Mahlzeiten, die *convivia*, waren in der Republik auf neun Personen beschränkt. Griechisch eingerichtete Räume boten Platz für 18 Teilnehmer. Plutarch kritisiert in trajanischer Zeit, dass Reiche Platz für 30 Speisesofas (*lecti*) und damit 90 Gäste und mehr hätten (Vitruv, *de architectura* 6,3,10; Plutarch, *Moralia* 679 B). Dabei ist zwischen öffentlichen Gastmählern bzw. *cenae rectae* zu unterscheiden, bei denen Veranstalter Speisen und Tische sowie Tafelgeschirr bereitstellten, und der Verteilung von Essensportionen in *sportulae* (Körbchen), die sich im Laufe der Zeit in ein Geldgeschenk verwandelten. Gerade bei Amtsantritt und bei Triumphen luden Kaiser zu solchen öffentlichen Mählern ein. Caligula bewirtete Volk und Senat bei der Weihung des Augustus-Tempels und bei der Veranstaltung von Spielen. Unter seinem Nachfolger Claudius fanden erstmals Festessen im großen Stil im Palast statt, wobei sie auf einen Personenkreis ausgeweitet wurden, der sonst nur in der Stadt beköstigt wurde. Unter Nero verlagerten sich die *convivia*, die häuslichen Mähler, in den Stadtraum (Winterling 1999, 152). Diese Ausdehnung blieb eine vorübergehende Erscheinung. Stattdessen kam es zu einer

Kaiserliche Geselligkeitskultur

Institutionalisierung der Gastmähler im Kaiserhaus, die sich in einer Erweiterung der Zahl von Festsälen und Speiseräumen in der *domus augustana* in der Mitte des 2. Jh. n. Chr. niederschlug (Sojc 2005/06, 349; dies. 2013).

Kaisernähe und Gunstsystem

Das Prinzip der Kaisernähe (Winterling 1999, Kap. IX) wurde nun ein strukturierendes Element des Hoflebens. Zu Beginn der Prinzipatszeit gab es eine Dreiteilung der »Freunde« (*amici*) in den (1) engen Kreis der täglich anwesenden *familiares*, (2) in einen weiteren Kreis der *amici* und (3) in die Gesamtheit der Aristokratie. Status und Kaisernähe korrespondierten zunächst nicht: Rangniedrige *amici* (Dichter wie Maecenas) gehörten zur zweiten Kategorie, ranghohe Aristokraten zur dritten Kategorie der unpersönlichen Kontakte. *Amici* der zweiten Kategorie wurden in hohe Ämter befördert, und der Charakter der Freundschaftsbeziehungen veränderte sich. Nach dem Tode Neros glichen sich Status und Kaisernähe einander an; Ranghohe rückten in den Status der *familiares* auf (Winterling 1999, 193). Von Kaiser Hadrian ist überliefert, dass er innerhalb und außerhalb von Rom immer die Ranghöchsten um sich gehabt habe (Cassius Dio 69,7,3). Von Dauer war dies nicht. Unter Commodus bestand der engste Kreis persönlicher Vertrauter zum Teil aus Statusniedrigen. Ein neues Element bildeten die politischen Sekretäre, die Bittschriften beantworteten und Einnahmen überwachten. Insgesamt kam es zu einer Professionalisierung des Hofpersonals, das sich von der *familia* des Princeps emanzipierte und beim Tod des Hausherrn von seinem Nachfolger übernommen wurde. Eine Neuerung stellte auch die Militarisierung seines Umfeldes dar: Eine Prätorianergarde sorgte für den militärischen Schutz des Kaisers. Indem der Apollontempel auf dem Palatin Senatssitz und die regelmäßige Teilnahme an Gastmählern des Kaisers zur Pflicht wurde, kann man von einer Aristokratisierung des kaiserlichen Hauswesens sprechen. Von der aristokratischen *domus* unterschied sich der kaiserliche Haushalt in qualitativer und quantitativer Hinsicht: im Hinblick auf den Prunk bei den Gastmählern und im Hinblick auf die Monopolisierung von Bindungen bei der *salutatio* sowie hinsichtlich der Exklusivität bestimmter Funktionen der Dienerschaft.

Die familiäre Nähe zum Kaiser wurde in dem Maße zu einer wesentlichen Machtquelle, als mit dem Entstehen eines höfischen

Zeremoniells und der Vergöttlichungspolitik der Kaiser immer unerreichbarer wurde. In der Spätantike schlug sich diese Abschirmungspolitik in einer starken Formalisierung und Hierarchisierung der Audienz beim Kaiser nieder. Freier Zutritt zum Kaiser wurde zum Privileg. In der Panegyrik, die das Lob des Herrschers schreibt, bildet diese Erreichbarkeit neben Freigebigkeit und Gerechtigkeit den wesentlichen Maßstab, um die Qualitäten eines Herrschers zu messen. Während sich seit der Spätantike die Klagen über die Unnahbarkeit des Kaisers häufen, wird in den Lobreden des 1. Jhs. n. Chr. gerade die Zugänglichkeit und die Offenheit des Kaiserpalastes gepriesen: »Da gibt es keine Riegel, keine entwürdigenden Stufen, man muß nicht tausend Türen durchschreiten, um dahinter immer wieder irgendwelche Hindernisse vorzufinden«, preist Plinius der Jüngere den Kaiser Trajan (Plinius, *Panegyrikus* 23,6).

Auch unter den Kaisern existierten die mit der *res publica* verbundenen Instanzen weiterhin. *Servi publici*, die vom *aerarium*, der öffentlichen Kasse, unterhalten wurden, und die besoldeten Sklaven des *populus Romanus* blieben von den kaiserlichen Sklaven geschieden. Politische Funktionsträger am Hof besaßen keine magistratischen Funktionen. Der Hof wurde nicht zu einem Teil der politischen Organisation der *res publica*. Die Senatorenschaft verwandelte sich nicht in einen Hofstaat. Soziale Stratifikation blieb an das republikanische Amt gebunden; auch wenn der Kaiser zunehmend Einfluss auf die Ämtervergabe nahm, waren kaiserliche *domus* und *res publica* getrennte Sphären (Winterling 1997, 104–112 und 159). Deshalb ist nach Aloys Winterling die Bezeichnung ›Staat‹ unangemessen für den Hof; man könne höchstens von einer neuen Form der Staatlichkeit sprechen. Diese bezeichnet er in Anlehnung an Max Weber als patrimoniale Herrschaft, die *res publica* aber als herrschaftsfremde Verbandsverwaltung. Erst in der Spätantike, als Rom längst nicht mehr Sitz des Kaisers war, entstanden eine zentrale höfische politisch-administrative Organisation mit Hofbeamten und ein Hofzeremoniell, das den antiken Hof vergleichbar mit dem frühneuzeitlichen Hof macht (Winterling 1997, 160 f.). Aber auch im neuen Machtzentrum Byzanz galt, dass es nicht zu einer Integration der Aristokratie in eine höfische Prestigehierarchie kam. Das zeigt die Bedeutung, die Eunuchen in der Administration des spät-

Hof –
res publica –
Staat

antiken Hofes erlangten. Sie waren anders als die traditionelle Elite nicht in der Lage, ihre Position und ihren Reichtum zu vererben. Die offizielle Prestigehierarchie blieb »gebunden an die Überreste der alten Institutionen des städtischen Gemeinwesens, indem [...] senatorische Standeszugehörigkeit und das [...] Konsulat nach wie vor die höchste Ehre vermittelten« (Winterling 1997, 165). Die primäre Ressource für Prestige bildeten in der gesamten Antike bis auf wenige Ausnahmen Leistungen für das städtische Gemeinwesen.

Kaiser im 3./4. Jahrhundert n. Chr.
Severisches Kaiserhaus (193–235): L. **Septimius Severus** oo Paccia Marcinia/Iulia Domna (193–211); L. Septimius Bassianus **Caracalla** oo Publia Fulvia (211–217); P. Septimius **Geta** (211); M. Opellius **Macrinus** oo Nonia Celsa (217–218); Varius Avitus **Elagabalus** oo Iulia Cornelia Paula/Annia Faustina (218–222); Bassianus Alexinus **Severus Alexander** oo Sallustia Orbiana (225–227).
Soldatenkaiser (235–284): **Maximianus Thrax** oo Caecilia Paulina (235–238); **Gordianus** oo Fabia Orestilla (238–244); **Philippus Arabs** oo Marcia Otacilia Severa (244–249) ... L. Domitianus **Aurelianus** oo Ulpia Severina (270–275) ... M. Aurelius **Carinus** oo Magnia Urbica (282–285).
Tetrarchie und Constantinisches Kaiserhaus (284–363): **Diocletianus** oo Prisca (284–305); **Maximinus** oo Eutropia (286–310) ... **Constantinus** oo Minervina/Fausta (311–337); **Constantinus II.** (337–340); **Constans** (337–340); **Constantius II.** oo Eusebia/Faustina (337–361) ... Constantius **Gallus** oo Constantina (351–354); Flavius Claudius **Iulianus** Aposta oo Helena (355–360/63); Flavius **Iovinus** oo Charito (363/64).

3.7 Hinter dem Vorhang: Die Nachfolgefrage und die Macht der Kaiserfrauen

Das neue System hatte eine Schwäche: die Nachfolgefrage. Es handelt sich beim Prinzipat nicht um eine dynastische Herrschaft. Macht war im Prinzipat nicht mehr in Form der *potestas*, an ein Amt oder an die Position des *pater familias* gebunden, sondern war über die Nähe und den Zugang zum Herrscher vermittelt. Die Gunst des *princeps* zu erlangen, wurde wichtigstes Ziel. An dieser Hausherrschaft partizipierten die weiblichen Mitglieder, wie dies bereits für die Frauen einer aristokratischen *domus* gegolten hatte, die auf der informellen politischen Bühne präsent waren. Eine dynastische Herrschaft impliziert diese neue Struktur nicht. Die privilegierte Stellung des Princeps wurde nicht einfach an die Söhne vererbt; der Nachfolger musste akzeptiert werden, vom Heer, von der stadtrömischen *plebs* und von den Senatoren, wobei in der Forschung umstritten ist, wessen Zustimmung bedeutsamer war. Deshalb spricht man auch von Akzeptanzherrschaft (Flaig 1992). Und an eben diesem Hebel der Bestimmung des Nachfolgers saßen die Mütter.

Die erste in der Reihe mächtiger Kaiserfrauen war Livia (58 v. – 29 n. Chr.). Mit der Heirat der Livia zog Augustus ehemalige Gegner in sein Lager; Livias erster Ehemann hatte der Partei des Antonius angehört. Allianzen mittels Heirat zu festigen, war üblich. Bereits in der Zeit des Triumvirats mit Antonius und Lepidus hatte Octavian diese Politik verfolgt. Sein ursprüngliches Bündnis mit Antonius sollte eigentlich mittels Heiratsbande gefestigt werden. Seine Tochter Julia (39 v. – 14 n. Chr.) wurde im Alter von zwei Jahren mit dem Sohn des Antonius verlobt; die Heirat kam allerdings nicht zustande. Aber Julia blieb ein wichtiges Pfund in der Heiratspolitik des Princeps. Insgesamt dreimal wurde sie verheiratet, mit 14 Jahren mit Marcellus, dem Sohn der Schwester des Augustus, der von Augustus als Nachfolger ausersehen worden war, also mit ihrem Cousin; mit 16 Jahren wurde sie mit Marcus Agrippa und schließlich nach dessen Tod mit Tiberius, dem adoptierten Sohn der Livia aus erster Ehe, verheiratet. Augustus hatte also auf die Kinder seiner Schwester als Nachfolger gesetzt. Darin drückt sich die enge Kooperation zwischen Bruder und Schwester aus, die ja ein und demselben agnatischen Abstammungsverband angehörten, wie dies schon für die Republik üblich war.

Die Nach-folgepolitik im julisch-claudischen Kaiserhaus

Bei der Bestimmung der Nachfolge waren die Kaiserfrauen mindestens ebenso einflussreich wie die Prätorianer und die Senatoren, die den Nachfolger ausrufen bzw. bestätigen mussten. Trotz Ablehnung des Dynastiegedankens durch senatorische Kreise spielte Verwandtschaft eine wichtige Rolle. Livia etablierte ihren Sohn Tiberius aus erster Ehe. Auf Tiberius folgte Julias Enkel Caligula, der Sohn ihrer Tochter Agrippina maior aus deren Ehe mit Germanicus. Caligula war zugleich Urenkel der Livia, da Germanicus ihr Enkel war. Dessen Vater Drusus entstammte ihrer Ehe mit Tiberius Claudius Nero. Auf Caligula folgte mit Claudius, einem Sohn des Drusus, ein Enkel der Livia. Dessen vierte Frau Agrippina minor (für sie war es die dritte Ehe) war die Enkelin der Julia und Tochter der Agrippina maior; zugleich war sie die Nichte des Claudius (dieser war ihr *patruus*, ihr Onkel väterlicherseits) und Schwester des Caligula. Sie setzte ihren Sohn Nero als Nachfolger durch, der von Claudius adoptiert und mit Octavia, der Tochter des Claudius aus dessen Verbindung mit Messalina, verheiratet wurde. Entgegen der republikanischen Tradition, in der ein Heiratsverbot bis zum sechsten Grad galt, verloren die alten exogamen Schranken an Bedeutung. Anstelle der horizontalen Vernetzung der Elite über Heiratsbeziehungen stand nun die Herrschaftssicherung innerhalb des julisch-claudischen Kaiserhauses im Vordergrund. Heiraten zwischen Vater- oder Mutterbruder und Nichte wurden üblich – mit gutem Grund. Nach Cassius Dio hatte Octavia das Reich als Mitgift in die Ehe mit Nero eingebracht (Cassius Dio 62,13,1 f.).

Machtgier und Maßlosigkeit

Die Kaiserfrauen haben in der senatorischen Geschichtsschreibung keine gute Reputation. Sie gelten als machtgierig; ihr Wirken wird als Versklavung der Männer beschrieben. Tacitus hielt Frauen für ein »nicht nur geistig beschränktes, Anstrengungen nicht gewachsenes Geschlecht, sondern auch ein wildes, eitles, machtsüchtiges« Geschlecht (*Annalen* 3,33,3–4). Bereits Livia gilt in seinen Augen als »Mutter von weiblicher Maßlosigkeit – *mater muliebri inpotentia*«, die von der ganzen *res publica* einen sklavischen Gehorsam gegenüber einer Frau verlange (Tacitus, *Annalen* 1,4,5). Dieser Vorwurf der Machtgier, in deren Zuge Männer zu Sklaven werden, stammt aus dem republikanischen Toposarsenal und wurde bereits von Augustus angewendet, um seinen Gegner Antonius als Sklave der Kleopatra zu brandmarken. Hinter der Kritik steht ein Konflikt zwischen Herrschaftsformen. Die Übernahme hellenistischer Formen monarchischer Herrschaft, über die Augustus hinwegzutäuschen versucht, verlangte von den Frauen ein anderes Auftreten, als es für die römischen Matronen galt. So gab es auch Gegenstimmen. Velleius Paterculus, der Tiberius auf seinen Feldzügen begleitete und deshalb eine kaisernahe Sicht wiedergibt, meinte, dass Livia nur in lobenswerter Absicht von ihrer Machtstellung Gebrauch gemacht habe (*Historia Romana* 2,130,5).

In vielen Überlieferungen wird die Machtgier häufig in Zusammenhang mit der Mutterrolle thematisiert. Sie ist der Schlüsselrolle geschuldet, der den Kaiserfrauen bei der Nachfolgeregelung zukam. Von der Enkelin des Augustus, Agrippina maior, behauptet laut Tacitus Seian, ein Vertrauter des Tiberius, sie strebe, überheblich geworden durch ihren Kinderreichtum, gierig nach der Macht (*Annalen* 4,12,3). Der Vorwurf gilt auch für ihre Tochter, Agrippina minor (15–59 n. Chr.). Dahinter verbirgt sich das Wissen um die Bedeutsamkeit der Fruchtbarkeit, *fecunditas* (*Annalen* 2,43,6), die besonders Agrippina maior, ihrer Mutter, attestiert wurde. Bei der Wahl der Ehefrau des Kaisers, einem Gegenstand von Senatsdebatten, wird sie als ein entscheidendes Argument in die Waagschale geworfen (Tacitus, *Annalen* 12,6,1).

In Überdehnung der positiv bewerteten Fruchtbarkeit wurde den Kaiserfrauen sexuelle Maßlosigkeit vorgeworfen, die im Inzestvorwurf kulminierte. Julia, die Tochter des Augustus und Ehefrau des Tiberius, gilt in der senatorischen Geschichtsschreibung ebenso wie Messalina, die dritte Ehefrau des Kaiser Claudius, als sittenlose Matrona, die öffentlich, auf dem Forum, Unzucht getrieben habe (Sueton, *Augustus* 65,2; Sueton, *Tiberius* 11,6; Seneca, *de beneficiis* 6,32,1; Velleius Paterculus 2,100,2–5). Im Jahre 2 v. Chr. wurde Julia – angeblich wegen Majestäts- und Religionsfrevel (Tacitus, *Annalen* 3,24,2) – auf eine kleine Insel verbannt; ihre Mutter Scribonia begleitete sie. Ihre vermeintlichen Liebhaber wurden ebenfalls verbannt oder hingerichtet. Hinter diesen Invektiven und Maßnahmen stand die Sorge des Kaisers, die Macht an einen Rivalen zu verlieren. Die Reputation der Kaisertochter war offensichtlich geeignet, ihrem Liebhaber oder Ehemann Akzeptanz zu verschaffen – eben das musste Augustus gefürchtet haben, als er seine Tochter maßregelte. Als Messalina in Liebe für Silius, einem der Schönsten »der römischen Jugend«, entflammte und ihn heiraten wollte (eine Ehescheidung wäre nach republikanischer Tradition kein Problem gewesen), sorgten kaiserliche Freigelassene dafür, dass Claudius die untreue Gattin und ihren Liebhaber ermorden ließ. Auch er fürchtete die Bedrohung seiner Stellung (Späth 2000, 195).

Privilegien der Kaiserfrauen

Die sichtbare Herausgehobenheit der kaiserlichen *domus* beschränkte sich nicht auf die männlichen Mitglieder. Ebenso wie der Kaiser mussten die Kaiserfrauen in der Öffentlichkeit Präsenz zeigen. So benutzte Agrippina minor in der Öffentlichkeit das *carpentum*, den für kultische Zwecke vorbehaltenen Wagen. Schwestern, Gattinnen, Töchter und Mütter besaßen das Recht, sich Statuen an öffentlichen Orten errichten zu lassen. Während Augustus sich als oberster Priester in der republikanischen Toga und als Feldherr in der Rüstung darstellen ließ, trat Livia als tugendhafte römische Matrone mit dem Haarknoten, dem *nodus*, und als Göttin Ceres mit dem Füllhorn auf, die dauerhaften Wohlstand verheißt (Abb. 17: Livia mit dem *nodus*; siehe »Bildquellen« unter *www.campus.de*). Auf Münzen waren ihre Porträts zu sehen. Alle drei Schwestern des Caligula, Agrippina, Drusilla und Livilla, sind auf einem Sestertius des Jahres 37/38 abgebildet (Harders 2009). Eine Statue der Drusilla im Ceres-Typ stand im Theater von Caere, eine andere im Heiligtum der Kore in Kyrene. Auch Ehrentitel standen ihnen zu. Postum hatte Augustus seiner Livia den Ehrentitel Augusta übertragen, den in der Folge auch andere Frauen des iulisch-claudischen Kaiserhauses erhielten, und sie in die *gens* Iulia aufgenommen. Agrippina minor trug den Titel schon zu Lebzeiten des Claudius. Der Prozess der schrittweisen Vergöttlichung der Kaiser bezog auch die weiblichen Mitglieder ein. Agrippinas Schwester Drusilla, die schon mit 22 Jahren starb, war die erste Frau, die vergöttlicht wurde. Nach dem Tod des Kaisers und dessen Apotheose wurden die Kaisergattinnen Priesterinnen des Kaiserkults. In dieser Funktion bekamen sie eine Leibwache, Liktoren, zugewiesen, ein Recht, das zuvor nur Amtsträger und Vestalinnen besessen hatten (Kunst 2008).

Informelle Macht

Da die republikanischen Institutionen erhalten blieben, hatten die Kaiserfrauen keine unmittelbar institutionelle Macht. Aber mit der Etablierung höfischer Strukturen wuchsen auch ihre Möglichkeiten der politischen Einflussnahme. Die zeitweise Verlagerung des Tagungsortes des Senats von der *curia* auf dem Forum in das Haus des Kaisers ermöglichte den Kaiserfrauen, dem Geschehen, wenngleich nicht offen sichtbar, sondern hinter dem Vorhang, zu folgen. So soll Agrippina, die Mutter Neros, hinter einem Vorhang versteckt der Senatssitzung, die in der Bibliothek auf dem Palatin tagte, gelauscht haben (Tacitus, *Annalen* 13,5). Bis in die Spätantike bleibt dieses Bild der hinter einem Vorhang lauschenden Kaiserin ein Topos der Historiographie (Wieber 2000). Laut Sueton überließ der erst 17-jährige Nero bei der Ausrufung zum Nachfolger seines Adoptivvaters Claudius seiner Mutter Agrippina sogar zunächst die Leitung aller öffentlichen und privaten Angelegenheiten (Sueton, *Nero* 9).

Im Unterschied zu den Senatoren besaßen die Kaiserfrauen zudem unmittelbaren Zugang zum Ohr des Kaisers. So ist von Livia überliefert, dass sie erfolgreich für Senatoren eintrat, die sich den Zorn des Tiberius zugezogen hatten (Tacitus, *Annalen* 1,13,6). Aus einem Brief des Dichters Ovid an seine Gattin geht hervor, welcher Aufwand an Tränen notwendig war, um die Fürsprache Livias für die Aufhebung seiner Verbannung zu erlangen: »[...] laß reichlich die Tränen nur fließen und wirf dich zu Boden, strecke die Arme nur aus nach dem unsterblichen Fuß«, empfiehlt er seiner Gattin (Ovid, *Tristia. Briefe aus der Verbannung* 3,1,114). Auch muss der Aufwand an Geschenken groß gewesen sein, der von den Bittstellern verlangt wurde. Als Bischof Kyrill infolge von Kirchenstreitigkeiten im Jahre 431 n. Chr. von Kaiser Theodosius II. abgesetzt worden war, bot er ein Vermögen auf, um seine Wiedereinsetzung ins Amt zu erreichen. Dokumentiert wird der ganze Vorgang durch eine Liste der Bestechungsmittel, die an die Schwester des Kaisers, Pulcheria, und an ihre Bediensteten gingen. Es handelt sich vor allem um Stoffe und um Gold: »Für Paulus, den Oberkämmerer [...], vier größere dickflorige Teppiche, zwei mittlere Teppiche, vier Kissen, vier Tischdecken, sechs größere Gobelins, sechs mittlere, sechs Hocker, zwölf Türvorhänge, zwei größere Wandteppiche, vier elfenbeinerne Lehnstühle, zwei Elfenbeinhocker [...]« (*Acta Conciliorum Oecumenicorum* 1,4,2; Übers.: Wieber).

Betrachtet man die tatsächliche Macht der Kaiserin, so lässt sich diese als eine soziale, nicht als eine institutionelle Macht fassen. In den Prozess der Monopolisierung aller Klientelbindungen und der Etablierung der kaiserlichen *domus* als oberstes Ressourcenzentrum waren die Kaiserfrauen mit ihrem Vermögen und ihren Klienten einbezogen. Die Kaiserfrauen agierten ebenso wie der Kaiser als Patronin und verfügten über materielle Ressourcen, um dieser Pa-

Matronage statt Patronage

tronagepflicht nachzukommen. In der Forschung spricht man deshalb auch von Matronage (Wieber 2000, 98; Kunst 2013). Sie waren von der Geschlechtsvormundschaft, *tutela*, befreit – normale Frauen erreichten diesen Status in der Regel erst nach der Geburt von drei Kindern – und konnten frei über ihr Vermögen verfügen. Die Bedeutung der weiblichen Patronage wird deutlich, wenn man sich vergegenwärtigt, dass die Namen der Teilnehmer der Empfänge, die die Kaiserfrauen in ihrem eigenen Namen gaben, öffentlich in den ›amtlichen Mitteilungen‹ des Kaiserhauses, den *acta diurna*, angeschlagen waren. Erkennbar war so die Patronagetätigkeit auch für Außenstehende. In der senatorischen Geschichtsschreibung wurde diese Patronagetätigkeit der Kaiserfrauen kritisch gesehen. Als Livia im Jahre 14 n. Chr. anlässlich der Aufstellung eines Augustusbildes Senatoren und Ritter samt Frauen in ihr Haus einlud, unterlief Tiberius diese Machtdemonstration, indem er den Gastgeber für die Männer spielte (Cassius Dio 57,12,5). In den Machtansprüchen der Mutter vermutet Cassius Dio sogar einen Grund für den späteren Rückzug des Tiberius auf die Insel Capri.

Mitgift »Herrschaft« in der Spätantike
    Der Einfluss der Kaiserfrauen auf die Nachfolgepolitik blieb ein Strukturmerkmal des Prinzipats und verlor sich auch nicht, als sich die Macht des Kaisers in den nachfolgenden Jahrhunderten verfestigte. Der spätantike anonyme Verfasser einer Kaisergeschichte (*Historia Augusta*) lässt in einer Anekdote den Kaiser Marc Aurel auf die Frage, warum er sich nicht von seiner untreuen Frau Annia Galeria Faustina trenne, antworten: »Wenn wir unsere Gemahlin fortschicken, dann wollen wir auch ihre Mitgift zurückerstatten. Was aber war unter der Mitgift anderes zu verstehen als die Herrschaft, die er empfangen hatte als Adoptivsohn seines Schwiegervaters [Antoninus Pius] gemäß dem Willen Hadrians?« (*Historia Augusta: Aurelianus* 19,8–11). Mit anderen Worten: Seine Position verdankte Marc Aurel der Heirat mit der Tochter seines Vorgängers. Die Frauen des Kaiserhauses garantierten nicht nur die Fortführung der Linie, sondern verschafften auch den Soldatenkaisern des 3. Jhs., die sich aus dem Heer rekrutierten, sowie der Fremdherrschaft des 4. und 5. Jhs. Legitimation. So schildert der spätantike Historiker Ammianus Marcellinus (um 330–400), wie sich der Usurpator Prokopius (365/66) nach dem Tod des Kaisers Constantius II. im

Jahre 361 allein durch die Anwesenheit der Kaiserwitwe Faustina der Rechtmäßigkeit seines Vorgehens zu versichern suchte (26,7,10–9,3). Auch der gotische Herrscher Athaulf, der im 5. Jh. Rom eroberte, befleißigte sich dieser Praxis. Er heiratete im Jahre 414 n. Chr. Galla Placidia, die Tochter des oströmischen Kaisers Theodosius I., angeblich wegen »ihres edlen Geschlechts, ihrer schönen Gestalt und ihrer unbefleckten Keuschheit«, faktisch aber, um Akzeptanz für die Fremdherrschaft zu gewinnen (Jordanes, *Gothengeschichte* 31,160; vgl. Kapitel 3.10).

3.8 Pompeji: Vom Leben in einer römischen Stadt

Am 24. August des Jahres 79 n. Chr., ungefähr in der siebten Stunde, also zwischen 13.15 und 14.30 Uhr, kam es im Golf von Neapel zu einer gewaltigen Explosion, die den Pfropf, der den alten Vulkanschlot des Vesuvs verstopfte, wegsprengte (Etienne [5]1998, 20–30; Neumeister 2005, 270). Riesige Gesteinsbrocken wurden hinausgeschleudert, dann schoss aus dem geöffneten Schlund ein mächtiger Strahl pyroklastischen Materials (wörtlich: Material, das durch Feuer zerkleinert worden ist) heraus, es regnete über Stunden hinweg weiße Bimsstein-Lapilli und Asche auf die Städte am Vesuv hinab. Bis Mitternacht dauerte das Schauspiel an, dann folgte eine sich mit hoher Geschwindigkeit nach allen Seiten ausbreitende Glutlawine aus heißer Asche, Staub und Gasen (pyroklastischer Strom). Eine erneute Eruptionswolke folgte und wieder regnete es Lapilli und Asche auf die Städte Herculaneum und Pompeji herab, die inzwischen von einer mehrere Meter hohen Gesteinsschicht bedeckt waren. Insgesamt sechsmal wiederholte sich der Vorgang. Ein großes herrschaftliches Gebäude, die Villa dei Papiri, am Ortseingang von Herculaneum, liegt auch heute noch unter teilweise 25 Metern zu Stein erstarrten vulkanischen Ablagerungen begraben (Neumeister 2005, 215).

Der Vulkanausbruch, der erstaunlich wenig Widerhall im antiken Schrifttum gefunden hat (Plinius, *epistulae* 6,16 und 20; Martial 4,44; Statius, *Silvae* 4,4,81–85; Cassius Dio 66,22–33), löschte im Umkreis von Herculaneum und Pompeji alles Leben aus. Für die

Der Vesuvausbruch

damaligen Menschen, von denen sich ein Großteil hat retten können, war der Ausbruch eine Katastrophe, für die Archäologen und
Althistoriker aber stellt die Verschüttung einen Glücksfall dar, da
auf diese Art und Weise die Stadt versiegelt und konserviert wurde.
Heute bietet das verschüttete Pompeji ein einzigartiges Fenster in
die Vergangenheit. Fast alles, was wir über die materiellen Lebens-
bedingungen in der Antike wissen, stammt aus Grabungen in den
beiden Städten am Vesuv.

Vulkanausbrüche und Erdbeben bilden im Mittelmeerraum und
gerade in der Golfregion keine Seltenheit. Seit den Forschungen von
Hans Georg Wunderlich zur Plattentektonik weiß man, dass hier die
Afrikanische und Eurasische Platte aufeinander treffen. Unter dem
Tyrrhenischen Meer schiebt sich die Afrikanische Platte in einer
Tiefe von bis zu 250 bis 450 Kilometern unter die Eurasische Platte
und berührt damit den heißen Bereich des Erdmantels (Sonnabend
1999, 107). Das Magma des Erdinneren steigt hier durch Spalten auf
und sammelt sich in sogenannten Magmakammern, die beim Vesuv
nur drei Kilometer unter der Erdoberfläche liegen. Die Landschaft
westlich von Neapel, die sogenannten Phlegräischen Felder mit
ihrer schwefelhaltigen Seenlandschaft, entstand infolge einer vor
35.000 Jahren erfolgten Entleerung solcher Magmakammern. Die
vulkanische Landschaft ist äußerst fruchtbar, und die schwefelhaltigen Seen stellen eine Art ›Wellnesspool‹ für die Wollschafe dar
(vgl. Kapitel 3.2). 600 Schafe, so beklagt Seneca in seinen *Naturales
questiones* (6,1–4 und 31,3–32,12) über das Erdbeben, das 62 v. Chr.,
nur wenige Jahre vor dem Vesuvausbruch, die kampanischen Städte
verwüstete, seien durch austretende Gase getötet worden (6,1–4; vgl.
auch Tacitus, *Annalen* 15,22,2).

Kampanien, Landschaft der Genüsse In Kampanien, das die Römer in mehreren Kriegen gegen die Samniten im 3. Jh. v. Chr. eroberten, lagen die auf Sonderkulturen spezia-
lisierten landwirtschaftlichen Güter der Senatsaristokratie, auf denen
die Produkte für die groß angelegten Gastmähler erzeugt wurden:
Wein, Geflügel, Pfauen, Drosseln. Alles, was bei seinem Gastmahl auf
den Tisch kam, sei aus der eigenen Produktion, nichts davon habe er
kaufen müssen, rühmte sich Trimalchio, ein reicher Freigelassener der
Kaiserzeit, der den Lebensstil der Elite nachahmte (Petron, *Satyrica*
53,1–10; Neumeister 2005, 57; Veyne 1988) und von manchen als Alter

Ego von Kaiser Nero eingeschätzt wird (Stein-Hölkeskamp 2002). Ein Gut bei Cumae (Petron, *Satyrica* 53,2), *horti* bei Pompeji (Petron, *Satyrica* 53,5) und ein Stadthaus in Baiae (Petron, *Satyrica* 53,10) gibt er vor zu besitzen, eben dort, wo die Kaiser im Sommer residierten (Weeber 2003, 65). Der antike Geograph Strabo, Virgil, der Hofdichter des Augustus, und der Naturforscher und Kommandant der kaiserlichen Flotte, Plinius der Ältere, sowie Agrarschriftsteller wie Columella preisen die Fruchtbarkeit Kampaniens (Neumeister 2005, 57). Der beste Wein gedeihe hier, das beste Gemüse, das Meer liefere reichlich Fische, Krustentiere und Muscheln, loben sie. Eine Villa, die auf Pfauen- oder Drosselzucht spezialisiert war wie die seiner Tante, konnte nach den Angaben des Agrarschriftstellers Varro jährlich 50.000 Sesterzen einbringen. Dazu genügte allein schon der Verkauf von 5.000 Krammetsvögeln (Wacholderdrossel) oder 100 Pfauen für ein einziges Festmahl, wie Varro seinem fiktiven Gesprächspartner Axius erklärt. Denn wegen der *luxuria* fände in Rom gewissermaßen täglich ein Gelage statt (Varro, *res rusticae* 3,2,14–16; 3,6,1). Für nur ein einziges Mahl wandte Metellus Scipio 60.000 Sesterzen für den Kauf von Drosseln auf (Varro, *res rusticae* 3,2,16). Musonius klagt im 1. Jh. n. Chr., dass Köche gesuchter seien als Bauern, da sie Mähler bereiteten, die den Wert ganzer Landgüter ohne irgendeinen Nutzen auffräßen (Musonius 18 A–B). 400.000 Sesterzen konnte ein Weingut laut Varro jährlich einbringen; allerdings galt Weinanbau als äußerst risikobehaftet (Purcell 1995, 4). Dargestellt waren diese kulinarischen Genüsse, Geflügel, Vögel, Fische und Wein, aber auch die Villen selbst, auf den Wandmalereien und Mosaikfußböden, die Atrien und Speiseräume der urbanen wie ländlichen Villen schmückten (Mielsch 2001, Abb. 13, 22, 202, 212, 238–240).

Auch die architektonische Einbettung der Villen in die Landschaft unterstreicht diese Orientierung an leiblichen Genüssen. Über die Anlage von Blickachsen wurden unterschiedliche Naturräume mit ihren jeweiligen Ressourcen in die Architektur einbezogen. So preist Plinius der Jüngere die Ausblicke, die man von der Veranda seines Gartenpavillons in seiner Meeresvilla in Laurentinum habe: »zu Füßen hat man das Meer, im Rücken Landhäuser, zu Häuptern Waldungen; diese drei Landschaftsbilder scheidet und vereinigt sie mit ihren drei Fenstern« (*Epistulae* 2,17,21–22). Als Erträge erwähnt er Milch und Krabben (*Epistulae* 2,17,28); das heißt, dass seine Villa der Fischzucht und Viehwirtschaft diente. Bauliche *elegantia* und agrarische Produktivität gehören nach Nicholas Purcell in der römischen Villenarchitektur zusammen. Sie weisen Bauten wie die des Plinius als sichtbare Zentren der Organisation der Ressourcen einer zu kultivierenden Landschaft aus (Purcell 1995, 158–166).

Villa

Villa meint im Lateinischen das Landhaus, wobei je nach Situierung und Ausstattung zwischen der *villa suburbana* (»Vorstadtvilla«), der *villa rustica* (dem eigentlich landwirtschaftlichen Gut) und der *villa maritima* (»Meeresvilla«) unterschieden wurde. Für alle gilt, dass sie produktiven Zwecken dienten. Für das Stadthaus war dagegen die Bezeichnung *domus* gebräuchlich. Eher mit dem Stadthaus als mit dem Landhaus sind die Gärten (*horti*) verbunden, die in der Kaiserzeit zum Synonym des Luxus wurden, weil sie als Orte der tätigen Muße (*otium*) galten und eine Gegenwelt zur Sphäre der Geschäftigkeit (*negotium*) bildeten. Während der Senatsferien, die im 1. Jh. v. Chr. im April stattfanden und unter Augustus auf den September/Oktober verlegt wurden, zogen sich die Senatoren auf diese Landsitze zurück (Mielsch 1987, 9 f. und 134 f.). Baulich stellt die römische *domus* eine Kombination des traditionellen tuskanischen Atriumhauses, das um einen halboffenen Innenhof angelegt war, mit dem hellenistischen Peristylhaus dar (Brödner 1989, 51). Betreten wurde das Haus durch ein *vestibulum*, über das man ins *atrium* mit dem offenen *impluvium* (Wasserbecken) gelangte. Manche Häuser besaßen mehrere *atria*. Um das Atrium gruppierten sich Räume, die mit Klinen (*lecti*) ausgestattet werden konnten. Sie werden zwar oft als Speiseräume (*triclinia*) und Schlafräume (*cubicula*) bezeichnet, hatten aber tatsächlich eher multifunktionale Bedeutung (Dickmann 1999, 15–39). Der offene Raum in der Achse des Eingangs, das sogenannte *tablinum*, bot Zugang zu einem mit Säulen umstandenen Gartenhof (*peristylium*).

Grabungen   Die Landschaft um Baiae ist in der antiken Literatur vielfach besungen worden und bildete bis zum 18. Jh. das vornehmliche Ziel von aristokratischen Bildungsreisenden. Erst danach wurde in den Vesuvstädten Pompeji und Herculaneum, die durch den Vulkanausbruch von 79 n. Chr. über Jahrhunderte ›versiegelt‹ waren, systematisch gegraben; 1763 hat man die Ruine mit dem antiken Pompeji identifiziert. Bereits unmittelbar nach dem Vulkanausbruch war laut

Statius nicht mehr auszumachen, wo die verschütteten Städte lagen (*Silvae* 4,4,81–85). Allerdings wurde in Pompeji bereits kurz nach der Verschüttung nach Schätzen gesucht. Auch die ersten wissenschaftlichen Grabungen standen im Zeichen der Schatzsuche. Der Aushub der ausgegrabenen Häuser wurde überall verteilt; durchsuchte Häuser wurden mit dem Aushub der nächsten freigelegten Gebäude wieder zugeschüttet, Fresken ausgeschnitten, zurückgebliebene zum Teil absichtlich zerstört. Nach der französischen Eroberung des Königreichs Neapel begannen die systematischen Grabungen. Bis 1815 war der Teil, der vom nordwestlichen Stadttor (Herculaner Tor) über das Forum und die Via dell'Abbondanza bis zum Theater nach Süden führte, ausgegraben. In diese Zeit fallen bedeutende Funde wie die der Casa del Fauno, des Hauses des Fauns (Zanker 1995, Tafel 2).

Mit den Grabungen unter Giuseppe Fiorelli ab 1863 begann die eigentliche wissenschaftliche Erforschung. Unter seiner Leitung wurden das Stadtgebiet in Regionen aufgeteilt und regelmäßige Grabungsberichte veröffentlicht. Zwischen 1911 und 1924 wurde unter Vittorio Spinazzola entlang der Via dell'Abbondanza bis zum Sarno-Tor gegraben, wobei man wie im minoischen Knossos die Fassaden rekonstruierte, so dass heute die Unterscheidung zwischen antikem Mauerwerk und moderner Rekonstruktion kaum mehr möglich ist. Es handelt sich um die Straße der Läden und Werkstätten. In den 1940er Jahren wurden unter Amadeo Maiuri im Südosten das Amphitheater, *spectacula*, das im Jahre 70 v. Chr. von den höchsten Beamten der Stadt vermutlich für die Veteranen gestiftet worden war und ca. 20.000 Zuschauern Platz bot, sowie die Gräberstraße am Noceroner Tor ausgegraben. 44 Hektar sind bis heute freigelegt; ein Drittel liegt noch unter der Erde. Umgeben ist Pompeji mit suburbanen Villen, von denen die Villa dei Misteri, die Mysterienvilla, benannt nach einem Fries, das Szenen des Dionysoskultes und die Schmückung einer Braut zeigt (Mielsch 2001, Abb. 26–40), eine der bekanntesten ist. Die Mysterienvilla war ebenso wie die nördlich gelegene Villa di Boscoreale, aus der Silbergeschirr geborgen werden konnte, ein landwirtschaftliches Gut, ausgestattet mit Wein- und Ölpressen. Die eroberte Welt und die Eroberung selbst waren auf den Fresken in vielfältiger Weise präsent: Aus der Casa degli Amorini Dorati in Pompeji stammt ein Fresko mit Europa auf dem Stier (Mielsch 2001, Abb. 176). Im Vettierhaus war ein Schiffskampf zu sehen (Mielsch 2001, Abb. 219). Darstellungen exotischer Tiere und Menschen, von Elefanten und Pygmäen, gehörten ebenfalls dazu (Casa del Criptoportico: Elefanten; Mielsch 2001, Abb. 43).

Geschichte und Stadt- anlage Pompejis

Pompeji war ursprünglich eine oskische Siedlung gewesen, ehe sie 80 v. Chr. zur römischen Kolonie wurde. Die ältesten Siedlungs- spuren reichen bis ins 7. und 6. Jh. v. Chr. zurück. Pompeji liegt heute landeinwärts auf einem Lavaplateau am Fluss Sarno; in der Antike befand sich Pompeji vermutlich direkt am Meer und hatte somit un- mittelbaren Zugang zu den dortigen Salinen (Dickmann 2005). Eine erste Befestigung erfolgte um 560/70 v. Chr. Die Funde aus dieser Zeit sind jedoch recht spärlich. Das System der rechtwinkligen, sich kreuzenden Straßen entstand vermutlich nicht vor dem 4. Jh. Sieben Stadttore boten Einlass in die Stadt. Im Zuge der Samnitenkriege und der Ausdehnung Roms bis nach Kampanien geriet die Stadt in den römischen Einflussbereich und wurde in das Bundesgenossensystem integriert. Livius erwähnt die Landung eines Flottenkommandos an der Sarno-Mündung (9,38,2). In dieser Zeit kam es vermutlich zur dritten Stadtbefestigung, mit der Pompeji den uns heute bekannten Umfang erreichte. Seit dem 2. Jh. v. Chr. scheint die Stadt vornehm- lich vom Weinbau und der Ölproduktion gelebt zu haben. Aus der Verbreitung pompejanischer Amphorenformen und Stempel lassen sich weiträumige Handelsbeziehungen bis nach Gallien und Spanien sowie eine Beteiligung am Osthandel ableiten. Gleichzeitig fand eine ›Hellenisierung‹ des Stadtbildes statt; die Wohnhäuser wurden auf- wändiger gestaltet und mit Peristylhöfen und Gärten versehen, die mit öffentlichen Säulenhallen konkurrieren konnten. Da Pompeji im Bundesgenossenkrieg (91–89 v. Chr.) gegen die Römer gekämpft hatte, erhielten die Bewohner nach Beendigung des Krieges wie alle anderen Italiker zwar das römische Bürgerrecht, mussten aber ein Kontingent von etwa 2.000 sullanischen Veteranen aufnehmen; die Stadt wurde zur römischen Kolonie und hieß nun *Colonia Cornelia Veneria Pompeiorum*. Latein wurde die neue Amtssprache und ver- drängte die oskische Sprache. Während in der Zeit der oskischen Herrschaft neben prachtvollen Wohnbauten bis auf einige wirt- schaftliche Nutzbauten – so eine Basilika, die als Handelszentrum der Stadt fungierte – kaum öffentliche Bauten errichtet worden waren, kam es zu Beginn des Prinzipats zum Bau von Tempeln und Theatern. Anders aber als in den griechischen Städten lagen diese Bauten eher am Rande der Stadt und bildeten nicht das Zentrum. Typisch ist für diese Zeit der Bau von großen Grabmonumenten einzelner Familien an den Ausfallstraßen der Stadt.

Wer heute durch Pompeji schlendert, tut dies auf gepflasterten Straßen und kann sogar »Bürgersteige« benutzen. Die Straßen wurden von zweirädrigen Karren befahren und vor allem von Lasttieren beschritten. Dies ist erkennbar an den zahlreichen kleinen Löchern an den Kanten der Bordsteine, an denen die Maultiere angeleint werden konnten (Dickmann 2005, 23). Trittsteine boten die Möglichkeit, den fließenden Verkehr zu kreuzen und zu den Auslagen der Läden auf den ›Bürgersteigen‹ zu gelangen. Diese dienten nach Dickmann nicht dem Flanieren, sondern dem Auslegen von Waren.

Bis zum Bau von Aquädukten war die Trinkwasserversorgung prekär. Ab dem 1. Jh. v. Chr. war Pompeji an dieses überregionale Trinkwassernetz angeschlossen. Vorher behalf man sich mit Tiefbrunnen und Zisternen. Diese Zisternen sind wenig erforscht und hatten zum Teil eine Ausdehnung von bis zu 30 Metern Breite. Das Wasser aus den Aquädukten wurde über Verteilergebäude in Bleirohren zu den Laufbrunnen geleitet, die sich an den Straßenkreuzungen befanden. 42 Laufbrunnen sind bekannt. Die Entsorgung war weniger gut organisiert; die Überläufe der Auffangbecken (*impluvium*) in den Atrien der Häuser leiteten das überschüssige Wasser auf die Straße und spülten die Abwässer in den Sarno. Die öffentlichen Latrinen (am Forum) und auch manche in den Häusern hatten Sickergruben, die von Zeit zu Zeit geleert wurden.

Von den Gebäuden am Forum zählt das Apollonheiligtum zu den ältesten. Es geht auf das 6. Jh. zurück. Im 2. Jh. wurde vermutlich der Iuppitertempel errichtet, in dem – wie in Rom – neben Iuppiter auch Iuno und Minerva verehrt wurden; in dieser Zeit erhielt der Apollontempel die heute sichtbare Gestalt. Die Funktion der anderen Bauten ist weniger eindeutig. Im Süden lagen die Amtslokale, die als Sitz des Stadtrates (*ordo decurionum*) und als Archiv für Rechtsurkunden gedeutet werden. Ob die Basilika im Westen auch eine politische Funktion besaß, ist umstritten. Aus oskischen Inschriften

Politische Struktur

sind drei städtische Amtsbezeichnungen bekannt: An der Spitze stand wohl der *meddix tuticus* (»derjenige, der das Recht zeigt«), hinzu kamen Ädile (*aidilis*) und Quästoren (*kvaisstur*). Mit der Ernennung Pompejis zur römischen Kolonie wurden die *duumviri iure dicundo* zu den führenden Beamten, die alljährlich im Frühjahr neu gewählt wurden und im Juli ihr Amt antraten. Vergleichbar mit dem Amt des Zensors, der die Volkszählung organisierte und die Wählerlisten führte, war der Titel des *quinquennalis*, den die Duumvirn alle fünf Jahre erlangten (Etienne [5]1998, 116–118).

Wahlinschriften geben Auskunft über die Namen der städtischen Honoratioren, der Dekurionen und Ädile. Die Inschriften enthielten den Namen des zu wählenden Kandidaten und das gewünschte Amt, dann folgt die meist abgekürzte Formel »O V F = Oro Vos Faciatis = Stimmt für ...!« Ein Beispiel: A. VETTIUM FIRMUM. AED. O. V. F. FUSCUS CUM VACCULA FACIT (»Stimmt für A. Vettius Firmus, den Kandidaten für die Ädilität, unterstützt von Fuscus und Vaccula«). Wahlaufrufe wurden auch von Frauen unterzeichnet. Vermutet wird, dass es sich um weibliche Klienten handelt, die für ihren Patron stimmten, oder um Bewohnerinnen des jeweiligen Wohnviertels (Savunen 1996). Bevorzugte Orte der Wahlpropaganda waren Schenken, die in Pompeji weit verbreitet waren.

Pompeji – ein Wirtschaftszentrum?

Pompeji bietet alles, was nach Meinung des griechischen Reiseschriftstellers Pausanias eine Stadt ausmachte: Brunnenhäuser, Theater, Amtsgebäude, Sportstätten sowie einen Versammlungsplatz (10,4,1). Pompeji hat ein Forum, Tempel, Theater, Amtsgebäude und als Sportstätte ein Amphitheater (vgl. Kapitel 3.9). Siedlungsgeographen entnehmen dieser Beschreibung, dass die antike Stadt eine Zentralortfunktion besaß und Kultort und politisches Zentrum für eine bestimmte Region war. Dies gilt gewiss auch für Pompeji. Aber war Pompeji auch ein Wirtschaftszentrum?

Folgt man dem antiken Geographen Strabon (9,3,5–8; Übers.: Forbiger), so kann man zumindest annehmen, dass dort, wo Tempel errichtet wurden, auch Tauschgeschäfte betrieben wurden. »Denn die Menschen vereinigen sich in Poleis und Völkerschaften (*ethnê*), weil sie von Natur aus gesellig sind, zugleich auch des wechselseitigen Nutzens wegen. Aus denselben Ursachen besuchten sie auch gemeinschaftliche Tempel, wenn sie Götter- und Volksfeste feierten.« Wirtschaftshistoriker hegen denn auch keinen Zweifel an der Funktion der Stadt als Handels- und Austauschzentrum. Vor allem Kultstätten fungierten als periodische Märkte, an denen mit Wolle, Nahrungsmitteln und Metallen, vor allem aber mit Sklaven gehandelt wurde (de Ligt 1993; Garcia Morcillo 2013). Lange Zeit umstritten aber war, ob antike Städte auch Produktionszentren wie mittelalterliche Städte waren.

Seit dem Ende des 19. Jhs. wird über den Charakter der antiken Wirtschaft gestritten. Die Debatte nahm ihren Ausgang mit dem Werk des althistorisch ausgebildeten Nationalökonomen Karl Bücher, der 1893 ein idealtypisches Stufenmodell entwickelte, in dem er die Antike der Phase der geschlossenen Hauswirtschaft zuordnete, das Mittelalter dagegen als Stadtwirtschaft charakterisierte. Das Modell ist an dem Weg orientiert, das ein Produkt vom Produzenten zum Konsumenten nimmt. In einer geschlossenen Hauswirtschaft wird idealtypischer Weise alles zum Leben Notwendige produziert; in der Stadtwirtschaft wird nicht nur für den Eigenbedarf, sondern auch für den Markt produziert. Karl Bücher nahm an, dass die antike Stadt im Unterschied zur mittelalterlichen Stadt als Konsumentenstadt zu verstehen sei. Konsumentenstadt meint, dass die landwirtschaftlichen Erzeugnisse des Umlandes sowie die durch außerökonomischen Zwang erworbenen Güter (Kriegsbeute, Tribute, Zölle) in der Stadt von den dortigen ›Rentiers‹ konsumiert werden. Einen Stadt-Land-Gegensatz in dem Sinne, dass die in der Stadt produzierten handwerklichen Güter gegen landwirtschaftliche Güter der Landbewohner getauscht wurden, schloss Bücher aus. Ihm zufolge lebte die antike Stadt vom »Herrscherberufe« (Wagner-Hasel 2011, 215–217).

Der Altertumswissenschaftler Eduard Meyer hat in einem Vortrag auf dem dritten Historikertag, der 1895 in Frankfurt am Main stattfand, heftig gegen diese Chrakterisierung der antiken Wirtschaft als geschlossene Hauswirtschaft polemisiert und auf die Bedeutung der Produktion für einen Markt in der Antike hingewiesen. Diese hatte Bücher zwar nie geleugnet, sie aber nicht als typisch für die antike Wirtschaft erachtet (Wagner-Hasel 2011, 198–214). Meyers Konzept einer »modernen« antiken Wirtschaft fand Unterstützung durch den russischen Historiker Michail Rostovzeff, der Anfang des

20. Jhs. für Rom sogar eine kapitalistische Wirtschaft postulierte. Die Kapitalisten sah er in der Klasse der Steuerpächter, *publicani*, repräsentiert; das System nannte er Staatspachtkapitalismus. Als Beispiel diente ihm der Freigelassene Trimalchio, wie er in Petrons *Satyrikon* aus dem 1. Jh. n. Chr. geschildert wird. Dieser erwarb seinen Reichtum mittels Geldverleih und Pachtgeschäften, den er allerdings nicht in neue Geschäfte reinvestierte, sondern für den Kauf von Landgütern nutzte (Petron, *Satyrica* 48; Veyne 1988a), getreu der in der Antike weit verbreiteten Vorstellung, dass Landwirtschaft die ehrwürdigste Beschäftigung unter allen Erwerbsarten sei (Nippel 2000). Ein weiterer früher Protagonist der Debatte ist Max Weber, der Bücher in der Charakterisierung der antiken Stadt als Konsumentenstadt folgte, im Hinblick auf die Frage nach dem Kapitalismus aber eine Zwischenposition einnahm und in einem langen Artikel über die Agrarverhältnisse in der Antike, der 1909 in dem *Handbuch für Staatswissenschaft* erschien, die Grenzen des antiken Kapitalismus herauszuarbeiten versuchte. In seinen Augen fehlte ein zentrales Moment, die freie Lohnarbeit; auch die Entstehung eines Bürgertums jenseits des Adels sah er nicht als gegeben an; ein freies Unternehmertum sei nicht entstanden. Die Debatte wurde in den 1920er und 1970er Jahren wiederbelebt. Eine wichtige Rolle spielt in diesem Zusammenhang Moses I. Finley, der sich auf die Seite von Bücher und Weber schlug und nach den Gründen fragte, die die Entwicklung eines Kapitalismus in der Antike verhinderten (Finley 1973). Nach Finley fehlte aufgrund des Vorherrschens der Sklaverei eine klare Rentabilitätsberechnung; Kapitalbildung sei durch das antike Liturgiensystem verhindert worden. Inzwischen hat sich die Perspektive verändert, und es wird nicht mehr nach den Hemmnissen von Entwicklungen, sondern nach den Gründen für wirtschaftliches Wachstum gefragt, das sich in der Antike zweifelsohne vollzogen hat (Wagner-Hasel 2011, 315–340). Auch finden vermehrt Ansätze der Neuen Institutionenökonomik Verbreitung, die nach den institutionellen Rahmenbedingungen wirtschaftlichen Handelns fragen (Sommer 2013; Ober 2016). Nach wie vor umstritten ist, wie sinnvoll es ist, mit einem universal anwendbaren Konzept des Wirtschaftens zu arbeiten, oder, wie es eben zu Beginn der Debatte von Karl Bücher versucht worden war, antike Besondernheiten zu reflektieren

und in der Begriffswahl stärker historisch zu differenzieren. So hat Bücher den Begriff des Lohnwerkers gepägt, der nicht seine Produkte, sondern seine Dienste anbietet und daher kein Kapital benötigt. Der Nutzen solcher Begriffsprägungen zeigt sich, wenn man das gut bezeugte Walkergewerbe in Pompeji betrachtet.

Die Gebäude im Osten des Forums von Pompeji haben zum Teil wirtschaftliche, zum Teil kultische Funktionen. Zwei Gebäude dienten als Markthallen, das Macellum als Fleisch- und Fischmarkt (dafür sprechen Knochen- und Grätenfunde), das Gebäude im Nordwesten als Gemüse-, Obst- und Getreidemarkt (Viktualienmarkt). Ein Eichtisch mit Hohlmaßen wurde hier gefunden. Dort ist auch die einzige öffentliche Gemeinschaftslatrine angesiedelt. Im Westen befinden sich zudem ein Tempel für den Kaiserkult und ein Tempel des Genius Augusti.

Das Haus der Eumachia

Umstritten ist die Deutung des Gebäudes der Eumachia, der obersten städtischen Priesterin (Abb. 18: Haus der Eumachia; siehe »Bildquellen« unter *www.campus.de*). Ihre Statue stand im hinteren Teil der Anlage in einer Nische und ist heute im Museum von Neapel zu sehen (Abb. 19: Statue der Eumachia; siehe »Bildquellen« unter *www.campus.de*). In der Apsis der Haupthalle stand eine Concordia mit Füllhorn im Stil der Livia-Statuen. Nach einer Inschrift zu urteilen, hatte Eumachia die Anlage dieser Göttin geweiht (Dickmann 2005, 42). Lange Zeit ist das Gebäude als Wollmarkt oder Gildenhalle der Walker gedeutet worden (Jongman 1988, 179–184). Auf einer Weihinschrift, die einer Statue beigegeben war, wird Eumachia als *sacerdos publica* der Walker bezeichnet: EVMACHIAE.L.F. / SACERD.PVBL. / FVLLONES / /. Da in dem Haus noch andere Weihinschriften für weitere Personen belegt sind, halten Willem Jongman (1988) und ihm folgend Jens Arne Dickmann (2005, 42 f.) das Haus für ein öffentliches Gebäude mit kultischer Funktion, das der Göttin der Eintracht und Frömmigkeit, eben der Concordia, geweiht gewesen sei, nicht aber für ein Wirtschaftsgebäude. Allerdings fungierten in der Antike solche Heiligtümer auch als Märkte, wie das Beispiel des Heiligtums des Hercules Victor aus Tibur/Tivoli zeigt (Santillo Frizell 2009), so dass das letzte Wort in dieser Angelegenheit noch nicht gesprochen scheint.

Die Frage nach dem Charakter der antiken Wirtschaft ist in Walkereien

Pompeji eng mit dem gut belegten Walkergewerbe verbunden. Aus der Via dell'Abbondanza stammen die Fresken, die Einblicke in das Wirtschaftsleben der Stadt bieten. Auf einem Fassadenbild einer Filzhändlerin, das als Ladenschild diente (Mielsch 2001, Abb. 200), ist der Gott des Handels, Merkur, zu sehen, der über ihre Geschäfte wacht. Insgesamt vier Filzwerkstätten sind nachgewiesen. Ein anderes ›Ladenschild‹ zeigt die Werkstatt des Verecundus, den John Peter Wild als Wollkämmer identifiziert hat (Wild 1967/1970, Tafel II). Andere halten ihn für einen Kleiderhändler, *vestarius* (Jongman 1988, 165). Beides ist möglich. Das Kämmen der Rohwolle steht am Anfang des Fertigungsprozesses von Textilien. Graffiti mit Preisangaben für Tuniken (CIL IV 9108) belegen die Existenz von Verkaufsstätten für Kleidung. Aber auch Wolle kann verkauft worden sein. In Regio IX vii, 20 verzeichnet eine Inschrift 18 Pfund Wolle (CIL IV 5363). Allerdings sind für Pompeji kaum Textilwerkstätten, d. h. Spinnereien und Webereien, nachgewiesen, dafür aber zahlreiche Walkereien. Insgesamt 237 Walker, Färber und Filzer hat Walter O. Moeller gezählt, der für Pompeji von einem florierenden Textilgewerbe ausgeht (Moeller 1976). Belegt sind vier Weber und elf Spinnerinnen. Deshalb meint Willem Jongman, dass das Textilgewerbe Pompejis allein auf die Walkerei begrenzt war, zumal nur für Walker Berufsvereinigungen, *collegia*, nachgewiesen sind (Jongman 1988, 162 f.).

Walker bearbeiten neu gewebte Stoffe und reinigen alte Kleidung. Ein solcher Fertigungsvorgang ist ebenfalls auf einem der ›Ladenschilder‹ dargestellt. Auf ihm sind vier Walker zu sehen, die den Stoff in einem Trog treten, der vermutlich eine Flüssigkeit, bestehend aus Wasser und Soda und anderen alkalischen Substanzen wie Urin, enthielt. Nach diesem Vorgang wurde der Stoff mit Walkererde behandelt, also mit einer Tonsorte, die den Stoff entfettet und geschmeidig macht. Danach wurde der Stoff mit Holzschlegeln bearbeitet, um das Gewebe zu verdichten, und dann gewaschen, um ihn zu reinigen und einlaufen zu lassen. Danach wurde der Flaum geschoren und der Stoff der Wirkung von Schwefelanhydrid ausgesetzt, um ihn zu bleichen. Dafür spannte man den Stoff auf runde Käfige, die Weidenkörben ähneln, wie dies ebenfalls im Bild dargestellt war. Unter den Käfig setzte man vermutlich ein Becken mit entzündlichem Schwefel. Danach folgte die Appretur. Weiße Stoffe wurden mit Stein gerieben, bunte mit Ton, dann wurden sie gebürstet und geschoren (Wild 1967, Abb. 74 und 75).

Aus Wahlinschriften lassen sich Schlüsse auf die politische Zugehörigkeit der Walker ziehen. Belegt ist ein L. Veranius Hypsaeus, der zweimal als *duovir* und einmal als *quinquennalis* kandidierte und als Besitzer der Walkerei in Regio VI viii 20–21 gilt (Tafel 141 und 142, ed. Hüttemann). Die Schlussfolgerung basiert auf der verstümmelten Inschrift CIL IV 193, wo *vicini* einen ...SAEVM QVINQ / D.R.P. unterstützen. Aus SAEVM lässt sich ein *Hypsaeum* lesen, zumal in der Straße diese Person mehrfach in Wahlinschriften, *programmata*, auftaucht. *Vicini* sind hier nicht als Nachbarn, sondern als Mitglieder eines Collegiums der *lares Compitales* des *vicus* zu verstehen. Die Frage ist, ob die Besitzer der Walkerei zur politischen Elite gehörten. Mit anderen Worten: Gab es eine Unternehmerschicht, die zur politischen Elite gehörte, oder gab es eine politische Elite, die neben Landgütern auch Werkstätten besaß?

Textilunternehmer?

Eine ökonomische Literatur, die Aufschluss über die Organisation des Gewerbes bieten könnte, gibt es nicht. *Oikonomía* ist die Hauswirtschaft, und diese ist auf die Agrarwirtschaft und die Verarbeitung der agrarischen Zeugnisse ausgerichtet. Die bekannteste Schrift ist die Hauswirtschaftslehre des Griechen Xenophon aus dem 4. Jh. v. Chr.; die römischen Autoren Cato (*de agricultura*), Varro (*res rusticae*) und Columella (*de re rustica*) knüpfen daran an. Bei ihren Schriften, die ab dem 2. Jh. v. Chr. entstehen, handelt es sich um Lehrschriften zur Landwirtschaft, nicht zum Gewerbe.

Bei der Lektüre der römischen Agrarschriftsteller, die alle aus der Schicht der politischen Elite stammen, zeigt sich, dass auf den Landgütern nicht nur Spinnen und Weben stattfand, sondern auch gewalkt wurde. Varro erwähnt nebenbei, dass Landwirte, die ein marktfernes Gut betreiben, gerne auch Ärzte, Walker und Schmiede ein Jahr lang unter Vertrag nehmen; d. h. Walkertätigkeit ist eine Dienstleistung und keineswegs mit einem hohen Status verbunden. Es kann sich also um ›Lohnwerker‹ im Sinne Karl Büchers handeln, die ihre Fertigkeit, nicht ein Produkt verkaufen. Material und Ausstattung werden gestellt; er kann daher ohne Kapital wirtschaften. Ein solcher Walker ist mitnichten ein Unternehmer. Betrachten wir das Diokletianische Preisedikt, eine Festsetzung von Höchstpreisen aus dem Jahre 301 n. Chr., so ist dort für das Walken neuer Kleidung detailliert der Stücklohn aufgeführt: Das Walken eines ungemusterten, aus grober Wolle hergestellten Unterkleides kostet hier 20 Denare (1 Denar = 18 Pfennig um 1900), 600 Denare sind als Höchstpreis für das Walken einer neuen ganzseidenen Frauen-Dalmatica angesetzt. All dies spricht nicht gerade für ein Unternehmerdasein, sondern eher für einen Lohnwerker, der unterschiedlich viel Zeit für die Appretur und das Walken von Kleidungsstücken benötigt. Einzig die Verpachtung der Walkereien oder auch von Steuereinkünften aus der Verpachtung könnte ein lukratives Geschäft für die pompejanische Elite gewesen sein, deren Mitglieder die reich ausgestatteten Villen bewohnten. Dafür gibt es Hinweise in dem Archiv des Freigelassenen L. Caecilius Jucundus, das Jean Andreau ausgewertet hat. Jucundus pachtete im Jahre 58 v. Chr. zum dritten Mal für 1.652 Sesterzen eine Walkerei (Tafel 142, ed. Hüttemann). Willem Jongman vermutet, dass er nicht die Walkerei, sondern die Steuereinkünfte der Walkerei pachtete, da er auch als Pächter von öffentlichen Weiden bzw. Herdensteuern, der *vectigalia publicum pascuorum*, auftritt (Jongmann 1988, 175–187).

Textilien für das Heer?

Die Häufung der Walkereien ist jedoch erklärungsbedürftig. Da Pompeji eine Veteranensiedlung war und in der Nähe, in Misenum, die kaiserliche Flotte ankerte, ist es denkbar, dass Pompejis Walkereien nicht nur für den lokalen Bedarf produzierten, wie Jongman annimmt (1988), sondern auch für ein weiteres Umland – für den Armeebedarf. Eine derartige Konzentration von Walkereien in der Nähe von Garnisonsstädten ist auch für das nordafrikanische Timgad belegt (Wilson 2001). Pompeji wäre dann als Produzentenstadt einzuschätzen, aber mit der Einschränkung, dass die Besitzer von Produktionsstätten sich nicht von der landbesitzenden Elite unterschieden. Eine unabhängige Fabrikanten- oder Kaufmannsschicht wird man im antiken Pompeji vergeblich suchen.

Nach den Untersuchungen von Jean Andreau beschränkten sich die wirtschaftlichen Aktivitäten der römischen Elite nicht nur auf die Landwirtschaft: Verpachtung, Vermietung und Geldverleih waren lukrative Felder. Nicht die Vermarktung landwirtschaftlicher oder gewerblicher Erträge, sondern die städtischen Einkünfte aus Verpachtung und Vermietung bildeten die eigentliche Quelle des monetären Reichtums der Römer (Andreau 1999). Als Beispiel ist Cicero zu nennen, der nicht nur mehrere Landgüter in Tusculanum, in Pompeji, am Lacrinersee und in Cumae besaß, sondern auch Einkünfte (*fructus*) aus städtischem Besitz bezog: aus der Verpachtung oder Vermietung von *tabernae* in der kampanischen Hafenstadt Puteoli. Dieser Besitz brachte ihm, wie er seinem Freund Atticus mitteilt, mit dem er im regen Briefverkehr stand, 80.000 Sesterzen jährlich ein (Cicero, *epistulae ad Atticum* 14,16,1 und 15,1,5). Städtischer Besitz war allerdings mit Risiken behaftet. »Mir sind zwei Baracken (*tabernae*) eingestürzt«, schreibt Cicero an seinen Freund Atticus am 17. April 44 v. Chr., »und die übrigen ziehen Risse. Daraufhin haben nicht nur die Mietsleute, sondern auch die Ratten das Weite gesucht« (Cicero, *epistulae ad Atticum* 14,9,1). Auch der spätantike Rhetor Julianus hielt städtischen Besitz für ertragreicher als landwirtschaftliche Güter (Aulus Gellius, *Noctes Atticae* 15,1,1–3). Diese Elite, die nach städtischen (Renten-)Einkünften schielte, war eben kein Bürgertum und repräsentierte keine Unternehmerschicht. Zu einer Trennung zwischen städtischer und ländlicher Elite kam es nach Helen Parkins nicht. Entsprechend konsumtiv orientiert war auch die Verwendung der städtischen Einkünfte: Oftmals wurden gerade die Einkünfte aus Vermietung und Verpachtung für die Finanzierung der Mitgift genutzt oder für Aufwendungen im Rahmen der politischen Karriere ausgegeben. Ciceros Gattin Terentia bezog aus den *insulae* auf dem Aventin in Rom 400.000 Sesterzen an Einkünften; an seine Tochter Tullia gab Cicero den Nießbrauch (*fructus praedia*) der städtischen Besitztümer als Mitgift (Cicero, *epistulae ad Atticum* 11,2,2). Vergleichbare Finanzmittel waren laut Nathan Rosenstein (2008, 24) durch die Vermarktung von agrarischen Erzeugnissen nicht zu erzielen. Wurden Kredite aufgenommen, so waren sie für konsumtive, nicht für produktive Zwecke gedacht (Andreau 1999). Um mit Bourdieu'schen Kategorien zu sprechen: Die stete Verwandlung von »ökonomischem« in »symbolisches« Kapital kann als entscheidendes Merkmal dieser fehlenden Trennung zwischen politischer und ökonomischer Elite angesehen werden (Flaig 2007, 154).

Zum Zeitpunkt des Vesuvausbruchs war unser Chronist des Ereignisses, Plinius der Jüngere, 18 Jahre alt (*epistulae* 6,20,5) und hielt sich

Der Tod des Plinius

zusammen mit seiner Mutter bei deren Bruder, Gaius Plinius Secundus, auf. Der ältere Plinius war *praefectus* der kaiserlichen Flotte, die im Golf von Neapel bei Misenum stationiert war. Plinius der Jüngere hieß zu diesem Zeitpunkt noch Gaius Caecilius. Den Namen Gaius Plinius erhielt er per Adoption; der Onkel hatte die Adoption testamentarisch verfügt. 27 Jahre später, im Jahre 105 n. Chr., bittet ihn Tacitus um einen Bericht über den Ausbruch, weil er beabsichtigt, die Umstände des Todes von Plinius des Älteren in seinem Geschichtswerk *Historiae* zu behandeln. Der Teil, der diese Jahre zwischen 69 und 96 n. Chr. beschreibt, ist uns nicht erhalten geblieben. Bekannt aber ist der Bericht des jüngeren Plinius, den dieser in seine Briefsammlung, *epistulae*, aufgenommen hat. Auch wenn die beiden Briefe die Naturereignisse anschaulich wiedergeben, so ist der Zweck der Darstellung doch ein anderer: Es geht um Verhaltensweisen, um die appellative Auskunft über nachahmenswerte moralische Qualitäten eines Menschen, um *virtutes*. Eben diese erschienen einem Historiker wie Tacitus überliefernswert und deshalb interessiert er sich für den *exitus*, den Tod des älteren Plinius. Es handelt sich um stoische Tugenden wie Wissbegierde (*prudentia*), Umsicht (*cautio*), Tapferkeit (*fortitudo*) und Wohltätigkeit (*beneficentia*), die zu dieser Zeit das Denken stark beeinflussten (Neumeister 2005, 279–285; Copony 1987).

Der Ausbruch des Vesuvs, die pinienförmige Eruptionswolke, war von Misenum aus zu sehen gewesen und weckte nach Auskunft des Neffen den Wissensdurst des Flottenkommandanten. Als ihn das Bittschreiben einer gewissen Rectina erreicht, die unterhalb des Vesuvs eine Villa hat, kommt seine Hilfsbereitschaft zum Vorschein, in der Terminologie der stoischen Ethik, die Wohltätigkeit: *beneficentia*. Er lässt einige Schiffe flott machen und fährt direkt auf die pyroklastische Wolke zu. Damit legt er auch die dritte Kardinaltugend an den Tag, die Tapferkeit, *fortitudo*. Plausibel erscheint das nicht. Denn Rectina, die offensichtlich über ein Schiff verfügt haben muss – sonst hätte sie keine Nachricht schicken können –, war auf die Hilfe des Flottenkommandanten vermutlich gar nicht angewiesen (Copony 1987). Vom Schicksal der Bittstellerin erfahren wir im Laufe der Schilderung denn auch nichts mehr. Vielmehr geht es nun um das Ende des Plinius. Aufgrund der vulkanischen Niederschläge kann Plinius den Kurs nicht halten; der Steuermann rät ihm,

Kurs auf Stabiae zu nehmen. Dort trifft er auf einen Freund namens Pomponianus, der zur Flucht bereit ist. Um diesem die Angst zu nehmen, legt Plinius ostentative Sorglosigkeit an den Tag: Er nimmt ein Bad, lässt die nachmittägliche Hauptmahlzeit auftragen, zeigt aber dennoch im Verlauf eine weitere stoische Kardinaltugend: Vorsicht, *cautio*, statt Furcht, *timor*. Als es nun auch in Stabiae Asche und Bimsstein regnet, berät er sich mit dem Freund, und sie binden sich Kissen auf den Kopf, um sich vor den herunterfallenden Steinen zu schützen (*epistulae* 6,16,16). Da das Meer zu unruhig ist, können sie nicht die Schiffe besteigen. Als Schwefelgeruch die kleine Gruppe aufschreckt und alle von Furcht ergriffen werden, bewahrt Plinius Ruhe. Er erhebt sich vom Lager, bricht aber in diesem Augenblick zusammen. Der Qualm nimmt ihm den Atem. Er erstickte, konstatiert der Neffe (*epistulae* 6,16,19), ein plötzliches Herzversagen vermuten heutige Mediziner (Copony 1987). Auch hier geht es nicht um die wissenschaftlich korrekte Darstellung des Gewesenen, sondern um etwas Anderes. Ruhig und gefasst, so erfahren wir von Plinius dem Jüngeren, ist der Flottenkommandant aus dem Leben geschieden. Ruhige Todesgefasstheit auch in plötzlich eintretenden Katastrophen an den Tag zu legen, das ist die philosophische Botschaft vom *exitus* des Plinius des Älteren.

3.9 Weltwunder Kolosseum und die Kultur der Spiele

Im Jahre 80 n. Chr. wurde das *Amphitheatrum Flavium*, das im Mittelalter als Kolosseum bezeichnet wurde, nach nur zehnjähriger Bauzeit eingeweiht. Begonnen hatte es Vespasian nach dem Tode Neros im Jahre 70 n. Chr. Sein Sohn Titus vollendete das Bauwerk, das 50.000 Menschen Platz bot. Heutige Theater haben in der Regel nicht mehr als 2.000 Sitzplätze. Mit seinen 527 Metern Umfang und seiner 57 Meter hohen Fassade gehört das Kolosseum zu den größten Bauwerken des antiken Rom. Der Dichter Martial (40–103 n. Chr.) hat eine Eloge auf das Bauwerk hinterlassen, das alle anderen Weltwunder, *thaumata* (»Schauwerke«) genannt, in seinen Augen aus-

Amphitheater

stach: »Das barbarische Memphis schweige von den Wundern der Pyramiden,/mit Babylon prahle nicht assyrische Leistung;/ auch lobe man nicht wegen Trivias Tempel die weichlichen Ionier;/ der Altar, aus vielen Hörnern geschichtet, verleugne den Namen Delos,/ und das im luftigen Raume schwebende Mausoleum/ sollen die Karer nicht mit übermäßigem Lob zu den Sternen erheben./ Jegliche Leistung tritt nunmehr vor dem kaiserlichen Amphitheater zurück:/ Ein einziges Werk für alle nennt künftig der Ruhm« (Martial, *de spectaculis liber* 1).

Ihren Siegeszug nahmen solche Amphitheater erst in der Kaiserzeit. 220 steinerne Arenen sind heute nachweisbar (Flaig 2003b, 246). Der Bau steinerner Theater war bis zum Ende der Republik verboten. Der Antrag der beiden Zensoren Valerius Messala und Cassius Longinus aus dem Jahre 154 v. Chr., eine feste Spielstätte zu errichten, wurde vom Senat abgelehnt. Sogar die hölzernen Gerüste für Sitzplätze ließ Gaius Gracchus im Jahre 123 abreißen, damit das Volk ungehindert Zugang hatte. Im 1. Jh. v. Chr. gelang es jedoch Marcus Aemilius Scaurus, mit ephemeren Bauten das Volk zu beeindrucken. Zu einem Trick griff Pompeius, der im Jahre 55 v. Chr. erste steinerne Zuschauertribünen errichten ließ, die als Stufen zu einem Tempel der siegbringenden Venus (*Venus Victrix*) konzipiert waren. Das ein wenig später von Caesar begonnene und von Augustus vollendete Theater, das nach einem früh verstorbenen Neffen Marcellus-Theater benannt wurde, wurde im Jahre 13 oder 11 v. Chr. eingeweiht (Sinn 2006, 425–426) und ist heute vom Kapitol aus gut zu sehen.

Ludi für die Götter Die *ludi* (Spiele), die in Rom durchgeführt wurden, gehorchten einer anderen Logik als die Wettkämpfe und Dramenaufführungen, die in Griechenland im Rahmen von Götterfesten veranstaltet wurden. Während in griechischen Theatern oder Arenen Bürger gegeneinander antraten, waren es in Rom Unfreie oder ehrlos gewordene Bürger. Die Bürger waren Zuschauer, nicht Akteure. Aber auch hier waren die Wettkämpfe in rituelle Kontexte wie Totenfeiern oder Götterfeste eingebunden. Die Einweihung des Tempels der kapitolinischen Trias, Iuppiter, Iuno und Minerva, auf dem Kapitol im Jahre 509 v. Chr. soll Anlass zur Stiftung der *ludi romani magni* gewesen sein, die ab 366 v. Chr. alljährlich abgehalten wurden. Ende des 3. Jhs. v. Chr. vervielfältigte sich die Zahl der Spiele: 216 v. Chr. wurden die *ludi plebei* zu Ehren des Iuppiter eingeführt, die vom 4. bis zum 17. November dauerten; 212 oder 208 v. Chr. kamen die *ludi apollinares* zu Ehren Apolls (6.–13. Juli) hinzu; 204/194 v. Chr. wurden die *ludi megalenses* zu Ehren der Göttin Kybele (4.–10. April) eingerichtet; 202 v. Chr. folgten die *ludi ceriales* zu Ehren der Göttin Ceres und 173 v. Chr. die *ludi florales* zu Ehren der Göttin Flora (Bernstein 1998; Köhne 2000, 15 f.).

Egon Flaig erklärt diese Zunahme mit der Notwendigkeit, nach den Punischen Kriegen den sozialen Konsens zwischen der *plebs* und der Senatsaristokratie zu beschwören. Ihm zufolge stellen die Spiele Konsensrituale dar: »Im Fest erneuerte sich das Jahr und der Kosmos, es erneuerte sich die politische Gemeinschaft, und es reproduzierte sich die soziale Ordnung, welche in Rom viel hierarchischer war als in Hellas und sich darum im Fest anders darstellte« (Flaig 2003b, 233). Diese soziale Ordnung spiegelte sich in der Sitzordnung. Seit Einführung der *ludi romani* wurden den Senatoren (*ordo senatorius*) gesonderte Sitzreihen zugewiesen; seit der lex Roscia (67 v. Chr.) waren die 14 Sitzreihen hinter den Senatoren für die Ritter reserviert. Auf den höchsten Rängen saßen Nicht-Bürger und die Frauen – ausgenommen die Kaiserfrauen, für die es besondere Ehrenplätze gab. Anlass der Stiftung waren stets Krisensituationen: Die *ludi apollinares* antworteten auf die Niederlage der Römer bei Cannae; die *Floralia* dienten der Einhegung des Konfliktes zwischen Großgrundbesitzern und dem Volk um den *ager publicus*, der nach den Punischen Kriegen ausbrach, und sollte die *concordia*, die Eintracht, bekräftigen (Flaig 2003b, 234).

Die Spiele bestanden laut Cicero (*de legibus* 2,38) ursprünglich aus Wettlauf, Boxen, Ringen und vor allem Wagenrennen; ab dem 3. oder 2. Jh. v. Chr. kamen Tierhetzen (*venationes*) hinzu. Auf etruskischen Einfluss ist die Einführung der *ludi scaenici*, Schauspiel, Tanz, Pantomime, Tragödie, Komödie, zurückzuführen. Von diesen Disziplinen lassen sich Belege für Wagenrennen am weitesten zurückverfolgen. Sie wurden in der Senke zwischen Palatin und Aventin abgehalten, wo in der Kaiserzeit der *circus maximus* gebaut wurde. Die Wagenrennen beginnen mit dem etruskischen König Tarquinius Priscus und enden mit dem Gotenkönig Totila, der im Jahre 549 n. Chr. die letzten Spiele im *circus maximus* abgehalten haben soll (Pro-

circus maximus

kop, *Gotenkriege* 3,37,4). Ein erfolgreicher Wagenlenker konnte sehr reich werden: Die Summe von 36 Millionen Sesterzen ist im Falle des Wagenlenkers C. Apuleius Diocles überliefert, der aus Spanien stammt (Knauß 2004, 20). Die Wagenlenker waren organisiert. Es gab nach Farben benannte Rennställe (*factiones*), die Weißen (*alba*), die Roten (*russata*), die Grünen (*prasina*) und die Blauen (*veneta*), die miteinander konkurrierten. Auch dieser Ort war religiös konnotiert. Nach den Aussagen des Ammianus Marcellinus galt der *circus maximus* den Römern als »ein Tempel, ein Heim, ein Traum und das Ziel ihrer Hoffnungen« (28, 4, 29–31).

Gladia-
torenspiele
    Während die Spiele, die den Göttern galten, alljährlich durchgeführt wurden, hielt man die außerordentlichen *ludi* nur zu bestimmten Anlässen ab, bei öffentlichen Begräbnissen (*munera gladiatoria*) oder bei Triumphen, die einem siegreichen Feldherrn gewährt wurden. Die Gladiatorenspiele, *munera gladiatoria* bzw. *ludi gladiatorii*, wurden erst im 3. Jh. v. Chr. in Rom heimisch. Sie gehörten zu den irregulären Spielen und stammten vermutlich aus Kampanien. Tertullian (*de spectaculis*), ein christlicher Autor des 2. Jhs. n. Chr., der in Karthago lebte, führte die Gladiatorenspiele auf die Opferung von Kriegsgefangenen und straffällig gewordenen Sklaven anlässlich von Bestattungen zurück. In der Tat kennen wir aus Gräbern in Etrurien und Kampanien die befremdliche Darstellung von gefesselten und verhüllten Menschen, die mit einer Keule bewaffnet sich eines wilden Hundes erwehren. Beischriften kennzeichnen diese Person als Phersu (»Maske«). Nikolaos von Damaskus (64 v. Chr.) leitet die römischen Gladiatorenspiele von diesen Phersu-Kämpfen ab. Für Servius (um 400 n. Chr.), den Kommentator der Aeneis des Vergil, stellten die Spiele der Römer indes eine Weiterentwicklung dar, insofern der Mensch nun eine realistische Möglichkeit erhielt, sich durch seine kämpferische Überlegenheit der Opferung zu entziehen (Sinn 2006, 421).

    In Rom ließen erstmals die Söhne des Senators Decimus Iunius Pera anlässlich der Bestattung ihres Vaters im Jahre 264 v. Chr. drei Gladiatorenpaare auf dem Forum Boarium gegeneinander kämpfen (Sinn 2006, 420). Die Zahl vervielfältigte sich rasch. Beim Begräbnis des Marcus Aemilius Lepidus im Jahre 216 v. Chr. traten schon 22 Kämpferpaare auf; im Jahre 174 bei der Bestattung des T. Quinctius Flamininus waren es dann 74 Gladiatorenpaare. Eine solche Darbietung kostete 720.000 Sesterzen, fast so viel wie das Mindestvermögen eines Senators. 320 Gladiatorenpaare mit Rüstungen aus massivem Silber bot Julius Caesar im Jahre 65 v. Chr. auf, um Pompeius zu übertrumpfen, der anlässlich des ihm bewilligten Triumphes im Jahre 79 v. Chr. 20 Kampfelefanten im *circus maximus* vorgeführt hatte (Sinn 2006, 424). In dieser Zeit, ab 42 v. Chr., wurden die Gladiatorenspiele nun auch Bestandteil offizieller Feste und verbreiteten sich im gesamten Römischen Reich. Bildliche Darstellungen von Gladiatorenkämpfen finden wir deshalb in allen Teilen des Römischen Reichs, auf der italischen Halbinsel ebenso wie in Nordafrika.

Die Gladiatoren setzten sich aus verurteilten Verbrechern, Kriegsgefangenen und Sklaven zusammen. Seit dem frühen 1. Jh. v. Chr. entstanden Gladiatorenschulen, in denen die zwangsweise rekrutierten Sklaven und Kriegsgefangene zu professionellen Gladiatoren ausgebildet wurden (Sinn 2006, 424). Die älteste Gladiatorenschule stand in Capua; von dort ging im Jahre 73 Chr. v. Chr. der von Spartacus geleitete Sklavenaufstand aus, dessen Niederschlagung zwei Jahre später Crassus gelang. Wer *ad ludum* verurteilt wurde und als Gladiator oder als Tierkämpfer, *venator*, kämpfen musste, erhielt nach drei ›Dienstjahren‹ das hölzerne Schwert und musste nicht mehr in der Arena kämpfen. Er versah seinen Dienst in der Gladiatorenschule. Nach fünf Jahren konnte er mit der Freilassung rechnen, es sei denn, er war ursprünglich ein Sklave. Diese wurden nicht zu römischen Bürgern – das verhinderte die augusteische *Lex Aelia Sentia* des Jahres 4 n. Chr. –, aber sie wurden zu freien Reichsbewohnern (*peregrini dediticii*). Überlebende Gladiatoren wurden also in den Bürgerverband wieder eingegliedert. Man hat geschätzt, dass im 1. Jh. n. Chr. ein Gladiator eine 80-prozentige Überlebenschance hatte, im 3. Jh. n. Chr. verringerte sich die Wahrscheinlichkeit auf 50 Prozent.

Nicht nur der Sieger, auch der Unterlegene hatte eine Überlebensaussicht. Die Entscheidung, ob der Besiegte am Leben bleiben und die *missio* erhalten sollte, hing vom Eindruck ab, den die Zuschauer erhalten hatten: Hatte der Besiegte tapfer genug gekämpft? Formal war die Entscheidung Sache des Spielgebers, des *munerarius*.

»Wenn der Spielgeber anders beschloß, als die zuschauenden Bürger es wünschten, stellte er sich gegen die gesamte Bürgerschaft. Genau hier lag das politische Problem« (Flaig 2003, 249). Der Spielgeber hatte die Stimmung zu erfassen, die codierten Gesten zu erfassen, die die Alternative »*missio*« oder »Tod« signalisierten. Das Urteil über die Würdigkeit des Verfemten war Sache des Volkes, dessen Meinung der Spielgeber erkennen musste. Diese Verfemten waren es, die den Bürgern Verhaltensweisen vorführten, die als Bürgertugenden galten: Disziplin, Todesverachtung. »Welcher auch nur einigermaßen tüchtige Gladiator hat je gestöhnt und hat seine Miene verzogen?«, meinte Cicero in seinen Gesprächen in Tusculum (Cicero, *Tusculanae disputationes* 2,41; Flaig 2003b, 245). Wer sich furchtsam zeigte, wurde von der *plebs* verhöhnt (Knauß 2004, 21). Im Unterschied zu politischen Versammlungen, in denen das Volk über Anträge der Magistrate abstimmte, ging in der Arena die Initiative vom Volk aus. Spielgeber und Volk verständigten sich in der Arena, ob sie in der Einschätzung der römischen Bürgertugenden übereinstimmten, der Spielgeber die *virtus* des Gladiators zu erkennen vermochte und zu belohnen wusste. Laut Flaig spielte sich hier ein Konsensritual ab. Drusus, der Sohn des Tiberius, der im Jahre 15 n. Chr. zu viele Gladiatoren töten ließ, nährte laut Tacitus (*Annalen* 1,76,3) Missstimmung im Volk. Ein potentieller Nachfolger, der keine Ahnung von der *virtus* hatte und keine *clementia*, Milde, walten ließ, war nicht akzeptabel (Flaig 2003b, 238–243).

Hellenisierung der Spiele Die römischen Spiele blieben nicht, was sie einmal waren. Eine Reihe von Kaisern unternahm Versuche, die Spiele zu hellenisieren. Bereits ab 46 v. Chr. traten auch Ritter- und Senatorensöhne in der Arena auf, »sittlich verkommene junge Leute«, wie Sueton in seiner Vita des Tiberius (35,2) urteilt. Sie suchten die Arena nach hellenischer Tradition als Möglichkeit, Ruhm und öffentliche Auszeichnung zu gewinnen. Die Kaiser verhielten sich unterschiedlich. Caligula verhängte Todesstrafen gegen Rittersöhne, die in der Arena auftraten; unter Kaiser Nero blieben alle unterlegenen Gladiatoren am Leben; die Gladiatur verlor ihren Charakter als Kampf auf Leben und Tod. Stattdessen traten nun vermehrt Angehörige des Senatoren- und Ritterstandes auf, Männer wie Frauen. »Daß in dem weiten Tal von Nemea der Löwe erlegt wurde,/ besang die Sage als berühmte Herkules-Tat./ Das Zeugnis aus der Vorzeit verstumme jetzt! Denn nach den Spielen, die du uns, Caesar, geschenkt hast,/ sahen wir: Das konnte schon von Frauenhand geleistet werden«, dichtet Martial (*de spectaculis liber* 6 b) anlässlich des von Titus inszenierten Kampfes einer Frau gegen einen Löwen (Sinn 2006, 429). Die Gladiatur bekam den Charakter einer verkehrten Welt. Auch Nero trat auf, als Sänger, nicht als Gladiator. Das tat im Jahre 180 n. Chr. erst der zum Gladiator ausgebildete Kaiser Commodus (Sinn 2006, 431). Neros Versuche der Hellenisierung – er trat ja auch in Olympia auf – scheiterten, aber die Gladiatur veränderte sich dennoch. Das Prinzip der Vergeltung anstelle der Wiedereingliederung durch *virtus* setzte sich durch. Schreine für Nemesis, der Göttin der Vergeltung, tauchten auf; der Tod in der Arena wurde zum Triumph der römischen Ordnung über ihre Feinde umgedeutet.

Am 7. März 203 wurden mehrere junge Christen zusammen mit ihrem geistlichen Lehrer im Amphitheater von Karthago hingerichtet. Darunter befanden sich auch die reiche Karthagerin Vibio Perpetua und ihre Sklavin Felicitas, die dem Kaiser das Opfer verweigert hatten. Die Strafe *ad ludum* bzw. *ad bestias* drohte nicht nur bei Kapitalverbrechen wie Mord oder Raub; auch religiöse Vergehen wie der Widerstand gegen den Kaiserkult wurden mit dem Tod in der Arena geahndet. Das körperliche Leiden aber kann in diesem Fall der verurteilten Christin nichts anhaben. In einem Traumgesicht sieht sich Perpetua als erfolgreiche Gladiatorin agieren; sie wird wie ein Athlet gesalbt und besiegt ihren Gegner, einen hünenhaften Ägypter; das Volk bricht in Jubel aus. In der Schilderung ihres Todes in der Arena ist sie es selbst, die das Schwert des Gladiators ergreift und gegen sich richtet; der Gladiator ist dazu nicht in der Lage. Die Botschaft: Mannhafter Mut, nicht passives Leiden bestimmt das Erleben der Märtyrerin (Habermehl 2000).

Die Traumerzählung der Perpetua und ihre Leidensgeschichte sind in der berühmten *Passio Sanctarum Perpetuae et Felicitatis* (Passion der Heiligen Perpetua und Felicitas) überliefert. Die Passion gehört zu den frühesten Schriften über das Leben und Sterben von Märtyrern, die im späten 2. Jh. n. Chr. entstanden und eine neue literarische Gattung der Hagiographie begründete. Märtyrererzählungen handeln grundsätzlich vom guten Tod, der in der Antike in

Christen in der Arena

vielfältigen Kontexten eine Rolle spielte. Hatte in der frühgriechischen Dichtung der gute Tod des Kriegers in der Schlacht eine Vorbildfunktion, so zielten Schilderungen vom grausamen Foltertod des Philosophen, die in den Schriften von Historikern zu finden sind, auf Herrscherkritik (Zimmermann 2013). Folter ist Teil der Tyrannenimago; Erzählungen vom Foltertod des Philosophen dienten der Delegitimierung von Herrschaft. Eine andere Tradition bildeten biblische Erzählungen, *exempla*-Ethik und die »freie Rede« (*parrhesia*) des Philosophen vor dem Herrscher (Waldner 2008). Auch der Tod der Christin in der Arena implizierte Herrscherkritik; vor allem aber ging es um Identitätsstiftung. Diese war zwar an körperliches Leid gebunden, erzählte aber von der Überwindung der Leiblichkeit, weil die Folter dem wahren Gläubigen nichts anhaben kann (Diefenbach 2001, 99–131). Damit wurde eine Nähe zum Göttlichen evoziert, die in dieser Form eine Neuerung darstellte. Zwischen 200 und 400 n. Chr. entstand eine neue Gruppe von Spezialisten des Übernatürlichen, zu denen neben Märtyrern auch Asketen, Apostel und Bischöfe gehörten. Neu war, dass es sich um menschliche Träger des Übernatürlichen handelte. Darin unterschieden sich die Märtyrer von den alten Heroen der paganen Kultur, die über ihre Abkunft Anteil am Göttlichen, an der Unsterblichkeit, hatten. Über hagiographische Schriften wurde diese Botschaft, dass Nähe zu einem göttlichen Patron Schutz bedeutet, in den neuen Christengemeinden verbreitet (Brown 1986, 45–52 und 96). Auch dieses ›Patronageverhältnis‹ war ebenso wie das der paganen Kulturen vom Austausch von Gaben und Gegengaben bestimmt. Nur realisierte sich die Gegenleistung nicht so sehr in der diesseitigen Welt; die Gläubigen erwarben vielmehr mit ihren Gaben einen Schatz im Himmel (Brown 2017).

Die Verfolgung der Christen, deren Anfänge im Dunkeln liegen, erreichte unter Kaiser Decius (248–251) ihren Höhepunkt und endete mit der Anerkennung des Christentums unter Kaiser Konstantin (308–337). Dieser ließ sich angeblich auf dem Sterbebett taufen. Ende des 4. Jhs., unter Kaiser Theodosius I., wurde das Christentum schließlich zur Reichsreligion. Die Indienstnahme der Götter war nicht neu; den Kaisern wurden seit den Anfängen des Prinzipats postum göttliche Ehren zuteil. Die Politisierung der Götter begann bereits mit Caesar, der sich des Venuskultes bedient hatte. Er führte das Geschlecht der Julier auf Venus zurück. Hellenistische Herrscher leiteten sich von Herakles ab; Konstantin wählte nunmehr Christus, den vergöttlichten Anführer einer judäischen Religionsgemeinschaft. Neu war indes, dass das Göttliche zur Quelle von Herrschaft wurde; der Kaiser gerierte sich als oberste Wissensinstanz (Rüpke 2001, 227–234; Dahlheim 2013).

Weltdeutung war in der Antike grundsätzlich die Sache von Sehern, Philosophen, Astrologen, Magiern und Traumdeutern. Homerische Könige wie römische Feldherren unterwarfen sich dem Spruch der Seher gleichermaßen. Seher und Orakelpriesterinnen, die als Sprachrohr der Götter agierten, (re-)präsentierten die öffentliche Meinung, nicht den Willen des Herrschers (Brown 1986, 69). Ein Beispiel stellt die alte etruskische Disziplin der Eingeweideschau dar. Deren Durchführung war Sache des *haruspex*, der aus der Leber von Opfertieren oder dem Vogelflug den Willen der Götter oder: anders ausgedrückt, die öffentliche Meinung zu erforschen suchte. Die *haruspices* wurden seit Ende des 4. Jhs. v. Chr. vom Senat bei allen wichtigen politischen Unternehmungen befragt. Auch Einzelpersonen – so etwa Julius Caesar – wandten sich an einen *haruspex*, um sich Träume oder ungewöhnliche Vorfälle deuten zu lassen. Der Opferschauer Spurinna soll ihn gewarnt haben, »er möge sich vor einer Gefahr hüten, die nicht länger als bis zu den Iden des März ausbleiben werde«, an denen er tatsächlich ermordet wurde (Sueton, *Iulius Caesar* 81, Übers.: Adolf Stahr). Noch die frühen Kaiser achteten darauf, die Zeichen der Sterne, Wunder und Träume richtig zu deuten, und zogen dazu *haruspices* oder Astrologen heran. Respektlosigkeit gegenüber den Zeichen und Wundern galt als Mangel an *religio*. Geächtet wurde allein der Glaube an fremde Götter.

Im Zuge der Verfestigung der kaiserlichen Macht entzogen sich die Herrscher diesen traditionellen Formen der Weltdeutung. Im Jahre 294, unter der Herrschaft von Kaiser Diokletian, wurde die Astrologie, die *ars mathematica*, verboten, die das Weltgeschehen und das Schicksal des Einzelnen (*fatum*) aus den Sternen erklärte. 341 folgte das Verbot der Eingeweideschau. Die Kontrolle über alte Wissensinstanzen setzte sich unter Constantius II. mit der Kriminalisierung aller traditionellen Formen der Wissenserhebung durch

Kaiserliches Wissensmonopol und das Ende des Glaubens an das fatum der Sterne

Magier und Auguren fort. Hatte eine von Sternen geprägte Identität den Einzelnen dem Wettbewerb sich bekämpfender Kräfte ausgesetzt, was der tatsächlichen Konkurrenz innerhalb der Elite entsprach (Brown 1986, 108), so wurde mit der Kriminalisierung der Astrologen, Magier und Auguren die Ermittlung des göttlichen Willens Sache des Kaisers. Der Einzelne hatte sich dem kaiserlichen Weltdeutungsmonopol zu unterwerfen (Fögen 1993).

Es waren vor allem die christlichen Theologen wie Eusebios, Tertullian und Laktanz, die ein Konkurrenzmodell zu den alten Wissenskonzepten entwickelten, indem sie philosophisches Erkenntnisstreben negierten, anstelle von Wissbegierde den Glauben setzten und damit erstmals göttliches Wissen der menschlichen Erkenntnis entzogen. Zugleich apostrophierten sie die Willensfreiheit des Einzelnen, die Unabhängigkeit vom *fatum* der Sterne. Die Einheit der alten Wissensordnung, der *scientiae rerum divinarum et humanarum*, wurde damit gesprengt. Das Wissen um göttliche und menschliche Dinge wurde nicht mehr als Einheit gedacht, sondern die Trennung von göttlichem und menschlichem Wissen vollzogen. Indem aber die traditionelle Einheit von kaiserlicher und göttlicher Macht bestehen blieb, der Kaiser nun aber Stellvertreter eines mit menschlicher Erkenntnis nicht fassbaren Gottes wurde, entzog sich fortan kaiserliches Handeln dem *fatum* der Sterne, dem es zuvor unterworfen war: Es wurde sakrosankt. Frömmigkeit wurde nun zu einer Ressource der Macht, der sich auch die Frauen des Kaiserhauses – wie etwa von der Kaiserin Theodora überliefert – erfolgreich bedienten (Leppin 2000).

Das Ende der Spiele Im 4. Jh. wurden Gladiatorenkämpfe zu einem selten durchgeführten Ritual; an ihre Stelle trat die Tierhatz, die *venatio*, die bereits im 2. Jh. v. Chr. aufkam (Knauß 2004, 22). Verbrecher wurden zur Zwangsarbeit in die Bergwerke geschickt (ab 325 n. Chr.), nicht mehr in die Arena. Mit der Knappheit an gut ausgebildeten Gladiatoren ist dieser Wandel erklärt worden. Auf mentale Veränderungen hat Paul Veyne verwiesen. Der öffentlich inszenierte tödliche Kampf sei einer befriedeten Gesellschaft nicht mehr angemessen gewesen (Veyne 1988). Man kann den Grund auch in der zunehmenden Distanz des Kaisers vom Volk sehen. Es bedurfte der ludischen Kultur als Ort der Vergewisserung des Normenkonsenses zwischen Herrscher und Beherrschten immer weniger. Die Vervielfältigung der Residenzen, die unter den Tetrachen Ende des 3. Jhs. begann, schmälerte die Bedeutung Roms. Trier (Augusta Treverorum) und Mailand (Mediolanum), unter Diokletian zunächst Münzstätte, dann Residenz, kamen hinzu. Unter Konstantin, 324 n. Chr., wurde Byzanz Sitz des Kaisers und in Konstantinopel umbenannt; das Zentrum des Reichs verlagerte sich zunehmend nach Osten. 395 n. Chr. erfolgte die Teilung in ein weströmisches und oströmisches Reich. Der Sitz des weströmischen Kaisers wurde unter Honorius 404 n. Chr. von Mailand zum Militärhafen Ravenna an der Adriaküste verlegt (Näf 2013, 91). Die stadtrömische *plebs* verlor an politischer Bedeutung. Ende des 5. Jhs. lebten in der einstigen Millionenstadt nur noch einige zehntausend Einwohner; die Elite zog sich auf ihre Landsitze im Umland zurück (Kolb 2007, 117–120; Beard 2016, 569; Woolf 2012, 317). Für diese geschrumpfte *plebs urbana* bedurfte es dieses Konsensrituals nicht mehr. Bereits 408 n. Chr. und dann noch einmal 438 n. Chr. wurden die Gladiatorenspiele verboten (Sinn 2006, 432), das Kolosseum wurde seiner marmornen Schätze beraubt und als Viehstall, Heuboden und Handwerksstätte für Schmiede, Wagenmacher und Kalkbrenner umfunktioniert. Im 13. Jh. wurde die Anlage Besitz der römischen Adelsfamilie der Frangipani, dann der Annibaldi, bis sich der Kirchenstaat der Anlage bemächtigte, sie als Steinbruch ausschlachtete und sie umdeutete – in eine sakrale Stätte. Im 18. Jh. wurden dort 15 Stationstabernakel eines Kreuzweges aufgestellt, die nach der Gründung des italienischen Nationalstaates (1861) und der Eingliederung Roms (1870) entfernt und 1926 wieder zugelassen wurden. Heute führt am Karfreitag der Prozessionsweg des Papstes wieder durch das Kolosseum.

Spätantike Herrscher

Reichsteilung (395)
Westrom: Fl. **Valentianus I.** oo Marina Severa/Iustina (364–375); **Gratianus** oo Constantia/Laeta (367–383); **Valentianus II.** (375–392); **Theodosius I.** (388–395); **Honorius** oo Maria/Thermantia (395–423); **Constantinus III.** oo Galla Placidia (407–411); **Constans** (408–410); Iohannes

(423/24); Valentinianus III. oo Licinia Eudoxia (425–455); Fl. **Petronius Maximus** oo Licinia Eudoxia (455); Fl. Eparchius **Avitus** (455/56); Iulius **Maiorianus** (457–461); **Libius Severus** (461–472); **Anthemius** oo Aelia Marcia Euphemia (467–472); Fl. Anicius **Olybrius** oo Placidia (472); **Iulius Nepos** (474/75); **Romulus Augustulus** (475/76).

Ostrom (Byzanz): **Valens** oo Albia Domnica (364–378); **Theodosius I.** oo Aelia Flavia Flacilla/Galla (379–395); **Arcadius** oo Aelia Eudoxia (395–408); **Theodosius II.** oo Aelia Eudokia (408–450); **Marcianus** oo Pulcheria (450–457); **Leon I.** oo Verina (457–474); **Leon II.** (474); **Zenon** oo Ariadne (474–491); **Anastasios** oo Ariadne (491–518); **Iustinus** oo Euphemia (518–527); **Iustinianus** oo Theodora (527–565).

3.10 Das Ende des Weströmischen Reiches: Wandel oder Niedergang?

Mythos Völkerwanderung

Mehrfach wurde Rom im 5. Jh. n. Chr. Opfer von Plünderungen. Im Jahre 410 n. Chr., nur wenige Jahre nach der Teilung des Römischen Reiches in ein weströmisches und oströmisches Reich, die 395 n. Chr. nach dem Tod von Theodosius I. vollzogen wurde, zog eine Truppe marodierender Goten unter ihrem Anführer Alarich drei Tage lang brandschatzend durch Rom. 14 Tage dauerte der Plünderungszug der Vandalen unter ihrem Anführer Geiserich im Jahre 455 n. Chr. Seit der Mitte des 19. Jhs. hat sich das Bild verfestigt, dass das Römische Reich in einem Ansturm von fremden Völkern untergegangen sei (Dahlheim 1996, 654). Bezeichnend für diese Sicht ist die Formulierung von Ferdinand Gregorovius, der in seiner Geschichte der Stadt Rom von 1859 festhielt: »Das Römische Reich, vom Alter entnervt, wurde durch den Völkersturm der kraftvollen Germanen zerstört« (Gregorovius 1978, 5–7).

Inzwischen ist dieses Bild einer Revision unterzogen worden. Ebenso wie das Konzept der Indogermanischen Völkerwanderung, das lange Zeit das Bild von den Anfängen der griechischen Kultur beherrscht hat, verdankt sich die Vorstellung von der Völkerwanderung, die dem antiken Rom ein unrühmliches Ende beschert haben soll, den Nationalbewegungen des 19. Jhs.: In antiken Quellen findet sich ein entsprechender Begriff nicht. Die Idee der Völkerwanderung basiert auf der Vorstellung großer wandernder Einheiten und weist diesen eine gestaltende Rolle im historischen Prozess zu (Meier 2016, 27; Jussen 2014, 17–19). Eben dies wird zunehmend bezweifelt. Tatsächlich war das Römische Reich seit der Niederlage der Römer gegen die Goten bei Adrianopel (heute Edirne, Türkei) im Jahre 378 n. Chr. immer wieder Plünderungszügen ausgesetzt. Es handelt sich nach Mischa Meier bei diesen Plünderern, die unter den Namen »Westgoten«, »Ostgoten«, »Vandalen« und »Hunnen« bekannt sind, um multiethnische Verbände, die zum Teil auf römischem Boden entstanden und im Kern aus Hilfstruppen im römischen Heer hervorgingen, ehe sie sich unter einem charismatischen Heerführer zu Plünderungszügen zusammenfanden. Diese Entwicklung basiert auf einer Barbarisierung des Heeres, die bereits im 4. Jh. einsetzte. Mit ihr entstand eine neue Militärelite, an deren Spitze Heermeister standen. Diese traten zunehmend in Konkurrenz zu den Kaisern, die seit Theodosius I. immer seltener aktive Heerführer waren (Martin 1997, 53).

Die Entlassung der Hilfstruppen war meistens die Folge von Veränderungen in der politischen Machtkonstallation innerhalb des Römischen Reiches. Als nach dem Tod des Kaisers Theodosius I. (Januar 395 n. Chr.) die gotischen Hilfstruppen von dessen Feldherrn Stilicho entlassen wurden, zogen diese plündernd durch Thrakien. Plünderungen hatten häufig den Zweck, politischen Druck auszuüben und Zugeständnisse wie Militärämter, Geldzahlungen und Gebietszuweisungen zu erzwingen. So wurde Alarich zum Heerführer von Illyrien, zum *magister militum per Illyricum* ernannt, eine Position, die er aufgrund des Machtwechsels an der Spitze des Römischen Reiches wieder verlor. In seinem Falle gelang dennoch die Weitergabe seiner Führungsposition an seinen Nachfolger Athaulf. Dieser versuchte seine Position durch die Heirat mit der Tochter des Theodosius I. und Schwester des weströmischen Kaisers Honorius (395–423 n. Chr.), Galla Placidia, zu stabilisieren (Wieber-Scariot 1999; Bleckmann 2009, 246–249; Meier 2016, 30–38).

Überdauerte die von Alarich geschaffene Dynastie nur eine Generation, gelang dem Vandalenherrscher Geiserich eine Konsolidierung seines nordafrikanischen Reiches über einen längeren Zeitraum. Auf das Jahr 406/07 n. Chr. wird der Übertritt der Vandalen zusammen mit Sueben und Alanen über den Rhein datiert; 429 n. Chr. setzte Geiserich mit angeblich 80.000 Anhängern (einschließlich Frauen und Kindern), wie Victor von Vita, Bischof von Byzancena in Afrika (†490), behauptet, von Spanien über die Straße von Gibraltar nach Nordafrika über. Vermutet wird, dass dieser Überfahrt Anwerbeversuche von Seiten des in Africa agierenden römischen Heerführers Bonifatius vorausgingen, der Verbündete gegen seinen Konkurrenten, den Heermeister Felix, suchte (Bleckmann 2009, 250). Der Titel *rex Vandalorum et Alanorum* verweist auf eine multiethnische Zusammensetzung (Meier 2017, 9–12). Geiserich setzte eine Anerkennung seiner Truppen als *foederati* vertraglich durch, was eine Ansiedlung auf Reichsboden bzw. eine Partizipation an Steuereinnahmen implizierte. Er erhielt Teile der Provinz Numidia mit Hippo Regius, der zweitgrößten Stadt Nordafrikas, begnügte sich aber nicht damit, sondern machte 439 n. Chr. Karthago zu seiner Residenz. Damit erlangte er die Kontrolle über die Getreidelieferungen aus Nordafrika nach Rom und erzwang mit Plünderungsfahrten nach Sizilien, Sardinien und Süditalien die Anerkennung seiner Herrschaft durch den weströmischen Kaiser Valentianus III. (423–455 n. Chr.). Auch er betrieb Heiratspolitik und verlobte seinen Sohn Hunerich mit der Kaisertochter Eudocia. Als der Nachfolger des Valentianus das Heiratsversprechen nicht einhalten wollte, zog Geiserich 455 n. Chr. nach Rom, plünderte die Stadt und verschleppte Eudocia zusammen mit ihrer Mutter Eudoxia und ihrer Schwester Placidia nach Afrika. Mit der Heirat wurde, so Meier, das weströmische Reich quasi zum ›Klientelstaat‹ der Vandalen. Weder gelang den Vandalen die Integration der unterworfenen römischen Bevölkerung noch die Befriedung der Konflikte mit den Anrainern, den Berbern. Sie blieben immer nur eine Elite in einer fremden Umgebung. Unter der Herrschaft des Kaisers Justinian (527–565 n. Chr.), im Jahre 533 n. Chr., wurde das Vandalenreich vom oströmischen Feldherrn Belisar zu Fall gebracht. Zur Prägung des Begriffs Vandalismus als Synonym für sinnlose Zerstörung kam es erst im Zeitalter der Französischen Revolution. Er geht auf Henri Baptiste Grégoire zurück, der in den 1790er Jahren Bischof von Blois war (Meier 2016, 41–49; Vössing 2014; Bleckmann 2009, 249–256; Pohl 2002, 78).

Das oströmische Reich überdauerte das weströmische Reich über Jahrhunderte. Allerdings verlor Byzanz nach und nach seine Provinzen in Nordafrika und im Vorderen Orient an die Araber: 638 n. Chr. fiel Jerusalem, 640 n. Chr. Ägypten und 697 n. Chr. schließlich auch Karthago an die Araber, die 711 n. Chr. dann die Straße von Gibraltar überquerten und ins westgotische Spanien vordrangen. Das oströmische Reich blieb auf Anatolien und Griechenland beschränkt, bis 1453 n. Chr. Konstantinopel von Sultan Mehmed II. erobert wurde. Das weströmische Reich, das bereits im 5. Jh. auf Italien und Südfrankreich zusammengeschrumpft war, wurde im 6. Jh. durch ›barbarische‹ Königreiche ersetzt, die zwar zum Teil die römischen Verwaltungsstrukturen wie das Steuersystem übernahmen, aber kein Weltreich mehr bildeten (Woolf 2012, 328). 476 n. Chr. hatte der kaiserliche Doryphoros (»Speerträger«) Odoaker den weströmischen Kaiser Romulus Augustulus abgesetzt, seine Macht aber bald an Theoderich verloren, der in Byzanz den Rang eines Patriziers hatte und im Auftrag des oströmischen Kaisers Zenon mit seinen ostgotischen Hilfstruppen 493 n. Chr. Ravenna eroberte. Theoderich und seine Tochter Amalasunthe, die nach dem Tod ihres Vaters für ihren Sohn die Herrschaft (*archê*) in ihrer Hand behielt (bis 534 n. Chr.), orientierten sich am römischen Lebensstil (Prokop, *Gotenkriege* 1,5,4; Woolf 2012, 354). Justinian gelang kurze Zeit später die Rückeroberung Italiens (540 n. Chr.) und Spaniens (551 n. Chr.), ehe 568 n. Chr. dort langobardische – und später auch fränkische – Herren das Zepter übernahmen, die über Heiratsallianzen bereits in das Herrschaftssystem der Goten eingebunden worden waren. Auch auf italischem Boden fand eine Regionalisierung von Herrschaft statt; in der Stadt Rom regierten fortan die Päpste (Leppin 2005, 149–151; Martin 2004).

Die Entstehung von Sonderreichen an der Peripherie des Römischen Reiches war keine neue Entwicklung, sondern stellt ein Strukturmerkmal der Imperiumsbildung dar. Ein markantes Beispiel bildet die Oasenstadt Palmyra im heutigen Syrien, die bereits in babylonischen und assyrischen Keilschrifttexten erwähnt wird. Nach dem Krieg der Römer gegen den pontischen Herrscher Mithridates war Syrien römische Provinz geworden und Palmyra in den Einflussbereich der Römer gelangt. Über Palmyra verlief eine der

Sonderreiche an der Peripherie: Die Karawanenstadt Palmyra

vier Karawanenstraßen, die vom Mittelmeer in den asiatischen Kontinent bis nach Indien und China führten. Die Route von Antiochia über Nisibis war sehr gebirgig und zeitweilig unsicher; der Weg von Gerasa (Gaza) nach Babylon war zwar sicherer, aber wegen der wenigen Wasserquellen mühsam zu begehen. Ferner gab es den Weg von Petra zur Südküste des Persischen Golfes. Der bei weitem komfortabelste Weg führte über Palmyra zum Euphrat und von dort aus nach Charax an der Nordküste des Persischen Golfes. Der römische Flottenkommandant Plinius d. Ä. pries in seiner Naturgeschichte Palmyras Reichtum und unabhängige Lage »zwischen den zwei überaus mächtigen Herrschaftsbereichen der Römer und Parther, wobei in einer Auseinandersetzung (seine Besetzung) für beide Parteien immer die erste Sorge bildet« (Plinius, *Naturgeschichte* 5,21,88; Übers.: Winkler/König).

Palmyra selbst hatte für den Karawanenhandel vor allem Wasser zu bieten. Auf die Nutzung wurde von den durchziehenden Karawanen eine Gebühr von 800 Denaren erhoben. Zum Teil wurden die Karawanen auch von den Palmyrenern ausgestattet und angeführt. Mit Ehrenstatuen, auf deren Sockeln Inschriften in griechischer und aramäischer Sprache angebracht waren, wurden die Karawanenführer öffentlich geehrt. Die Route nach Westen galt als sicher; geehrt werden in den Inschriften stets nur Karawanenführer, welche Kaufleute den Euphrat abwärts zum Persischen Golf nach Südosten führten (Drexhage 1988, 26–33 und 105).

Handels-
güter und
Zölle

Das Interesse der Römer an Palmyra erklärt sich zum einen aus der sicheren Abwicklung des Gütertransfers aus dem Osten. In Rom wurde sogar ein Lagerhaus gebaut, um Gewürze wie Pfeffer sachgerecht zu speichern. Hinzu kam das Interesse an der Erhebung von Zollen. So ist aus anderen Karawanenstädten wie Dura und Zeugma die Erhebung eines Reichszolls, *portorium*, bekannt. Er betrug 25 Prozent des Warenwerts der aus- und eingehenden Güter (Drexhage 1988, 19 und 120–122).

Ein aus dem Jahre 137 n. Chr. stammendes Fiskalgesetz, das in griechisch-aramäischer Sprache abgefasst ist, gibt einen Eindruck von den Gütern, die in Palmyra umgeschlagen wurden: Es wurde vom palmyrenischen Senat abgefasst und nach römischen Konsuln datiert. Den Hintergrund dafür bildeten Streitigkeiten zwischen

Kaufleuten und Zöllnern. Das Gesetz stellt eine Aktualisierung eines älteren Gesetzes dar, auf das Bezug genommen wird. Aufgezählt sind Ein- und Ausführzölle für einzelne Güter. Genannt werden purpurne Schaffelle, Bronzestatuen, Sklaven, Parfümöle, Olivenöl, Trockenfisch und Schlachttiere. Als zu versteuernde Einheit galt die Kamellast, die ein Viertel der Wagenlast zählte. Aufgeführt sind hier vornehmlich Güter, die aus dem Mittelmeergebiet kamen (Drexhage 1988, 31 f.). Vermutet wird, dass Palmyra vor allem den Handel mit Purpurwolle gewinnbringend kontrollierte (Schmidt-Colinet 1995, 59). Zu den Gütern aus dem Fernen Osten zählten Indigo, Pfeffer, Edelsteine und vor allem Seide. Seidenstoffe aus China (dort ist Seidenweberei seit dem 15. Jh. v. Chr. nachgewiesen) und Indien (Hildebrandt 2017, Kap. 15.1) sowie indische Baumwollstoffe – letztere machen etwa drei Prozent der Textilfunde aus – sind uns aus Grabfunden bekannt (Schmidt-Colinet 1995, 61). Diese außergewöhnlich farbigen und reich gemusterten Stoffe fanden sich ausnahmslos in den oberen Stockwerken der Turmgräber, wo sie nicht der Bodenfeuchtigkeit ausgesetzt waren (Schmidt-Colinet 1995, 82). Sie umhüllten den Körper der Toten, die ähnlich wie in Ägypten mumifiziert waren. Die innere Stofflage bestand meist aus einem Leinen- oder Wolltuch von feiner Qualität, das vermutlich für diesen Zweck angefertigt worden war. Darauf folgte eine Myrrhenpaste, die mit einfachen, gebrauchten Leinenstoffen abgedeckt war. Die dritte und letzte Schicht bestand wiederum aus feinem Tuch, das zum Teil als Ganzes um die Mumie herumgelegt war (Schmidt-Colinet 1995, 56). Die Wertschätzung der Textilien zeigt sich in der Übernahme textiler Muster wie Rosetten oder Ranken in der Bauornamentik (Schmidt-Colinet 1995, 51 f.).

Die politische Geschichte Palmyras ist von dem Konflikt Roms mit dem angrenzenden Partherreich bestimmt. Umstritten ist, ob Palmyra von Anfang an Teil der Provinz Syria war oder selbständig blieb. Im Jahre 41 v. Chr. überfiel Marcus Antonius die Stadt um zu plündern. Die Bewohner waren jedoch gewarnt und flohen über den Euphrat zu den Parthern. Mit dem Friedensschluss des Augustus im Jahre 20 v. Chr. und der Wiederherstellung der römisch-parthischen *amicitia* bildete der Euphrat die anerkannte Grenze zwischen beiden Reichen. Unter Trajan endeten die fried-

Römer, Parther und Palmyrener

lichen Beziehungen zwischen Rom und den Parthern; es kam zur Zerschlagung des selbständigen Königreiches der Nabatäer, die den Indienhandel im Roten Meer organisiert hatten, und im Jahre 106 n. Chr. zur Einrichtung der Provinz Arabia (Drexhage 1988, 132). Rund zehn Jahre später wurde die Provinz Mesopotamia errichtet und die parthische Stadt Ktesiphon im heutigen Irak erobert. Der nordöstliche Teil des Zweistromlandes wurde als Provinz Assyria organisiert. Nur das Chatt-el-Arab-Gebiet blieb ausgenommen, wurde aber tributpflichtig. Trajan nahm bei seiner Fahrt zum Persischen Golf persönlich die Huldigung des neuen Vasallenkönigreichs *Mesene-Charakene* entgegen. Unter Kaiser Hadrian (ab 117 n. Chr.) wurden diese neu errichteten Provinzen wieder aufgegeben, und der Euphrat bildete erneut die Ostgrenze des Römischen Reiches. Palmyra erhielt in dieser Zeit den Status einer »freien Stadt«, *civitas libera*. Aus dieser Zeit, aus der ersten Hälfte des 2. Jhs. n. Chr., stammen die meisten der Ehreninschriften für Karawanenanführer, die auch als Gesandte fungieren konnten und bis weit ins parthische Reich hinein bis nach Susa (heute: Iran) gelangten (Drexhage 1988, 133 f.; Young 2001).

In der Folgezeit verschoben sich die Machtverhältnisse am Euphrat wieder; unter Septimius Severus wurde 195 n. Chr. in Nordwestmesopotamien die Provinz Mesopotamia neu errichtet. Die Zurückweisung der Heiratsabsichten des Kaisers Caracalla, der 216 n. Chr. die Tochter des Partherkönigs ehelichen wollte, führte erneut zu kriegerischen Konflikten zwischen Parthern und Römern. Der Krieg endete damit, dass die Römer eine Kriegsentschädigung von 200 Millionen Sesterzen leisten mussten. Mit der Errichtung der Sassanidenherrschaft im ehemaligen Partherreich 224 n. Chr. wurde das den Römern tributpflichtige Delta-Gebiet in das neue Reich der Sassaniden einverleibt. Palmyra verlor einen wichtigen Stützpunkt seines Karawanenhandels (Drexhage 1988, 138 f.).

Zenobia   Örtliche Machthaber Palmyras begannen sich in der Folge zunehmend an römischen Institutionen zu orientieren. Zuvor hatten – wie in griechischen Städten – Volksversammlung, Rat und ein Archontenkollegium (in diesem Fall waren es zwei Archonten) die Stadt regiert. In der Mitte des 3. Jhs. n. Chr. lag die politische Führung bei einem Fürsten (Exarchen), der zugleich den Titel eines römischen Senators trug. In den militärischen Auseinandersetzungen zwischen Rom und dem Herrscherhaus der Sassaniden, das in Babylonien (Mesopotamien) regierte, stellte sich Palmyra auf die Seite Roms und unterstützte im Jahre 262 n. Chr. das römische Heer bei der Belagerung der babylonischen Stadt Ktesiphon. Der palmyrenische Herrscher Septimius Odainat bzw. Odaenathus wurde deshalb in der Folge von dem römischen Kaiser Gallienus (218–268 n. Chr.) zum *corrector totius orientis* ernannt. Unter seiner Herrschaft erweiterte sich der Machtbereich Palmyras bis zum Roten Meer. Beim Vormarsch der Goten nach Kleinasien im Jahre 267 n. Chr. fiel er einem Mordanschlag zum Opfer. Seine Witwe Zenobia führte die Regentschaft für den unmündigen Sohn Wahballat/Vabalatus und eroberte 269/70 n. Chr. Ägypten. Dieser Kriegszug sollte vermutlich die Seeroute nach Indien sichern, da der Landweg durch die Sassaniden, die in Mesopotamien herrschten, blockiert war. Aufgrund der Annahme des römischen Kaisertitels – Zenobia nannte sich auf Münzen *Zenobia Aug(usta) Imp(erator) Caes(ar) Vabalatus Aug(ustus)* – kam es zum Bruch mit Rom. Im Jahre 272 n. Chr. wurde Palmyra durch den römischen Kaiser Aurelian erobert und Zenobia als Gefangene nach Rom geführt. In der *Historia Augusta*, einer spätantiken Sammlung von 30 Kaiserviten in der Zeit von 117 bis 285 n. Chr., wird der Triumphzug geschildert, der den unermesslichen Reichtum Palmyras vor Augen führt: »Den Zug eröffneten zwanzig Elefanten, gezähmte libysche Bestien, zweihundert verschiedene Tiere aus Palästina, die Aurelian alsbald an Privatleute verschenkte, um den Fiskus nicht mit ihrem Unterhalt zu belasten, vier Tiger, Giraffen, Elche [...] achthundert Paar Gladiatoren [...] Es wurden auch zehn Frauen aufgeführt, die Aurelian, als sie in Männertracht [...] kämpften, gefangengenommen hatte, nachdem viele getötet worden waren, und die ein Plakat als vom Stamm der Amazonen bezeichnete [...] Auch Zenobia schritt im Zuge, juwelengeschmückt und mit goldenen Fesseln beladen, die von anderen getragen wurden« (Historia Augusta, *Aurelianus* 30, 24–16).

Wenige Zeit später, um 300 n. Chr., ließ der römische Kaiser Diokletian in Palmyra ein Legionslager errichten. Es folgte eine Zeit reger Bautätigkeit. Im 6. Jh. n. Chr. entstand unter der Herrschaft von Kaiser Justinian eine Basilika. Zwischen 793 und 818 n. Chr.

Palmyras Erbe

war Palmyra Bischofssitz. In diese Zeit fällt auch die sukzessive Eroberung des palmyrenischen Gebietes durch islamische Herrscher. Im 9. Jh. n. Chr. setzte ein Rückgang der Bevölkerung ein; die verbliebenen Stadtbewohner zogen sich hinter die Mauern des Bel-Heiligtums zurück (Abb. 20: Luftbild Bel-Tempel; siehe »Bildquellen« unter *www.campus.de*). Dort befand sich das Dorf, das zu Beginn der französischen Ausgrabungen in den 1920er Jahren verlegt wurde, um das alte Palmyra – für die Touristen – wieder zu neuem Leben zu erwecken (Sommer 2016).

Aus heutiger Sicht ist Palmyra ein bemerkenswerter interkultureller Umschlagplatz von Gütern, Ideen und Stilen, der deutlich macht, wie sehr sich europäische und asiatische Traditionen vermischten. Dies ist heute noch an den baulichen und textilen Überresten zu erkennen. Was das Erscheinungsbild seiner Architektur angeht, so unterschied sich Palmyra kaum von einer griechisch-römischen Stadt. Die Stadt besaß Thermen, Theateranlagen, Tempel, Brunnenhäuser, Säulenhallen und Peristylvillen. In der Bauornamentik entwickelte Palmyra jedoch einen eigenen Stil, der in orientalischen Traditionen wurzelt und in der heutigen Textilkunst des Vorderen Orients weiterlebt. Die Kleidung ist halb römisch, halb parthisch geprägt, wobei in den Mustern eine große Vielfalt erkennbar ist. Chinesische Drachenmotive und Schriftzeichen auf den Stoffen verweisen auf die Herkunft aus kaiserlichen Seidenspinnereien und werden als diplomatische Geschenke den Weg von China nach Palmyra gegangen sein (Schmidt-Colinet 1995, 66).

Mobilität und die Verschiebung der Verkehrsströme

Sizilien im Jahre 828: Die Araber haben Palermo erobert, die christliche Bevölkerung zieht sich in sichere Gebiete zurück. Denn arabische Sklavenjäger sind auf der Suche nach menschlicher Beute. Die Eltern schärfen ihren Kindern ein, sich nicht außerhalb des Schutzes der Stadtmauer aufzuhalten. Aber diese halten sich nicht immer an das Gebot. So wird in diesen Jahren der Sohn einer wohlhabenden christlichen Familie aus Enna in Sizilien von arabischen Sklavenjägern ergriffen, als er sich zusammen mit seinen Spielkameraden vor den Stadtmauern aufhält. Noch am gleichen Tag wird er an arabische Händler verkauft. Der auf den Namen Johannes getaufte Knabe, der zu diesem Zeitpunkt zwölf Jahre alt ist, hat jedoch Glück. Ein byzantinisches Kriegsschiff kapert das Sklavenschiff, und die christlichen Seeleute geben den Jungen an seine Eltern zurück. Drei Jahre später geht das Abenteuer weniger gut aus. Wieder hält sich Johannes vor den Stadtmauern auf, wo er erneut von arabischen Sklavenjägern ergriffen und diesmal an einen Christen verkauft wird, der ihn in Afrika an einen anderen Christen, einen wohlhabenden Gerber, weiterverkauft. Johannes hat Glück im Unglück. Sein Herr ist beeindruckt von der Bildung seines neu erworbenen Sklaven und macht den Jüngling alsbald zum Hausverwalter und weist ihn in seine Geschäfte ein. Das vergleichsweise gute Leben endet, als die Herrin versucht, den jungen Mann zu verführen und nach dem Scheitern ihres Versuchs den standhaften Johannes bei seinem Herrn anschwärzt. Doch auch diese Prüfung wendet sich zum Guten, Johannes wird rehabilitiert und freigelassen. Danach beginnt seine Mönchskarriere, die ihn nach Alexandria, Antiochia und zurück nach Sizilien führt. In Kalabrien gründet er das erste christliche Kloster. Der Ruhm seiner christlichen Taten erreicht auch den byzantinischen Herrscher Leo VI., der ihn nach Konstantinopel einlädt. Johannes nimmt die Einladung an, erreicht aber nur Thessaloniki, wo er 903 im Alter von 80 Jahren stirbt.

Dies ist in Kurzfassung die Lebensgeschichte des Heiligen Elias des Jüngeren. Für den britischen Wirtschaftshistoriker Michael McCormick (2001) ist sie der Beleg für einen regen Handel in der Spätantike. Ihm geht es um eine Revision der alten These von Henri Pirenne, dass mit der arabischen Eroberung Spaniens im Jahre 711 n. Chr. die alten Handelsrouten unterbrochen und der Fernhandel zurückgegangen sei. McCormick ist vom Gegenteil überzeugt. Im Sklavenhandel sieht er die eigentlich treibende Kraft in der Entwicklung der europäischen Ökonomie. Bewegen sich die menschlichen Güter vor allem in Nord-Süd- und West-Ost-Richtung, so gehen die dinglichen Güter den umgekehrten Weg: Reliquien, Münzen, arabische wie byzantinische, und Luxusgüter wie Seide, Weihrauch, Bernstein finden sich jenseits der Alpen in der Welt der Merowinger und Karolinger. Seinen Ausgangspunkt bildet die Frage nach dem Gegenwert für Gewürze, Weihrauch oder Seide, die auch nach dem Zusammenbruch des weströmischen Reiches nach Italien und in die alten Provinzen des Nordens flossen. Seine Antwort lautet: Nicht so sehr Zinn, fränkische Waffen, Nutzholz oder Pelze, wie bislang aufgrund vereinzelter Funde angenommen, sondern in erster Linie menschliche Beute, gewonnen auf zahlreichen Kriegszügen, bildeten den entscheidenden Gegenwert. Wertvoll waren vor allem Kinder, Jungen wie Mädchen, die an arabische Zwischenhändler verkauft wurden. Hinzu kam nach der arabischen Eroberung Siziliens das Lösegeldgeschäft mit dem menschlichen Beutegut.

Nicht nur arabische Sklavenjäger, wie die obige Erzählung nahelegt, gingen an italischen, spanischen oder byzantinischen Küsten ihren Raubzügen nach. Auch Christen aus Kampanien und anderen italischen Regionen waren an dem lukrativen Geschäft beteiligt. Denn der Verkauf von Sklaven ins arabische Afrika brachte nach den Berechnungen McCormicks einen höheren Gewinn als der Verkauf an heimische Abnehmer. In Küstenstädten wie Neapel, Tarent und Palermo entstanden im 8. Jh. permanente Sklavenmärkte, die diese arabische Nachfrage bedienten. Vor allem Venedig entfaltete sich laut McCormick zum Umschlagplatz für Sklaven aus dem Norden und aus dem europäischen Osten. Abmachungen der Stadtfürsten mit den karolingischen Herrschern über den Verkauf christlicher Sklaven an Andersgläubige zeigen für ihn die Beteiligung der neu aufgestiegenen Mächte jenseits der Alpen am mittelmeerischen Sklavenhandel an. Seit dem 8. Jh. hatten, so McCormick, die Karolinger begonnen, die Sklavenmärkte zu bedienen und ihre Kriegsgefangenen in das System einzuspeisen, das längst nicht mehr von den Herren Roms gelenkt wurde. Vielmehr kontrollierten nun drei Mächte, das oströmische Byzanz, die arabischen Kalifate auf dem Gebiet der einstigen afrikanischen und spanischen Provinzen des römischen Reiches sowie die Franken, die ausgehend von Gallien ihr Herrschaftsgebiet bis nach Norditalien ausgedehnt hatten (Jussen 2014), die lukrativen Handelsrouten des Mittelmeerraumes (Heather 2011).

Danksagung

Das Buch ist aus einer Überblicksvorlesung für Studierende der Geschichtswissenschaft an der Universität Hannover hervorgegangen und kommt dem vielfach geäußerten Wunsch nach, das Gehörte nachlesen zu können. Den Studierenden ist daher das Buch gewidmet. Stellvertretend seien Christian Uhde, Jennifer Wylezaleck und Niklas Jansen genannt, die sich als erste Testleser bzw. Testleserin betätigt und manche Ideen und Korrekturen eingebracht haben. Ohne das Lektorat von Jürgen Hotz, dessen Kürzungs- und Ergänzungsvorschläge mir eine große Hilfe waren, wäre das Manuskript nicht zum Buch geworden. Gerd Schwerhoff hat zu einem frühen Zeitpunkt das Manuskript gelesen und mit seiner Forderung nach theoretischer Orientierung den Anstoß gegeben, stärker, als es bei althistorischen Überblickswerken üblich ist, Forschungsdebatten einfließen zu lassen. Es liegt in der Natur der Sache, dass bei einem so breit angelegten Überblick nicht alle Aussagen auf eigenen Forschungen beruhen. Deshalb bin ich für vielfältige kollegiale Unterstützung dankbar. Das Kapitel über das minoisch-mykenische Griechenland hat Marie Louise Nosch gelesen und kommentiert. Stephanie Kirsch hat geholfen, die Ausführungen zur Chronologie zu entwirren. Zu Fragen der Entstehung von Schriftlichkeit war mir Astrid Möller eine wichtige Ratgeberin. Henriette Harich Schwarzbauer hat beharrlich darauf gedrungen, die Spätantike nicht zu vernachlässigen und mich mit ihrem sachkundigen Rat unterstützt. Literaturhinweise und kritische Kommentare zur Übergangszeit von der Spätantike zum Mittelalter verdanke ich darüber hinaus Beat Näf, Hedwig Röckelein und Bernhard Jussen. Anne Viola Siebert hat mich großzügig mit den notwendigen Links zu archäologischen Bilddateien versorgt. Ihnen allen gilt mein Dank. Der größte Dank aber gebührt Elisabetta Lupi, die das gesamte Manuskript gelesen, manche Fehler entdeckt und mit mir viele offene Forschungsfragen diskutiert hat. Der Dialog hat den Mühen des Endspurts eine vergnügliche Note verliehen. Für seine Unterstützung beim Korrigieren der Druckfahnen danke ich meinem Mann, Klaus Hasel, der mir auch in allen Fragen der historischen Geographie ein sachkundiger Ratgeber war.

Beate Wagner-Hasel   *Hannover, im August 2017*

Bibliographie

Quellen (in Übersetzung)

Acta Conciliorum Oecumenicorum, hg. von E. Schwartz und J. Straub, Straßburg/ Berlin 1914.

Ailianos, *Bunte Geschichten (Poikilia historia)*. Übersetzung aus dem Griech., Nachwort und Register von H. Helms, Leipzig 1990

Aischylos, *Tragödien und Fragmente*, hg. und übers. von O. Werner, München ³1980.

Ammianus Marcellinus, übers. von O. Veh und G. Wirth, Zürich/München 1974.

Appian, *bellum civile/Die Bürgerkriege*, übers. von O. Veh und W. Will, Stuttgart 1981.

Antiphon, *Gegen die Stiefmutter* und Apollodoros, *Gegen Neaira* (Demosthenes 59). *Frauen vor Gericht*, eingel., hg. und übers. von K. Brodersen, Darmstadt 2004.

Apollodoros, *Bibliotheke* u. *Epitome: Götter und Helden der Griechen*. Griechisch – deutsch, eingel., hg. und übers. von K. Brodersen, Darmstadt 2004.

Aristophanes, *Antike Komödien*, hg. und mit Einleitungen und mit einem Nachwort versehen von H.-J. Newiger. Neubearb. der Übers. v. L. Seeger, Darmstadt 1974.

Aristophanes, *Komödien*. Bd. I–II. Griechisch und deutsch. Aus dem Griech., eingeleitet und kommentiert von P. Rau, Darmstadt 2016.

Aristoteles, *Rhetorik*, übers., mit einer Bibliographie, Erläut. und einem Nachwort von F. G. Sieveke, München 1980.

Aristoteles, *Oikonomika. Schriften zu Hauswirtschaft und Finanzwesen*, übers. und erläut. von R. Zoepffel, Darmstadt 2006.

Aristoteles, *Athenaion Politeia. Staat der Athener*, hg., übers. und erläut. von M. Chambers, Darmstadt/Berlin 1990.

Aristoteles, *Politik*, hg. und übers. von O. Gigon, Zürich/Stuttgart 1971.

Athenaios, *Deipnosophistai. Das Gelehrtenmahl*, 4 Bde., eingel. und übers. von C. Friedrich, komm. von Th. Nothers, Stuttgart 1998–2001.

Aurelius Victor, *Die Römischen Kaiser. Liber de Caesaribus*. Lateinisch – deutsch, hg., übers. und erläut. von K. Groß-Albenhausen und M. Fuhrmann, Zürich/ Düsseldorf ²2002.

Beck, Hans/Walter, Uwe (2004), *Die frühen römischen Historiker*, 2 Bde., Darmstadt.

Cato, *Landbau. Fragmente*. Lateinisch – deutsch, hg. und übers. von O. Schönberger, 2., überarb. Aufl., Düsseldorf/Zürich 2000.

Marcus Tullius Cicero, *Die politischen Reden*, 3 Bde., hg., übers. und erläut. von M. Fuhrmann, Darmstadt 1993.

Marcus Tullius Cicero, *De Legibus/Über die Gesetze*. Lateinisch und Deutsch, hg., übers. und erläut. von R. Nickel, Düsseldorf ²2002.

Marcus Tullius Cicero, *De officiis/Vom rechten Handeln*. Lateinisch u. deutsch, übers. von K. Büchner, Darmstadt 1987.

Marcus Tullius Cicero, *Epistulae ad familiares*. Lateinisch – deutsch, hg. und übers. von H. Kasten, München/Zürich 1989.

Marcus Tullius Cicero, *Epistulae ad Atticum/Atticus-Briefe*. Lateinisch – deutsch, hg. und übers. von H. Kasten, München/Zürich ⁴1990.

Marcus Tullius Cicero, *Cato maior de senectute (Cato der Ältere über das Alter)*. Lateinisch – deutsch, hg. von M. Faltner. Mit einer Einführung und einem Register von G. Fink, Darmstadt ²1993.

Marcus Tullius Cicero, *De oratore*. Lateinisch – deutsch, hg. und übers. von T. Nüßlein, Düsseldorf 2007.

Columella, *Zwölf Bücher über Landwirtschaft*. Lateinisch – deutsch, hg. und übers. von W. Richter, München 1981.

CIL = *Corpus Inscriptionum Latinarum*, Berlin 1862 ff.

Corpus iuris civilis: Text und Übersetzungen; auf der Grundlage der von Th. Mommsen und P. Krüger besorgten Textausgaben, hg. von O. Behrends, R. Knütel, B. Kupisch und H.-H. Seiler, Heidelberg 1990 (Bd. I: Institutionen), 1995 (Bd. II: Digesten 1–10), 1999 (Bd. III: Digesten 11–20), 2005 (Bd. IV: Digesten 21–27).

Demosthenes, *Orationes*, 7 Bde., griech. – engl., hg. von J. H. Vince, C. A. Vince, A. T. Murray, N. J. de Witt und N. W. de Witt, London 1926–1949 (ND 1964–1989).

Cassius Dio, *Römische Geschichte*, 5 Bde., eingel. von G. Wirth, übers. von O. Veh, München/Zürich 1985–1987 (ND Düsseldorf 2007).

Diodoros, *Griechische Weltgeschichte. Buch I–XL*, 10 Bde., übers. von G. Wirth und O. Veh, Stuttgart 1992–2008.

Diogenes Laërtius, *Leben und Meinungen berühmter Philosophen*, übers. von O. Apelt, H. G. Zekl u. K. Reich, Hamburg ³1998.

Dionysios von Halikarnassos, *Antiquitates Romanae*, griechisch – englisch, 7 Bde., hg. und übers. von E. Cary und E. Spelman, Cambridge/London 1960–1963.

Euripides, *Tragödien und Fragmente,* Bd. VI. Griechisch – deutsch. Fragmente übers. von G. A. Seeck, München 1981.

Gaius, *Institutionen*, hg., übers. und komm. von U. Manthe, Darmstadt 2004.

Aulus Gellius, *Noctes Atticae. Die Attischen Nächte*, 2 Bde., übers. von F. Weiß, Leipzig 1875/76 (ND Darmstadt 1992).

Herodot, *Historien*, 2 Bde., Griechisch – deutsch, hg. von J. Feix, München ²1977.

Hesiod, *Sämtliche Gedichte. Theogonie, Erga, Frauenkataloge*, übers. und erläut. von W. Marg, Zürich/München 1970 (bzw. Darmstadt ²1984).

Historia Augusta. Römische Herrschergestalten, 2 Bde., übers. von E. Hohl, bearb. und erläut. von E. Merten, A. Rösger und N. Ziegler, Vorwort von J. Straub, Zürich/München 1976 und 1985.

Homer, *Die Odyssee*. Deutsch von W. Schadewaldt, Hamburg 1958.

Homer, *Die Ilias*. Neue Übertr. von W. Schadewaldt, Frankfurt am Main 1975.

Homerische Hymnen. Griechisch – deutsch, hg. von A. Weiher, München/Zürich ⁵1986.

Inschriftliche Gesetzestexte der frühen griechischen Polis. Aus dem Nachlaß von R. Koerner hg. von K. Hallof, Köln/Weimar/Wien 1993 (mit Übersetzung und Kommentar).

Inschrift von Gortyn: The Law Code of Gortyn, hg., eingel., übers. und komm. von R. F. Willetts, Berlin 1967.

Isaios: Isaeus, ins Englische übers. von E. Seymour Forster, London/Cambridge (Mass.) 1983.

Jordanes, *Gothengeschichte*, übers. von W. Martens, Leipzig 1884.

Jucundus = Hüttemann, Arno (2017), *Die Pompejanischen Quittungstafeln des Lucius Caecilius Iucundus*. Lateinisch und deutsch, Darmstadt.

Titus Livius, *Römische Geschichte*, 11 Bde., hg. von J. Feix und H. J. Hillen, München/Zürich 1988–1999.

Lukian, *Die Hauptwerke*, hg. und übers. von K. Mras, München ²1980.

Lykurg, *Rede gegen Leokrates*, hg., eingeleitet und übers. von J. Engels, Darmstadt 2008.

Lysias, *Reden*. Griechisch – deutsch, 2 Bde., eingel., übers. und komm. von I. Huber, Darmstadt 2005.

M. Valerius Martialis, *Epigramme*. Lateinisch – deutsch, hg. und übers. von P. Barié und W. Schindler, Düsseldorf/Zürich 1999.

Musonius, *Diatriben/Lehrgespräche*: Epiktet, Teles und Musonius, *Wege zum Glück*. Auf der Grundlage der Übertr. von W. Capelle neu übers., mit Anm. versehen und eingel. von R. Nickel, Zürich/München 1987.

Cornelius Nepos, *De viris illustribus/Berühmte Männer*. Lateinisch – deutsch, hg. und übers. von M. Pfeiffer unter Mitarbeit von R. Nickel, Stuttgart 2006.

Publius Ovidius Naso, *Metamorphosen*. In deutsche Hexameter übertr. und mit dem Text hg. von E. Rösch, München ⁷1977.

Publius Ovidius Naso, *Fasti/Festkalender*. Lateinisch – deutsch, hg. von N. Holzberg, Zürich ²2001.

Publius Ovidius Naso, *Tristia Epistulas ex Ponto/Briefe aus der Verbannung*. Lateinisch und deutsch von W. Willige, eingeleitet und erläutert von N. Holzberg, Berlin ⁵2014.

Petronius, *Satyrica. Schelmenszenen*. Lateinisch – deutsch, hg. und übers. von K. Müller und W. Ehlers, Düsseldorf/Zürich ⁵2004.

Pindar, *Siegeslieder*. Griechisch – deutsch, hg., übers. und mit einer Einführung versehen von D. Bremer, Darmstadt 1992.

Pausanias, *Reisen in Griechenland*. Gesamtausgabe in drei Bänden auf Grund der komment. Übers. von E. Meyer, hg. von F. Eckstein, Zürich/München 1986.

Platon, *Werke* in 8 Bänden, hg. von G. Eigler, Bd. 1 (bearb. von H. Hofmann) und Bd. 5 (bearb. von D. Kurz), deutsche Übers. von F. Schleiermacher und D. Kurz, Darmstadt 1990.

Gaius Plinius Secundus d. Ä., *Naturalis histora/Naturkunde*. Lateinisch – deutsch, hg. und übers. von R. König in Zusammenarbeit mit G. Winkler, Darmstadt 1986.

Gaius Plinius Caecilius Secundus, *Epistularum libri decem/Briefe*. Lateinisch – deutsch, hg. von H. Kasten, Darmstadt 1995.

Gaius Plinius Caecilius Secundus, *Panegyrikus/Lobrede auf den Kaiser Trajan*, hg., eingeleit. und übers. von W. Kühn, Darmstadt ²2008.

Plutarch, *Große Griechen und Römer*, hg. und übers. von K. Ziegler und W. Wahrmann, Zürich/Stuttgart 1965 (²1979; Mannheim ³2010).

Plutarch, *Moralia*, 15 Bde., hg. von C. Babbit u. a., übers. von H. North Fowler u. a., London/Cambridge (Mass.) 1927 ff.

Polybios, *Geschichte*. Gesamtausgabe in zwei Bänden, hg. von H. Drexler, Zürich/Stuttgart 1961.

Prokop, *Gotenkriege*. Griechisch – deutsch, hg. von O. Veh, München ²1978.

Gaius Sallustius Crispus, *De coniuratione Catilinae/Die Verschwörung des Catilina*. Lateinisch – deutsch, übers. und hg. von K. Büchner, Stuttgart 1972.

L. Annaeus Seneca, *Die kleinen Dialoge*, 2 Bde., Lateinisch – deutsch, hg., übers. und mit einer Einführung von G. Fink, München 1992.

L. Annaeus Seneca, *De beneficiis/Über die Wohltaten*, in: Die Philosophischen Schriften, Lateinisch und deutsch, übers. von M. Rosenbach, Darmstadt ²2011.

L. Annaeus Seneca, *Epistulae morales ad Lucilium/Briefe an Lucilius*. Lateinisch – deutsch, hg. und übers. von G. Fink, Düsseldorf 2007.

Sophokles, *Tragödien und Fragmente*. Griechisch und deutsch, hg. und übers. von Wilhelm Willige, überarbeitet von K. Bayer. Mit Anm. und einem Nachwort von B. Zimmermann, Darmstadt 1985.

Solonos Nomoi. Die Fragmente der solonischen Gesetzeswerke mit einer Text- und Überlieferungsgeschichte, hg. von E. Ruschenbusch, Wiesbaden/München 1966.

P. Papinius Statius, *Silvae*, übers. von P. Sebicht, Ulm 1902.

Sueton, *De vita Caesarum/Die Kaiserviten*. Lateinisch – deutsch, hg. und übers. von H. Martinet, Düsseldorf/Zürich ²2000.

P. Cornelius Tacitus, *Annalen*. Lateinisch – deutsch, hg. von E. Heller, München/Zürich 1982.

Corpus Theognideum (C. Th.), hg. von D. Young, Leipzig 1971; Übers.: Stefan von der Lahr, *Dichter und Tyrannen im archaischen Griechenland. Das Corpus Theognideum als zeitgenössische Quelle politischer Wertvorstellungen archaisch-griechischer Aristokraten*, Konstanz 1992.

Theognis, Mimnermos, Phokylides, *Frühe griechische Elegien*. Griechisch – deutsch, eingel., übers. und komm. von D. U. Hansen, Darmstadt 2005.

Thukydides, *Geschichte des Peloponnesischen Krieges*, eingel. und übertr. von G. P. Landmann, Zürich/München ²1976.

Tyrtaios, in: Frühgriechische Lyriker, Erster Teil: Die frühen Elegiker, dt. von Z. Franyó und P. Gan, griech. Text bearb. von B. Snell, erläutert von H. Maehler, Berlin 1971.

Ulpian s. *Corpus iuris civilis*.

Valerius Maximus, *Facta et dicta memorabilia/Denkwürdige Taten und Worte*. Lateinisch – deutsch, ausgewählt, übers. und hg. von U. Blank-Sangmeister, Stuttgart 1991.

Marcus Terentius Varro, *Gespräche über die Landwirtschaft*, hg., übers. und erläut. von D. Flach, 3 Bde., Darmstadt 1996–2002.

Velleius Paterculus, *Historia Romana*, übers. und erläut. von H. Wissmüller, Neustadt (Aisch) 1990.

Vergil, *Aeneis*, Lateinisch – deutsch. In Zusammenarbeit mit M. Götte hg. und übers. von J. Götte. Mit einem Nachwort von B. Kytzler, München [10]2002.

Xenophon, *Lakedaimonion politeia/Die Verfassung der Spartaner*, hg., übers. und erläut. von S. Rebenich, Darmstadt 1998.

Xenophon, *Kyrupädie. Die Erziehung des Kyros*, hg. von R. Nickel, München/Zürich 1992.

Xenophon, *Memorabilia/Erinnerungen an Sokrates*, hg. von P. Jaerisch, München 1980.

Xenophon, *Ökonomische Schriften*. Griechisch – deutsch, hg. und übers. von G. Audring, Berlin 1992.

Literatur

Aigner-Foresti, Luciana (2003), *Die Etrusker und das frühe Rom*, Darmstadt.

Alcock, Susan A. (2001), »A Simple Case of Exploitation? The Helots of Messenia«, in: Cartlegde/Cohen/Foxhall, 185–220.

Alföldi, Andreas (1977), *Das frühe Rom und die Latiner*, Darmstadt.

Ando, Hiromu (1988), »A Study of Servile Peasantry of Ancient Greece: Centering Around Hectemoroi of Athens«, in: Toru Yuge/Masaoki Doi (Hg.), *Forms of Control and Subordination in Antiquity*, Leiden u. a., 323–330.

Andreau, Jean (1999), *Banking and Business in the Roman World*, Cambridge.

D'Arms, John H. (1998), »Between Public and Private: The *Epulum publicum* and Caesar's *Horti trans Tiberim*«, in: Maddalena Cima/Eugenio La Rocca (Hg.), *Horti Romani. Atti del Convegno Internazionale*, Roma, 4–6 maggio 1995, Rom, 33–43.

Ders. (2003), *Romans on the Bay of Naples and Other Essays on Roman Campania*, Rom.

Aßkamp, Rudolf u. a. (Hg.) (2007), *Luxus und Dekadenz. Römisches Leben am Golf von Neapel*, Mainz.

Ausbüttel, Frank M. (1998), *Die Verwaltung des Römischen Kaiserreichs von der Herrschaft des Augustus bis zum Niedergang des Weströmischen Reiches*, Darmstadt.

Austin, Michel/Vidal-Naquet, Pierre (1984), *Gesellschaft und Wirtschaft im alten Griechenland*, aus dem Franzöś. von Andreas Wittenburg, München.

Bäbler, Balbina (2005), »Fremde Frauen in Athen. Thrakische Ammen und athenische Kinder«, in: Ulrike Riemer/Peter Riemer (Hg.), Xenophobie *und* Philoxenie. *Vom Umgang mit Fremden in der Antike*, Stuttgart, 65–88.

Dies. ([2]2012), *Archäologie und Chronologie. Eine Einführung*, Darmstadt.

Badian, Ernst (1997), *Sünder & Zöllner. Unternehmer im Dienst der römischen Republik*, aus dem Engl. von W. Will und S. Cox, Darmstadt 1997.

Baltrusch, Ernst (1988), *Regimen morum. Die Reglementierung des Privatlebens der Ritter und Senatoren in der römischen Republik*, Berlin/New York.

Ders./Wilker, Julia (Hg.) (2015), *Amici – socii – clientes? Abhängige Herrschaft im Imperium Romanum*, Berlin.

Ders./Kopp, Hans/Wendt, Christian (Hg.) (2016), *Seemacht, Seeherrschaft und die Antike*, Stuttgart.

Barber, Elizabeth W. J. (1992), »The Peplos of Athena«, in: Jenifer Neils (Hg.), *Goddess and Polis: The Panathenaic Festival in Ancient Athens*, Princeton, 103–117.

Barghop, Dirk (1994), *Forum der Angst. Eine historisch-anthropologische Studie zu Verhaltensmustern von Senatoren im Römischen Kaiserreich*, Frankfurt am Main/ New York.

Beard, Mary (2016), *SPQR. Die Tausendjährige Geschichte Roms*, aus dem Engl. von Ulrike Bischoff, Frankfurt am Main.

Beck, Hans (2005), *Karriere und Hierarchie. Die römische Aristokratie und die Anfänge des cursus honorum in der mittleren Republik*, Berlin.

Behrwald, Ralf/Witschel, Christian (Hg.) (2012), *Rom in der Spätantike. Historische Erinnerung im städtischen Raum*, Stuttgart.

Benveniste, Emile (1991), *Indoeuropäische Institutionen. Wortschatz, Geschichte, Funktionen*, aus dem Französ. von W. Bayer, D. Hornig und K. Menke, Frankfurt am Main/New York.

Beresford, John (2009), »The Seasonality of Trade, Warfare and Piracy on the Graeco-Roman Mediterranean«, in: *Skyllis* 9, 138–147.

Ders. (2013), *The Ancient Sailing Season*, Leiden/Boston.

Bernstein, Frank (1998), *Ludi publici. Untersuchungen zur Entstehung und Entwicklung der öffentlichen Spiele im republikanischen Rom*, Stuttgart.

Berve, Helmut (1967), *Die Tyrannis bei den Griechen*, 2 Bde., München.

Betancourt, Philipp (1976), »The End of the Greek Bronze Age«, in: *Antiquity* 10, 40–47.

Binder, Gerhard (2014), »Roms Marmor und die verödete Stadt Luna«, in: *Antike Welt* 5, 51–57.

Bettini, Maurizio (1992), *Familie und Verwandtschaft im antiken Rom*, mit einem Nachwort von Jochen Martin, aus dem Ital. von Diemut Zittel, Frankfurt am Main/New York.

Bintliff, John (2006), »Solon's Reforms: An Archaeological Perspective«, in: Blok/ Lardinois, 321–331.

Bjur, Hans/Santillo Frizell, Barbro (Hg.) (2009), *Via Tiburtina. Space. Movement & Artefacts in the Urban Landscape*, Rom.

Blakolmer, Fritz (2011), »Vom Thronraum in Knossos zum Löwentor von Mykene. Kontinuitäten in Bildkunst und Palastideologie«, in: Ders./C. Reinholdt/J. Weilhartner/G. Nightingale (Hg.), *Österreichische Forschungen zur Ägäischen Bronzezeit 2009*, Wien, 63–80.

Bleckmann, Bruno (2009), *Die Germanen. Von Ariovist bis zu den Wikingern*, München.

Bleicken, Jochen (1988), »Überlegungen zum Volkstribunat des Tiberius Sempronius Gracchus«, in: *Historische Zeitschrift* 247, 265–293.

Ders. (1999), *Geschichte der Römischen Republik*, München.

Blösel, Wolfgang (2007), »Das Flottenbauprogramm des Themistokles und der Beschluß der Athener zur Seeverteidigung gegen Xerxes (Hdt. VII 140–144)«, in: Bruno Bleckmann (Hg.), *Herodot und die Epoche der Perserkriege. Realitäten und Fiktionen*, Köln/Weimar/Wien, 53–64.

Ders. (2015), *Die Römische Republik. Forum und Expansion*, München.

Blösel, Wolfgang/Schmitz, Winfried/Seelentag, Gunnar/Timmer, Jan (2014), *Grenzen politischer Partizipation im klassischen Griechenland*, Stuttgart.

Blok, Josine H. (2000), »Phye's Procession«, in: Sancisi-Weerdenburg, 17–48.

Dies. (2004), »Recht und Ritus in der Polis. Zu Bürgerstatus und Geschlechterverhältnissen im klassischen Athen«, in: *Historische Zeitschrift* 278, 1, 1–26.

Dies./Lardinois, André P. M. H. (Hg.) (2006), *Solon of Athens. New Historical and Philological Approaches*, Leiden.

Blome, Peter (1984), »Lefkandi und Homer«, in: *Würzburger Jahrbücher für die Altertumswissenschaft* 10, 9–21.

Blum, Hartmut/Wolters, Reinhard (2006), *Alte Geschichte studieren*, Konstanz.

Bolder-Boos, Marion (2014), *Ostia – der Hafen Roms*, Darmstadt.

Borbein, Adolf H. (Hg.) (2000), *Klassische Archäologie. Eine Einführung*, Berlin.

Boyd, Timothy (1995), »Libri confusi«, in: *The Classical Journal* 91, 1, 35–45.

Bradley, Keith (1998), »The Roman Family at Dinner«, in: Inge Nielson/Hanne Sigismund Nielson (Hg.), *Meals in a Social Context. Aspects of the Communal Meal in the Hellenistic and Roman World*, Aarhus/Oxford, 36–55.

Brandt, Hartwin (²2004), *Das Ende der Antike. Geschichte des spätrömischen Reiches*, München.

Bremmer, Jan N. (1996), *Götter, Mythen und Heiligtümer im antiken Griechenland*, Darmstadt.

Bringmann, Klaus (1985), *Die Agrarreform des Tiberius Sempronius Gracchus. Legende und Wirklichkeit*, Stuttgart.

Ders. (2003), »Zur Überlieferung und zum Entstehungsgrund der *lex Claudia de nave senatoris*«, in: *Klio* 85, 312–321.

Brinkmann, Vinzenz/Wünsche, Raimund (2004), *Bunte Götter. Die Farbigkeit antiker Skulptur*. Eine Ausstellung der Staatlichen Antikensammlungen und Glyptothek in München, München.

Brödner, Erika (1989), *Wohnen in der Antike*, Darmstadt.

Brodersen, Kai (1996), *Die sieben Weltwunder. Legendäre Kunst- und Bauwerke der Antike,* München.

Brown, Peter (1986), *Die letzten Heiden. Eine kleine Geschichte der Spätantike.* Aus dem Engl. von Holger Fliessbach, Berlin.

Ders. (2017), *Der Schatz im Himmel. Der Aufstieg des Christentums und der Untergang des Römischen Reiches.* Aus dem Amerik. von Michael Bayer und Karin Schuler, Stuttgart.

Brulé, Pierre (1978), *La piratérie de la Crète hellénistique*, Paris.

Bruit Zaidman, Louise/Schmitt Pantel, Pauline (1994), *Die Religion der Griechen. Kult und Mythos.* Aus dem Französ. von Andreas Wittenburg, München.

Bücher, Frank (2009), »Die Erinnerung an Krisenjahre. Das Exemplum der Gracchen im politischen Diskurs der späten Republik«, in: Hölkeskamp, 99–114.

Bumke, Helga (2004), *Statuarische Gruppen in der frühen griechischen Kunst*, Berlin/New York.

Bundrick, Sheramy D. (2008), »The Fabric of the City. Imaging Textile Production in Classical Athens«, in: *Hesperia* 77, 283–334.

Burckhardt, Leonhard (1996), *Bürger und Soldaten*, Stuttgart.

Ders. (Hg.) (2000), *Große Prozesse im antiken Athen*, München.

Ders./Ungern-Sternberg, Jürgen von (1994), »Cornelia, Mutter der Gracchen«, in: Maria H. Dettenhofer (Hg.), *Reine Männersache? Frauen in Männerdomänen der antiken Welt*, Köln/Weimar/Wien, 97–132.

Burke, Brendan (2016), »Phrygian Fibulae as Markers of Textile Dedication in Greek Sanctuaries«, in: Droß-Krüpe/Nosch, 159–168.

Burkert, Walter (1985), »Das Ende des Kroisos. Vorstufen einer herodoteischen Geschichtserzählung«, in: Christoph Schäublin (Hg.), *Catalepton. Festschrift für Bernhard Wyss zum 80. Geburtstag*, Basel, 4–15.

Ders. (1988), »The Meaning and Function of the Temple in Classical Greece«, in: Michael V. Fox (Hg.), *Temple in Society*, Winona Lake, 27–47.

Ders. (1995), »Lydia Between East and West or How to Date the Trojan War. A Study in Herodotus«, in: Jane B. Carter/Sarah P. Morris (Hg.), *The Ages of Homer. A Tribute to Emily Townsend Vermeule*, Austin, 139–148.

Buxton, Richard (2005), *Das große Buch der griechischen Mythologie*. Aus dem Engl. von T. Bertram, Darmstadt.

Calame, Claude (1997), *Choruses of Young Women in Ancient Greece. Their Morphology, Religious Role and Social Function*. Oxford (frz.: *Les Chœurs de jeunes filles en Grèce archaïque*, 2 Bde., Rom 1977).

Camp, John M. (1986), *The Athenian* agora. *Excavations in the Heart of Classical Athens*, London.

Canfora, Luciano (1999), *Caesar, der demokratische Diktator. Eine Biographie*, München.

Cantarella, Eva (2003), »Fathers and Sons in Rome«, in: *Classical World* 96, 3, 281–298.

Carlier, Pierre (1984), *La Royauté en Grèce avant Aléxandre*, Strasbourg.

Carney, Elizabeth D. (2000), *Women and Monarchy in Macedonia*, Norman.

Cartledge, Paul (Hg). (2006), *Kulturgeschichte Griechenlands in der Antike*. Aus dem Engl. von Wilfried Nippel, Stuttgart/Weimar.

Ders. /Cohen, Edward E./Foxhall, Lin (Hg.) (2001), *Money, Labour and Land. Approaches to the Economics of Ancient Greece*, London/New York.

Casson, Lionel (1979), *Die Seefahrer in der Antike*, München.

Ders. (1994), *Travel in the Ancient World*, Baltimore/London.

Chadwick, John (1979/1995), *Die mykenische Welt*. Aus dem Engl. von I. von Steuben, Stuttgart.

Chaniotis, Angelos (1996), *Die Verträge zwischen kretischen Poleis in der hellenistischen Zeit*, Stuttgart.

Chapoutot, Johann (2014), *Der Nationalsozialismus und die Antike*. Aus dem Französ. von W. Fekl, Darmstadt.

Christ, Karl (1979), *Krise und Untergang der Römischen Republik*, Darmstadt.

Christ, Mathew R. (2006), *The Bad Citizen in Classical Athens*, Cambridge.

Clauss, Manfred (2003), *Alexandria. Eine antike Weltstadt*, Stuttgart.

Cline, Eric H. (2015), *»1177 v. Chr.« Der erste Untergang der Zivilisation*. Aus dem Engl. von C Hartz, Darmstadt.

Cobet, Justus (1988), »Herodot und mündliche Überlieferung«, in: von Ungern-Sternberg/Reinau, 226–233.

Ders. (1997), *Heinrich Schliemann. Archäologe und Abenteurer*, München.

Ders. (2011) »Alte Geschichte«, in: Helmut Reinalter/Peter J. Brenner (Hg.), *Lexikon der Geschichtswissenschaften. Sachbegriffe – Disziplinen – Personen*, Wien/Köln/Weimar, 877–882.

Ders./Gehrke, Hans-Joachim (2002), »Warum um Troia immer wieder streiten?«, in: *Geschichte in Wissenschaft und Unterricht*, 53, 5/6, 290–307.

Connor, Walter R. (1987), »Tribes, Festivals, and Processions: Civic Ceremonial and Political Manipulation in Archaic Greece«, in: *Journal of Hellenic Studies* 107, 40–50.

Ders. (1991), *The New Politicians in Fifth-Century Athens*, Princeton.

Cole, Susan G. (2004), *Landscapes, Gender, and Ritual Space. The Ancient Experience*, Berkeley/Los Angeles/London.

Copony, Renata (1987), »*Fortes fortuna iuvat*. Fiktion und Realität im 1. Vesuvbrief des jüngeren Plinius VI,16«, in: *Grazer Beiträge* 14, 215–228.

Corbeill, Anthony (2002), »Political Movement. Walking and Ideology in Republican Rome«, in: David Fredrick (Hg,), *The Roman Gaze. Vision, Power, and the Body*, Baltimore/London, 182–215.

Cornell, Tim J. (1995), *The Beginnings of Rome, Italy and Rome from the Bronze Age to the Punic Wars (c. 1000–264 B. C.)*, London.

Coşkun, Altay (2005), »Freundschaft und Klientelbindung in Roms auswärtigen Beziehungen. Wege und Perspektiven der Forschung«, in: Ders./Heinz Heinen/Manuel Tröster (Hg.), *Roms auswärtige Freunde in der späten Republik und im frühen Prinzipat*, Göttingen, 1–30.

Ders./McAuley, Alex (Hg.) (2016), *Seleukid Royal Women. Creation, Representation and Distortion of Hellenistic Queenship in the Seleukid Empire*, Stuttgart.

Cox, Cheryl Ann (1998), *Household Interests. Property, Marriage Strategies, and Family Dynamics in Ancient Athens*, Princeton.

Crawford, Michael (1984), *Die römische Republik*. Aus dem Engl. von B. und S. Evers, Übersetzung der Quellenzitate von Kai Brodersen, München.

Crielaard, Jan Paul (2011), »The ›Wanax to Basileus Model‹ Reconsidered: Authority and Ideology after the Collapse of the Mycenaean Palaces«, in: Mazarakis Ainian (Hg.), *The ›Dark Ages‹ Revisited*, Volos, 83–111.

Curtius, Ernst (1878), *Griechische Geschichte I*, Berlin.

Davidson, James (1999), *Kurtisanen und Meeresfrüchte. Die verzehrenden Leidenschaften im klassischen Athen*. Aus dem Engl. von G. Ghirardelli, Berlin.

Dahlheim, Werner (1977), *Gewalt und Herrschaft. Das provinziale Herrschaftssystem der römischen Republik*, Berlin.

Ders. (1990), »Die Not des Staates und das Recht des Bürgers: Die Verschwörung des Catilina (63/62 v. Chr.)«, in: Alexander Demandt (Hg.), *Macht und Recht. Große Prozesse in der Geschichte*, München, 27–37.

Ders. (1996/⁶2002), *Die Antike. Griechenland und Rom von den Anfängen bis zur Expansion des Islam*, Paderborn u. a.

Ders. (2010), *Augustus, Eine Biographie,* München.

Ders. (2013), *Die Welt zur Zeit Jesu,* München.

Dalby, Andrew (2002), *Empire of Pleasures. Luxury and Indulgence in the Roman World*, London/New York.

Deger-Jakotzy, Sigrid (2001), »Innerägäische Beziehungen und auswärtige Kontakte des mykenischen Griechenland in nachpalatialer Zeit«, in: Eva Andrea Braun-Holzinger/Hartmut Matthäus (Hg.), *Die nahöstlichen Kulturen und Griechenland an der Wende vom 2. zum 1. Jahrtausend v. Chr.*, Möhnesee, 47–74.

Dies. (2004), »Lesarten mykenischer Kontexte. Deutungsmuster für das Verständnis einer frühgriechischen Hochkultur«, in: Oswald Panagl/Ruth Wodak (Hg.), *Text und Kontext. Theoriemodelle und methodische Verfahren im transdisziplinären Vergleich*, Würzburg, 205–218.

Dies./Lemos, Irene (Hg.) (2006), *Ancient Greece: from the Mycenaean Palaces to the Age of Homer*, Edinburgh.

Demandt, Alexander (1998), »Europa: Begriff und Gedanke in der Antike«, in: Peter Kneissl/Volker Losemann (Hg.), *Imperium Romanum. Studien zu Geschichte und Rezeption. Festschrift für Karl Christ zum 75. Geburtstag*, Stuttgart, 137–157.

Dickinson, Oliver T. P. K. (2006), *The Aegean from the Bronze Age to the Iron Age. Continuity and Change between the Twelfth and Eighth Centuries B. C.*, Abingdon.

Dickmann, Jens Arne (1999), *domus frequentata. Anspruchsvolles Wohnen im Pompejianischen Stadthaus*, München.

Ders. (2002), »Antiker Stadtraum und moderne Rezeption«, in: *Praxis Geschichte* 3, 6–12.

Ders. (2005), *Pompeji. Archäologie und Geschichte*, München.

Diefenbach, Steffen (2000), »Jenseits der ›Sorge um sich‹. Zur Folter von Philosophen und Märtrern in der römischen Kaiserzeit«, in: Peter Burschel/Götz Distelrath/Sven Lembke (Hg.), *Das Quälen des Körpers. Eine historische Anthropologie der Folter*, Köln/Weimar/Wien, 99–131.

Dixon, Suzanne (1983), »A Family Business. Women's Role in Patronage and Politics in Rome 80–44 BC«, in: *Classica & Medievalia* 34, 91–112.

Dies. (1999), »Conflicts in the Roman Family«, in: Beryl Rawson/Paul Weaver (Hg.), *The Roman Family in Italy. Status, Sentiment, Space*, Canberra/Oxford, 149–167.

Dies. (2007), *Cornelia, Mother of the Gracchi*, London.

Doblhofer, Ernst (2008), *Die Entzifferung alter Schriften und Sprachen*, Stuttgart.

Domingo Gygax, Marc (2016), *Benefaction and Rewards in the Ancient Greek City. The Origins of Euergetism*, Cambridge.

Drexhage, Hans Joachim/Koenen, Heinrich/Ruffing, Kai (Hg.) (2002), *Die Wirtschaft des Römischen Reiches (1.–3. Jh.). Eine Einführung*, Berlin.

Drexhage, Raphaela (1988), *Untersuchungen zum römischen Osthandel*, Bonn.

Droß-Krüpe, Kerstin (Hg.) (2014), *Textile Trade and Distribution in Antiquity – Textilhandel und -distribution in der Antike*, Wiesbaden.

Dies./Nosch, Marie Louise (Hg.), (2016), *Textiles, Trade and Theories, in the Ancient Near East and the Greek and Roman World*, Münster.

Dueck, Daniela (2013), *Geographie der antiken Welt*, mit einem Kapitel von Kai Brodersen, Darmstadt.

Duplouy, Alain (2006), *Le prestige des élites: recherches sur les modes de reconnaissance sociale en Grèce entre les xe et ve siècles avant J.-C.*, Paris.

Dupont, Florence (2013), *Rom – Stadt ohne Ursprung. Gründungsmythos und römische Identität*. Aus dem Französ. von C. Klünemann, Darmstadt.

Eckhardt, Benedikt (2011), »Geld, Macht, Sinn. ›Überpekunisierte Verhältnisse‹ im Athen des fünften und vierten Jahrhunderts v. Chr.«, in: Ders./Katharina Martin (Hg.), *Geld als Medium in der Antike*, Berlin, 14–56.

Eder, Birgitta (2006), »The World of Telemachus: Western Greece 1200–700 BC«, in: Deger-Jalkotzy/Lemos, 659–580.

Edwards, Catherine (1993), *The Politics of Immorality in Ancient Rome*, Cambridge.

Ehmer, Josef (1998), »Migration und Bevölkerung. Zur Kritik eines Bevölkerungsmodells«, in: *Tel Aviver Jahrbuch für deutsche Geschichte 32*, 5–29.

Ehrhardt, Norbert (1992), »Athen im 6. Jahrhundert v. Chr.: Quellenlage, Methodenprobleme und Fakten«, in: Irma Wehgartner (Hg.), *Euphronios und seine Zeit*, Berlin, 12–23.

Eich, Armin (2014), *Die römische Kaiserzeit. Die Legionen und das Imperium*, München.

Engels, David (2014), *Auf dem Weg ins Imperium. Die Krise der Europäischen Union und der Untergang der römischen Republik*, Berlin.

Etienne, Robert (⁵1998), *Pompeji. Das Leben in einer antiken Stadt*. Aus dem Französ. von I. Rauthe-Welsch, Stuttgart.

Eyben, Emiel (1993), *Restless Youth in Ancient Rome*, London/New York.

Fabricius, Johanna (2009), »Kleobulines Schwestern, Bilder lesender und schreibender Frauen«, in: Gabriela Signori (Hg.), *Die lesende Frau*, Wiesbaden, 17–46.

Faure, Paul (1976), *Kreta. Das Leben im Reich des Minos*. Aus dem Französ. von I. und K. Eisen, Stuttgart.

Fedeli, Paolo (2014): «L'idea di Italia negli autori augustei», in: *Da Italia a Italia: le radici di un'identita*. Atti del 51 Convegno di studi sulla Magna Grecia, Tarent 29. September – 2. Oktober 2011, Tarent, 391–409.

Fehr, Burkhard (1984), *Tyrannentöter, oder: Kann man der Demokratie ein Denkmal setzen*, Frankfurt am Main.

Fellmeth, Ulrich (2001), *Brot und Politik. Ernährung, Tafelluxus und Hunger im antiken Rom*, Stuttgart/Weimar.

Figueira, Thomas J. (1998), *The Power of Money. Coinage and Politics in the Athenian Empire*, Philadelphia.

Finley, Moses I. (1954/2005), *Die Welt des Odysseus*. Aus dem Engl. von A. Berve-Glauning, G. Ackermann und H. Kobbe, Frankfurt am Main/New York.

Ders. (1977), »Schuldknechtschaft« (aus dem Französ. von J.-H. Grevemeyer), in: H. G. Kippenberg (Hg.), *Seminar: Die Entstehung der antiken Klassengesellschaft*, Frankfurt am Main, 173–204.

Ders. (1977), *Die antike Wirtschaft*. Aus dem Engl. von A. Wittenburg, München.

Ders. (1981), *Die Sklaverei in der Antike. Geschichte und Probleme*. Aus dem Engl. von A. Wittenburg und K. Brodersen, München.

Finkelberg, Margalit (1997/98), »Anatolian Languages and Indo-European Migrations to Greece«, in: *Classical World* 91, 3–20.

Fisher, Nick R. E. (²2001), *Slavery in Classical Greece*, Bristol.

Ders./van Wees, Hans (Hg.) (1998), *Archaic Greece. New Approaches and New Evidence*, Oakville/Swansea.

Ders./van Wees, H. (Hg.) (2015), *Aristocracy in Antiquity. Redefining Greek and Roman Elites*, Swansea.

Fitton, J. Lesley (2004), *Die Minoer*. Aus dem Engl. von Tanja Ohlsen, Darmstadt.

Ders. (2000), »Arthur Evans und der Palast des Minos in Knossos«, in: *Im Labyrinth des Minos. Kreta – die erste europäische Hochkultur*, Ausstellungskatalog Badisches Landesmuseum Karlsruhe, München, 227–236.

Flaig, Egon (1994), »Das Konsensprinzip im Homerischen Olymp. Überlegungen zum Göttlichen Entscheidungsprozeß Ilias 4,172«, in: *Hermes* 122, 13–31.

Ders. (1995), »Die *Pompa Funebris*. Adelige Konkurrenz und annalistische Erinnerung in der Römischen Republik«, in: Otto Gerhard Oexle (Hg.), *Memoria als Kultur*, Göttingen, 115–148.

Ders. (1998), *Ödipus. Tragischer Vatermord im klassischen Athen*, München.

Ders. (2003a), »Wie Kaiser Nero die Akzeptanz bei der Plebs urbana verlor. Eine Fallstudie zum politischen Gerücht im Prinzipat«, in: *Historia* 52, 351–371.

Ders. (2003b), *Ritualisierte Politik. Zeichen, Gesten und Herrschaft im Alten Rom*, Göttingen.

Ders. (2005), »Demokratischer Imperialismus. Der Modellfall Athen«, in: Richard Faber (Hg.), *Imperialismus in Geschichte und Gegenwart*, Würzburg, 43–57.

Ders. (2007), »Mit Kapitalismus keine Stadtkultur. Überlegungen zum Euergetismus«, in: Wolfgang Reinhard/Justin Stagl (Hg.), *Menschen und Märkte. Studien zur historischen Wirtschaftsanthropologie*, Wien/Köln/Weimar, 133–157.

Ders. (2013), *Die Mehrheitsentscheidung: Entstehung und kulturelle Dynamik*, Paderborn u. a.

Flohr, Miko (2013), *The World of the Fullo: Work, Economy, and Society in Roman Italy*, Oxford/New York.

Flower, Harriet (1996), *Ancestor Masks and Aristocratic Power in Roman Culture*, Oxford.

Fögen, Marie Theres (1993), *Die Enteignung der Wahrsager. Studien zum kaiserlichen Wissensmonopol in der Spätantike*, Frankfurt am Main.

Dies. (2002), *Römische Rechtsgeschichten. Über Ursprung und Evolution eines sozialen Systems*, Göttingen.

Foxhall, Lin (1989), »Household, Gender and Property in Classical Athens«, in: *Classical Quarterly* 39, 22–44.

Dies. (1990), »The Dependent Tenant: Land Leasing and Labour in Italy and Greece«, in: *The Journal of Roman Studies* 80, 97–114.

Dies. (1995), »Women's Ritual and Men's Work in Ancient Athens«, in: Richard Hawley/Barbara Levick (Hg.), *Women in Antiquity. New Assessments*, London/New York, 97–110.

Dies./Lewis, E. (Hg.) (1996), *Greek Law in its Political Setting: Justifications not Justice*, Oxford u. a.

Frayn, Joan (1984), *Sheep Rearing and the Wool Trade in Italy during the Roman Period*, London.

Frei-Stolba, Regula/Bielmann, Anne/Bianchi, Oliver (Hg.) (2003), *Les femmes antiques entre sphere privée et sphère publique*, Bern u. a.

Fulkerson, Laurel (2013), *No Regrets. Remorse in Classical Antiquity*, Oxford/New York.

Gabrielsen, Vincent (1994), *Financing the Athenian Fleet. Public Taxation and Social Relations*, Baltimore.

Galsterer, Hartmut (1976), *Herrschaft und Verwaltung im römischen Italien. Die Beziehungen Roms zu den italischen Gemeinden vom Latinerfrieden 338 v. Chr. bis zum Bundesgenossenkrieg 91 v. Chr.*, München.

Ganter, Angela (2015), *Was die römische Welt zusammenhält. Patron-Klient-Verhältnisse zwischen Cicero und Cyprian*, Berlin.

García Morcillo, Marta (2013), »Trade and Sacred Places: Fairs, Markets and Exchange in Ancient Italy Sanctuaries«, in: Martin Jehne/Bernhard Linke/Jörg Rüpke (Hg.), *Religiöse Vielfalt und Soziale Integration*, Heidelberg, 236–274.

Gardner, Joan F. (1998), *Family and familia in Roman Law and Life*, Oxford.

Dies. (1995), *Frauen im antiken Rom. Familie, Alltag, Recht.* Aus dem Engl. von Kai Brodersen, München.

Garlan, Yves (1989), *Guèrre et économie en Grèce ancienne*, Paris.

Garnsey, Peter (1993), *Famine and Food Supply in the Graeco-Roman World. Responses to Risk and Crisis*, Cambridge.

Ders. (1999), *Food and Society in Classical Antiquity*, Cambridge.

Ders./Saller, Richard (1989), *Das römische Kaiserreich. Wirtschaft, Gesellschaft, Kultur.* Aus dem Engl. von H.-J. Maass, Reinbek bei Hamburg.

Gawantka, Wilfried (1985), *Die sogenannte Polis. Entstehung, Geschichte und Kritik der modernen althistorischen Grundbegriffe*, Stuttgart.

Geary, Patrick (2002), *Europäische Völker im frühen Mittelalter. Zur Legende vom Werden der Nationen*, Frankfurt am Main.

Gehler, Michael/Rollinger, Robert (Hg.) (2014), *Imperien und Reiche in der Weltgeschichte*, 2 Bde., Wiesbaden.

Gehrke, Hans-Joachim (1986), *Jenseits von Athen und Sparta. Das Dritte Griechenland und seine Staatenwelt*, München.

Ders. (1994), »Mythos, Geschichte, Politik – antik und modern«, in: *Saeculum* 45, 239–264.

Ders. (⁴2013), »Hellenismus (336–30 v. Chr.)«, in: Ders./Schneider, 211–275.

Ders. (2004), »Was heißt und zu welchem Ende studiert man intentionale Geschichte? Marathon und Troja als fundierende Mythen«, in: Gert Melville/Karl-Siegbert Rehberg (Hg.), *Gründungsmythen, Genealogien, Memorialzeichen. Beiträge zur institutionellen Konstruktion von Kontinuität*, Köln/Weimar/Wien, 21–36.

Ders. (2005), »Die Bedeutung der (antiken) Historiographie«, in: Eve Marie Becker (Hg.), *Die antike Historiographie und die Anfänge der christlichen Geschichtsschreibung*, Berlin/New York, 29–51.

Gehrke, Hans-Joachim/Möller, Astrid (Hg.) (1996), *Vergangenheit und Lebenswelt. Soziale Kommunikation, Traditionsbildung und historisches Bewußtsein*, Tübingen.

Ders./Schneider, Helmuth (Hg.) (2000/⁴2013), *Geschichte der Antike. Ein Studienbuch*, Stuttgart/Weimar.

Gelzer, Matthias (1912), *Die Nobilität der römischen Republik*, Leipzig.

Gill, Christopher/Postlethwaite, Norman/Seaford, Richard (Hg.) (1998), *Reciprocity in Ancient Greece*, Oxford.

Gimbutas, Marja (1991), *The Civilization of the Goddess: The World of Old Europe*, San Francisco.

Girardet, Klaus Martin (1998), *Alte Geschichte auf dem Weg ins 21. Jahrhundert* (Universitätsreden, Bd. 42), Rede am 5. Mai 1998 an der Universität Saarbrücken, Saarbrücken.

Giuliani, Luca (1986), *Bildnis und Botschaft. Hermeneutische Untersuchungen zur Bildniskunst der römischen Republik*, Frankfurt am Main.

Goette, Hans-Rupprecht (2013): »Die römische ›Staatstracht‹ – *toga, tunica* und *calcei*«, in: Michael Tellenbach u. a. (Hg.), *Die Macht der Toga. Dress-Code im Römischen Weltreich*, Hildesheim/Mannheim, 39–52.

Goldbeck, Fabian (2010), *Salutationes. Die Morgenbegrüßungen in Rom in der Republik und der frühen Kaiserzeit*, Berlin.

Golden, Mark (1998), *Sport and Society in Ancient Greece*, Cambridge 1998.

Goldhill, Simon (1992), »The Great Dionysia and Civic Ideology«, in: John J. Winkler/Froma I. Zeitlin (Hg.), *Nothing To Do With Dionysos? Athenian Drama and Its Social Context*, Princeton, 97–129.

Ders./Osborne, Robin (Hg.) (1999), *Performance Culture and Athenian Democracy*, Cambridge.

Gowers, Emily (1993), *The Loaded Table. Representations of Food in Roman Literature*, Oxford.

Graf, Fritz (³1991), *Griechische Mythologie. Eine Einführung*, Darmstadt.

Ders. (1997), *Der Lauf des rollenden Jahres. Zeit und Kalender in Rom*, Stuttgart/Leipzig.

Grahame, Mark (1997), »Public and private in the Roman house: the spatial order of the *Casa del Fauno*«, in: Ray Laurence/Andrew Wallace-Hadrill (Hg.), *Domestic Space in the Roman World: Pompeii and Beyond*, Portsmouth, 137–164.

Grote, Oliver (2016), *Die griechischen Phylen. Funktion – Entstehung – Leistungen*, Stuttgart.

Gruben, Gottfried (²1976), *Die Tempel der Griechen*, München.

Günther, Linda-Marie (1994), »Aspasia und Perikles. Rufmord im klassischen Athen«, in: Maria H. Dettenhofer (Hg.), *Reine Männersache? Frauen in Männerdomänen in der antiken Welt*, Köln/Weimar/Wien, 41–67.

Günther, Rosmarie (2001), *Einführung in das Studium der Alten Geschichte*, Paderborn u. a.

Günther, Sven (2008), *Vectigalia nervos esse rei publicae: Die indirekten Steuern in der Römischen Kaiserzeit von Augustus bis Diokletian*, Wiesbaden.

Ders. (2015), »Taxation in the Greco-Roman World: The Roman Principate«, in: *Oxford Handbooks Online*, 1–22.

Habermehl, Peter (2000), »Perpetua: Visionen im Christentum«, in: Späth/Wagner-Hasel, 174–182.

Hägg, Robin/Marinatos, Nanno (Hg.) (1987), *The Function of the Minoan Palaces*, Stockholm.

Hall, Edith (2017), *Die Alten Griechen. Eine Erfolgsgeschichte in zehn Auftritten*. Aus dem Engl. von N. Juraschitz, München.

Hall, Jonathan M. (1997), *Ethnic Identity in Greek Antiquity*, Cambridge.

Ders. (2007), *A History of the Archaic Greek World ca. 1200–479 BCE*, Malden.

Halstead, Paul (1981), »From Determinism to Uncertainty: Social Storage and the Rise of the Minoan Palace«, in: Alison Sheridan/Geoff Bailey (Hg.), *Economic Archaeology*, Oxford, 287–213.

Hamel, Debra (2004), *Der Fall Neaira. Die wahre Geschichte einer Hetäre im antiken Griechenland*. Aus dem Engl. von Kai Brodersen, Darmstadt.

Hammerstein, Jürgen (1975), *Die Herde im römischen Recht. Grex als rechtliche Sachgesamtheit und Wirtschaftseinheit*, Göttingen.

Hansen, Mogens Herman (1986), *Demography and Democracy*, Herning.

Hantos, Theodora (1983), *Das römische Bundesgenossensystem in Italien*, München.

Harders, Ann-Cathrin (2008), *Suavissima soror. Untersuchungen zu den Bruder-Schwester-Beziehungen in der römischen Republik*, München.

Dies. (2009), »Schwesterlichkeit im antiken Rom«, in: Eva Labouvie (Hg.), *Schwestern und Freundinnen. Zur Kulturgeschichte weiblicher Kommunikation*, Köln/Weimar/Wien, 243–261.

Harich-Schwarzbauer, Henriette (2000), »Philosophinnen«, in: Späth/Wagner-Hasel, 162–174.

Dies. (2011), *Hypatia. Die spätantiken Quellen. Eingeleitet, kommentiert und interpretiert*, Bern.

Dies. (2011a), »Tod und Bestattung in der römischen Literatur«, in: *Thesaurus cultus rituumque antiquorum. Fondation pour le Lexicon iconographicum mythologiae classicae*, Los Angeles, 172–182.

Dies. (Hg.) (2016), *Weben und Gewebe in der Antike: Materialität – Repräsentation – Episteme – Metapoetik*, Oxford.

Dies./Pollmann, Karla (Hg.) (2013), *Der Fall Roms und seine Wiederauferstehung in Antike und Mittelalter*, Berlin/Boston.

Harlizius-Klück, Ellen (2016), »Denkmuster in der antiken Weberei. Eine Spurensuche«, in: Harich-Schwarzbauer, 87–107.

Harlow, Mary/Laurence, Ray (2002), *Growing Up and Growing Old in Ancient Rome. A Life Course Approach*, London/New York.

Harris, William (1979), *War and Imperialism in Republican Rome 327–70 B. C.*, Oxford.

Harris, Edward M. (2002), »Did Solon abolish Dept-bondage?«, in: *Classical Quarterly* 52, 2, 415–430.

Hartmann, Elke (2002), *Heirat, Hetärentum und Konkubinat im klassischen Athen*, Frankfurt am Main/New York.

Dies. (2007), »Geschlechterdefinitionen im attischen Recht. Bemerkungen zur sogenannten *kyrieia*«, in: Dies./Udo Hartmann/Karin Pietzner (Hg.), *Geschlechterdefinitionen und Geschlechtergrenzen in der Antike*, Stuttgart, 37–53.

Dies. (2015), »Zur Semantik des Seitensprungs. Ehebruch als politische Waffe in der späten römischen Republik«, in: *Historische Anthropologie* 23, 2, 229–252.

Dies. (2016), *Ordnung in Unordnung. Kommunikation, Konsum und Konkurrenz in der frühen Kaiserzeit*, Stuttgart.

Havelock, Eric A. (1992), *Als die Muse schreiben lernte*. Aus dem Amerik. von U. Enderwitz und R. Hentschel, Frankfurt am Main.

Häusler, Alexander (1992), »Archäologie und Ursprung der Indogermanen«, in: *Das Altertum* 38, 3–16.

Heather, Peter (2011), *Invasion der Barbaren. Die Entstehung Europas im ersten Jahrtausend nach Christus*. Aus dem Engl. von B. Jendricke, Stuttgart.

Herman, Gabriel (1987), *Ritualised Friendship in the Greek City*, Cambridge.

Ders. (2006), *Morality and Behaviour in Democratic Athens. A Social History*, Cambridge.

Herrmann-Otto, Elisabeth (2009; ²2017), *Sklaverei und Freilassung in der griechisch-römischen Welt*, Hildesheim u. a.

Dies. (Hg.) (2013), *Antike Sklaverei*, Darmstadt.

Hersch, Karen K. (2010), *The Roman Wedding. Ritual and Meaning in Antiquity*, New York u. a.

Hertel, Dieter (³2008), *Troia. Archäologie, Geschichte, Mythos*, München.

Heurgon, Jacques (1971), *Die Etrusker*. Aus dem Französ. von I. Rauthe-Welsch, Stuttgart.

Hildebrandt, Berit (2009), »Seide als Prestigegut in der Antike«, in: Dies./Caroline Veit (Hg.), *Der Wert der Dinge. Güter im Prestigediskurs*, München, 175–231.

Dies. (Hg.) (2016), *Silk. Trade and Exchange along the Silk Roads between Rome and China in Antiquity*, Oxford.

Dies. (2017), *Seide in der Antike: Terminologie – Produktion – Konsumtion – Distribution*, unveröffentl. Habilitationsschrift Univ. Hannover.

Hillen, Hans Jürgen (2003), *Von Aeneas zu Romulus. Die Legende von der Gründung Roms*, Düsseldorf/Zürich.

Hiller, Stefan (2000), »Die kretischen Schriftsysteme und die palatiale Administration«, in: *Im Labyrinth des Minos. Kreta – die erste europäische Hochkultur*, Ausstellungskatalog Badisches Landesmuseum Karlsruhe, München, 121–149.

Ders./Panagl, Oswald (1976), *Die frühgriechischen Texte aus mykenischer Zeit*, Darmstadt.

Höckmann, Olaf (1985), *Antike Seefahrt*, München.

Hodkinson, Stephen (1989), »Inheritance, Marriage and Demography: Perspectives upon the Success and Decline of Classical Sparta«, in: Anton Powell (Hg.), *Classical Sparta*, London, 79–121.

Ders. (2003), »Spartiates, Helots and the Direction of the Agrarian Economy: Towards an Understanding of Helotage in Comparative Perspective«, in: Nino Luraghi/Susan A. Alcock (Hg.), *Helots and Their Masters in Laconia and Messenia: Histories, Ideologies, Structures*, Cambridge (Mass.)/London, 248–285.

Ders. (2004), »Female Property Ownership and Empowerment in Classical and Hellenistic Sparta«, in: Thomas J. Figeira (Hg.), *Spartan Society*, Swansea, 103–136.

Hölkeskamp, Karl-Joachim (1994), »Tempel, Agora und Alphabet. Die Entstehungsbedingungen von Gesetzgebung in der archaischen Polis«, in: Hans-Joachim Gehrke (Hg.), *Rechtskodifizierung und soziale Normen im interkulturellen Vergleich*, Tübingen, 135–164.

Ders. (1999), *Schiedsrichter, Gesetzgeber und Gesetzgebung im archaischen Griechenland*, Stuttgart.

Ders. (2000), »Von den ›Dunklen Jahrhunderten‹ in das ›Zeitalter der Experimente‹. Kritische Bemerkungen zur neueren Forschungen zum frühen Griechenland«, in: *Gymnasium* 107, 4, 321–330.

Ders. (2002), »Nomos, Thesmos und Verwandtes. Vergleichende Überlegungen zur Konzeptionalisierung geschriebenen Rechts im klassischen Griechenland«, in: David Cohen (Hg.), *Demokratie, Recht und soziale Kontrolle im klassischen Athen*, München, 115–146.

Ders. (2004), *Rekonstruktionen einer Republik*, München.

Ders. (2006), »Pomp und Prozession. Rituale und Zeremonien in der politischen Kultur der römischen Republik«, in: *Jahrbuch des Historischen Kollegs 2006*, 35–72.

Ders. (Hg.) (2009), *Eine politische Kultur (in) der Krise? Die »letzte Generation« der römischen Republik*, München.

Ders./Rüsen, Jörn/Stein-Hölkeskamp, Elke/Grütter, Heinrich Theodor (Hg.) (2003), *Sinn (in) der Antike. Orientierungssysteme, Leitbilder und Wertkonzepte im Altertum*, Mainz.

Ders. /Stein-Hölkeskamp, Elke (¹2000/⁴2013), »Die Dark Ages und das archaische Griechenland«, in: Gehrke/Schneider, 17–96.

Hölscher, Tonio (1989), *Die unheimliche Klassik der Griechen*, Bamberg.

Ders. (1998), *Öffentliche Räume in frühen griechischen Städte*, Heidelberg.

Ders. (Hg.) (2002), *Klassische Archäologie: Grundwissen*, Darmstadt.

Höpfner, Wolfram (2003), *Der Koloss von Rhodos und die Bauten des Helios*, Mainz.

Hoffmann, Adolf/Wulf, Ulrike (Hg.) (2004), *Die Kaiserpaläste auf dem Palatin in Rom*, Mainz.

Holzberg, Niklas (2010), *Aristophanes: Sex und Spott und Politik*, München.

Horden, Peregrine/Purcell, Nicholas (2001), *The Corrupting Sea. A Study in Mediterranean History*, Oxford.

Humpert, Claudia (2001), *Wege zur Männlichkeit im Rom der Späten Republik. Cicero und die* adulescentia *seiner Zeit*, Halle (Saale).

Humphreys, Sally (1983), »The Evolution of Legal Process in Ancient Attica«, in: Emilio Gabba (Hg.), *Tria Corda. Scritti in onore di Arnaldo Momigliano*, Como, 229–256.

Hunter, Virginia (1994), *Policing Athens. Social Control in the Attic Lawsuits, 420–320 B. C.*, Princeton.

Huttner, Ulrich (2008), *Römische Antike*, Tübingen/Basel.

Isager, Signe/Skydsgaard, Jens E. (1992), *Ancient Greek Agriculture: An Introduction*, London/New York.

Ismard, Paulin (2010), *La cité des réseaux. Athènes et ses associations VIe – Ier siècle av. J. C.*, Paris.

Ders. (2015), *La démocratie contre les experts. Les esclaves publics en Grèce ancienne*, Paris.

Itgenshorst, Tanja (2005), *Tota illa pompa. Der Triumph in der römischen Republik*, Göttingen.

Jameson, Michael (1977), »Agriculture and Slavery in Classical Athens«, in: *Classical Journal* 73, 122–145.

Jhering, Rudolf von (1894), *Vorgeschichte der Indoeuropäer*. Aus dem Nachlass hg. von Victor Ehrenberg, Leipzig.

Jehne, Martin (1993), »Geheime Abstimmung und Bindungswesen in der Römischen Republik«, in: *Historische Zeitschrift* 257, 593–613.

Ders. (Hg.) (1995), *Demokratie in Rom? Die Rolle des Volkes in der Politik der Römischen Republik*, Stuttgart.

Ders. /Pfeilschifter, Rene (Hg.) (2006), *Herrschaft ohne Integration? Rom und Italien in republikanischer Zeit*, Frankfurt am Main.

Jens, Walter (³1976), »Antiquierte Antike? Perspektiven eines neuen Humanismus«, in: Ders., *Republikanische Reden*, München, 41–58.

Jim, Theodora Suk Fong (2014), *Sharing with the Gods. Aparchai and Dekatai in Ancient Greece*, Oxford.

Jongman, Willem (1988), *The Economy and Society of Pompeii*, Amsterdam.

Junkelmann, Marcus (1997), *Panis militaris. Die Ernährung des römischen Soldaten oder der Grundstoff der Macht*, Mainz.

Kaeser, Bert (2004), »Die Griechen und der Sport«, in: Wünsche/Knauß, 24–37.

Kallet, Lisa (2003), »Demos Tyrannos: Wealth, Power and Economic Patronage«, in: Morris, 117–153.

Kallet-Marx, Lisa (1993), *Money, Expense and Naval Power in Thucydides' History 1–5,24*, Berkeley.

Kamen, Deborah (2013), *Status in Classical Athens,* Princeton.

Kaster, Robert A. (2005), *Emotion, Restraint, and Community in Ancient Rome*, Oxford.

Katz, Marylin A. (2006), »Frauen, Kinder, Männer«, in: Cartledge, 104–142.

Kearsley, Rosalinde (1999), »Greeks Overseas in the 8th Century B. C. Euboeans, Al Mina and Assyrian Imperialism«, in: Gocha R. Tsetskhladze (Hg.), *Ancient Greeks West and East*, Leiden, 109–134.

Kennedy, Rebecca Futo (2014), *Immigrant Women in Athens. Gender, Ethnicity, and Citizenship in the Classical City*, New York/London.

Kern, Hermann (1982), *Labyrinthe. Erscheinungsformen und Deutungen. 5000 Jahre Gegenwart eines Urbilds*, München.

Khazanov, Alexander M. (1984), *Nomads and the Outside World*. Aus dem Russ. von J. Crookenden, Cambridge.

Kilian, Klaus (1982), »Zum Ende der mykenischen Epoche in der Argolis«, in: *Jahrbuch des Römisch-Germanischen Zentralmuseums Mainz*, 166–195.

Killen, John T. (1994), »Thebes Sealings, Knossos Tablets and Mycenaean State Banquets«, in: *Bulletin of the Institute of Classical Studies of the University of London* 30, 67–84.

Kloft, Hans (2006), *Die Wirtschaft des Imperium Romanum*, Mainz.

Knauß, Florian (2004), »Sport im Altertum«, in: Ders./Raimund Wünsche (Hg.), *Lockender Lorbeer. Sport und Spiel in der Antike*, München, 15–23.

Koch-Harnack, Gundel (1983), *Knabenliebe und Tiergeschenke. Ihre Bedeutung im päderastischen Erziehungssystem Athens*, Berlin.

Köhne, Eckart (2000), »Brot und Spiele«, in: Ders./Cornelia Ewigleben (Hg.), *Caesaren und Gladiatoren. Die Macht der Unterhaltung im antiken Rom*, Mainz, 13–38.

Kolb, Anne (Hg.) (2010), *Augustae. Machtbewußte Frauen am römischen Kaiserhof? Herrschaftsstrukturen und Herrschaftspraxis*, Berlin.

Kolb, Frank (²2002), *Rom. Die Geschichte der Stadt in der Antike*, München.

Ders. (2005), *Die Stadt im Altertum*, Düsseldorf.

Ders. (2007), *Das antike Rom*, München.

Konstan, David (2010), *Before Forgiveness. The Origins of a Moral Idea*, Cambridge.

Korfmann, Manfred (1986), »Troy: Topography and Navigation«, in: Machteld J. Mellink (Hg.), *Troy and the Trojan War*. A Symposium Held at Bryn Mawr College October 1984, Bryn Mawr, 1–16.

Kramer-Hajos, Margaretha (2016), *Mycenaean Greece and the Aegean World: Palace and Province in the Late Bronze Age*, Cambridge.

Kreilinger, Ulla (2007), *Anständige Nacktheit. Körperpflege, Reinigungsriten und das Phänomen der weiblichen Nacktheit im archaisch-klassischen Athen*, Rhaden (Westf.).

Kunst, Christiane (2008), *Livia. Macht und Intrigen am Hof des Augustus*, Stuttgart.

Dies. (2009), »Lesende Frauen. Zur kulturellen Semantik des Lesens im antiken Rom«, in: Gabriela Signori (Hg.), *Die lesende Frau*, Wiesbaden, 47–64.

Dies. (Hg.) (2013), *Matronage. Handlungsstrategien und soziale Netzwerke antiker Herrscherfrauen*, Rahden.

Dies./Riemer, Ulrike (Hg.) (2000), *Grenzen der Macht. Zur Rolle der römischen Kaiserfrauen*, Stuttgart.

Kurke, Leslie (1999), *Coins, Bodies, Games, and Gold: The Politics of Meaning in Archaic Greece*, Princeton.

Ladewig, Marco (2014), *Rom – die antike Seerepublik. Untersuchungen zur Thalassokratie der* res publica populi romani *von den Anfängen bis zur Begründung des Principats*, Stuttgart.

Larmour, David Henry James/Seymour, Diana (2007), *The Sites of Rome. Time, Space, Memory*, Oxford.

Latacz, Joachim (Hg.) (1979), *Homer: Tradition und Neuerung*, Darmstadt.

Ders. (²1989), *Homer. Der erste Dichter des Abendlandes*, München/Zürich.

Ders. (2001), *Troia und Homer*, München.

Lavelle, Brian M. (2005), *Fame, Money, and Power: The Rise of Peisistratos and ›Democratic‹ Tyranny at Athens*, Ann Arbor.

Lazenby, John F. (1995), »The Archaia Moira: A Suggestion«, in: *The Classical Quarterly* 45, 1, 87–91.

Lehmann, Gustav Adolf (1985), *Die mykenisch-frühgriechische Welt und der östliche Mittelmeerraum in der Zeit der »Seevölker«-Invasionen um 1200 v. Chr.*, Opladen.

Lemos, Irene (2007), »ἐπεὶ πόρε μύρια ἔδνα …' *Iliade* 22,472. Homeric Reflections in Early Iron Age Elite Burials«, in: Eva Alram-Stern/Georg Nightingale (Hg.),

Keimelion. Elitenbildung und elitärer Konsum von der mykenischen Palastzeit zur homerischen Epoche, Wien, 275–283.

Lendle, Otto (1992), *Einführung in die griechische Geschichtsschreibung*, Darmstadt.

Leppin, Hartmut (2000), »Kaiserliche Kohabitation. Von der Normalität Theodoras«, in: Kunst/Riemer, 75–86.

Ders. (2003), *Theodosius der Große. Auf dem Weg zu einem christlichen Imperium*, Darmstadt.

Ders. (2005), *Einführung in die Alte Geschichte*, München.

Liebs, Detlef (2007), *Vor den Richtern Roms. Berühmte Prozesse der Antike*, München.

Ligt, Luuk de (1993), *Fairs and Markets in the Roman Empire: Economic and Social Aspects of Periodic Markets in a Pre-industrial Society*, Amsterdam.

Linke, Bernhard (2005), *Die römische Republik von den Gracchen bis Sulla*, Darmstadt.

Loraux, Nicole (²1984), *Les enfants d'Athena. Idées athéniennes sur la citoyenneté et la division des sexes*, Paris.

Dies. (1981), *L'invention d' Athènes. Histoire de l'oraison funèbre dans la »cité classique«*, Paris.

Lund, Allan A. (2005), »Hellenentum und Ethnizität: Zur Ethnogenese und Ethnizität der antiken Hellenen«, in: *Historia* 54, 1–17.

Lundgreen, Christoph (Hg.) (2014), *Staatlichkeit in Rom? Diskurse und Praxis (in) der römischen Republik*, Stuttgart.

Luraghi, Nino (1994), *Tirannidi arcaiche in Sicilia e Magna Grecia. Da Panezio di Leontini alla caduta dei Dinomenidi*, Florenz.

Lyons, Deborah (2012), *Dangerous Gifts. Gender and Exchange in Ancient Greece*, Austin.

Maass, Michael (1993), *Das antike Delphi. Orakel, Schätze und Monumente*, Darmstadt.

Malkin, Irad (2011), *A Small Greek World: Networks in the Ancient Mediterranean*, Oxford.

Malitz, Jürgen (2008), »Der Preis des Krieges«, in: Friedrich Burrer/Holger Müller (Hg.), *Kriegskosten und Kriegsfinanzierung in der Antike*, Darmstadt, 28–45.

Mann, Christian (2007), *Die Demagogen und das Volk. Zur politischen Kommunikation im Athen des 5. Jahrhunderts v. Chr.*, Berlin.

Maran, Joseph (2008), »Nach dem Ende. Tiryns – Phönix aus der Asche«, in: Badisches Landesmuseum Karlsruhe (Hg.), *Zeit der Helden. Die »dunklen Jahrhunderte« Griechenlands 1200–700 v. Chr.*, Ausstellungskatalog Karlsruhe, 63–73.

Ders./Papadimitriou, A. (2006), »Forschungen im Stadtgebiet von Tiryns 1999–2002«, in: *Archäologischer Anzeiger*, 97–169.

Ders./Stavrianopoulou, Eftychia (2007), »Potnios Aner: Reflections on the Ideology of Mycenaean Kingship«, in: Eva Alram/Josef Fischer (Hg.), *Keimelion, Elitenbildung und elitärer Konsum von der mykenischen Palastzeit bis zur homerischen Epoche*, Wien, 285–298.

Marinatos, Nanno (1987), »Role and Sex Division in Ritual Scenes of Aegean Art«, in: *Journal of Prehistoric Religion* 1, 23–34.

Dies. (1989), »The Minoan Harem: The Role of Eminent Women and the Knossos Frescoes«, in: *Dialogue D'Histoire Ancienne* 15, 2, 33–62.

Martin, Jochen (1994), »Der Verlust der Stadt«, in: Christian Meier (Hg.), *Die okzidentale Stadt nach Max Weber*, München, 95–114.

Ders. (1997), »Das Kaisertum in der Spätantike«, in: François Paschoud/Joachim Szidat (Hg.), *Usurpationen in der Spätantike*, Stuttgart, 47–62.

Ders. (2002a), »Formen sozialer Kontrolle im republikanischen Rom«, in: David Cohen (Hg.), *Demokratie, Recht und soziale Kontrolle im klassischen Athen*, München, 155–172.

Ders. (2004), »Die Verwaltung der Mittelmeerwelt in der Spätantike«, in: Wirbelauer, 87–101.

Mattingly, David J. (2011), *Imperialism, Power, and Identity. Experiencing the Roman Empire*, Princeton/Oxford.

McEwen, Indra Kagis (1997), *Socrates' Ancestor: an Essay on Architectural Beginnings*, Boston.

McGlew, James F. (1993), *Tyranny and Political Culture in Ancient Greece,* Ithaca 1993.

McHardy, Fiona/Marshall, Eireann (Hg.) (2004), *Women's Influence on Classical Civilization*, London.

Mehl, Andreas (2001), *Römische Geschichtsschreibung. Grundlagen und Entwicklungen. Eine Einführung*, Stuttgart.

Meier, Christian ([3]1997), *Res publica amissa. Eine Studie zur Verfassung und Geschichte der späten römischen Republik*, Frankfurt am Main.

Ders. (1983), *Die Entstehung des Politischen bei den Griechen*, Frankfurt am Main.

Meier, Mischa ([2]2004), *Das andere Zeitalter Justinians. Kontingenzerfahrung und Kontingenzbewältigung im 6. Jahrhundert n. Chr.*, Göttingen.

Ders. (Hg.) (2007), *Sie schufen Europa. Historische Porträts von Konstantin bis Karl dem Großen*, München.

Ders. (2012), »Die athenischen Hektemoroi – eine Erfindung?«, in: *Historische Zeitschrift* 294, 1–29.

Ders. (2016), *Der Völkerwanderung ins Auge blicken. Individuelle Handlungsspielräume im 5. Jahrhundert n. Chr.*, Heidelberg.

Ders. (2017), »Die ›Völkerwanderung‹«, in: *Geschichte für heute. Zeitschrift für historisch-politische Bildung* 10, 2, 5–31.

Meißner, Burkhard (2012), »Kidnapping und Plündern. Piraterie und Failing States im antiken Griechenland«, in: Volker Grieb/Sabine Todt (Hg.), *Piraterie von der Antike bis zur Gegenwart*, Stuttgart, 21–45.

Meister, Jan (2009), »Pisos Augenbrauen. Zur Lesbarkeit aristokratischer Körper in der späten römischen Republik«, in: *Historia* 58, 1, 71–95.

Ders. (2012), *Der Körper des Princeps. Zur Problematik eines monarchischen Körpers ohne Monarchie*, Stuttgart.

Meo, Francesco (2014), »New Archaeological Data for Textile Production Understanding: Preliminary Notes on Heracleia, Southern Basilicata, Italy«, in: Mary Harlow/Marie Louise Nosch (Hg.), *Greek and Roman Textiles and Dress: an Interdisciplinary Anthology*, Oxford, 236–259.

Meskell, Lynn (1995), »Goddesses, Gimbutas and ›New Age‹ Archaeology«, in: *Antiquity* 69, 24–86.

Mette-Dittmann, Angelika (1991), *Die Ehegesetzgebung des Augustus. Eine Untersuchung im Rahmen der Gesellschaftspolitik des Princeps*, Stuttgart.

Meyer-Zwiffelhoffer, Eckhard (1995), *Im Zeichen des Phallus. Die Ordnung des Geschlechtslebens im antiken Rom*, Frankfurt am Main/New York.

Mielsch, Harald (1987), *Die römische Villa. Architektur und Lebensform*, München.

Ders. (2001), *Römische Wandmalerei*, Darmstadt.

Mitchell, Lynette G. (1997), *Greeks Bearing Gifts. The Public Use of Private Relationship in the Greek World 435–323 B. C.*, Cambridge.

Möller, Astrid (2000), *Naukratis. Trade in Archaic Greece*, Oxford.

Dies. (2001), »The Beginning of Chronography: Hellanicus' *Hiereiai*«, in: Nino Luraghi (Hg.), *The Historian's Craft in the Age of Herodotus*, Oxford, 241–262.

Dies. (2006), »Felix Jacoby and Ancient Greek Chronography«, in: Carmine Ampolo (Hg.), *Aspetti dell' opera di Felix Jacoby*, Pisa, 259–275.

Dies. (2015), »Zwischen Agonalität und Kollektiv. Wasserversorgung im archaischen Griechenland«, in: Sitta von Reden/Christian Wieland (Hg.), W*asser. Alltagsgebrauch, Ingenieurskunst und Repräsentation zwischen Antike und Moderne*, Göttingen, 27–47.

Moeller, Walter O. (1976), *The Wool Trade of Ancient Pompeii*, Leiden.

Momigliano, Arnaldo (1999), »Alte Geschichte und antiquarische Forschung«, in: Ders., *Ausgewählte Schriften*, Bd. 2, hg. von Anthony Crafton. Aus dem Engl. von Andreas Wittenburg, Stuttgart, 1–36.

Momigliano, Nicoletta (Hg.) (2016), *Cretomania: Modern Desires for the Minoan Past*, Ashgate.

Monoson, Suzan S. (2000), *Plato's Democratic Entanglements. Athenian Politics and the Practise of Philosophy*, Princeton.

Morgan, Catherine (1990), *Oracles and Athletes. The Transformation of Olympia and Delphi in the Eigth Century B. C.*, Cambridge.

Dies. (1993) »The Origins of Pan-Hellenism«, in: Nanno Marinatos/Robin Hägg (Hg.), *Greek Sanctuaries. New Approaches*, London/New York 1993, 18–44.

Dies. (1996), »From Palace to Polis? Religious Developments on the Greek Mainland During the Bronze Age/Iron Age Transition«, in: Pontus Hellström/Britta Alroth (Hg.), *Religion and Power in the Ancient Greek World*, Uppsala, 41–57.

Morley, Neville (2007), *Trade in Classical Antiquity*, Cambridge.

Ders. (2010), *The Roman Empire. Roots of Imperialism*, London/New York.

Morris, Sarah (2003), »Imaginary Kings: Alternatives to Monarchy in Early Greece«, in: Dies. (Hg.), *Popular Tyranny. Sovereignty and its Discontents in Ancient Greece*, Austin, 1–24.

Müller, Sabine (2009), *Das hellenistische Königspaar in der medialen Repräsentation. Ptolemaios II. und Arsinoë II.*, Berlin/New York.

Mulot-Déri, Sybille (1987), *Sir Galahad. Porträt einer Verschollenen*, Frankfurt am Main.

Murray, Oswyn (Hg.) (1990), *Sympotica. A Symposium on the Symposium*, Oxford.

Ders. /Davies, John K./Walbank, Frank W. (2006), *Das antike Griechenland. Aus dem Engl. von Kai Brodersen, A. Wörle und C. M. Barth*, Düsseldorf.

Ders. /Price, Simon (Hg.) (1991), *The Greek City from Homer to Alexander*, Oxford.

Ders. (2001), »Herodotus and Oral History Reconsidered«, in: Nino Luraghi (Hg.), *The Historian's Craft in the Age of Herodotus*, Oxford, 314–325.

Murray, Sarah C. (2017), *The Collapse of the Mycenaean Economy: Imports, Trade, and Institutions 1300–700 BCE*, Cambridge.

Näf, Beat (2013), »Kaiser Honorius und der Fall Roms: Zur Macht des Glaubens«, in: Harich-Scharzbauer/Pollmann, 79–108.

Nadolny, Sonja (2016), *Die Severischen Kaiserfrauen*, Stuttgart.

Neils, Jenifer (1987), *The Youthful Deeds of Theseus*, Cambridge.

Dies. (Hg.) (1992), *Goddess and Polis: The Panathenaic Festival in Ancient Athens*, Princeton.

Nenci, Giuseppe (1990), »L'Occidenti ›barbarico‹«, in: Ders. (Hg.), *Hérodote et les peuples non grecs*, Genf, 301–318.

Nestle, Wilhelm (²1975), *Vom Mythos zum Logos. Die Selbstentfaltung des griechischen Denkens*, Stuttgart.

Neumeister, Christoph (³1997), *Das antike Rom. Ein literarischer Stadtführer*, München.

Ders. (2005), *Der Golf von Neapel in der Antike. Ein literarischer Reiseführer*, München.

Nickel, Rainer (2014), *Der verbannte Stratege. Xenophon und der Tod des Thukydides*, Darmstadt.

Nicolet, Claude (2000), *Censeurs et publicains. Èconomie et fiscalité dans la Rome antique*, Paris.

Niemeier, Wolf-Dietrich (1986), »Zur Deutung des Thronraums im Palast von Knossos«, in: *Mitteilungen des Deutschen Archäologischen Instituts, Athen. Abt.* 101, 63–95.

Ders. (1987), »Das Stuckrelief des ›Prinzen mit der Federkrone‹«, in: *Mitteilungen des Deutschen Archäologischen Instituts, Athen. Abt.* 102, 6–98.

Niemeyer, Hans Georg (1999), »Die frühe phönizische Expansion im Mittelmeer. Neue Beiträge zu ihrer Beschreibung und zu ihren Ursachen«, in: *Saeculum* 50, 153–175.

Nilsson, Martin P. (1929), »Die Hoplitentaktik und das Staatswesen«, in: *Klio* 22, 240–249.

Nippel, Wilfried (1988a), »Sozialanthropologie und Alte Geschichte«, in: Christian Meier/Jörn Rüsen (Hg.), *Historische Methode*, München, 300–318.

Ders. (1988b), *Aufruhr und ›Polizei‹ in der Römischen Republik*, Stuttgart.

Ders. (1990), *Griechen, Barbaren und ›Wilde‹. Alte Geschichte und Sozialanthropologie*, Frankfurt am Main.

Ders. (1997), »Die *plebs urbana* und die politische Gewalt in der späten Republik im Spiegel der jüngeren französischen und deutschen Forschung«, in: Hinnerk Bruhns u. a. (Hg.), *Die späte Republik – La fin de la république romaine. Un débat franco-allemand d'histoire et d'historiographie*, Rom, 237–257.

Ders. (2000), »Erwerbsarbeit in der Antike«, in: Jürgen Kocka/Claus Offe (Hg.), *Geschichte und Zukunft der Arbeit*, Frankfurt am Main/New York, 54–66.

Ders. (2013), *Klio dichtet nicht. Studien zur Wissenschaftsgeschichte der Althistorie*, Frankfurt am Main/New York.

Nissen, Hans Jürgen (1983), *Grundzüge einer Geschichte der Frühzeit des Vorderen Orients*, Darmstadt.

Ders. (1999), *Geschichte Alt-Vorderasiens*, München.

Nosch, Marie Louise (2006), »More Thoughts on the Mycenaean ta-ra-si-ja system«, in: Massimo Perna (Hg.), *Fiscality in Mycenaean and Near Eastern Archives*. Proceedings of the Conference held at Soprintendenza Archivistica per la Campania, Neapel, 21.–23. Oktober 2004, Rom, 161–182.

Dies. (2008), »The Mycenaean Palace-Organised Textile Industry«, in: Massimo Perna/Francesco Pomponio (Hg.), *The Management of Agricultural Land and the Production of Textiles in the Mycenaean and Near Eastern Economies*, Paris, 135–154.

Olshausen, Eckart (1991), *Einführung in die Historische Geographie der Alten Welt*, Darmstadt.

Osborne, Robin (1998), »Early Greek Colonization? The Nature of Greek Settlement in the West«, in: Hans van Wees (Hg.), *Archaic Greece. New Approaches and New Evidence*, London, 251–269.

O'Sullivan, Timothy M. (2011), *Walking in Roman Culture*, Cambridge.

Oxby, Clare (1986), »Women and the Allocation of Herding Labour in a Pastoral Society«, in: Bernus, S. u. a. (Hg.), *Le fils et le neveu. Jeux et enjeux de la parenté touarègue*, Cambridge/Paris, 99–124.

Parkin, Tim (2003), *Old Age in the Roman World. A Cultural and Social History*, Baltimore/London.

Parkins, Helen (1997), »The ›consumer city‹ domesticated? The Roman city in elite economic strategies«, in: Dies. (Hg.), *Roman Urbanism: Beyond the Consumer City*, London, 83–111.

Patterson, Orlando (1982), *Slavery and Social Death*, Cambridge (Mass.).

Patzek, Barbara (1992), *Homer und Mykene. Mündliche Dichtung und Geschichtsschreibung*, München.

Pikulska, Anna (2008), »Un impôt sur la consommation de sel dans la République romaine«, in: *Revue internationale des droits de l'Antiquité* 55, 365–371.

Pina Polo, Francesco (2004), »Die nützliche Erinnerung: Geschichtsschreibung, Mos Maiorum und die römische Identität«, in: *Historia* 53, 2, 147–172.

Pohl, Walter (2002), *Die Völkerwanderung. Eroberung und Integration*, Stuttgart.

Poliakov, Leon (1977), *Der arische Mythos. Zu den Quellen von Rassismus und Nationalsozialismus*, Wien/München/Zürich.

Polignac, François de (1984), *La naissance de la cité grecque. Cultes, espace et société VIIIe–VIIe siècles avant J.-C.*, Paris.

Ders. (1994), »Mediation, Competition, and Sovereignty: The Evolution of Rural Sanctuaries in Geometric Greece«, in: Susan E. Alcock/Robin Osborne (Hg.), *Placing the Gods. Sanctuaries and Sacred Space in Ancient Greece*, Oxford, 3–18.

Ders. (1998), »Cité et territoire à l'époque géometrique: un modèle argien?«, in: Anne Pariente/Gilles Touchais (Hg.), *Argos et l'Argolide. Topographie et urbanisme*, Athen/Argos, 145–162.

Pomeroy, Sarah B. (1984), *Women in Hellenistic Egypt. From Alexander to Cleopatra*, Detroit.

Pritchard, David M. (2010), »The Symbiosis Between Democracy and War: The Case of Ancient Athens«, in: Ders. (Hg.), *War, Democracy and Culture in Classical Athens*, Cambridge, 1–62 und 409–451.

Ders. (2015), *Public Spendings and Democracy in Classical Athens*, Austin.

Purcell, Nicholas (1991), »Mobility and the Polis«, in: Murray/Price, 29–58.

Ders. (1995), »The Roman Villa and the Landscape of Production«, in: Tom J. Cornell/Kathrin Lomas (Hg.), *Urban Society in Roman Italy*, London, 151–179.

El-Qualqili, Iradj/Perl, Gerhard (2002), »Zur Problematik der Lex Oppia (215/195)«, in: *Klio* 84, 2, 414–439.

Qviller, Bjørn (1981), »The Dynamics of the Homeric Society«, in: *Symbolae Osloenses* 56, 109–155.

Raaflaub, Kurt A. (Hg.) (1986), *Social Struggles in Archaic Rome. New Perspectives on the Conflict of Orders*, Berkeley.

Ders. (1988), »Athenische Geschichte und mündliche Überlieferung«, in: von Ungern-Sternberg/Reinau, 197–225.

Ders. (1991), »Homer und die Geschichte des 8. Jhs. v. Chr.«, in: Joachim Latacz (Hg.), *Zweihundert Jahre Homer-Forschung. Rückblick und Ausblick*, Stuttgart/Leipzig, 205–256.

Ders. (2006), »Athenian and Spartan *eunomia*, or: What to do With Solon's Timocracy«, in: Blok/Lardinois, 390–428.

Ders. (2006), »Romulus und die Wölfin«, in: Stein-Hölkeskamp/Hölkeskamp, 18–39.

Rathmann, Michael (2012), »Kartographie in der Antike. Überlieferte Fakten, bekannte Fragen, neue Perspektiven«, in: Dietrich Boschung u.a. (Hg.), *Geografische Kenntnisse und ihre konkreten Ausformungen*, München, 11–49.

Räuchle, Viktoria (2017), *Die Mütter Athens und ihre Kinder. Verhaltens- und Gefühlsideale in klassischer Zeit*, Berlin.

Rawson, Beryl/Weaver, Paul (Hg.) (1999), *The Roman Family in Italy. Status, Sentiment, Space*, Oxford/Canberra.

Reden, Sitta von (2010), *Money in Classical Antiquity*, Cambridge.

Dies. (2015), *Antike Wirtschaft*, Berlin/Boston.

Rehak, Paul (Hg.) (1995), *The Role of the Ruler in the Prehistoric Aegean, Aegaeum II*, Lüttich.

Reinhard, Wolfgang (1999), *Geschichte der Staatsgewalt. Eine vergleichende Verfassungsgeschichte Europas von den Anfängen bis zur Gegenwart*, München.

Renfrew, Colin (1972), *The Emergence Civilization. The Cyclades and the Aegean in the Third Millenium B. C.* London.

Ders. /Bahn, Paul (2009), *Basiswissen Archäologie. Theorien – Methoden – Praxis.* Aus dem Engl. von H. Schareika, Darmstadt.

Reuter, Marcus/Schiavone, Romina (Hg.) (2010), *Gefährliches Pflaster. Kriminalität im Römischen Reich*, Mainz.

Reuthner, Rosa (2006), *Wer webte Athenas Gewänder? Die Arbeit von Frauen im antiken Griechenland*, Frankfurt am Main/New York.

Dies. (2009), »Philosophia und Oikonomia als weibliche Disziplinen in Traktaten und Lehrbriefen neupythagoreischer Philosophinnen«, in: *Historia* 58, 4, 416–437.

Rieger, Matthias (2004), »Unerhörte Klänge – tonlose Musik. Helmholtz' ›Ton‹-Empfindungen (1863)«, in: *Historische Anthropologie* 12, 1, 93–105.

Rihll, Tracey E./Wilson, Andrew G. (1991), »Modelling Settlement Structures in Ancient Greece: New Approaches to the Polis«, in: John Rich/Andrew Wallace-Hadrill (Hg.), *City and Country in the Ancient World*, London/New York, 50–95.

Rich, John (2004), »Fear, Greed, and Glory: The Causes of Roman War Making in the Middle Republic«, in: Craig B. Champion (Hg.), *Roman Imperialism. Readings and Sources*, Malden (Mass.)/Oxford, 46–67.

Richard, Carl J. (1994), *The Founders and the Classics. Greece, Rome and the American Enlightenment*, Cambridge (Mass.)/London.

Ridgway, David (2000), »The First Western Greeks Revisited«, in: *Ancient in its Mediterranean Setting. Studies in Honour of Ellen MacNamara*, London, 179–191.

Riggsby, Andrew M. (1997), »›Public‹ and ›Private‹ in Roman Culture: the Case of the Cubiculum«, in: *Journal of Roman Archaeology* 10, 36–56.

Rilinger, Rolf (1997), »Domus und res publica. Die politisch-soziale Bedeutung des aristokratischen ›Hauses‹ in der späten römischen Republik«, in: Aloys Winterling (Hg.), *Zwischen »Haus« und »Staat«. Antike Höfe im Vergleich*, München, 73–90.

Röder, Brigitte/Hummel, Juliane/Kunz, Brigitta (1996), *Göttinnendämmerung. Das Matriarchat aus archäologischer Sicht*, München.

Rosenberger, Veit (2001), *Griechische Orakel. Eine Kulturgeschichte*, Darmstadt.

Rosenstein, Nathan (2008), »Aristocrats and Agriculture in the Middle and Late Republic«, in: *Journal of Roman Studies* 98, 1–26.

Rubel, Alexander (2009), »Die ökonomische und politische Bedeutung von Bosporos und Hellespont in der Antike«, in: *Historia* 58, 3, 336–355.

Rüpke, Jörg (2001), *Die Religion der Römer. Eine Einführung*, München.

Ders. (2006), *Zeit und Fest. Eine Kulturgeschichte des Kalenders*, München.

Russell, Amy (2016), *The Politics of Public Space in Republican Rome*, Cambridge.

Sachs, Gerd (2017), *Die Große Gesetzesinschrift von Gortyn: ein Spiegel der kretischen Gesellschaft in archaischer und klassischer Zeit*, Hamburg.

Sallares, Robert (1998), »Getreide«, in: *Der Neue Pauly* 4, Sp. 1029–1038.

Saller, Richard P. (1991), »Corporal Punishment, Authority and Obedience in the Roman Household«, in: Beryl Rawson (Hg.), *Marriage, Divorce and Children in Ancient Rome*, Oxford, 144–165.

Ders. (1997), *Patriarchy, Property and Death in the Roman Family*, Cambridge.

Ders. (1999), »Pater familias, mater familias, and the Gendered Semantics of the Roman Household«, in: *Classical Philology* 94, 182–197.

Salmon, John B. (1984), *Wealthy Corinth. A History of the City to 338 BC*, Oxford.

Sancisi-Weerdenburg, Helen (Hg.) (2000), *Peisistratos and the Tyranny. A Reappraisal of Evidence*, Amsterdam.

Santillo Frizell, Barbro (2009), *Arkadien. Mythos und Wirklichkeit*. Aus dem Schwed. von Ylva Eriksson-Kuchenbuch, Köln/Wien/Weimar.

Savunen, Lisa (1995), »Women and Elections in Pompeii«, in: Richard Hawley/Barbara Levick (Hg.), *Women in Antiquity. New Assessments*, London, 194–206.

Scheer, Tanja S. (2011), *Griechische Geschlechtergeschichte*, München.

Scheid, John (1998), *Rom und das Reich in der hohen Kaiserzeit*, Bd. 1: *Die Struktur des Reiches*, Stuttgart.

Ders. (2003), *An Introduction to Roman Religion*, Edinburgh (französ. Originalausgabe 1998).

Ders. (2012), *Plutarch: Römische Fragen. Ein virtueller Spaziergang im Herzen des alten Rom*, Darmstadt.

Ders./Svenbro, Jesper (1994), *Le métier de Zeus. Mythe du tissage et du tissu dans le monde gréco-romain*, Paris (engl. Übers. 1996).

Scheidel, Walter (1990), »Feldarbeit von Frauen in der antiken Landwirtschaft«, in: *Gymnasium* 97, 405–431.

Ders. (2001), »The Hireling and the Slave. A Transatlantic Perspective«, in: Cartledge/Cohen/Foxhall, 175–184.

Schiering, Wolfgang (1994), »Gestaltung und Aufgaben der Paläste des minoischen Kreta«, in: *Antike Welt* 25, 2, 178–190.

Schlesier, Renate (1994), *Kulte, Mythen und Gelehrte, Anthropologie der Antike seit 1800*, Frankfurt am Main.

Schmidt-Colinet, Andreas (Hg.) (1995), *Palmyra. Kulturbegegnung im Grenzbereich*, Mainz.

Schmidt-Hofner, Sebastian (2016), *Das klassische Griechenland. Der Krieg und die Freiheit*, München.

Schmitt, Tassilo (2009), »Kein König im Palast. Heterodoxe Überlegungen zur politischen und sozialen Ordnung in der mykenischen Zeit«, in: *Historische Zeitschrift* 288, 281–346.

Schmitt Pantel, Pauline (1989), »Die Differenz der Geschlechter, Geschichtswissenschaft, Ethnologie und die griechische Stadt«, in: Michelle Perrot (Hg.), *Geschlecht und Geschichte*, Frankfurt am Main, 199–223.

Dies. (1992/²2011), *La cité au banquet. Histoire des repas publics dans les cités grecques*, Paris/Rom.

Dies. (2001), »Les femmes grecques et l'andron«, in: *CLIO. Histoire, Femmes et Sociétés* 14, 155–181.

Dies. (2009), *Hommes illustres. Mœurs et politique à Athènes au Ve siècle*, Paris.

Dies. (2012), »Politische Identität und Lebensstil. Plutarchs Sicht auf die politische Elite im Athen des 5. Jahrhunderts v. Chr.«, in: *Historische Anthropologie* 20, 1, 122–139.

Schmitz, Winfried (2002), »Die geschorene Braut. Kommunitäre Lebensformen in Sparta?«, in: *Historische Zeitschrift* 274, 561–602.

Ders. (2004), *Nachbarschaft und Dorfgemeinschaft im archaischen und klassischen Griechenland*, Berlin.

Ders. (2014), *Die griechische Gesellschaft. Eine Sozialgeschichte der archaischen und klassischen Zeit*, Heidelberg.

Schnapp, Annie (1974), »Note critique: Les ›siècles obscurs‹ de la Grèce«, in: *Annales E.S.C.* 29, 6, 1465–1474.

Schnapp, Alain (³2011), *Die Entdeckung der Vergangenheit. Ursprünge und Abenteuer der Archäologie*. Aus dem Französ. von A. Wittenburg, Stuttgart.

Schneider, Helmuth (2000/⁴2013), »Rom von den Anfängen bis zum Ende der Republik (6. Jh. bis 30 v. Chr.)«, in: Gehrke/Schneider, 229–300 (⁴277–352).

Ders. (2014), »Infrastruktur und politisches System im Imperium Romanum«, in: Lundgreen, 211–229.

Schneider, Wolfgang Christian (2000), »Vermitteln, verkuppeln und soziales Spiel. Informelle Geschäftstätigkeit von Frauen in hellenistischer Zeit«, in: Späth/Wagner-Hasel, 335–349.

Schnurbusch, Dirk (2011), *Convivium. Form und Bedeutung aristokratischer Geselligkeit in der römischen Antike*, Stuttgart.

Schnurr-Redford, Christine (1996), *Frauen im klassischen Athen. Sozialer Raum und reale Bewegungsfreiheit*, Berlin.

Scholz, Birgit J. (1992), *Untersuchungen zur Tracht der römischen* matrona. *Arbeiten zur Archäologie*, Köln.

Scholz, Peter (2005), »Zur öffentlichen Repräsentation römischer Senatoren und Magistrate: Einige Überlegungen zur (verlorenen) materiellen Kultur der republikanischen Senatsaristokratie«, in Tobias L. Kienlin (Hg.), *Die Dinge als Zeichen. Kulturelles Wissen und materielle Kultur*, Bonn, 409–431.

Ders. (2011), *Den Vätern folgen. Sozialisation und Erziehung der republikanischen Senatsaristokratie*, Berlin.

Schüren, Ute/Segesser, Daniel Marc/Späth, Thomas (Hg.) (2015), *Globalized Antiquity: Uses and Perceptions of the Past in South Asia, Mesoamerica, and Europe*, Berlin.

Schulz, Raimund (1997), *Herrschaft und Regierung. Roms Regiment in den Provinzen in der Zeit der Republik*, Paderborn.

Ders. (2005), *Die Antike und das Meer*, Darmstadt.

Schumacher, Leonard (2001), *Sklaverei in der Antike. Alltag und Schicksal der Unfreien*, München.

Seaford, Richard (2004), *Money and the Early Greek Mind. Homer, Philosophy, Tragedy*, Cambridge.

Seelentag, Gunnar (2014), »Bürger sein im Bürgerstaat. Soziopolitische Integration im klassischen Kreta«, in: Blösel, 13–46.

Sehlmeyer, Markus (1999), *Stadtrömische Ehrenstatuen der republikanischen Zeit*, Stuttgart.

Service, Elman R. (1977), *Ursprung des Staates und der Zivilisation. Der Prozeß der kulturellen Evolution*. Aus dem Engl. von H. Fliessbach, Frankfurt am Main.

Settis, Salvatore (2005), *Die Zukunft des Klassischen. Eine Idee im Wandel der Zeiten*. Aus dem Ital. von F. Hausmann, Berlin.

Shapiro, Alan (1989), *Art and Cult under the Tyrants in Athens*, Mainz.

Ders. (1993), »Hipparchos and the Rhapsodes«, in: Carol Dougherty/Leslie Kurke (Hg.), *Cultural Poetics in Archaic Greece*, Cambridge u. a., 92–107.

Shaw, Brent D. (1984), »Bandits in the Roman Empire«, in: *Past & Present* 105, 118–120.

Ders. (1991), »Der Bandit«, in: Andrea Giardina (Hg.), *Der Mensch der römischen Antike*, Frankfurt am Main/New York, 337–381.

Shaw, Maria C. (2004), »The ›Priest-King‹ Fresco from Knossos: Man, Women,

Priest, King, or Someone else?«, in: Anne P. Chapin (Hg.), *CHARIS. Essays in Honor of Sara A. Immerwahr*, Princeton (N. J.), 65–84.

Dies. (2016) (Hg.), *Woven Threads*, Oxford.

Sinn, Ulrich (1996), *Olympia, Olympia. Kult, Sport und Fest in der Antike*, München.

Ders. (2000), *Einführung in die Klassische Archäologie*, München.

Ders. (2004), *Das antike Olympia. Götter, Spiel und Kunst*, München.

Ders. (2006), »Das Colosseum – der Tod des Gladiators«, in: Stein-Hölkeskamp/Hölkeskamp, 419–437.

Smith, Christopher John (1996), *Early Rome and Latium. Economy and Society c. 1000 to 500 BC*, Oxford.

Snodgrass, Anthony (1965), »The Hoplite Reform and History«, in: *Journal of Hellenic Studies* 85, 110–122.

Sojc, Natascha (2005/06), »Festsaal und Nebenräume in der Domus Augustana auf dem Palatin«, in: *Mitteilungen des Deutschen Archäologischen Instituts, Röm. Abt.* 112, 339–350.

Dies. /Winterling, Aloys/Wulf-Rheidt, Ulrike (Hg.) (2013), *Palast und Stadt im severischen Rom*, Stuttgart.

Sommer, Michael (2013), *Römische Geschichte*, 2 Bde., Stuttgart.

Ders. (2013a), *Antike Wirtschaft*, München.

Ders. (2016), *Syria. Geschichte einer zerstörten Welt*, Stuttgart.

Sonnabend, Holger (1999), *Naturkatastrophen in der Antike. Wahrnehmung – Deutung – Management*, Stuttgart.

Ders. (2007), *Die Grenzen der Welt. Geographische Vorstellungen der Antike*, Darmstadt.

Souza, Philip de (1999), *Piracy in the Graeco-Roman World*, Cambridge.

Spahn, Peter (1980), »Oikos und Polis. Beobachtungen zum Prozess der Polisbildung bei Hesiod, Solon und Aischylos«, in: *Historische Zeitschrift* 231, 529–564.

Ders. (1984), »Die Anfänge der antiken Ökonomik«, in: *Chiron* 14, 301–323.

Späth, Thomas (1994), »›Frauenmacht‹ in der frühen römischen Kaiserzeit? Ein kritischer Blick auf die historische Konstruktion der ›Kaiserfrauen‹«, in: Maria H. Dettenhofer (Hg.), *Reine Männersache? Frauen in Männerdomänen der antiken Welt*, Köln/Weimar/Wien, 159–205.

Ders. (1996), *Männlichkeit und Weiblichkeit bei Tacitus. Zur Konstruktion der Geschlechter in der römischen Kaiserzeit*, Frankfurt am Main/New York.

Ders. (2000), »Skrupellose Herrscherin? Das Bild der Agrippina minor bei Tacitus«, in: Ders./Wagner-Hasel, 262–281.

Ders./Wagner-Hasel, Beate (Hg.) (¹2000/²2006), *Frauenwelten in der Antike*, Stuttgart/Weimar.

Ders. (2005), »Das Politische und der Einzelne: Figurenkonstruktion in Biographie und Geschichtsschreibung«, in: Lukas de Blois u. a. (Hg.), *The Statesman in Plutarch's Work*, Leiden/Boston, 27–42.

Stahl, Michael (1985), »Die Entstehung des Staates und die Macht des Tyrannen«, in: *Journal Geschichte* 5, 42–51.

Ders. (1987), *Aristokraten und Tyrannen*, Stuttgart.

Ders. (2003), *Gesellschaft und Staat bei den Griechen: Archaische Zeit und Klassische Zeit*, 2 Bde., Paderborn.

Stavrianopoulou, Eftychia (2006), »*Gruppenbild mit Dame*«. *Untersuchungen zur rechtlichen und sozialen Stellung der Frau auf den Kykladen im Hellenismus und in der römischen Kaiserzeit*, Stuttgart.

Stein-Hölkeskamp, Elke (1989), *Adelskultur und Polisgesellschaft. Studien zum griechischen Adel in archaischer und klassischer Zeit*, Stuttgart.

Dies. (2002), »Tödliches Tafeln«, in: Luigi Castagna/Gregor Vogt-Spira (Hg.), *Pervertere: Ästhetik der Verkehrung. Literatur und Kultur neronischer Zeit und ihre Rezeption*, München/Leipzig, 3–28.

Dies. (2005), *Das römische Gastmahl. Eine Kulturgeschichte*, München.

Dies. /Hölkeskamp, Karl Joachim (Hg.) (2006), *Erinnerungsorte der Antike*, Bd. 1: *Die römische Welt*, München.

Dies./Hölkeskamp, Karl Joachim (Hg.) (2010), *Erinnerungsorte der Antike*, Bd. 2: *Die griechische Welt*, München.

Strauss, Barry S. (1993): *Fathers & Sons in Athens. Ideology and Society in the Era of the Peloponnesian War*, Princeton.

Stroh, Wilfried (⁸2013), *Latein ist tot, es lebe Latein. Kleine Geschichte der großen Sprache*, Berlin.

Svenbro, Jesper (2005), *Phrasikleia. Anthropologie des Lesens im Alten Griechenland.* Aus dem Französ. von Peter Geble, München.

Tartaron, Thomas F. (2013), *Maritime Networks in the Mycenaean World*, Cambridge.

Tasler, Peter (2008), »Dorier und Ioner: Griechische Ethnogenese und politische Ideologie«, in: *Zeitschrift für Weltgeschichte* 9, 1, 9–32.

Taylor, Claire (2011), »Women's Social Networks and Female Friendship in the Ancient Greek World«, in: *Gender & History* 23, 3, 704–721.

Temporini-Vitzthum, Hildegard Gräfin (Hg.) (2002), *Die Kaiserinnen Roms. Von Livia bis Theodora*, München.

Thomas, Rosalin (1992), *Literacy and Orality in Ancient Greece*, London.

Thomas, Yan (1993), »Die Teilung der Geschlechter im römischen Recht« (aus dem Französ. von W. Eder), in: Pauline Schmitt Pantel (Hg.), *Geschichte der Frauen*, Bd. I: *Antike*, Frankfurt am Main/New York, 105–171.

Ders. (1996), »Rom. Väter als Bürger in einer Stadt der Väter« (aus dem Französ. von G. Seibt und T. Späth), in: André Burguière (Hg.): *Geschichte der Familie*, Frankfurt am Main/New York, 277–326.

Thommen, Lukas (2007), *Antike Körpergeschichte*, Zürich.

Thomson, George D. (1974), *Frühgeschichte Griechenlands und der Ägäis.* Aus dem Engl. von H.-G. Heidenreich und R. Pflug, Berlin (engl. Originalausgabe 1949).

Thür, Gerhard (2000), »Das Gerichtswesen Athens im 4. Jahrhundert v. Chr.«, in: Burckhardt/von Ungern-Sternberg, 30–49.

Ders. (2003), »Recht im antiken Griechenland«, in: Ulrich Manthe (Hg.), *Die Rechtskulturen der Antike. Vom Alten Orient bis zum Römischen Reich*, München, 191–238.

Tiemann, Ingeborg (1992), *Die Deutung des Minotauros von den ältesten Quellen bis zum frühen Mittelalter*, phil. Diss. Utrecht.

Tiersch, Claudia (2014), »Die Debatte um die Regelung der Getreideversorgung als

Diskurs über Staatlichkeit in der späten römischen Republik«, in: Lundgreen, 187–210.

Tietz, Werner (2015), *Hirten, Bauern, Götter. Eine Geschichte der römischen Landwirtschaft*, München.

Timmer, Jan (2005), »Barbatuli iuvenes – Überlegungen zur Stellung der ›Jugend‹ in der späten römischen Republik«, in: *Historische Anthropologie* 13, 2, 197–219.

Ders. (2017) *Vertrauen. Eine Ressource im politischen System der römischen Republik*, Frankfurt am Main/New York.

Timpe, Dieter (1988), »Mündlichkeit und Schriftlichkeit als Basis der frührömischen Überlieferung«, in: von Ungern-Sternberg/Reinau, 266–286.

Ders. (1996), »Memoria und Geschichtsschreibung bei den Römern«, in: Gehrke/Möller, 277–299.

Tölle-Kastenbein, Renate (1994), *Das archaische Wasserleitungsnetz für Athen*, Mainz.

Treggiari, Susan (1993), *Roman Marriage. Iusti Coniuges from the time of Cicero to the time of Ulpian*, Oxford.

Ders. (1998), »Home and forum: Cicero between ›public‹ and ›private‹«, in: *Transactions and Proceedings of the American Philological Association* 128, 1–23.

Treister, Michael Yu. (1996), *The Role of Metals in Ancient Greek History*, Leiden.

Trümper, Monika (2012), »Gender and Space, Public and Private«, in: Sharon L. James/S. Dillon (Hg.), *A Companion to Women in the Ancient World*, Malden, 288–203.

Trümper-Ritter, Monika (2009), *Graeco-Roman Slave Market. Fact or Fiction?* Oxford.

Ulf, Christoph (1990), *Die homerische Gesellschaft. Materialien zur analytischen Beschreibung und historischen Lokalisierung*, München.

Ders. (Hg.) (1996), *Wege zu einer Genese der griechischen Ethnogenese*, Berlin.

Ungern-Sternberg, Jürgen von (1982), »Weltreich und Krise. Äußere Bedingungen für den Niedergang der römischen Republik«, in: *Museum Helveticum* 39, 254–271.

Ders. (1988), »Überlegungen zur frühen römischen Überlieferung im Lichte der Oral-Tradition-Forschung«, in: Ders./Reinau, 237–265.

Ders. (1993), »Romulus-Bilder: Die Begründung der Republik im Mythos«, in: Fritz Graf (Hg.), *Mythos in mythenloser Gesellschaft. Das Paradigma Rom*, Stuttgart/Leipzig 1993, 88–108.

Ders. (1997), »Das Verfahren gegen die Catilinarier oder: Der vermiedene Prozeß«, in: Ders./Ulrich Manthe (Hg.), *Große Prozesse der römischen Antike*, München, 85–99 und 204–206.

Ungern-Sternberg, Jürgen von/Reinau, Hans Jörg (Hg.) (1988), *Vergangenheit in mündlicher Überlieferung*, Stuttgart.

Ure, Percy N. (1922), *The Origin of Tyranny*, Cambridge.

Vajda, Laszlo (1973/74), »Zur Frage der Völkerwanderungen«, in: *Paideuma* 19/20, 5–53.

Vanschoonwinkel, Jacques (2002), »Earthquakes and the End of the Mycenaean Palaces«, in: *Les Etudes Classiques* 70, 123–137.

Vazaki, Anna (2003), *Mousike gyne. Die musisch-literarische Erziehung und Bildung von Frauen im Athen der klassischen Zeit*, Möhnesee.

Verboven, Koenraad (2002), *The Economy of Friends. Economic Aspects of Amicitia and Patronage in the Late Republic*, Brüssel.

Vernant, Jean-Pierre (1987), »Der Mythos«, in: Ders., *Mythos und Gesellschaft im alten Griechenland*. Aus dem Französ. von G. Roßler, Frankfurt am Main, 188–242 und 256 f.

Ders. (1987a), »Die Heirat«, in: Ders., 51–72.

Veyne, Paul (1988), *Brot und Spiele. Gesellschaftliche Macht und politische Herrschaft in der Antike*. Aus dem Französ. von K. Laerman und H.-R. Brittnacher, Frankfurt am Main/New York.

Ders. (1988a), »Leben des Trimalchio«, in: Ders., *Die Originalität des Unbekannten. Für eine andere Geschichtsschreibung*. Aus dem Französ. von Friedel Weinert, Frankfurt am Main, 43–96.

Ders. (2008), *Die griechisch-römische Religion. Kult, Frömmigkeit und Moral*. Aus dem Französ. von Ursula Blank-Sangmeister unter Mitarbeit von A. Raupach, Stuttgart.

Vidal-Naquet, Pierre (1989), *Der schwarze Jäger. Denkformen und Gesellschaftsform der griechischen Antike*. Aus dem Französ. von A. Wittenburg, Frankfurt am Main/New York.

Vössing, Konrad (2004), *Mensa regia. Das Bankett beim hellenistischen König und beim römischen Kaiser*, München u. a.

Ders. (Hg.) (2008), *Das römische Bankett im Spiegel der Altertumswissenschaften*, Stuttgart.

Ders. (2014), *Das Königreich der Vandalen. Geiserichs Herrschaft und das Imperium Romanum*, Darmstadt.

Wagner-Hasel, Beate (1988), »›Das Private wird politisch‹. Die Perspektive ›Geschlecht‹ in der Altertumswissenschaft«, in: Ursula A. Becher/Jörn Rüsen (Hg.), *Weiblichkeit in geschichtlicher Perspektive*, Frankfurt am Main, 11–50.

Dies. (1988a), »Geschlecht und Gabe. Zum Brautgütersystem bei Homer«, in: *Zeitschrift der Savigny-Stiftung für Rechtsgeschichte, Rom. Abt.* 105, 32–73.

Dies. (Hg.) (1992), *Matriarchatstheorien der Altertumswissenschaft*, Darmstadt.

Dies. (1998), »Le privé n'existe pas. Quelques remarques sur la construction du privé par l'Altertumswissenschaft au XIXe siècle«, in: *Ktema* 23, 25–35.

Dies. (2000), *Der Stoff der Gaben. Kultur und Politik des Schenkens und Tauschens im archaischen Griechenland*, Frankfurt am Main/New York.

Dies. (2000a), »Die Reglementierung von Traueraufwand und der Nachruhm der Toten«, in: Späth/Wagner-Hasel, 81–102.

Dies.. (2000b), »Das Diktum der Philosophen. Der Ausschluß der Frauen aus der Politik und die Sorge vor der Frauenherrschaft«, in: Späth/Wagner-Hasel, 198–217.

Dies. (2000c), »Arbeit und Kommunikation«, in: Späth/Wagner-Hasel, 311–349.

Dies. (2001), »Wanderweidewirtschaft und Migration von Frauen in der Antike. Einige vorläufige Überlegungen«, in: Marita Krauss/Holger Sonnabend (Hg.),

Frauen und Migration. Stuttgarter Beiträge zur historischen Migrationsforschung, Bd. 5. Stuttgart, 94–116.

Dies. (2002), »Kommunikationswege und die Entstehung überregionaler Heiligtümer: Das Fallbeispiel Delphi«, in: Eckart Olshausen/Holger Sonnabend (Hg.), *Zu Wasser und zu Land. Verkehrswege in der antiken Welt.* 7. Kolloquium zur Historischen Geographie des Altertums, Stuttgart, 160–180.

Dies. (2002), »Verschwendung und Politik in Rom. Überlegungen zur politischen Semantik des Luxuskonsums in der späten Republik und frühen Kaiserzeit«, in: *Historische Anthropologie* 10, 3, 325–353.

Dies. (2002a), »Amazonen zwischen Heroen- und Barbarentum«, in: Monika Fludernik/Peter Haslinger/S. Kaufmann (Hg.), *Der Alteritätsdiskurs des Edlen Wilden: Exotismus, Anthropologie und Zivilisationskritik am Beispiel eines europäischen Topos,* Würzburg, 251–280.

Dies. (2003), »Streit um Troia. Eine wirtschaftsanthropologische Sicht«, in: *Historische Anthropologie* 11, 2, 263–277.

Dies. (2009), »Brautgut oder Mitgift? Das textile Heiratsgut in den Solonischen Aufwandbestimmungen«, in: Berit Hildebrandt/Caroline Veit (Hg.), *Der Wert der Dinge – Güter im Prestigediskurs,* München, 143–181.

Dies. (2011), *Die Arbeit des Gelehrten. Der Nationalökonom Karl Bücher (1847–1930),* Frankfurt am Main/New York.

Dies. (2012), *Alter in der Antike. Eine Kulturgeschichte,* Wien/Köln/Weimar.

Dies. (2017), »The Garden of Pisistratus. Benefits and Dues in Archaic Athens«, in: Marc Domingo Gygax/Arjan Zuiderhoek (Hg.), *Benefactors and the Polis. Origins and Development of the Public Gift in the Greek Cities from the Homeric World to Late Antiquity* (im Druck).

Waldner, Katharina (2000), *Geburt und Hochzeit des Kriegers. Geschlechterdifferenz und Initiation in Mythos und Ritual der griechischen Polis,* Berlin/New York.

Dies. (2008), *Für die Wahrheit sterben. Frühchristliche Martyriumserzählungen im Kontext der kaiserlichen Kultur,* Habil. Universität Erfurt.

Wallace-Hadrill, Andrew (Hg.) (1989), *Patronage in Ancient Society,* London.

Ders. (1991), »Houses and Households. Sampling Pompeii and Herculaneum«, in: Beryl Rawson (Hg.), *Marriage, Divorce, and Children in Ancient Rome,* Oxford, 191–243.

Walter, Uwe (1993), *An der Polis teilhaben. Bürgerstaat und Zugehörigkeit im archaischen Griechenland,* Stuttgart.

Ders. (1998), »Das Wesen im Anfang suchen: Das archaische Griechenland in neuer Perspektive«, in: *Gymnasium* 105, 537–552.

Ders. (2004), *Memoria und res publica. Zur Geschichtskultur im republikanischen Rom,* Frankfurt am Main.

Ders. (2004a), »›Ein Ebenbild des Vaters‹. Familiale Wiederholungen in der historiographischen Traditionsbildung der römischen Republik«, in: *Hermes* 132, 406–425.

Ders. (2004b), »›Da sah er das Volk ganz in seiner Hand‹ – Deiokes und die Entstehung monarchischer Herrschaft im Geschichtswerk Herodots«, in: Mischa

Meier u. a. (Hg.), *Deikoes, König der Meder. Eine Herodot-Episode in ihren Kontexten*, Stuttgart, 76–94.

Ders. (2010), »Patronale Wohltaten oder kriminelle Mobilisierung? Sanktionen gegen unerlaubte Wahlwerbung im spätrepublikanischen Rom«, in: Niels Grüne/ Simona Slanička (Hg.), *Korruption. Historische Annäherungen an eine Grundfigur politischer Kommunikation*, Göttingen, 145–166.

Ders. (2012), *Die Antike. Abiturwissen Geschichte*, Freising.

Weeber, Karl Wihelm (²1995), *Alltag im alten Rom. Ein Lexikon*, Zürich.

Ders. (2003), *Luxus im Alten Rom. Die Schwelgerei, das süße Gift ...*, Darmstadt.

Dies. (2006), *Luxus im Alten Rom. Die öffentliche Pracht*, Darmstadt.

Welwei, Karl Wilhelm (1992), *Athen. Vom neolithischen Siedlungsplatz bis zur archaischen Großpolis*, Darmstadt.

Ders. (2000), »Die Entwicklung des Gerichtswesens im antiken Athen von Solon bis zum Ende des 5. Jh. v. Chr.«, in: Burckhardt/von Ungern-Sternberg, 15–29 und 255–257.

Ders. (2004), »War die *Krypteia* ein grausames Terrorinstrument? Zur Entstehung einer Fiktion, in: Laverna XV, 1–10.

Wees, Hans van (2006), »Mass and Elite in Solon's Athens: The Property Classes Revisited«, in: Blok/Lardinois, 351–389.

Ders. (2013), *Ships and Silver, Taxes and Tribute. A Fiscal History of Archaic Athens*, London.

Werner, Robert (1963), *Der Beginn der römischen Republik. Historisch-chronologische Untersuchung über die Anfangszeit der* libera res publica, München/Wien.

Wieber-Scariot, Anja (1999), *Zwischen Polemik und Panegyrik. Frauen des Kaiserhauses und Herrscherinnen des Ostens in den Res gestae des Ammianus Marcellinus*, Trier.

Wieber, Anja (2000), »Vorhang zur Macht – Herrschaftsteilhabe der weiblichen Mitglieder des spätantiken Kaiserhauses«, in: Kunst/Riemer, 97–112.

Wiemer, Hans-Ulrich (2002), *Krieg, Handel und Piraterie. Untersuchungen zur Geschichte des hellenistischen Rhodos*, Berlin.

Wiesehöfer, Josef (1987), *Einführungskurs in die Ältere Geschichte*, Kurseinheit 3: *Die Anfänge der Literalität und Textualität in Europa*, Fernuniversität Hagen.

Ders. (1990), »Zur Geschichte der Begriffe ›Arier‹ und ›arisch‹ in der deutschen Sprachwissenschaft«, in: Helen Sancisi-Weerdenburg (Hg.), *The Roots of European Tradition*, Leiden, 149–165.

Wild, John P. (1970), *Textile Manufacture in the Northern Roman Provinces*, Cambridge.

Ders. (2008), »Textile Production«, in: John Peter Oleson (Hg.), *The Oxford Handbook of Engineering and Technology in the Classical World*, Oxford, 465–482.

Will, Eduard (1977), »Die ökonomische Entwicklung und die antike Polis« (aus dem Französ. von J.-H. Grevemeyer), in: Hans Georg Kippenberg (Hg.), *Seminar: Die Entstehung der antiken Klassengesellschaft*, Frankfurt am Main, 100–135.

Will, Wolfgang (1991), *Der römische Mob. Soziale Konflikte in der späten römischen Republik*, Darmstadt.

Ders. (1995), *Perikles*, Reinbek bei Hamburg.

Ders. (2003), *Thukydides und Perikles: Der Historiker und sein Held*, Bonn.

Willing, Matthias (1998), »Ökonomische Aspekte des 1. römisch-karthagischen Krieges«, in: Peter Kneissl/Volker Losemann (Hg.), *Imperium Romanum. Studien zu Geschichte und Rezeption. Festschrift für Karl Christ zum 75. Geburtstag*, Stuttgart, 784–804.

Wilson, Andrew L. (2001), »Timgad and Textile Production«, in: David J. Mattingly/John Salmon (Hg.), *Economies Beyond Agriculture in the Classical World*, London/New York, 271–296.

Winkler, John (1994), *Der gefesselte Eros. Sexualität und Geschlechterverhältnis im antiken Griechenland*. Aus dem Amerik. von Sebastian Wohlfeil, Marburg.

Winterling, Aloys (1997), »Hof ohne ›Staat‹. Die aula Caesaris im 1. und 2. Jahrhundert n. Chr.«, in: Ders. (Hg.), *Zwischen »Haus« und »Staat«. Antike Höfe im Vergleich*, München, 91–112.

Ders. (Hg.) (1998), *Comitatus. Beiträge zur Erforschung des spätantiken Kaiserhofes*, Berlin.

Ders. (1999), *Aula Caesaris*, München.

Ders. (2003), *Caligula. Eine Biographie*, München.

Ders. (2005), »›Öffentlich‹ und ›privat‹ im kaiserzeitlichen Rom«, in: Ders./Tassilo Schmitt/Winfried Schmitz (Hg.), *Gegenwärtige Antike – Antike Gegenwarten. Kolloquium zum 60. Geburtstag von Rolf Rilinger*, München, 223–244.

Ders. (2008), »Freundschaft und Klientel im kaiserzeitlichen Rom«, in: *Historia* 57, 8, 298–316.

Wirbelauer, Eckhard (Hg.) (2004), *Oldenbourg Geschichte Lehrbuch: Antike*, München.

Wiseman, Timothy P. (1995), *Remus. A Roman Myth*, Cambridge.

Wohl, Victoria (1999), »The *eros* of Alcibiades«, in: *Classical Antiquity* 18, 349–385.

Dies. (2002), *Love Among the Ruins. The Erotics of Democracy in Classical Athens*, Princeton.

Wood, Ellen M. (1989), *Peasant-Citizen & Slave. The Foundations of Athenian Democracy*, London/New York.

Woolf, Greg (2015), *Rom. Die Biographie eines Weltreiches*, Stuttgart.

Worman, Nancy (2008), *Abusive Mouths in Classical Athens*, Cambridge.

Wright, John (1995), »From Chief to King in Mycenaean Society«, in: Rehak, 63–80.

Wünsche, Raimund/Knauß, Florian (Hg.) (2004), *Lockender Lorbeer. Sport und Spiel in der Antike*. München.

Wyke, Maria (2002), »Meretrix regina: Augustean Cleopatras«, in: Dies., *The Roman Mistress. Ancient and Modern Representations*, Oxford, 195–243.

Young, Gay Keith (2001), *Rome's Eastern Trade. International Commerce and Imperial Policy 31 BC – AD 305*, London.

Zanda, Emanuela (2011), *Fighting Hydra-Like Luxury. Sumptuary Regulation in the Roman Republic*, London.

Zanker, Paul ([1]1987/[2]1990), *Augustus und die Macht der Bilder*, München.

Ders. (1995a), *Die Maske des Sokrates. Das Bild des Intellektuellen in der antiken Kunst*, München.

Ders. (1995b), *Pompeji. Stadtbild und Wohngeschmack*, Mainz.

Zarmakoupi, Mantha (2014), *Designing for Luxury on the Bay of Naples. Villas and Landscapes (c. 100 BCE–79 CE)*, Oxford.

Zimmermann, Bernhard (1998), *Die griechische Komödie*, Düsseldorf/Zürich.

Zimmermann, Klaus (²2009), *Rom und Karthago*, Darmstadt.

Zimmermann, Martin (2013), *Gewalt. Die dunkle Seite der Antike*, München.

Zinser, Hartmut (1992), »Theorien des Mythos«, in: Karl-Heinz Kohl (Hg.), *Mythen im Kontext. Ethnologische Perspektiven*, Frankfurt am Main, 147–161.

Zintzen, Christiane (1998), *Von Pompeji nach Troja. Archäologie, Literatur und Öffentlichkeit im 19. Jahrhundert*, Wien.

Register

Historische Einführungen

campus

Frankfurt. New York